Perspectives mondiales du financement du développement durable 2025

VERS UNE ARCHITECTURE PLUS RÉSILIENTE ET INCLUSIVE

OCDE
DES POLITIQUES MEILLEURES POUR UNE VIE MEILLEURE

Cet ouvrage est publié sous la responsabilité du Secrétaire général de l'OCDE. Les opinions et les arguments exprimés ici ne reflètent pas nécessairement les vues officielles des pays Membres de l'OCDE.

Ce document, ainsi que les données et cartes qu'il peut comprendre, sont sans préjudice du statut de tout territoire, de la souveraineté s'exerçant sur ce dernier, du tracé des frontières et limites internationales, et du nom de tout territoire, ville ou région.

Les données statistiques concernant Israël sont fournies par et sous la responsabilité des autorités israéliennes compétentes. L'utilisation de ces données par l'OCDE est sans préjudice du statut des hauteurs du Golan, de Jérusalem-Est et des colonies de peuplement israéliennes en Cisjordanie aux termes du droit international.

Note de la République de Türkiye
Les informations figurant dans ce document qui font référence à « Chypre » concernent la partie méridionale de l'Ile. Il n'y a pas d'autorité unique représentant à la fois les Chypriotes turcs et grecs sur l'Ile. La Türkiye reconnaît la République Turque de Chypre Nord (RTCN). Jusqu'à ce qu'une solution durable et équitable soit trouvée dans le cadre des Nations Unies, la Türkiye maintiendra sa position sur la « question chypriote ».

Note de tous les États de l'Union européenne membres de l'OCDE et de l'Union européenne
La République de Chypre est reconnue par tous les membres des Nations Unies sauf la Türkiye. Les informations figurant dans ce document concernent la zone sous le contrôle effectif du gouvernement de la République de Chypre.

Merci de citer cet ouvrage comme suit :
OCDE (2025), *Perspectives mondiales du financement du développement durable 2025 : Vers une architecture plus résiliente et inclusive*, Éditions OCDE, Paris, https://doi.org/10.1787/1af1c624-fr.

ISBN 978-92-64-44625-0 (imprimé)
ISBN 978-92-64-33380-2 (PDF)
ISBN 978-92-64-76937-3 (HTML)

Crédits photo : Certains éléments de la conception de la couverture sont adaptés de © Freepik.com.

Les corrigenda des publications de l'OCDE sont disponibles sur : https://www.oecd.org/fr/publications/support/corrigenda.html.

Avant-propos

Comprendre les tendances mondiales qui influent sur le programme d'action à l'appui du financement du développement

Rapport phare biennal, les *Perspectives mondiales du financement du développement durable* offrent une analyse complète des grandes tendances qui influent sur le système financier mondial et le financement des Objectifs de développement durable (ODD). Cette édition s'intéresse aux crises interdépendantes qui entravent les avancées dans la réalisation du Programme de développement durable à l'horizon 2030, notamment les répercussions de la pandémie de COVID-19, la crise climatique, le creusement des inégalités, la fragilité et le déficit de financements grandissant dans les pays en développement. En apportant des éclairages pluridisciplinaires, il montre l'interdépendance des systèmes économiques et sociaux, et l'urgence qu'il y a à déployer une action collective en faveur d'une croissance mondiale plus juste et inclusive.

Ces *Perspectives* constituent une ressource cruciale pour les fournisseurs de coopération pour le développement, car elles mettent en évidence l'importance de nouveaux défis systémiques, encouragent la cohérence des politiques au service du développement durable et démythifient la complexité du tissu d'acteurs de la coopération pour le développement et des modalités de financement. Grâce à leurs recommandations fondées sur des éléments factuels, elles aident l'OCDE et ses Membres, en tant que gardiens des normes et règles relatives au financement du développement durable, à définir les interventions internationales à déployer face aux défis en matière de développement.

D'Addis-Abeba à Séville : état des lieux des progrès et des échecs

Dix ans après l'adoption du Programme d'action d'Addis-Abeba, cette édition dresse un état des lieux des progrès et des échecs, analysant les défis émergents dans le domaine du financement du développement durable. Son analyse exhaustive des engagements pris dans le cadre du Programme d'action d'Addis-Abeba permet à la communauté internationale d'évaluer si le cadre demeure adapté face à l'évolution des dynamiques mondiales, et si des ajustements sont nécessaires afin qu'il corresponde mieux au Programme à l'horizon 2030 et à l'Accord de Paris. En examinant les sept domaines d'intervention du Programme d'action d'Addis-Abeba, elle fournit des éclairages cruciaux sur les obstacles systémiques, mettant en lumière des solutions innovantes et des pistes concrètes pour renforcer l'architecture mondiale du financement, et faire en sorte qu'elle reste adaptée à ses objectifs après 2025.

Les annexes statistiques, à la fin de chaque chapitre à partir du Chapitre 2, font le point sur le Programme d'action d'Addis-Abeba, paragraphe par paragraphe, présentant des données clés qui permettent d'opérer un suivi au regard des cibles et indicateurs pertinents relatifs aux ODD. Ces données sont essentiellement tirées du rapport des Nations Unies intitulé *Sustainable Development Goals Extended Report 2024* et de ses annexes statistiques. Les sommes données dans les annexes sont exprimées en USD à prix constants de 2015.

Contribution formelle à la quatrième Conférence internationale sur le financement du développement

Le groupe de réflexion interdirections, conduit par la Direction de la coopération pour le développement (DCD), a préparé des fiches d'information et des annexes statistiques en vue d'opérer un suivi des progrès réalisés au niveau des sept domaines d'intervention du Programme d'action d'Addis-Abeba, accompagnées d'une analyse critique et de données clés. Transmises à l'Organisation des Nations Unies et à ses États membres afin de fournir des éléments en vue de l'élaboration du document préparatoire de la quatrième Conférence internationale sur le financement du développement (intitulé *Elements paper*), elles se conforment aux processus internationaux et consituent, dans leur forme finale, les chapitres (2 à 8) de ce rapport. Dans un souci d'inclusivité, les versions préliminaires ont été rendues publiques pour commentaires, ce qui témoigne de l'engagement de l'OCDE à consulter largement les parties prenantes et à collaborer avec elles. Grâce à ces fiches d'information et annexes statistiques, les *Perspectives* renforcent la reddition de comptes et la transparence, en donnant aux pays les outils pour mesurer les progrès et améliorer l'efficacité de leurs stratégies de financement.

Intervention de l'OCDE face aux défis soulevés lors de la quatrième Conférence internationale sur le financement du développement

Dans un contexte de défis considérables, avec en particulier le creusement des déficits de financement et l'exacerbation des tensions géopolitiques, la quatrième Conférence internationale sur le financement du développement doit concilier ambitions et faisabilité dans le traitement des priorités en matière de développement durable. La gouvernance inclusive et la cohérence des politiques publiques sont essentielles pour surmonter ces obstacles, étant donné que les disparités dans les structures de prise de décision et l'allocation de ressources nuisent à la coopération et à la confiance à l'échelle mondiale. Face à cette situation, les *Perspectives mondiales du financement du développement durable* de l'OCDE apportent un soutien pratique aux négociateurs de la Conférence, grâce à des éclairages fondés sur des éléments factuels et des recommandations visant à aligner les priorités, à favoriser l'équité et à intégrer les perspectives des diverses parties prenantes. En faisant ressortir l'importance de processus décisionnels inclusifs qui permettent de mieux donner à entendre les avis des pays en développement, et en mettant à profit son expertise en ce qui concerne la cohérence des politiques publiques, l'OCDE entend concourir à modeler un cadre de financement résilient, axé sur des actions concrètes et capable de répondre au programme d'action post-2025 à l'appui du développement durable.

Remerciements

L'édition 2025 du rapport *Perspectives mondiales du financement du développement durable* a été préparée sous la direction globale de Pilar Garrido, Directrice de la Direction de la coopération pour le développement (DCD) de l'OCDE. Olivier Cattaneo, Chef de l'Unité d'analyse des politiques et des stratégies au sein de la DCD, et Rachel Morris, Analyste des politiques, ont conduit la rédaction de ce rapport. Les auteurs principaux sont Clémence Decisy, Jieun Kim et Rachel Morris (Chapitre 1), un soutien précieux pour les recherches ayant été apporté par Apolline Greiveldinger et un appui additionnel par Gabriele Cristofaro. Les sept chapitres suivants et leur annexe statistique ont été rédigés par Olivier Cattaneo, Clémence Decisy, Jieun Kim et Rachel Morris.

Le groupe de réflexion interdirections de l'OCDE sur le financement du développement, conformément aux instructions de la Secrétaire générale adjointe Mary Beth Goodman, a organisé des réunions techniques et de haut niveau pour préparer des orientations stratégiques sur les contributions à apporter à la quatrième Conférence internationale sur le financement du développement, sous la direction de Pilar Garrido, avec le concours de Carmine Di Noia, Directeur de la Direction des affaires financières et des entreprises (DAF), Ragnheiður Elín Árnadóttir, Directrice du Centre de développement (DEV), Manal Corwin, Directrice du Centre de politique et d'administration fiscales (CTPA), Alvaro Pereira, Chef économiste du Département des affaires économiques (ECO), Jo Tyndall, Directrice de la Direction de l'environnement (ENV), Elsa Pilichowski, Directrice de la Direction de la gouvernance publique (GOV), Andreas Schaal, Directeur de la Direction des relations mondiales et de la coopération (GRC), Jerry Sheehan, Directeur de la Direction de la science, de la technologie et de l'innovation (STI), Dominic O'Shea, Directeur de l'Unité de gestion des ressources et des partenariats (CSAO), Marion Jansen, Directrice de la Direction des échanges et de l'agriculture (TAD) et Romina Boarini, Directrice du Centre pour le bien-être, l'inclusion, la soutenabilité et l'égalité des chances (WISE). Des commentaires et analyses importants ont été fournis par les membres du groupe de réflexion interdirections de l'OCDE sur le financement du développement, notamment Yasmin Ahmad, Fares Al Hussami, Brilé Anderson, Catherine Anderson, Géraldine Ang, Silvia Appelt, José Antonio Ardavin, Wiebke Bartz-Zuccala, Aussama Bejraoui, Eric Bensel, Marisa Berbegal Ibanez, Elena Bernaldo de Quiros, Francesca Bertolino, Thomas Boehler, Alexander Bohmer, Emily Bosch, Joao Paulo Braga, Monica Brezzi, Juan Casado Asensio, Raffaella Centurelli, Mario Cervantes, Cibele Cesca, Tea Cimini, Carlos Conde, Wouter Coussement, Rita Da Costa, Pietrangelo De Biase, Caio De Oliveira, Marc De Tollenaere, Antoine Dechezlepretre, Harsh Desai, Elise Desplanques, Ben Dickinson, John Drummond, Kerri Elgar, Marta Encinas-Martin, Abdoulaye Fabregas, Margherita Fadda, Chiara Falduto, Sam Foxall, Camilo Gamba Gamba, Valérie Gaveau, Carolina Guerra, Anibal Guerrero Aguilar, Alejandro Guerrero-Ruiz, Laura Gutierrez, Michelle Harding, Jenny Hedman, James Hermanson, Paul Horrocks, Tomas Hos, Renwick Irvine, Raphael Jachnik, Georgina Kelly, Megan Grace Kennedy-Chouane, Anthony Kiernan, Anita King, Fatos Koc, Émilie Kothe, Benjamin Kumpf, Hirofumi Kyunai, Martina Lejtreger, Iris Mantovani, Virginie Marchal, Vasiliki Mavroeidi, Laura Mc Donald, Ida McDonnell, Louise Menard, Sebastian Nieto Parra, Jose René Orozco, Julian Paisey, Cécilia Piemonte, Jan Rielaender, Cécile Sangare, Nejla Saula, Rachel Sberro-Kessler, Kerstin Schopohl, Rolf Schwarz, Jens Sedemund, Vincent Siegerink, Ernesto Soria Morales, Tomasz Kozluk, Joseph Stead, Hector Tajonar de Lara, Ozlem Taskin, Tatyana Teplova, Harry Tonino et Jacqueline Wood.

En outre, Joëlle Bassoul, Catherine Bremer, Karena Garnier, Masato Hayashikawa, Ola Kasneci, Henri-Bernard Solignac-Lecomte, Yumiko Sugaya et Lucia Zarama ont apporté leur concours au processus de production. Susan Sachs a assuré la révision éditoriale. Le rapport a été traduit en français par la Division de la traduction de l'OCDE, sous la conduite de Patricia Lotzer.

Les pays Membres ont apporté des contributions et commentaires fort utiles, notamment la United States Agency for International Development (USAID), la Délégation permanente de l'Italie auprès des organisations internationales à Paris, la Délégation de la Nouvelle-Zélande auprès de l'OCDE et la mission permanente de l'Autriche auprès de l'OCDE.

Éditorial

La quatrième Conférence internationale sur le financement du développement, qui se tiendra à Séville du 30 juin au 3 juillet 2025, constitue une rare occasion de rénover le cadre de financement mondial aux fins de réaliser les Objectifs de développement durable (ODD) et de remédier au déficit croissant de financement des ODD.

Le total des financements à l'appui du développement durable a augmenté, passant de 4 310 milliards USD en 2015 à 5 240 milliards USD en 2022, soit une hausse de 22 %. Cependant, les besoins de financement annuels pour atteindre les ODD d'ici à 2030 ont bondi de 36 % sur la même période, passant de 6 810 milliards USD en 2015 à 9 240 milliards USD en 2022, sous l'effet des défis climatiques, de la pandémie de COVID-19, des perturbations des chaînes d'approvisionnement et de la hausse des prix des produits alimentaires et de l'énergie. Si le déficit de financement des ODD continue de croître au même rythme qu'entre 2015 et 2023, il devrait ressortir à 6 400 milliards USD en 2030.

Le déficit actuel de financement des ODD, qui s'élève à 4 000 milliards USD, a des conséquences considérables, en particulier pour les pays à faible revenu (PFR). Alors qu'au début des années 2000, les PFR ont vu l'écart entre leur PIB par habitant et celui des nations à revenu élevé se réduire au rythme de 0.5 % par an, cette tendance s'est inversée depuis 2015 : l'écart s'est, depuis lors, creusé de 1.1 % par an. De surcroît, la charge grandissante de la dette pèse désormais sur des investissements critiques dans la santé, l'éducation et la résilience face au changement climatique. En 2024, 24 pays étaient confrontés à un risque élevé de surendettement, contre 16 en 2015.

La quatrième Conférence internationale sur le financement du développement est l'occasion de définir une stratégie concrète pour remédier au déficit de financements. L'innovation dans le domaine des outils pour le financement et pour l'action publique est essentielle. Il s'agit notamment de réformer les politiques publiques et les incitations dans les pays de l'OCDE de façon à mieux aligner les financements sur les ODD, à améliorer le climat d'investissement dans les pays en développement et à réformer les banques multilatérales de développement, ce qui est en cours.

Le renforcement de la mobilisation de ressources intérieures est une pierre angulaire du financement du développement durable. À 11 % en 2022, le ratio impôts/PIB dans les PFR reste en dessous du seuil de 15 % nécessaire à la prestation des services publics essentiels. Il faut poursuivre les efforts visant à accroître les recettes fiscales, à améliorer la transparence, à rehausser le degré de conformité et à renforcer les capacités d'imposition, ce que l'OCDE continuera de faire à travers notre initiative menée conjointement avec le Programme des Nations Unies pour le développement (PNUD), « Inspecteurs des impôts sans frontières ».

L'aide publique au développement (APD) reste une source essentielle de financements à l'appui du développement durable. En 2023, l'APD a atteint un niveau sans précédent de 223 milliards USD à prix courants, soit 194 milliards USD aux prix constants de 2015, en hausse de 48 % par rapport aux 131 milliards USD fournis en 2015 par les pays membres du Comité d'aide au développement de l'OCDE. Il est nécessaire d'apporter un soutien supplémentaire pour améliorer les capacités fondamentales et consolider les institutions dans les pays en développement, à travers l'aide-pays programmable, le soutien budgétaire, l'assistance technique et le renforcement des capacités. La qualité des financements est tout aussi importante : les ressources doivent respecter les principes de l'efficacité du développement, défendus par le Partenariat mondial pour une coopération efficace au service du développement, co-hébergé par l'OCDE et le PNUD, si l'on veut être sûrs qu'elles produisent des résultats significatifs.

Les envois de fonds ont augmenté continûment depuis 2015, atteignant 476 milliards USD en 2023, mais le coût des transferts reste élevé, à 6.4 %, soit plus du double du niveau fixé dans les ODD (3 %), ce qui faire perdre aux ménages des pays en développement 16 milliards USD chaque année. Un meilleur accès aux services bancaires, une concurrence accrue sur les marchés et un accès plus large aux nouvelles technologies de paiement peuvent contribuer à réduire les coûts des envois de fonds. Les entrées d'investissements directs étrangers (IDE) dans les pays éligibles à l'APD ont atteint 335 milliards USD en 2022, un niveau analogue aux 338 milliards USD enregistrés en 2015.

Des initiatives telles que la Plateforme virtuelle d'investissement pour l'Afrique, gérée conjointement par l'OCDE et la Commission de l'Union africaine, ou la Boîte à outils des politiques relatives aux qualités de l'IDE peuvent contribuer à mobiliser des IDE et à optimiser leur qualité.

Cette édition spéciale des *Perspectives mondiales du financement du développement durable* de l'OCDE fournit aux responsables publics et aux négociateurs des éléments factuels, données et analyses essentiels pour éclairer la position de leurs pays dans la perspective de la 4e Conférence internationale sur le financement du développement, et pour, *in fine*, contribuer à optimiser l'impact d'un nouveau cadre financier pour le développement. L'OCDE continuera d'aider les pays à porter à une plus grande échelle les financements à l'appui du développement durable, notamment en produisant des données et analyses robustes pour la Conférence, et au-delà.

Mathias Cormann

Secrétaire général de l'OCDE

Table des matières

GRAPHIQUES

TABLEAUX

Sigles et acronymes

APD	aide publique au développement
BEPS	érosion de la base d'imposition et transfert de bénéfices
BMD	banque multilatérale de développement
CAD	Comité d'aide au développement
CDN	contributions déterminées au niveau national
CNUCED	ONU commerce et développement
COP 29	29e Conférence des Parties (Conférence des Nations Unies sur les changements climatiques)
COVID-19	maladie à coronavirus 2019
CPI	Climate Policy Initiative
FAO	Organisation des Nations Unies pour l'alimentation et l'agriculture
FBCF	formation brute de capital fixe
FFI	flux financiers illicites
FMI	Fonds monétaire international
G20	Groupe des Vingt
IA	intelligence artificielle
IDE	Investissements directs étrangers
IFNB	institutions financières non bancaires
INFF	cadres de financement nationaux intégrés
ISSD	Initiative de suspension du service de la dette
MEED	marchés émergents et économies en développement

NGFS	Réseau des banques centrales et des superviseurs pour le verdissement du système financier
OCDE	Organisation de coopération et de développement économiques
ODD	Objectifs de développement durable
OMM	Organisation météorologique mondiale
OMS	Organisation mondiale de la santé
ONU	Organisation des Nations Unies
Partenariat mondial	Partenariat mondial pour une coopération efficace au service du développement
PEID	petits États insulaires en développement
PFR	pays à faible revenu
PIB	produit intérieur brut
PMA	pays les moins avancés
PNUD	Programme des Nations Unies pour le développement
PRE	pays à revenu élevé
PRI	pays à revenu intermédiaire
PRITI	pays à revenu intermédiaire de la tranche inférieure
RNB	revenu national brut
TOSSD	soutien public total au développement durable

Synthèse

La quatrième Conférence internationale sur le financement du développement, qui doit se tenir à Séville en 2025, marque un moment décisif pour la communauté mondiale. À l'heure où se creusent les déficits de financement, où la pression exercée par l'endettement s'accentue, où les crises climatiques et autres défis mondiaux s'intensifient, et où il devient urgent de concrétiser les Objectifs de développement durable (ODD), cette conférence offre une occasion décisive de renouveler le cadre mondial de financement, en faisant correspondre aux ambitions des solutions concrètes à la hauteur des défis de notre époque. Tandis que l'échéance de 2030 approche inexorablement, il est temps de donner un nouveau souffle aux efforts collectifs, en veillant à ce qu'aucun pays ne soit laissé de côté dans la transition vers un avenir durable et résilient.

L'économie mondiale fait preuve de résilience depuis la pandémie de COVID-19 : si l'on a enregistré une contraction de 3.4 % en 2020, un rebond de la croissance a permis d'atteindre 3.2 % en 2024, mais les perspectives de croissance à long terme restent médiocres, les prévisions pour 2029 s'établissant à 3.1 %, le niveau le plus faible depuis des décennies. Les pays à faible revenu (PFR) sont confrontés à une stagnation, et l'écart entre eux et les pays à revenu élevé (PRE) se creuse. Les bouleversements géopolitiques, la fragmentation des échanges et les sanctions économiques ne font qu'aggraver la situation. Malgré une hausse de 22 % des flux financiers vers les pays en développement depuis 2015, le déficit de financement des ODD a augmenté de 60 %, et les ressources restent insuffisantes pour satisfaire des besoins croissants. De plus, la hausse des taux d'intérêt et l'accroissement de la dette dans les pays en développement empêchent de réaliser des investissements critiques dans la santé, l'éducation et les objectifs climatiques.

Dans ce contexte, le rapport met en évidence **trois priorités pour les négociateurs cherchant à renouveler le cadre de financement et le plan d'action associé à Séville**, et à accélérer les progrès au regard des ODD :

1. **S'efforcer d'obtenir, lors de la quatrième Conférence internationale sur le financement du développement, des résultats significatifs et politiquement réalisables**. Il est crucial de restaurer la confiance entre les nations si l'on veut atteindre un consensus sur le renouvellement du cadre de financement.
    - **Rénover les plateformes existantes à l'appui de la coopération internationale pour le développement** de façon à promouvoir l'inclusivité et la collaboration. Les institutions héritées du milieu du XXe siècle doivent adapter leur gouvernance au nouveau contexte géoéconomique et relever les nouveaux défis de manière plus inclusive et collaborative. Le cadre renouvelé devrait mieux coordonner les actions des différentes plateformes chargées de la conception, de la mesure, du suivi et de la reddition de comptes concernant les résultats de la coopération pour le développement. Il s'agit notamment de relier les cadres de financement nationaux intégrés (INFF) aux plateformes nationales ; de clarifier et de préciser la définition de l'aide publique au développement (APD) et de renforcer la collaboration entre les instances internationales dédiées au financement du développement et le Comité d'aide au développement (CAD) ; d'encourager une participation accrue de tous les pays au Forum

international sur le soutien public total au développement durable ; ou d'utiliser le cadre de suivi actualisé du Partenariat mondial pour une coopération efficace au service du développement (le Partenariat mondial) pour donner aux pays les moyens de prendre la main dans la conception et la mise en œuvre des stratégies de développement.

- **Réaffirmer les principes fondamentaux d'efficacité de la coopération pour le développement.** La quatrième Conférence internationale sur le financement du développement entend confier un rôle moteur aux pays en développement. Les principes d'efficacité établis de longue date devront donc être appliqués et suivis de manière plus rigoureuse. L'appropriation par les pays et une meilleure coordination entre les parties prenantes sont essentielles pour réduire la fragmentation des politiques des donneurs générant des coûts de transaction élevés pour les partenaires. Pour que les investissements puissent avoir un impact fort, les flux de financement doivent mieux coïncider avec les priorités de développement, et les mécanismes de coordination doivent être améliorés, y compris au sein de l'architecture de la dette souveraine. Un cadre de suivi actualisé du Partenariat mondial pourrait faire progresser l'inclusivité, la transparence et l'alignement sur les systèmes nationaux.
- **Améliorer la cohérence des politiques au service du développement durable (CPDD).** Des acteurs tels que l'OCDE pourraient accélérer les efforts visant à améliorer la mesure des effets transnationaux des politiques publiques qui exacerbent les inégalités dans le monde, et aider les pouvoirs publics à rendre leurs politiques plus cohérentes avec l'objectif d'un développement durable sur toute la planète. La réforme des politiques budgétaires, des systèmes fiscaux et des subventions dans les pays à revenu élevé peut permettre de mieux faire coïncider les apports de financements avec les cibles des ODD et de l'Accord de Paris.

2. **Actualiser le cadre de financement lors de la quatrième Conférence internationale sur le financement du développement pour trouver le délicat équilibre qui permettra d'avancer vers un programme d'action audacieux mais pragmatique après 2025**. Depuis l'adoption du Programme d'action d'Addis-Abeba en 2015, la pandémie de COVID-19, le changement climatique, le rétrécissement de la marge de manœuvre budgétaire et d'autres défis ont modifié les besoins et les priorités en matière de financement. Pour que les progrès vers la réalisation des ODD s'accélèrent, les négociateurs doivent ménager un équilibre délicat et durable entre ambition et faisabilité.

- **Mettre fin aux « cercles vicieux ».** À moins que des financements adéquats ne soient fournis pour y remédier, des évolutions négatives telles que le changement climatique, la réduction du capital humain ou l'endettement excessif s'auto-alimenteront. Le coût élevé à court terme des investissements dans l'éducation, les énergies propres ou les infrastructures est un mal nécessaire qui générera des avantages économiques à long terme et brisera ces cercles vicieux.
- **Accélérer « l'alignement des milliers de milliards de dollars »**. Les actifs mondiaux – d'une valeur de 461 000 milliards USD en 2022 – doivent être réorientés de telle sorte qu'ils remédient aux déficits de financement des ODD. L'élimination des pratiques préjudiciables telles que les subventions aux combustibles fossiles (1 530 milliards USD en 2022), l'encouragement de la transparence financière et la réalisation de progrès vers la définition de taxonomies relatives à la durabilité peuvent favoriser des investissements à fort impact. Cibler les fuites de capitaux, comme les frais élevés pour les envois de fonds et les flux illicites, pourrait permettre de dégager des milliards de dollars chaque année. Il est crucial de réformer les banques multilatérales de développement (BMD) afin de tripler, d'ici à 2030, les prêts accordés en faveur de transitions justes et durables.
- **Trouver de nouvelles ressources financières** et de nouveaux leviers pour la transition. Les stratégies pour une transition juste, la tarification du carbone et les réformes en faveur de la

finance verte peuvent permettre de mobiliser des ressources à l'appui des ODD tout en prenant en compte les responsabilités et besoins différenciés. Des instruments tels que les conversions de dettes en investissements écologiques ou les initiatives relatives aux océans et à la bioéconomie peuvent permettre de libérer des ressources supplémentaires. Des stratégies plus solides, que les pays se sont appropriées, peuvent montrer la voie vers la réalisation des objectifs interdépendants sans compromettre le progrès environnemental, social et économique.

3. **Renforcer le suivi du cadre qui sera défini lors de la quatrième Conférence internationale sur le financement du développement,** en vue d'améliorer la redevabilité et la transparence, grâce à des résultats attendus clairs et concrets. Ce rapport recense au moins 70 cibles et indicateurs relatifs aux ODD et pertinents pour opérer un suivi des progrès en matière de financement et adapter les stratégies.

    - **S'accorder sur des résultats attendus clairs et concrets, accompagnés de cibles et d'indicateurs bien définis**. Il est essentiel de se concentrer sur des résultats mesurables et alignés sur les ODD si l'on veut maximiser l'impact de toutes les sources de financement à l'appui du développement. Ce rapport démontre le potentiel des nouveaux indicateurs et des nouvelles mesures de sauvegarde pour rendre l'allocation des ressources plus équitable, renforcer la redevabilité et suivre efficacement les contributions à la réalisation des ODD.
    - **Encourager des engagements individualisés dans le cadre de la quatrième Conférence internationale sur le financement du développement**. Séville ne doit pas être la fin mais le début d'un processus. Le nouveau cadre devrait s'accompagner d'un plan de mise en œuvre assorti de propositions d'actions à mener par différents acteurs tels que le CAD de l'OCDE, Finance en commun, le groupe des banques multilatérales de développement, l'Alliance mondiale des investisseurs pour le développement durable, pilotée par les Nations Unies, ou les organisations philanthropiques, entre autres. Ces actions pourraient faire l'objet d'un suivi continu et les progrès accomplis pourraient être régulièrement communiqués aux Nations Unies, avec la possibilité d'ajuster la feuille de route à mesure que les acteurs honorent leurs engagements en matière de réforme.
    - **Favoriser l'apprentissage adaptatif, avec à la clé des améliorations continues dans la façon dont le financement contribue à la réalisation des ODD et d'autres objectifs.** S'appuyant sur des processus tels que les examens nationaux volontaires (ENV) et les cadres de financement nationaux intégrés (INFF), la quatrième Conférence internationale sur le financement du développement devrait faciliter la prise de décision et le renforcement des capacités fondés sur des données. Ainsi, l'amélioration des systèmes de notification et l'assistance technique en matière de capacités statistiques peuvent renforcer les efforts de suivi à l'échelle mondiale, en assurant un impact réel et en maximisant la redevabilité.

1 Préparer l'après-2025 : une transformation dans un contexte de tensions géoéconomiques

La quatrième Conférence internationale sur le financement du développement qui se tiendra en 2025 à Séville (Espagne) devra s'attaquer à des défis complexes. Le présent chapitre offre un aperçu du paysage géoéconomique dans lequel s'inscriront les débats de la Conférence et examine les perspectives pour accélérer la transition vers le développement durable. Il met en évidence les principaux messages ressortant de l'état des lieux dressé, sur dix ans, de chacun des sept domaines d'intervention du Programme d'action d'Addis-Abeba, afin de renforcer la préparation de l'accord auquel aboutira la Conférence et de contribuer à l'instauration d'un cadre de financement solide à l'appui du Programme 2030.

1.1. Un monde de tensions géoéconomiques

Dans un contexte de chocs multiples, l'économie mondiale fait preuve de résilience, l'inflation diminuant progressivement, tandis que divers indicateurs économiques laissent présager un atterrissage en douceur. La forte incertitude économique nuit toutefois à la stabilité financière internationale et aux perspectives de croissance à long terme, alors qu'au même moment, les tensions géopolitiques croissantes menacent de fragmenter la coopération mondiale et de faire obstacle aux progrès en matière de développement. Une analyse de la convergence au regard d'indicateurs de revenu et des Objectifs de développement durable (ODD) montre que les pays en développement risquent de creuser davantage leur retard.

La stabilisation de l'économie masque un ralentissement des perspectives de croissance à long terme

Au cours des premières années qui ont suivi l'adoption du Programme d'action d'Addis-Abeba, et jusqu'à la pandémie de COVID-19 (2015-19), l'économie mondiale a progressé à un rythme constant. Les performances des pays à faible revenu (PFR) étaient toutefois inférieures à celles de la plupart des autres pays. Nombre d'entre eux ont souffert de la chute des prix de produits de base tels que le pétrole et les métaux, due à un ralentissement de la croissance en République populaire de Chine (ci-après la « Chine ») et à un affaiblissement de la demande mondiale. Cette situation a entraîné non seulement une diminution de leurs recettes d'exportation, mais également une forte dépréciation de leurs devises. Ils ont par conséquent enregistré une croissance économique faible, voire négative, et des niveaux élevés d'inflation. Au cours de la période située entre le lancement du Programme d'action d'Addis-Abeba et la pandémie de COVID-19, les économies des pays à faible revenu se sont stabilisées, tandis que l'inflation reculait et que la croissance économique amorçait une nouvelle tendance à la hausse (Graphique 1.1).

L'économie mondiale fait preuve d'une résilience globale, en dépit des multiples crises qu'elle traverse depuis 2020. La pandémie de COVID-19 a provoqué des bouleversements sans précédent de l'économie mondiale et a perturbé les flux de capitaux transnationaux et le commerce international. L'économie mondiale s'est fortement contractée en 2020 (de 3.4 %), ce qui représente une baisse par rapport aux prévisions qui faisaient état d'une croissance de 2.5 % au début de l'année (FMI, 2020[1]). Les perturbations subies par les chaînes d'approvisionnement en raison de la pandémie ont été suivies par une crise énergétique et alimentaire provoquée par l'invasion à grande échelle de l'Ukraine par la Russie et une flambée de l'inflation au niveau mondial. L'activité économique a toutefois redémarré relativement rapidement. Selon les estimations, la production mondiale a augmenté de 3.2 % en taux annualisé au cours du premier semestre 2024, et devrait se stabiliser à ce niveau en 2024 et 2025[1] (OCDE, 2024[2]). Des ajustements en continu des chaînes d'approvisionnement et de la logistique ont permis d'améliorer l'efficience et la stabilité, ce dont ont bénéficié la production et la distribution. L'inflation a continué de diminuer cette année dans la plupart des pays[2].

Toutefois, la reprise dissimule des transformations des caractéristiques structurelles et du potentiel de croissance de l'économie mondiale. Les prévisions de croissance mondiale à moyen terme pour 2029 sont de 3.1 %, soit le niveau le plus bas depuis des décennies[3]. Depuis la crise financière mondiale, les prévisions de croissance mondiale sont systématiquement revues à la baisse. L'investissement privé, de même que la productivité et les taux d'activité restent inférieurs aux tendances antérieures à la pandémie (Cho et al., 2024[3]), ce qui alimente une transition progressive vers un environnement à faible croissance qui pourrait nuire à la transition écologique et à la réduction de la pauvreté à l'échelle mondiale (FMI, 2024[4] ; OCDE, 2024[2]) (FMI, 2024[4] ; OCDE, 2024[2]).

Les pays à faible revenu affichent des conditions économiques moins favorables que les économies avancées. L'inflation y reste à des niveaux élevés, dans un contexte d'atténuation des tensions sur les prix au niveau mondial (Graphique 1.1, partie B). Plusieurs économies en développement sont particulièrement touchées par les coûts élevés des denrées alimentaires, des combustibles et des engrais, qui entraînent de graves crises du coût de la vie. L'inflation des prix alimentaires dans les PFR a atteint son apogée en avril 2023 à 32 %, et si elle a de nouveau diminué en décembre 2023 pour s'établir à 17 %, les taux restent supérieurs à leur niveau antérieur à la pandémie (12 % en décembre 2019, par exemple) (FAO, 2024[5]). La faiblesse des monnaies locales des pays en développement a exacerbé les pressions inflationnistes, qui ont entraîné, dans les économies émergentes et les pays en développement, une croissance plus lente que prévue. Les PFR ont enregistré une faible croissance économique, de 1.0 % en 2022 contre 3.9 % dans les pays à revenu intermédiaire de la tranche inférieure (PRITI), 4.1 % dans les pays à revenu intermédiaire de la tranche supérieure (PRITS) et 2.4 % dans les pays à revenu élevé (PRE) (Graphique 1.1, partie A).

Graphique 1.1. Dans un contexte de reprise mondiale, les pays à faible revenu continuent de pâtir de faibles taux de croissance et de niveaux élevés d'inflation

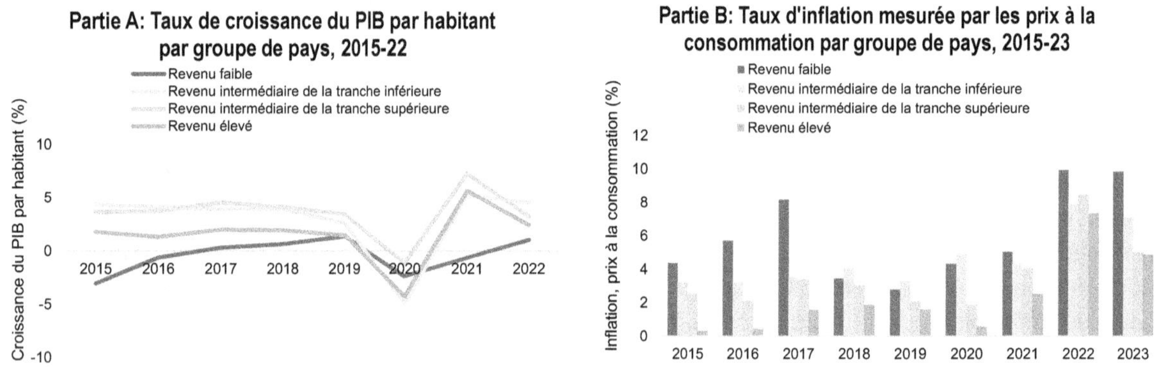

Source : Calculs des auteurs sur la base des Indicateurs du développement dans le monde (2024[6]) du Groupe de la Banque mondiale (base de données), https://databank.worldbank.org/source/world-development-indicators.

Les évolutions géopolitiques et les nouveaux modèles d'échanges et de flux financiers renforcent la fragmentation de l'économie mondiale

Ce phénomène, qualifié de fragmentation géoéconomique (Aiyar et al., 2023[7]), **s'accélère ces dernières années du fait de la multiplication des événements géopolitiques et des conflits.** Le nombre des conflits actifs s'élevait à 56 en 2023, soit le nombre le plus élevé depuis la fin de la Seconde Guerre mondiale (Institute for Economics & Peace, 2024[8]). Des événements comme le Brexit, les différends commerciaux entre les États-Unis et la Chine, les restrictions aux flux d'échanges en lien avec la pandémie de COVID-19, ainsi que les conflits internationaux et les tensions géopolitiques sont l'expression de la montée en puissance du protectionnisme et ont, ensemble, divisé les économies en blocs géopolitiques distincts (D'Orazio, Ferriani et Gazzani, 2024[9]). Le soutien croissant aux partis populistes et isolationnistes dans de nombreux pays occidentaux est à la fois le reflet et le moteur de cette évolution.

Le changement de cap des politiques commerciales reflète cette fragmentation géoéconomique. Les inquiétudes relatives à la résilience des chaînes d'approvisionnement et à la sécurité nationale sont à l'origine d'un nombre croissant de restrictions des échanges internationaux. Environ 2 000 nouvelles restrictions commerciales ont été signalées en 2022, en hausse par rapport à 2019 (752) d'après les données du *Global Trade Alert* (Graphique 1.2. partie A). Les échanges commerciaux entre blocs géopolitiques ont diminué de 10 % en 2022 (Carluccio et al., 2024[10]). Cette baisse des échanges entre blocs géopolitiques peut nuire à la diffusion des technologies et du savoir-faire et conduire à une diminution du bien-être pouvant, d'après les projections, atteindre 12 % dans certaines régions (Góes et Bekkers, 2022[11]).

La fragmentation affecte également les flux financiers internationaux. Les sanctions financières sont en hausse depuis la crise financière mondiale (Graphique 1.2.). Les institutions financières ont décidé de limiter leurs liens avec les juridictions considérées comme présentant un risque élevé, non seulement en raison de considérations liées à la rentabilité, mais également du risque de blanchiment de capitaux et de financement du terrorisme, des coûts élevés de mise en conformité, des sanctions, du durcissement de la concurrence géopolitique, de l'instabilité politique et des conflits (Réseau du CAD de l'OCDE sur la gouvernance, à paraître[12]). La pratique consistant à limiter certaines relations commerciales ou à y mettre fin risque d'avoir des répercussions négatives sur les flux de capitaux et l'inclusion financière dans les pays en développement. Les normes en matière de lutte contre le blanchiment de capitaux et le financement du terrorisme peuvent ainsi avoir des conséquences inattendues dans les pays dotés de faibles capacités de supervision et de réglementation (GAFI, 2021[13]). L'analyse menée par Kida et Paetzold (2021[14]) à partir de données provenant de 89 pays émergents et en développement a révélé que l'inclusion sur une liste noire ou grise du Groupe d'action financière se traduisait par des coûts substantiels pour les pays concernés, sous la forme d'une baisse des capitaux, de l'investissement direct étranger (IDE) et des entrées d'investissement de portefeuille, chiffrée en moyenne à 7.6 % de leur produit intérieur brut (PIB).

Graphique 1.2. Le nombre des restrictions commerciales et des sanctions a fortement augmenté depuis 2010.

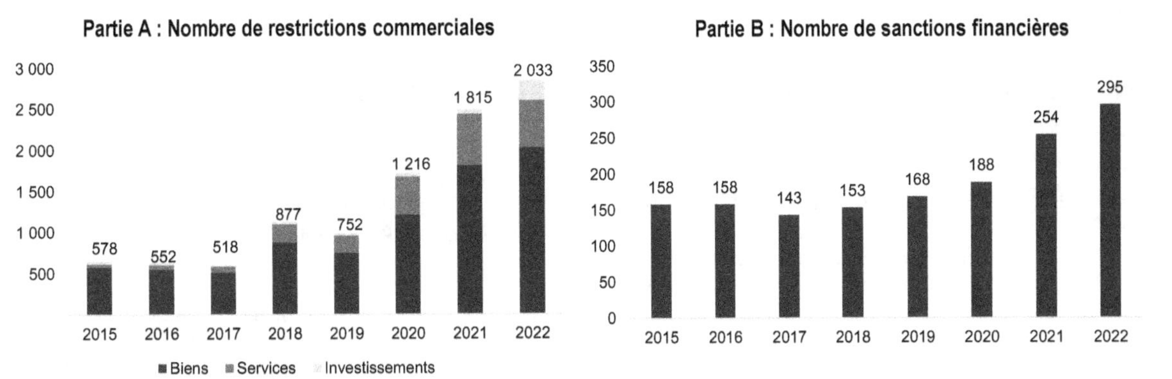

Source : Partie A : Calculs des auteurs sur la base de Global Trade Alert (2024[15]), *Data Center* (base de données), https://data.globaltradealert.org. Partie B : Calculs des auteurs sur la base de Syropoulos et al. (2024[16]), « The global sanctions data base – Release 3 : COVID-19, Russia, and multilateral sanctions », https://doi.org/10.1111/roie.12691 ; Felbermayr et al. (2020[17]), « The global sanctions data base », https://doi.org/10.1016/j.euroecorev.2020.103561 ; Kirilakha et al. (Kirilakha et al., 2021[18]), « The global sanctions data base: An update that includes the years of the Trump presidency », https://doi.org/10.4337/9781839102721.

La convergence en matière d'économie et au regard des ODD a ralenti, et cette trajectoire s'est même parfois inversée

L'environnement à faible croissance et les multiples crises affectent le rythme de convergence entre les économies avancées et en développement. Si les perspectives de croissance à moyen terme sont systématiquement revues à la baisse à l'échelle mondiale depuis la crise financière mondiale, cette tendance est plus prononcée pour les pays en développement. Comme le montre le Graphique 1.3, les taux de rattrapage des PFR, mesurés par l'évolution annuelle moyenne de leur écart par rapport au niveau de PIB par habitant dans les PRE, s'élevaient à 0.5 % au début des années 2000 avant d'amorcer une évolution inverse pour s'établir à – 0.5 % entre 2008 et 2014, et à – 1.1 % entre 2015 et 2022, ce qui signifie que les PRE et les PFR ont accentué leur divergence au lieu de converger. Les taux de rattrapage des pays à revenu intermédiaire (PRI) ont eux aussi diminué ces dernières années. Pour les PRITI, la convergence avec les PRE s'est accélérée pour passer de 0.7 % entre 2000 et 2007 à 2.1 % entre 2006 et 2014, avant que les taux de rattrapage ne chutent à 0.1 % entre 2015 et 2022. S'agissant des PRITS, la convergence avec les PRE est restée stable au cours de la période 2000-2006 et 2007-2015 à respectivement 1.8 % et 1.9 %, avant de décliner à 0 % entre 2015 et 2022. Sur la base des prévisions de croissance économique à long terme, la divergence entre les PFR et les PRE devrait se poursuivre au cours de la période 2023-2030, tandis que la convergence entre les PRI et les PRE sera plus lente qu'entre 2000 et 2007, et 2008 et 2015.

La fragmentation géoéconomique, l'essor de l'intelligence artificielle (IA) ainsi que d'autres évolutions qui façonnent l'économie mondiale devraient freiner plus encore la convergence économique. Ainsi, l'application de barrières commerciales à l'ensemble des secteurs, qui contraindrait les pays à se limiter exclusivement à des relations commerciales au sein de différents blocs géopolitiques se traduirait, selon les estimations, par un recul du PIB mondial de 2.3 % (Bolhuis, Chen et Kett, 2023[19]). Les économies avancées et les marchés émergents enregistreraient une baisse respective de 2.1 % et 2.5 %, et les PFR subiraient des pertes de production de l'ordre de 4.3 % (Graphique 1.3, partie B). Les PFR seraient pénalisés plus lourdement en raison de leur forte exposition au commerce de produits de base, notamment avec la Chine, dont la croissance a ralenti ces dernières années (Encadré 1.1). Les PFR dépendent également de manière générale davantage des produits de base et se spécialisent souvent dans les exportations de produits de base essentiels, comme les métaux et l'énergie. De même, les économies avancées sont en général en position de bénéficier plus rapidement de l'IA que les marchés émergents et les pays en développement, car leur économie affiche souvent une intensité supérieure en connaissances et en technologie[4] (Cazzaniga et al., 2024[20]).

Graphique 1.3. Le ralentissement de la convergence se poursuivra en raison des tensions géoéconomiques

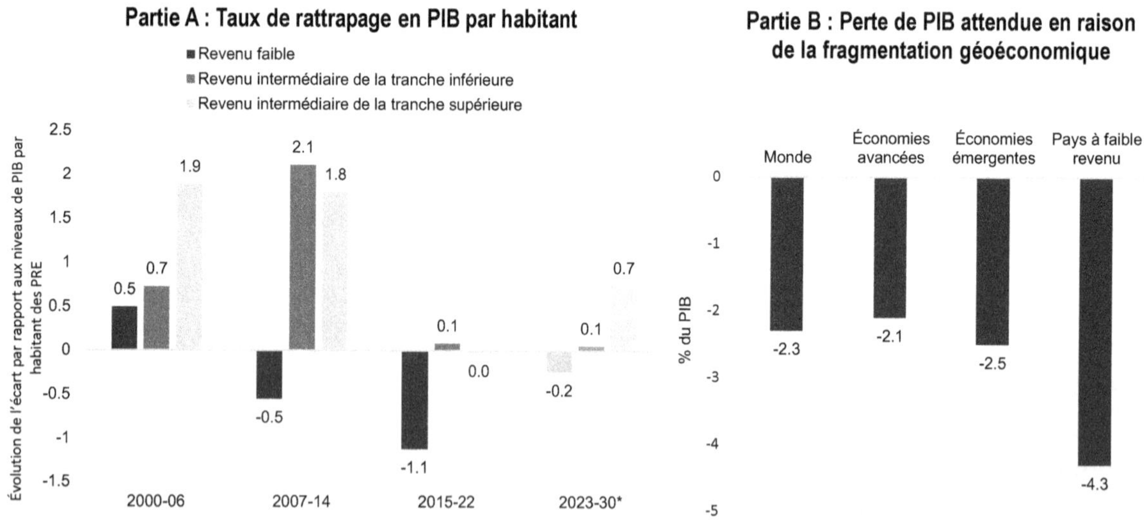

Note : Les ratios pour 2023-30 ont été calculés sur la base de projections de l'OCDE.
Source : Partie A : Calculs des auteurs sur la base du modèle interne et de prévisions de l'OCDE. Partie B : Calculs des auteurs sur la base de Bolhuis, Chen et Kett (2023[19]), « Fragmentation in global trade: Accounting for commodities », https://www.imf.org/en/Publications/WP/Issues/2023/03/24/Fragmentation-in-Global-Trade-Accounting-for-Commodities-531327.

Encadré 1.1. Les pays en développement d'Afrique subsaharienne sont particulièrement vulnérables au ralentissement structurel de l'économie chinoise

Entre 1979 et 2018, la Chine a enregistré une croissance annuelle moyenne de 10 %, qui a permis à 800 millions de personnes de sortir de la pauvreté. Les liens qui existent entre la Chine et les pays en développement au titre du commerce et de l'investissement étant très étroits, cette montée en puissance du pays a également eu de vastes répercussions sur les pays en développement ailleurs dans le monde, notamment en Afrique. La valeur des échanges de marchandises entre la Chine et l'Afrique a augmenté à un taux de croissance annuelle cumulé de 16.1 %, et est passée d'environ 9.9 milliards USD en 2000 à 260.8 milliards USD en 2022 (Chakrabarty, 2024[21]).

Le ralentissement de la demande chinoise, ses répercussions sur les prix des produits de base et la réduction actuelle des financements alloués par la Chine devraient affecter les pays d'Afrique. En 2022, le taux de croissance de la Chine n'était que de 3 %. Le pays avait entrepris de réorienter progressivement son économie en abandonnant une stratégie de croissance fondée sur les exportations et l'investissement, au profit d'une augmentation de la consommation intérieure et de ce que les dirigeants chinois qualifiaient de « croissance de meilleure qualité » ciblée sur la durabilité et les secteurs de haute technologie (Chakrabarty, 2024[21]). D'après Chen, Fornino et Rawlings (2024[22]), une baisse d'un point de pourcentage de la croissance du PIB chinois entraîne une baisse de 0.25 point de pourcentage de la croissance du PIB en Afrique subsaharienne en un an. Au cours de la même période, les versements de la Chine à l'Afrique au titre de prêts, qui avaient atteint leur plus haut niveau en 2016, ont également reculé régulièrement, passant de 28.8 milliards USD en 2016 à 1.0 milliard USD en 2022 (Global Development Policy Center, 2024[23]).

Afin de s'adapter aux changements provoqués par le ralentissement de l'économie chinoise et de réduire leur dépendance à son égard, les pays africains devront diversifier davantage leur économie, notamment en accroissant les échanges intra-africains (Abdel-Latif et al., 2023[24]).

Source : Chakrabarty (2024[21]), « Shrinking Chinese demand, loan volumes weaken Africa's growth prospects », https://www.orfonline.org/expert-speak/shrinking-chinese-demand-loan-volumes-weaken-africa-s-growth-prospects ; Chen, Fornino et Rawlings (2024[22]), « Navigating the evolving landscape between China and Africa's economic engagements », https://doi.org/10.5089/9798400267840.001 ; Global Development Policy Center (2024[23]), *Chinese Loans to Africa Database*, https://www.bu.edu/gdp/chinese-loans-to-africa-database/, Abdel-Latif et al. (2023[24]), "China's slowing economy will hit Sub-Saharan Africa's growth, https://www.imf.org/en/News/Articles/2023/11/09/cf-chinas-slowing-economy-will-hit-sub-saharan-africas-growth.

La convergence entre les scores de l'Indice ODD dans les PRE et les pays en développement a progressé rapidement dans le prolongement immédiat de l'adoption du Programme d'action d'Addis-Abeba en 2015, avant de ralentir fortement ces dernières années. Avant la pandémie de COVID-19, entre 2015 et 2019, les PFR ont progressé plus rapidement au regard de l'Indice ODD (+ 1.6 point) que les PRE (+ 0.7 point). Depuis 2020, toutefois, le score de l'Indice ODD des PRE s'est légèrement amélioré (+ 0.3 point) tandis que celui des PFR stagne (+ 0.1 point) (Sachs, Lafortune et Fuller, 2024[25]). Ainsi que le révèlent les taux de rattrapage, la tendance, ces dernières années, est davantage à la divergence qu'à la convergence. À compter de 2019, l'écart avec les scores de l'indice ODD des PRE a augmenté de 2.6 % pour les PFR, mettant au jour une divergence dans les performances au regard des ODD (Graphique 1.4).

Graphique 1.4. La convergence en termes de performance au regard des ODD a ralenti ces dernières années

Convergence de scores de l'Indice ODD avec les pays à revenu élevé

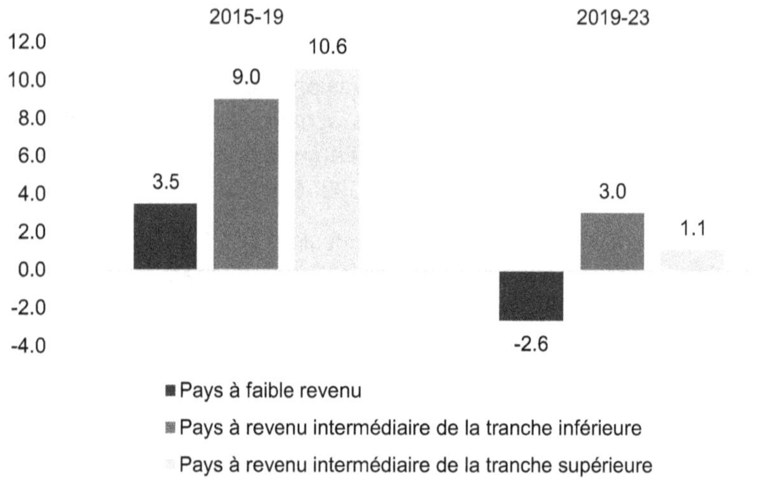

Source : Calculs des auteurs sur la base de Sachs, Lafortune et Fuller (2024[25]), *Sustainable Development Report 2024 : The SDGs and the UN Summit of the Future*, https://sdgtransformationcenter.org/reports/sustainable-development-report-2024.

1.2. Les besoins de financements nécessaires pour soutenir le développement durable ont considérablement augmenté

L'augmentation des vulnérabilités macroéconomiques fait apparaître une exacerbation des besoins de financement. Le creusement des déficits de financement des ODD et des objectifs climatiques risque de saper les progrès accomplis et d'accentuer la marginalisation des populations vulnérables, comme évoqué précédemment. Cette section dépasse ces défis immédiats pour étudier l'évolution de l'ensemble des flux financiers depuis l'adoption, en 2015, du Programme à l'horizon 2030 (accompagné des ODD et du Programme d'action d'Addis-Abeba) et de l'Accord de Paris. Au cours de cette période de près de dix ans, les progrès ont été mitigés, ce qui montre qu'il est urgent de renforcer les liens entre les politiques macroéconomiques et les stratégies de financement pour relever les défis actuels et faire face aux risques qui se profilent à l'horizon.

Un rebond du financement en faveur du développement durable a été observé

La crise du COVID-19 a eu un impact sans précédent sur le financement du développement durable, entraînant de fortes baisses des flux financiers. Les financements disponibles à l'appui du développement durable dans les pays en développement (hors Chine) ont diminué, passant de 4 600 milliards USD en 2019 à 3 900 milliards USD en 2020, soit une baisse de 774 milliards USD ou 17 % (OCDE, 2022[26]). Les recettes publiques disponibles (après paiements au titre du service de la dette) ont essuyé le plus fort recul en valeur absolue enregistré sur la période, passant de 3 100 milliards USD à 2 400 milliards USD entre 2019 et 2020, soit une baisse de 689 milliards USD ou 22 % (OCDE, 2022[26]). Ce recul a été plus marqué que durant la crise financière mondiale de 2008-09 : plus précisément, trois fois plus dans les PFR, deux fois plus dans les PRITI et quatre fois plus dans les PRITS (OCDE, 2022[26]). La pandémie a également induit une régression des financements privés extérieurs à destination des pays en développement de 700 milliards USD sur la période 2019-20, soit une baisse de 60 % plus importante que celle observée après la crise de 2008-09 (OCDE, 2020[27]).

Depuis 2020, les volumes de toutes les sources de financement préconisées par le Programme d'action d'Addis-Abeba ont augmenté, signe de résilience malgré les difficultés posées par la pandémie de COVID-19. Comme le montre le Graphique 1.5, le total des flux de financements disponibles à l'appui du développement durable dans les pays en développement (hors Chine) a atteint 5 240 milliards USD en 2022 (aux prix constants de 2015), soit une augmentation notable de 22 % par rapport aux 4 310 milliards USD enregistrés en 2015 et une hausse de 9 % par rapport aux niveaux d'avant la pandémie (4 790 milliards USD en 2019). Le total des flux financiers prend en compte les financements publics et privés tels que les recettes publiques disponibles, le service de la dette, les financements publics concessionnels (aide publique au développement [APD]) et non concessionnels (prêts uniquement), les IDE, les envois de fonds et les apports philanthropiques.

Graphique 1.5. Le financement du développement durable dans les pays en développement a fait preuve de résilience

Évolution des volumes d'apports, 2015-22

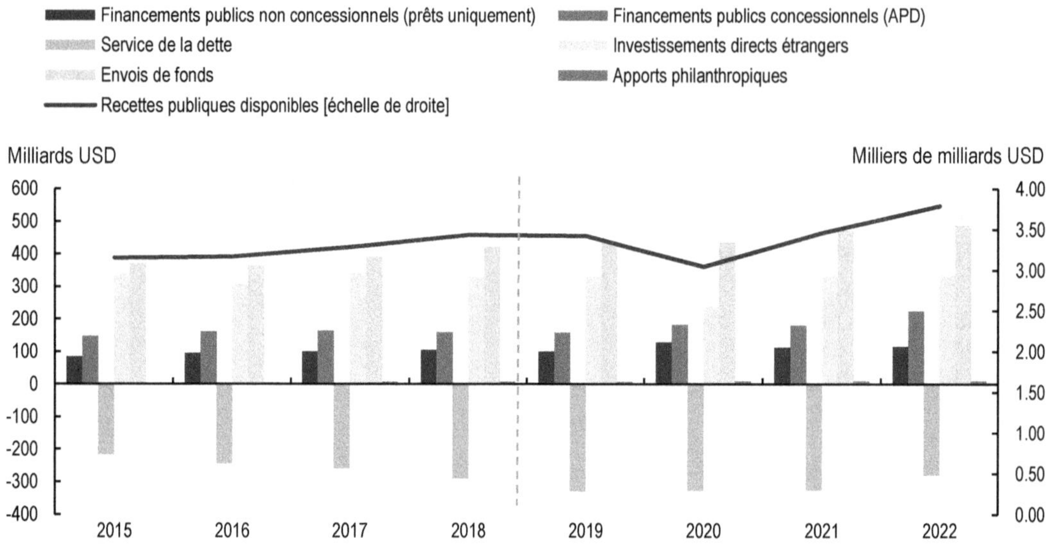

Note : Les calculs portent sur les pays éligibles à l'APD (hors Chine) et sont exprimés en USD aux prix constants de 2015. Les fonds publics non concessionnels, le service de la dette, les IDE, les envois de fonds et les recettes publiques disponibles sont corrigés à l'aide du déflateur du PIB de la Banque fédérale de réserve de Saint-Louis (États-Unis). Les apports concessionnels publics (APD) et les apports philanthropiques sont corrigés à l'aide du déflateur du Comité d'aide au développement (CAD) de l'OCDE. Les recettes publiques disponibles correspondent aux recettes publiques diminuées du service de la dette. Cette analyse s'inspire de l'outil de suivi « Trillions Tracker » de The ONE Campaign et couvre la période allant de 2015 (adoption du Programme d'action d'Addis-Abeba) à 2022. Les chiffres antérieurs à 2018 sont calculés selon la méthode des flux financiers ; à partir de 2018, les calculs reposent sur la méthode de l'équivalent-don (lorsqu'ils sont disponibles, les chiffres de 2023 sont également inclus dans le corps du texte qui suit le Graphique 1.5.).
Source : Calculs des auteurs. Les chiffres sur les apports publics non concessionnels sont calculés à partir des versements bruts de prêts non concessionnels consentis par des sources publiques bilatérales et multilatérales, et s'appuient sur les données relatives à la dette à long terme publique ou garantie par l'État de : Groupe de la Banque mondiale (2024[28]), *Data Bank: International Debt Statistics* (base de données), https://databank.worldbank.org/source/international-debt-statistics. Les chiffres sur les paiements au titre du service de la dette, qui comprennent à la fois le principal et les intérêts de la dette à long terme publique ou garantie par l'État, sont calculés à partir des données de : Banque mondiale (2024[29]), *International Debt Report 2024*, http://hdl.handle.net/10986/42444. Les chiffres relatifs aux recettes publiques proviennent des données sur les recettes des administrations publiques, dans : Fonds monétaire international (2024[4]), *Perspectives de l'économie mondiale, avril 2024 : Reprise stable mais lente : résilience sur fond de disparités*, https://www.imf.org/fr/Publications/WEO/Issues/2024/04/16/world-economic-outlook-april-2024. Les chiffres sur les apports publics concessionnels (APD) de tous les donneurs publics (versements bruts), et les apports philanthropiques proviennent de : OCDE (2024[30]), *Explorateur des données de l'OCDE – CAD1 : Flux par fournisseur (APD+AASP+privé)* (base de données), https://data-explorer.oecd.org/vis?pg=0&snb=3&df[ds]=dsDisseminateFinalDMZ&df[id]=DSD_DAC1%40DF_DAC1&df[ag]=OECD.DCD.FSD&dq=DAC...1140%2B1160..Q%2BV.&lom=LASTNPERIODS&lo=10&to[TIME_PERIOD]=false&lc=fr. Les données sur les entrées d'IDE proviennent de : ONU commerce et développement (2024[31]), *Investissement direct étranger : flux et stock entrants et sortants, annuel* (base de données), https://unctadstat.unctad.org/datacentre/dataviewer/US.FdiFlowsStock. Les données sur les envois de fonds proviennent de : Groupe de la Banque mondiale (2024[32]), *Données : Transferts personnels et rémunération des employés (USD courants)* (base de données), https://donnees.banquemondiale.org/indicateur/BX.TRF.PWKR.CD.DT.

Les paragraphes qui suivent analysent l'évolution des ressources financières sur la période 2015-22, qu'illustre le Graphique 1.5, en y ajoutant des données concernant 2023 lorsqu'elles sont disponibles.

Les recettes publiques disponibles (après paiements au titre du service de la dette) ont rebondi depuis la crise du COVID-19 et ont même, dans certains cas, dépassé leurs niveaux d'avant la pandémie. Au début de la pandémie, les recettes publiques disponibles dans les pays éligibles à l'APD (hors Chine) ont chuté de 11 %, passant de 3 420 milliards USD en 2019 à 3 040 milliards USD en 2020, mais se sont rapidement redressées pour atteindre 3 460 milliards USD en 2021 et 3 790 milliards USD en 2022, soit une hausse de 9 % par rapport à l'année précédente (Graphique 1.5). Entre 2015 et 2022, année où leur volume ressortait à 3 150 milliards USD, les recettes publiques disponibles ont augmenté de 20 % (soit une hausse de 2 % par an), progressant dans toutes les catégories de revenu : +21 % dans les pays les moins avancés (PMA) et autres PFR, +30 % dans les PRITI et +15 % dans les PRITS (Groupe de la Banque mondiale, 2024[28]) (Graphique 1.6). Dans le même temps, cependant, la part des recettes publiques disponibles dans le financement du développement durable a diminué : elle était 2.7 fois plus importante que la part des autres sources de financement en 2015, contre 2.1 fois en 2022. Sur cette période, les recettes fiscales sont passées de 16.8 % du PIB à 17.5 % en moyenne dans les pays en développement (Nations Unies, 2024[33]). Néanmoins, le ratio impôts/PIB est resté en dessous du taux d'imposition effectif de 15 % visé dans les PFR (11.44 % en 2022) et dans les PMA (13.2 % en 2022)[5] (UNU-WIDER, 2023[34]). Pour comparaison, le niveau moyen des recettes fiscales exprimé en pourcentage du PIB dans les pays de l'OCDE est passé de 32.9 % en 2015 à 34 % en 2022[6] (OCDE, 2023[35]).

La baisse des recettes publiques disponibles s'explique en partie par le service de la dette, qui a considérablement augmenté dans le prolongement de la crise, surtout dans les PMA et autres PFR et dans les PRITI. Les charges d'intérêts nettes associées à la dette publique de l'ensemble des pays en développement se sont élevées à 847 milliards USD en 2023, et plus de la moitié d'entre eux consacrent au moins 8 % de leurs recettes publiques au paiement d'intérêts (CNUCED, 2024[36]). Comme le montre le Graphique 1.5, le service de la dette des pays éligibles à l'APD (hors Chine) est passé de 217 milliards USD en 2015 à 280 milliards USD en 2022, un maximum de 329 milliards USD ayant été enregistré en 2019. Cela représente une hausse de 29 % sur l'ensemble de la période considérée, soit de 4 % par an. Au cours de la période 2015-22, même si l'augmentation du service de la dette n'a été que de 8 % dans les PRITS, elle a atteint des niveaux alarmants dans les PMA et autres PFR (62 %) et dans les PRITI (61 %). Sur la période 2019-21, pendant la pandémie, le service de la dette a représenté entre 9 % et 10 % des recettes publiques, contre 6 % en 2015. En 2022, il est tombé à 7 %. Au début de la pandémie, en mai 2020, le Groupe des Vingt (G20) a lancé l'Initiative de suspension du service de la dette (ISSD) dans l'optique d'empêcher que la charge de la dette ne s'alourdisse encore davantage. Cette initiative a permis à 48 des 73 pays éligibles de réorienter leurs ressources de manière à faire face à la crise et à protéger la vie des personnes vulnérables. À son achèvement en décembre 2021, l'ISSD avait permis la suspension de 12.9 milliards USD de paiements au titre de la dette pour les pays en développement participants.

Les envois de fonds ont augmenté de façon régulière depuis 2015. Il s'agit de la deuxième source de financement des pays en développement (hors Chine) et de la plus importante source de financements *extérieurs*. Ils s'élevaient à 476 milliards USD en 2023, en légère baisse par rapport à 2022 (486 milliards USD), mais en hausse par rapport à 2015 (370 milliards USD) – soit une augmentation de 31 % sur la période 2015-22, équivalant à 4 % par an (Graphique 1.6). Si les envois de fonds ont augmenté dans toutes les catégories de revenu, cette hausse est plus marquée dans les PRITS (+48 %) que dans les PMA et autres PFR (+24 %) ou dans les PRITI (+26 %). Depuis 2015, les envois de fonds constituent la principale source de financement extérieur à destination des PRITI, dépassant à la fois le volume des apports publics concessionnels et celui des IDE. Toutefois, au quatrième trimestre de 2023, le coût moyen à l'échelle mondiale pour envoyer 200 USD restait élevé, à 6.4 %, soit 0.2 point de pourcentage de plus qu'en 2022 et plus du double de l'objectif de 3 % fixé dans la cible 10.c.1 relative aux ODD (Portail sur les données migratoires, 2024[37]).

Après avoir sensiblement reculé pendant la crise, les flux d'IDE ont rebondi, quoique de manière inégale, dans les pays en développement. D'après les derniers chiffres disponibles sur les flux mondiaux d'IDE, ces derniers ont atteint un total de 802 milliards USD au premier semestre de 2024 (OCDE, 2024[38]). En 2023, les entrées d'IDE dans les pays éligibles à l'APD (hors Chine) se sont élevées à 286 milliards USD, soit une baisse de 15 % par rapport à 2022. Néanmoins, les entrées d'IDE dans les pays en développement ont également fait preuve de résilience au fil du temps. Les IDE se sont chiffrés à 335 milliards USD en 2022, soit un niveau proche de celui de 2015 (338 milliards USD), enregistrant un net rebond par rapport au niveau de 2020, qui s'établissait à 238 milliards USD. Cela représente une baisse marginale de 1 % sur l'ensemble de la période 2015-22. Cependant, tous les groupes de revenu n'ont pas bénéficié d'un tel rebond : si les apports n'ont diminué que de 2 % dans les PRITI et ont augmenté de 8 % dans les PRITS, ils ont reculé de 42 % dans les PMA et de 84 % dans les autres PFR (Graphique 1.6). Pour les PMA, cette baisse peut s'expliquer par le niveau exceptionnellement élevé enregistré en 2015. Et si, en raison de leur plus forte intégration dans les marchés financiers mondiaux, les PRITS ont été le plus durement touchés durant la pandémie, elle leur a aussi permis de se redresser plus rapidement.

Les apports publics concessionnels (APD) et non concessionnels ont joué un rôle contracyclique, atténuant les effets de la crise du COVID-19. En 2023, l'APD totale émanant de l'ensemble des donneurs publics et fournie aux pays en développement a atteint un niveau record de 233 milliards USD (aux prix constants de 2015), les donneurs ayant accru leur soutien à l'Ukraine et leur aide humanitaire aux pays en développement[7]. Sur ce total, les contributions des pays du CAD se sont chiffrées à 194 milliards USD, et celles des pays non membres du CAD et des organisations multilatérales à, respectivement, 15 milliards USD et 23 milliards USD (OCDE, 2024[39] ; OCDE, 2024[30]). Les apports publics concessionnels (APD) et non concessionnels (prêts uniquement) ont sensiblement augmenté sur la période 2015-22. Les apports publics concessionnels (APD) fournis par les donneurs publics aux pays en développement, hors Chine, ont atteint 224 milliards USD en 2022, en hausse par rapport aux 147 milliards USD enregistrés en 2015 (+52 % sur la période, soit +6 % par an). Sur la même période, les apports d'APD ont augmenté de 21 % dans les PMA, de 29 % dans les autres PFR, de 85 % dans les PRITI et de 5 % dans les PRITS (Graphique 1.6). Les apports publics non concessionnels se sont élevés au total à 116 milliards USD en 2022, contre 84 milliards USD en 2015 (+38 % sur la période, soit 5 % par an). L'augmentation de 75 % des apports multilatéraux non concessionnels, qui sont passés de 49 milliards USD à 86 milliards USD entre 2015 et 2022, a compensé la baisse de 13 % des apports bilatéraux non concessionnels, lesquels sont passés de 35 milliards USD 30 milliards USD sur la même période (Graphique 1.6). La nature contracyclique des financements publics internationaux a contribué à contrebalancer l'insuffisance d'autres apports extérieurs, même si elle n'a pas pu combler entièrement les pertes (OCDE, 2022[26]).

Les apports philanthropiques ne représentent qu'une faible part du volume total des apports financiers à l'appui du développement durable. Ils se sont élevés à 9.9 milliards USD en 2022, contre 3.5 milliards en 2015 (+185 % sur la période, soit +23 % par an), même si cette hausse s'explique en grande partie par l'amélioration de la couverture des données (OCDE, 2024[40]).

Graphique 1.6. L'augmentation des apports financiers dans les pays en développement diffère selon les types d'apports et les catégories de revenu des pays

Évolution des apports, variation annuelle en pourcentage, 2015-22

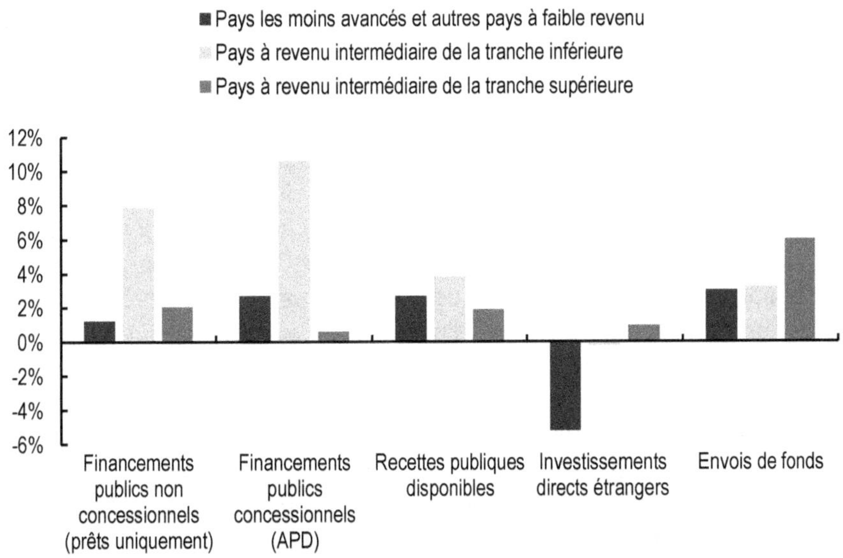

Note : Les calculs portent sur les pays éligibles à l'APD (hors Chine) et s'appuient sur les prix constants de 2015. Les apports publics non concessionnels, le service de la dette, les IDE, les envois de fonds et les recettes publiques disponibles sont corrigés à l'aide du déflateur du PIB de la Banque fédérale de réserve de Saint-Louis (États-Unis). Les apports publics concessionnels (APD) sont corrigés à l'aide du déflateur du CAD. Les recettes publiques disponibles correspondent aux recettes publiques diminuées du service de la dette. D'autres données sur les autres PFR sont incluses lorsqu'elles sont disponibles. Les calculs ont été effectués par les auteurs en collaboration avec The ONE Campaign.

Sources : Les apports publics non concessionnels sont calculés à partir des versements bruts de prêts non concessionnels consentis par des sources publiques bilatérales et multilatérales, et s'appuient sur les données relatives à la dette à long terme publique ou garantie par l'État de : Fonds monétaire international (2024[4]), *Perspectives de l'économie mondiale, avril 2024 : Reprise stable mais lente : résilience sur fond de disparités*, https://www.imf.org/fr/Publications/WEO/Issues/2024/04/16/world-economic-outlook-april-2024 ; Groupe de la Banque mondiale (2024[28]), *Data Bank: International Debt Statistics* (base de données), https://databank.worldbank.org/source/international-debt-statistics (publiée en décembre 2023), laquelle est également la source de données pour les paiements au titre du service de la dette, qui comprennent à la fois le principal et les intérêts de la dette à long terme publique ou garantie par l'État. Les chiffres relatifs aux recettes publiques proviennent des données sur les recettes des administrations publiques, dans : Fonds monétaire international (2024[4]), *Perspectives de l'économie mondiale, avril 2024 : Reprise stable mais lente : résilience sur fond de disparités*, https://www.imf.org/fr/Publications/WEO/Issues/2024/04/16/world-economic-outlook-april-2024. Les chiffres sur les apports publics concessionnels (APD) de tous les donneurs publics (versements bruts) proviennent de : OCDE (2024[30]), *Explorateur des données de l'OCDE – CAD1 : Flux par fournisseur (APD+AASP+privé)* (base de données), https://data-explorer.oecd.org/vis?pg=0&snb=3&df[ds]=dsDisseminateFinalDMZ&df[id]=DSD_DAC1%40DF_DAC1&df[ag]=OECD.DCD.FSD&dq=DAC...1140%2B1160..Q%2BV.&lom=LASTNPERIODS&lo=10&to[TIME_PERIOD]=false&lc=fr. Les données sur les entrées d'IDE proviennent de : ONU commerce et développement (2024[31]), *Investissement direct étranger : flux et stock entrants et sortants, annuel* (base de données), https://unctadstat.unctad.org/datacentre/dataviewer/US.FdiFlowsStock. Les données sur les envois de fonds proviennent de : Groupe de la Banque mondiale (2024[32]), *Données : Transferts personnels et rémunération des employés (USD courants)* (base de données), https://donnees.banquemondiale.org/indicateur/BX.TRF.PWKR.CD.DT.

Les ressources restent insuffisantes pour répondre à l'accélération des besoins de financement

Le déficit de financement des ODD s'est considérablement creusé depuis la crise du COVID-19. En 2014, juste avant l'adoption officielle des ODD, l'Organisation des Nations Unies (ONU) a estimé que le déficit de financement annuel pour parvenir à un développement durable dans les pays en développement s'élevait à 2 500 milliards USD, d'où la nécessité d'investissements accrus dans les infrastructures économiques (électricité, transports, télécommunications, eau et assainissement, etc.), la sécurité alimentaire, les infrastructures sociales (éducation, santé, etc.) et la durabilité environnementale (CNUCED, 2014[41] ; Nations Unies, 2023[42]). Les financements pour la mise en œuvre des ODD étaient déjà insuffisants, mais en 2020, après l'apparition du COVID-19, ce déficit s'est envolé pour atteindre 3 900 milliards USD, soit une hausse de 56 % en seulement six ans. La pandémie a encore accentué ce que l'on appelle l'effet de ciseaux dans le financement des ODD, c'est-à-dire la conjonction d'une augmentation des besoins et d'une diminution des ressources (OCDE, 2020[27]). Dans les pays en développement, deux grands facteurs en sont à l'origine : la baisse de 689 milliards USD des recettes publiques disponibles sur 2019-20, qui a représenté plus de 80 % de la baisse totale du financement du développement durable, et l'augmentation de 907 milliards USD des dépenses publiques engagées pour des interventions d'urgence face au COVID-19. Ces dépenses d'urgence ont représenté près de 30 % des recettes publiques totales en 2019 et ont exacerbé les difficultés auxquelles ces pays ont été confrontés pour mobiliser des ressources financières intérieures et extérieures (OCDE, 2022[26]). Le creusement du déficit reflète également des défis systémiques tels que l'insuffisance des investissements publics et privés, les vulnérabilités liées à l'endettement, et une marge de manœuvre budgétaire limitée dans de nombreux pays (OCDE, 2020[27]).

Le déficit annuel de financement à l'appui de la réalisation des ODD a atteint des niveaux alarmants, les dernières estimations s'échelonnant entre 3 000 milliards USD et 4 000 milliards USD. ONU commerce et développement (CNUCED) a estimé que le déficit d'investissement dans les ODD dans les pays en développement s'élèverait à 4 000 milliards USD par an entre 2023 et 2030 (CNUCED, 2023[43]). Selon le Groupe d'experts indépendants du G20 (2023[44]) et Bhattacharya et al. (2023[45]), le déficit annuel estimé en 2023 était de 3 000 milliards USD dans les marchés émergents et les pays en développement hors Chine, dont 2 500 milliards USD de dépenses publiques. Selon The ONE Campaign (2024[46]), les dépenses publiques annuelles (et les dépenses planifiées) consacrées au climat et au développement ont augmenté d'environ 700 milliards USD par an entre 2019 et 2022, mais elles représentent seulement 29 % de la somme nécessaire pour combler le déficit de financement, ce qui laisse un déficit de financement public de près de 1 750 milliards USD (Tableau 1.1).

Tableau 1.1. Diverses estimations montrent que le déficit annuel de financement des ODD est substantiel et va grandissant

Estimations du déficit de financement des ODD (en milliers de milliards USD)

	Total des besoins de financements pour les ODD **d'ici 2030**	*Dont besoins de financements en lien avec le climat*	Déficit de financement des ODD avant le COVID-19	Déficit de financement des ODD **d'ici 2030**	*Dont déficit de financements en lien avec le climat*	Pays
CNUCED			2.5 *(en 2014)*	3.8-4.3 Médiane : 4	2.2	Pays en développement
Bhattacharya et al. (2023)	5.4	2.4		3	1.8	Marchés émergents et pays en développement hors République populaire de Chine
Groupe d'experts indépendants pour le Sommet du G20 de 2023				3		Marchés émergents et pays en développement hors République populaire de Chine
OCDE				3.9 *(en 2020)*		Pays éligibles à l'APD, hors République populaire de Chine
Climate Policy Initiative		9			5.5	Monde

Note : Les chiffres sont exprimés en milliers de milliards USD. Les montants sont calculés sur la base des investissements annuels à l'horizon 2030.
Sources : CNUCED (2023[47]), *World Investment Report 2023: Investing in Sustainable Energy for All*, https://unctad.org/publication/world-investment-report-2023 ; Bhattacharya et al. (2023[45]), *A Climate Finance Framework: Decisive Action to Deliver on the Paris Agreement – Summary*, https://www.lse.ac.uk/granthaminstitute/publication/a-climate-finance-framework-decisive-action-to-deliver-on-the-paris-agreement-summary/ ; Groupe d'experts indépendants du G20 (2023[44]), *Strengthening Multilateral Development Banks: The Triple Agenda - Volume 1*, https://www.gihub.org/resources/publications/strengthening-multilateral-development-banks-the-triple-agenda-report-of-the-g20-independent-experts-group/ ; OECD (2022[26]), *Global Outlook on Financing for Sustainable Development 2023: No Sustainability Without Equity*, https://doi.org/10.1787/fcbe6ce9-en ; Buchner et al. (2023[48]), *Global Landscape of Climate Finance 2023*, https://www.climatepolicyinitiative.org/publication/global-landscape-of-climate-finance-2023/.

Les besoins augmentent à un rythme plus rapide que les ressources disponibles, d'où un creusement du déficit de financement des ODD, y compris concernant les objectifs en lien avec le climat. Entre 2015 et 2022, le total des ressources disponibles a progressé de 22 %, mais le déficit de financement des ODD s'est creusé de 60 %, soit près de trois fois plus vite (Graphique 1.7). Compte tenu du taux de croissance des ressources disponibles pour financer le développement durable enregistré sur la période 2015-22, où leurs volumes sont passés de 4 310 milliards USD à 5 240 milliards USD, elles devraient atteindre au total 6 370 milliards USD en 2030, soit une hausse de 48 % par rapport à 2015. Cependant, si le déficit de financement des ODD continue de croître au même rythme qu'entre 2015 et 2022, où il est passé de 2 500 milliards USD à 4 000 milliards USD, il devrait atteindre 6 400 milliards USD en 2030, ce qui correspondrait à une hausse de 156 % par rapport à 2015. Il convient de souligner que ces estimations sont prudentes, compte tenu des défis et des incertitudes qui se profilent d'ici 2030.

Graphique 1.7. D'ici 2030, les besoins devraient continuer d'augmenter plus rapidement que les ressources disponibles dans les pays en développement

Déficit de financement des ODD, 2015-30 (estimation)

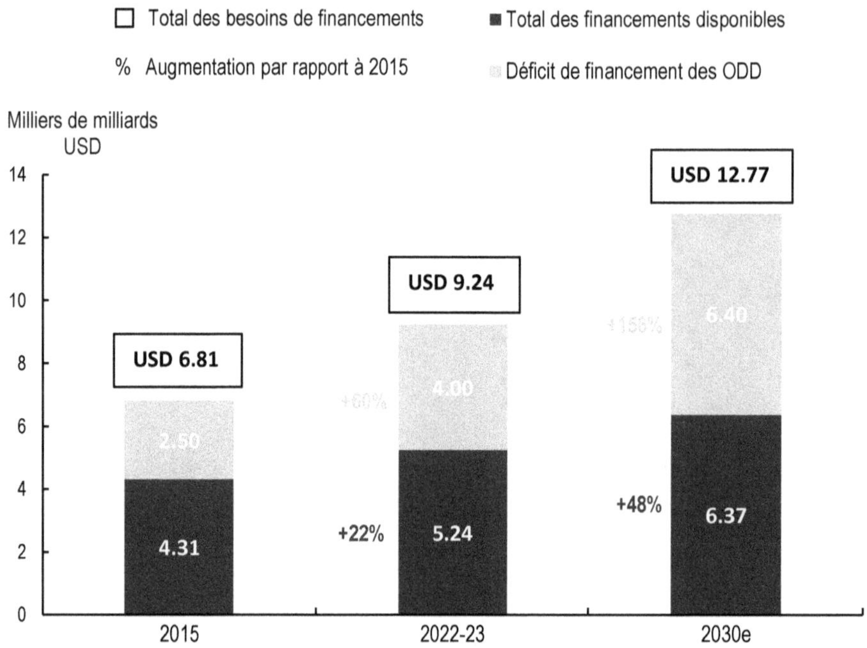

Note : Pour la deuxième colonne, le total des financements disponibles se fonde sur les chiffres de 2022, tandis que le déficit de financement des ODD est évalué pour 2023. Les chiffres des déficits de financement des ODD en 2015 et 2023 reposent sur des estimations d'ONU commerce et développement. Les chiffres du total des financements disponibles s'appuient sur les calculs des auteurs, aux prix constants de 2015. Les calculs des auteurs concernant les besoins de financement estimés pour 2030 se fondent sur les taux de croissance du total des financements disponibles et du déficit de financement des ODD entre 2015 et 2022.
Sources : Calculs des auteurs, et ONU commerce et développement (2023[47]), *World Investment Report 2023: Investing in Sustainable Energy for All*, https://unctad.org/publication/world-investment-report-2023.

La réponse à la crise climatique est l'un des principaux moteurs de l'augmentation des besoins de financement. D'après les estimations de Bhattacharya et al. (2023[45]), 2 400 milliards USD seront nécessaires chaque année pour les investissements en lien avec le climat dans les marchés émergents et les pays en développement autres que la Chine d'ici à 2030, ce qui représente plus qu'un quadruplement (+433 %) par rapport au niveau de référence de 2019 (Graphique 1.8). Sur le plan sectoriel, 1 500 milliards USD seront nécessaires pour la seule transition énergétique, 250 milliards USD pour l'adaptation et la résilience, 300 milliards USD pour les pertes et préjudices[8], 300 milliards USD pour le capital naturel et l'agriculture durable, et 75 milliards USD pour une transition juste[9] (Bhattacharya et al., 2023[45]).

Plus de la moitié du déficit annuel de financement des ODD est liée au climat, et principalement à la transition énergétique. Selon ONU commerce et développement (2023[43]), plus de la moitié du déficit de financement des ODD (soit 2 200 milliards USD par an) est associée à la transition énergétique, tandis que le déficit d'investissement dans les énergies a augmenté de 100 % (soit 1 100 milliards USD) depuis 2015. Ce dernier déficit concerne les investissements dans les énergies propres, notamment les énergies renouvelables, l'efficacité énergétique et toutes les sources d'énergie et technologies de transition connexes (CNUCED, 2023[43]). Le secteur de la biodiversité a besoin de 300 milliards USD supplémentaires pour soutenir la conservation de la nature, la pêche durable, la lutte contre la pollution des océans et la foresterie durable (Zhan et al., 2023[49]). Van Tilburg et al (2024[50]) soulignent que, d'après les analyses du Groupe d'experts indépendants du G20 (2023[44]) et de Bhattacharya et al. (2023[45]), le déficit annuel de financement des objectifs lié au climat pourrait atteindre 1 800 milliards USD par an d'ici à 2030. Dans le même temps, les pays en développement (hors Chine) ne suivent pas le rythme nécessaire pour la transition énergétique. En 2022, par exemple, les PFR et les PRITI ne représentaient que 7 % des dépenses mondiales consacrées aux énergies propres, ce qui met en évidence une forte disparité dans la répartition des investissements (Bhattacharya et al., 2023[45]). Les investissements mondiaux dans les énergies propres ont atteint un niveau record en 2023, principalement sous l'effet de la croissance rapide des technologies solaires photovoltaïques et des véhicules électriques. Plus de 90 % de l'essor des investissements depuis 2021 a eu lieu dans les pays développés et en Chine.

Le déficit de financement de l'adaptation se creuse. Comme l'illustre le Graphique 1.8, 250 milliards USD par an seront nécessaires pour l'adaptation et la résilience d'ici à 2030 (Bhattacharya et al., 2023[45]). Le Programme des Nations Unies pour l'environnement estime que 215 milliards USD par an seront nécessaires pour l'ensemble des pays en développement, ce qui correspondait à 0.56 % de leur PIB combiné en 2021. Si, en valeur absolue, les coûts d'adaptation sont les plus élevés pour les PRITS et les PRITI, en pourcentage du PIB, ils sont nettement plus lourds pour les PFR (3.5 %) que pour les PRITI (0.7 %) ou les PRITS (0.5 %). Qui plus est, alors que les habitants des PMA et des petits États insulaires en développement (PEID) contribuent peu aux causes du changement climatique, ils sont beaucoup plus vulnérables aux aléas climatiques et sont exposés à un risque accru de mortalité due aux catastrophes liées au climat. Pour les PMA et les PEID, les besoins estimés représentent respectivement 0.7 % et 2.0 % du PIB, soit un total de 29 milliards USD par an – c'est-à-dire approximativement 12 % des coûts d'adaptation modélisés pour l'ensemble des pays en développement (PNUE, 2023[51]). Les financements à l'appui de l'adaptation fournis et mobilisés par les pays développés se sont chiffrés à 32.4 milliards USD en 2022, ce qui représente une hausse significative par rapport aux 10.1 milliards USD enregistrés pour ce type de financements en 2016, mais le niveau actuel d'investissement reste insuffisant pour répondre aux besoins d'adaptation grandissants (OCDE, 2024[52]). Les coûts d'adaptation les plus élevés sont associés à la protection contre les débordements de cours d'eau, aux infrastructures et à la protection des côtes, et sont concentrés en Asie de l'Est et dans le Pacifique, ainsi qu'en Amérique latine et dans les Caraïbes, entre autres (PNUE, 2023[51]).

Graphique 1.8 Les besoins annuels de financement climatique pourraient être multipliés par plus de quatre d'ici à 2030

Projections des besoins annuels de financements liés au climat d'ici à 2030, par activité, par rapport aux besoins de financement pour les autres ODD

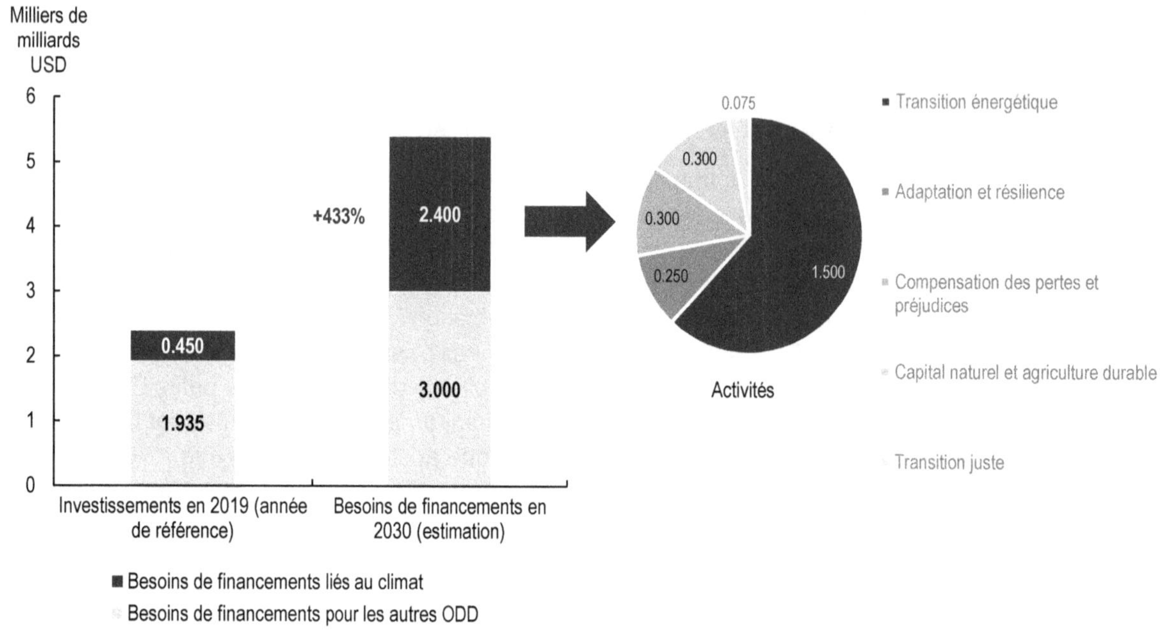

Note : Les chiffres donnés pour les estimations pour 2030 correspondent aux besoins annuels.
Source : Bhattacharya et al. (2023[45]), *A Climate Finance Framework: Decisive Action to Deliver on the Paris Agreement – Summary*, https://www.lse.ac.uk/granthaminstitute/publication/a-climate-finance-framework-decisive-action-to-deliver-on-the-paris-agreement-summary/.

Le secteur de l'eau et de l'assainissement est le secteur enregistrant le deuxième déficit le plus important d'investissement dans les ODD. D'après les estimations d'ONU commerce et développement (2023[43]), le déficit d'investissement pour l'ODD 6 (Eau propre et assainissement) a augmenté de 70 %, soit 200 milliards USD, entre 2015 et 2023. Ce déficit concerne l'approvisionnement en eau, notamment les nouvelles stations d'épuration et installations de dessalement, ainsi que les infrastructures d'assainissement et la gestion des eaux usées. Les secteurs de la transition énergétique et de l'eau et de l'assainissement représentent, conjointement, plus de 85 % de l'augmentation du déficit d'investissement, chiffrée à 1 500 milliards USD, et près de 70 % du déficit d'investissement total prévu pour les années restantes jusqu'en 2030 (CNUCED, 2023[43]).

Le reste du déficit global d'investissement dans les ODD est réparti entre les autres secteurs. Concernant l'ODD 9 (Industrie, innovation et infrastructure), on prévoit un déficit d'investissement annuel se chiffrant, au total, à 400 milliards USD dans les infrastructures, et plus particulièrement dans les transports et les télécommunications, hors infrastructures énergétiques. On estime que pour atteindre l'ODD 1 (Pas de pauvreté) et l'ODD 2 (Faim « zéro »), le secteur de l'agriculture et de l'alimentation a besoin de 300 milliards USD supplémentaires chaque année, principalement pour des dépenses d'équipement dans les systèmes agricoles, la transformation des denrées alimentaires, la recherche et les infrastructures rurales. En ce qui concerne l'ODD 3 (Bonne santé et bien-être) et l'ODD 4 (Éducation de qualité), les secteurs de la santé et de l'éducation sont confrontés à un déficit de 100 à 600 milliards USD par an, principalement au titre des coûts opérationnels liés au fonctionnement des hôpitaux et des écoles (Zhan et al., 2023[49]).

Les besoins supplémentaires générés par les multiples crises de ces dernières années contribuent également à l'aggravation du déficit de financement des ODD. Les besoins d'investissement à l'appui des ODD ont augmenté en raison de chocs externes, en particulier à cause de la pandémie de COVID-19 et des crises liées à l'alimentation, aux combustibles et à la finance. Ces perturbations économiques ont touché de manière disproportionnée les pays en développement et les PMA. Selon le rapport 2024 des Nations Unies sur le financement du développement durable, le déficit de financement annuel pour atteindre les cibles relatives aux ODD en matière de protection sociale et de soins de santé de base s'est creusé d'environ 30 % depuis le début de la pandémie de COVID-19 (Nations Unies, 2024[53]). En 2020, le déficit de financement de la mise en place d'un socle de protection sociale universel était estimé à 1 200 milliards USD par an, soit 3.8 % du PIB mondial (Nations Unies, 2024[53]). Le déficit de financement annuel est encore plus important dans les PRITI et les PFR, où il s'élève, respectivement, à 5.1 % et 15.9 % du PIB (Nations Unies, 2024[53]). Les stratégies d'investissement et les plans de financement à l'appui des cibles relatives aux ODD doivent tenir compte des évolutions démographiques majeures attendues au cours des trois prochaines décennies. Ainsi, d'après certaines estimations, la population mondiale devrait croître de 1.9 milliard d'individus entre 2020 et 2050, et l'ensemble de cette augmentation devrait avoir lieu dans les marchés émergents et les pays en développement (hors Chine) – et dans toutes les régions en développement, mais surtout en Afrique et en Asie du Sud (Bhattacharya et al., 2022[54]).

Les crises concomitantes ont également amenuisé les leviers d'action traditionnels disponibles

Alors que le déficit de financement des ODD continue de se creuser, les options de politique monétaire et budgétaire ont été largement épuisées. Si la pandémie de COVID-19 a contribué au creusement du déficit de financement des ODD, l'intervention internationale pour faire face à la crise, comprenant des dépenses publiques et mesures d'action publique exceptionnelles, a laissé peu de marge de manœuvre aux autorités des pays en développement pour financer les investissements et les dépenses liés aux ODD.

Les mesures de politique monétaire prises pour faire face à l'inflation dans les économies avancées ont entraîné un durcissement des conditions de financement accordées aux pays en développement. Le récent resserrement monétaire opéré par les économies avancées pour lutter contre l'inflation galopante pose des difficultés considérables aux pays en développement. Alors que le rendement des bons du Trésor américain à dix ans est passé de 1.5 % en décembre 2021 à 4.6 % à la fin de septembre 2023, les coûts d'emprunt ont augmenté pour tous les pays, mais les PFR se sont retrouvés exclus du marché obligataire. Dans le même temps, le nombre de pays de l'Association internationale de développement ayant émis des obligations souveraines sur les marchés obligataires internationaux est passé de sept en 2021 à zéro en 2023 (Properzi, 2023[55]). Entre 2021 et 2022, les encours d'obligations du secteur public ont diminué pour toutes les catégories de revenu (Graphique 1.9, partie A), chutant de 5.2 % dans les PRITS, de 2.7 % dans les PRITI et de 0.3 % dans les PFR.

Les fortes hausses des taux d'intérêt dans les pays en développement menacent de décourager les investissements dans le développement durable. Les hausses de taux d'intérêt aux États-Unis et dans d'autres économies avancées sont associées à une plus grande probabilité de crises financières dans les économies en développement (Arteta, Kamin et Ruch, 2022[56]). Ainsi, la possibilité d'une augmentation des intérêts perçus dans les économies avancées peut encourager les investisseurs sur les marchés financiers à réorienter les flux en retirant leurs investissements des pays en développement. Pour contrer ces risques, les banques centrales des pays en développement ont procédé à des hausses de taux encore plus rapides que celles des économies développées (Graphique 1.9, partie B). Toutefois, des taux d'intérêt élevés peuvent dissuader les investissements dans le développement durable, notamment dans les énergies renouvelables et dans les infrastructures résilientes face au changement climatique, mettant ainsi un coup d'arrêt aux progrès au regard des programmes d'action climatique et à l'horizon 2030.

Graphique 1.9. Le durcissement monétaire a réduit les financements disponibles pour les pays en développement

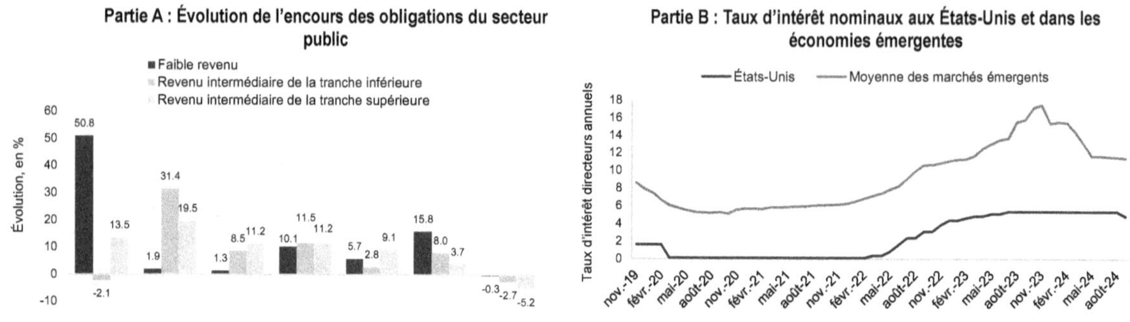

Sources : Partie A : Calculs des auteurs sur la base de : Banque mondiale (2023[57]), *Data Bank: International Debt Statistics* (base de données), https://databank.worldbank.org/source/international-debt-statistics. Partie B : Banque des règlements internationaux (2024[58]), *Central Bank Policy Rates* (base de données), https://data.bis.org/topics/CBPOL.

En matière de politique budgétaire, les dépenses massives engagées pour lutter contre la pandémie de COVID-19 ont épuisé les budgets publics. Fin 2020, les mesures de soutien budgétaire destinées à soutenir les systèmes de santé et à apporter une aide vitale aux ménages et entreprises vulnérables s'élevaient à 13 800 milliards USD à l'échelle mondiale (FMI, 2021[59]). La guerre menée par la Russie contre l'Ukraine et les catastrophes liées au changement climatique ont encore aggravé la situation, augmentant *de facto* la demande de dépenses publiques essentielles alors que les recettes diminuaient. En 2019, le déficit budgétaire des pays en développement a culminé à 5.3 % du PIB, avant de s'améliorer, reculant à 3.7 % en 2021 et à 3.1 % en 2022 (Graphique 1.10, partie A). Ces déficits peuvent mettre à rude épreuve les économies en développement, du fait qu'ils limitent leur capacité à investir dans les services et infrastructures essentiels et rendent plus difficile la réalisation des ODD (CNUCED, 2024[60]).

La dette extérieure des pays en développement augmente et devient de plus en plus coûteuse, les empêchant de réaliser des investissements cruciaux dans le développement durable. Avant même la pandémie, de nombreux pays étaient confrontés à des niveaux d'endettement de plus en plus élevés et à un service de la dette de plus en plus lourd. La pandémie ainsi que les conflits internationaux et les tensions géopolitiques ont aggravé cette situation, et les ratios d'endettement ont systématiquement dépassé 50 % depuis 2020. Entre 2015 et 2024, le nombre de pays en situation de surendettement est passé de 3 à 11, et le nombre de pays à risque élevé de surendettement est passé de 16 à 24 (Graphique 1.10, partie B). En 2023, un nombre record de 54 pays en développement, représentant 38 % du total, ont affecté 10 % ou plus de leurs recettes publiques au paiement d'intérêts (CNUCED, 2024[60]). Entre 2020 et le premier trimestre de 2024, dans les marchés émergents et les pays en développement, on a dénombré 224 révisions à la baisse des notes de crédit, contre seulement 105 révisions à la hausse. En 2023 et au premier trimestre de 2024, les PRE et les PRITS ont enregistré davantage de révisions à la hausse qu'à la baisse, tandis que les PFR et les PRITI ont enregistré plus de deux fois plus de révisions à la baisse qu'à la hausse (OCDE, 2025[61]). Dans de nombreux cas, l'accroissement du déficit budgétaire a également induit des dépréciations monétaires, qui ont augmenté le coût de la dette extérieure. La hausse des charges d'intérêts empêche d'engager des dépenses publiques essentielles, notamment dans les domaines de la santé et de l'éducation. Au total, 3.3 milliards de personnes vivent dans des pays qui dépensent davantage en charges d'intérêts que pour l'éducation ou la santé. En outre, les charges d'intérêts sont plus élevées que les investissements climatiques, ce qui ralentit les efforts d'adaptation au changement climatique et d'atténuation de ses effets (CNUCED, 2024[36]).

Graphique 1.10. Les dépenses consacrées à la lutte contre la pandémie et d'autres crises ont épuisé les budgets publics des pays en développement, plongeant certains d'entre eux dans une crise de la dette

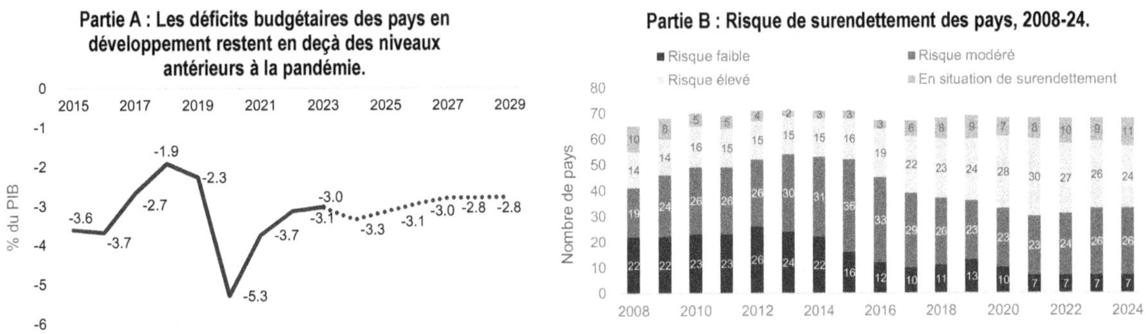

Sources : Partie A : Calculs des auteurs sur la base de : Fonds monétaire international (2024[62]), *World Economic Outlook Database: October 2024 Edition*, https://www.imf.org/en/Publications/WEO/weo-database/2024/October. Partie B : Banque mondiale (2024[63]), *Debt Sustainability Analysis (DSA): Latest Publicly Available Debt Sustainability Analyses Under the Joint Bank-Fund Debt Sustainability Framework for Low Income Countries (LIC-DSF)* (base de données), https://www.worldbank.org/en/programs/debt-toolkit/dsa.

1.3. Maintenir le cap vers les objectifs mondiaux

Compte tenu de la montée des tensions géoéconomiques et de l'augmentation des besoins de financement, il est primordial de trouver un équilibre durable entre ambition et faisabilité pour accélérer les progrès vers la réalisation des ODD. La recherche de cet équilibre exige une délicate pondération entre le souci de définir des objectifs ambitieux et la nécessité de les ancrer dans la réalité. Il est essentiel de maintenir ce cap afin d'éviter des conséquences négatives fortuites, en particulier face aux risques inhérents au découplage. Le découplage fait référence à une croissance qui produit des résultats économiques et sociaux positifs tout en prévenant les effets négatifs sur l'environnement qu'elle pourrait entraîner, par exemple en réduisant les émissions de dioxyde de carbone. L'un des risques inhérents au découplage réside dans la répartition inégale des avantages qui en découlent, dont pâtissent en premier lieu les populations les plus pauvres et les plus vulnérables.

Dans un contexte d'écart croissant entre les besoins et les financements, tant les pays développés que les pays en développement doivent prendre des mesures pour atteindre les objectifs du Programme à l'horizon 2030 et de l'Accord de Paris. L'inaction aura des conséquences de grande ampleur et coûteuses sur le plan économique, social et environnemental. Cependant, les pays en développement n'ont pas la capacité de supporter les coûts des investissements initiaux nécessaires à la réalisation des ODD et à la transition climatique. Assurer la cohérence des politiques, entre les secteurs et les niveaux de gouvernance, au service du développement durable sera primordial pour harmoniser les efforts, amplifier l'impact des investissements et éviter l'adoption de dispositions contradictoires qui entraveraient toute progression. Agir rapidement pour combler les déficits de financement auxquels les pays sont confrontés sera un enjeu décisif si l'on veut éviter une escalade des coûts à l'avenir.

Il convient de mettre fin aux cercles vicieux

Si le déficit de financement n'est pas comblé dans l'ensemble des secteurs visés par les ODD, des « cercles vicieux » risquent d'émerger, exacerbant les défis existants. Ne pas suffisamment investir dans la réalisation de l'ODD 16 (paix, justice et institutions efficaces) par exemple conduira à une aggravation des conflits et de l'instabilité, qui aura un effet dissuasif sur l'investissement intérieur et étranger. Cette dynamique perpétuera le cycle de la pauvreté, affaiblira la gouvernance et privera de ressources des secteurs pourtant essentiels. Les coûts macroéconomiques d'un conflit sont généralement très élevés et continuent de peser pendant des années, le PIB par habitant étant amputé d'environ 28 % dix ans après la survenue du conflit (Novta et Pugacheva, 2021[64]). De même, négliger l'ODD 4 (éducation de qualité) conduit à une érosion du capital humain, dont la productivité et la croissance économique font les frais, tout en obérant la capacité des générations futures de relever les défis qui se font jour. L'UNESCO (2024[65]) estime le coût annuel de l'inaction en matière d'éducation à l'échelle mondiale à 10 000 milliards USD, un chiffre éloquent qui en dit long sur l'impact économique profond des déficits de compétences dans le monde. Les restrictions et obstacles aux échanges, qui vont à l'encontre de la réalisation de l'ODD 17 (partenariats pour la réalisation des objectifs), entravent la diversification économique, limitent l'accès des pays en développement aux marchés et exacerbent les inégalités au sein du système économique mondial. Les pressions économiques qui en résultent limitent encore la marge de manœuvre budgétaire dont disposent les pays pour investir dans le développement durable, ce qui amplifie les effets négatifs du changement climatique, des conflits et des déficits dans le domaine de l'éducation. Les investissements réalisés dans les pays en développement dans des secteurs essentiels comme l'électrification, l'eau et l'assainissement, les transports publics et l'éducation sont en revanche des investissements à long terme à haut rendement, d'une importance décisive pour améliorer les niveaux de vie et obtenir des retombées économiques excédant largement le coût du capital (Sachs et al., 2023[66]).

L'inaction face au changement climatique aura un coût économique et social considérable à l'avenir. Selon une étude de la Climate Policy Initiative, les coûts sociaux et économiques du scénario du statu quo se chiffreront à 1 270 milliards USD au moins de pertes supplémentaires liées au changement climatique par comparaison avec un scénario de réchauffement de 1.5°C (Buchner et al., 2023[48]). Ces pertes économiques résulteraient d'une diminution de 2.2 % du temps de travail à l'échelle mondiale d'ici à 2030, dont le coût pour l'économie mondiale ressortirait à 2 400 milliards USD (Kjellstrom et al., 2019[67]), ainsi que des catastrophes liées au climat, comme les ouragans, inondations et incendies qui ont déjà coûté 299 milliards USD pour la seule année 2022 (Aon, 2023[68]). Les effets du changement climatique auront également un coût social, sous la forme de 250 000 décès supplémentaires par an dans le monde entre 2030 et 2050, dus uniquement à la malnutrition, au paludisme, aux diarrhées et au stress thermique (OMS, 2024[69]).

Les coûts présumés de l'inaction dépasseront largement les investissements initiaux nécessaires pour opérer une transition vers un modèle de développement plus durable. Investir est donc essentiel. Il ressort des scénarios climatiques établis par le Réseau des banques centrales et des superviseurs pour le verdissement du système financier, lequel réunit 127 banques centrales et superviseurs financiers travaillant sur la gestion des risques climatiques et les mesures visant à stimuler l'investissement vert, qu'une transition ordonnée vers la neutralité carbone d'ici à 2050 pourrait donner un PIB mondial supérieur de 7 % à ce qu'il serait en cas de maintien des politiques actuelles (Graphique 1.11, Partie A) (NGFS, 2024[70]).

Investir dans la transition climatique contribuerait non seulement à éviter des pertes, mais aussi à créer de nouvelles opportunités commerciales au niveau local dans les pays en développement, lesquelles seraient un atout pour la croissance à long terme. La mobilisation des investissements nécessaires pour assurer la transition vers des énergies propres remodèlerait l'ensemble de la chaîne d'approvisionnement en énergies propres, qui comprend les fabricants d'équipements, les prestataires de services, l'ingénierie et le développement, la passation de marchés et les entreprises de construction.

Selon l'Agence internationale de l'énergie, les débouchés commerciaux pour les fabricants d'éoliennes, de panneaux solaires, de batteries lithium-ion, d'électrolyseurs et de piles à combustible représenteraient au total 27 000 milliards USD si le monde s'engageait sur la voie de la neutralité carbone d'ici à 2050 (2021[71]). Une telle évolution serait également très bénéfique pour les industries locales des pays en développement qui possèdent les ressources naturelles nécessaires à la transition climatique. Néanmoins, comme cela a été souligné lors des récentes discussions qui ont eu lieu dans le cadre de la quatrième Conférence internationale sur le financement du développement, il sera crucial que les pays en développement s'attachent à renforcer leurs capacités locales, réussissent à accéder aux technologies et appliquent les normes industrielles obligatoires pour pouvoir bénéficier des avantages de l'industrialisation verte.

La transition énergétique pourrait fortement stimuler la demande de ressources minérales et de métaux en provenance des pays en développement. Les technologies renouvelables comme les systèmes de stockage sur batterie, l'hydrogène bas carbone, les panneaux solaires et les éoliennes, de même que l'indispensable développement des infrastructures de transport, sont tributaires des ressources minérales et des métaux. Il est estimé que cette hausse de la demande de ressources minérales exigera 1 700 milliards USD d'investissements miniers au niveau mondial (Groupe de la Banque mondiale, 2022[72]). Or, une grande partie de ces ressources se trouvent dans des pays en développement. Plus des deux tiers des réserves mondiales connues de lithium se situent, par exemple, dans la région surnommée le triangle du lithium, triangle formé par l'Argentine, la Bolivie et le Chili. La République démocratique du Congo possède les réserves de cobalt les plus importantes du monde tandis que les réserves de bauxite sont principalement concentrées sur les territoires du Brésil, de la Guinée, de l'Indonésie et de la Jamaïque (Groupe de la Banque mondiale, 2022[72]). Attirer des investissements vers l'exploitation de ces ressources minérales critiques pourrait contribuer à la croissance économique, à l'emploi et au développement local dans ces pays. Parallèlement, comme souligné dans l'avant-projet de document final de la quatrième Conférence internationale sur le financement du développement (Nations Unies, 2025[73]), les partenariats mondiaux et la collaboration régionale, l'intensification des négociations et l'amélioration de l'équité des marchés ainsi que la promotion de pratiques durables dans le secteur des produits de base, au moyen de financements novateurs et de la fourniture d'une assistance technique, sont des facteurs essentiels pour assurer une exploitation des ressources minérales critiques qui soit responsable sur le plan environnemental et social et qui profite aux communautés locales, tout en évitant les impacts négatifs qui pourraient en résulter (OCDE et al., 2024[74] ; Nations Unies, 2025[73]).

Les pays en développement subissent, plus les autres, les effets du changement climatique et ce sont eux qui bénéficieraient le plus d'une transition ordonnée. Les PMA sont particulièrement vulnérables face aux effets du changement climatique. Bien qu'ils n'aient contribué qu'à environ 1 % des émissions mondiales, ils sont cinq fois plus exposés aux aléas d'origine climatique que dans les années 70 (CNUCED, 2022[75]). Trente-huit PMA et autres PFR – contre seulement six PRITI, cinq PRITS et aucune économie avancée – ont une vulnérabilité climatique supérieure à 0.5 (Graphique 1.11, Partie B). Les catastrophes coûtent dix fois plus cher (en pourcentage de leur PIB) aux économies des PMA qu'à celles des pays les plus riches (Nations Unies, 2022[76]). Indépendamment des pertes économiques, les coûts humains et sociaux de ces catastrophes sont démesurément élevés pour les PMA. Ces cinquante dernières années, près de 70 % des décès causés par des catastrophes liées au climat ont été enregistrés dans des PMA (OMM, 2021[77]).

D'autres effets du changement climatique, comme l'appauvrissement de la biodiversité, sont plus difficiles à quantifier, mais renforcent l'argument en faveur de l'investissement dans le développement durable. La Banque mondiale prévoit que les pertes de PIB imputables à la perte de services écosystémiques tels que la pollinisation et la fourniture de ressources ligneuses et marines pourraient atteindre 225 milliards USD d'ici à 2030 (Johnson et al., 2021[78]). Il ressort de la *Dasgupta Review of the economics of biodiversity* qu'environ la moitié du PIB mondial dépend directement de la nature, et que les dommages qui lui sont causés coûtent à l'économie mondiale environ

2 700 milliards USD par an (Dasgupta, 2021[79]). En raison des écarts importants entre ces estimations et de l'incertitude qui les entoure, celles-ci sont souvent exclues de la plupart des projections portant sur le coût de l'inaction. Elles indiquent néanmoins que l'absence d'investissements en temps voulu dans la préservation de la biodiversité alourdira considérablement le fardeau qui pèse sur l'économie mondiale.

Graphique 1.11. Combler dès maintenant le déficit de financement du développement durable permettrait d'éviter des pertes et des préjudices

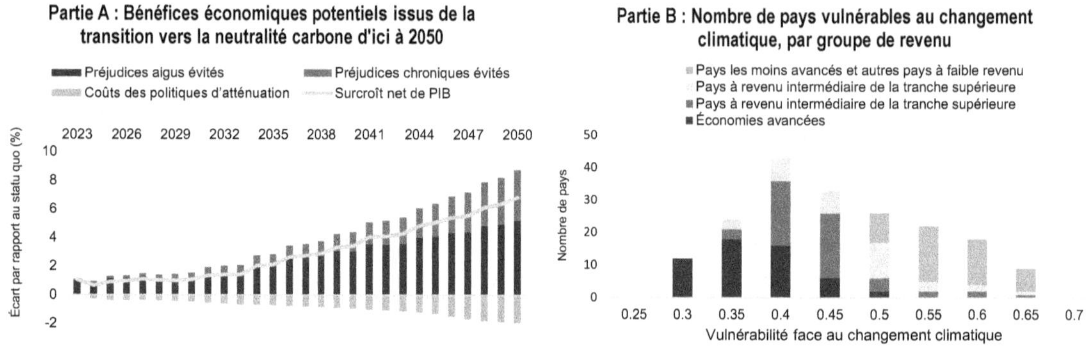

Source : Partie A : Calculs des auteurs fondés sur le modèle GCAM d'une transition ordonnée vers la neutralité carbone publiés par le NGFS (2024[70]), ND-GAIN Country Index, Vulnerability and Readiness (base de données), https://www.ngfs.net/ngfs-scenarios-portal/. Partie B : Calculs des auteurs d'après Notre Dame Global Adaptation Initiative (2022[80]), *ND-GAIN Country Index, Vulnerability and Readiness* (base de données), https://gain.nd.edu/our-work/country-index/rankings/.

La réussite de la transition mondiale vers la durabilité dépendra en grande partie de l'offre de solutions de financement adaptées aux besoins des pays en développement. Bien qu'ils détiennent une part essentielle des ressources ainsi que des services écosystémiques d'une importance vitale pour l'économie mondiale, les pays en développement sont souvent confrontés à d'importantes contraintes financières – niveaux d'endettement élevés, marge de manœuvre budgétaire limitée et plus grande vulnérabilité aux chocs économiques – qui rendent les coûts initiaux de la transition financièrement inabordables pour eux sans soutien extérieur. Pour compenser ce handicap, il faudra mobiliser des ressources, notamment des recettes publiques et des financements publics à l'appui du développement (FPD), et proposer des mécanismes de financement novateurs. La quatrième Conférence sur le financement du développement prévue en 2025 offre une occasion de mettre au point des solutions à l'appui d'une transition véritablement inclusive dont aucun pays ne soit exclu.

L'affectation au financement des ODD de milliers de milliards de dollars peut être accélérée.

Au-delà de la rupture des cercles vicieux aggravant le déficit de financement des ODD, d'autres opportunités existent pour accélérer l'alignement des flux financiers en vue d'une répartition plus équitable, propre à offrir des solutions face aux vulnérabilités et aux besoins de financement. Les organisations du secteur privé jouent un rôle croissant dans la gestion des problématiques environnementales et sociales et des problèmes de gouvernance, qu'elles assimilent à des risques financiers (Nations Unies, 2025[73]). Cependant, l'accélération de l'alignement du système financier mondial sur les objectifs mondiaux exigera un redéploiement des incitations tout au long de la chaîne d'investissement. Il est possible de le faire, notamment en réorientant une partie des actifs et des flux financiers mondiaux vers le soutien à des stratégies de mobilisation des ressources, dans des proportions et à un rythme suffisant pour permettre de relever des défis de dimension planétaire.

Les éléments tirés de l'exercice de suivi conduit par l'OCDE, présentés dans les chapitres suivants, suggèrent d'autres pistes pour faire converger les différentes sources de financement du développement durable. L'exercice a permis d'examiner les progrès accomplis au regard de plus de 70 cibles des ODD ainsi que de nombreux autres indicateurs indirects pertinents au regard des domaines d'intervention relevant du Programme d'action d'Addis-Abeba. L'objectif était de contribuer au mécanisme actuel de suivi du financement du développement, notamment au Groupe de réflexion interinstitutions sur le financement du développement (dont l'OCDE est membre), qui est piloté par les Nations Unies et dont la principale réalisation, en termes de suivi, est le rapport annuel sur le financement du développement durable.

Le système financier mondial dispose d'importantes ressources qui, si elles étaient mieux orientées vers la lutte contre les vulnérabilités, pourraient permettre de réduire sensiblement les déficits de financement des ODD et des objectifs climatiques. Les actifs financiers mondiaux représentent au total 461 000 milliards USD, ce qui atteste sans équivoque que les fonds nécessaires à l'appui du développement durable existent (Graphique 1.12). Néanmoins, l'inadéquation de la répartition des ressources, le coût élevé du service de la dette et d'autres sources de déperdition des moyens financiers à disposition limitent l'efficacité de leur utilisation pour couvrir les besoins de financement des ODD (OCDE, 2022[26]).

Il est essentiel de repenser les incitations qui existent au sein du système financier mondial afin d'accélérer la convergence des ressources vers une transition durable et équitable. Les cadres réglementaires et les incitations financières en vigueur sont souvent en décalage avec les réalités de la transition qui doit être menée à bien, de sorte que les gains à court terme sont privilégiés tandis que subsistent, dans certains cas, des pratiques dommageables comme les subventions aux combustibles fossiles. Des appels à la réduction de ces subventions ont été lancés à de multiples reprises. Les pays du G7, par exemple, se sont engagés à éliminer progressivement les subventions inefficaces aux combustibles fossiles d'ici à 2025. L'ODD 12 et la cible 12.c.1 portent sur l'amélioration de l'efficacité des politiques de rationalisation de ces subventions. Malgré cela, le montant des subventions explicites à l'échelle mondiale a été porté à 1 530 milliards USD en 2022, soit cinq fois plus qu'en 2020, de quoi réduire à néant les progrès accomplis en matière de transition vers la neutralité carbone (Nations Unies, 2024[81]). Lors de la COP 29, les pays ont réaffirmé leur engagement à éliminer progressivement les subventions inefficaces aux combustibles fossiles, sans toutefois établir concrètement de calendrier, ni signer d'accords contraignants, ce qui témoigne de la persistance des difficultés à réaliser des progrès notables sur ce sujet. Il sera primordial de veiller à la cohérence des politiques des différents ministères de façon à harmoniser les efforts, à réduire le plus possible les retombées négatives au-delà des frontières nationales et à affirmer le caractère de plus en plus urgent des réformes. À l'approche de la quatrième Conférence internationale sur le financement du développement, l'occasion s'offre aux pays d'examiner et de mettre en œuvre des solutions pour orienter les efforts engagés vers une refonte des incitations financières qui serve une transition juste et inclusive vers le développement durable et la résilience climatique.

Des ajustements de la réglementation s'imposent, mais n'ont pas encore été pleinement mis en œuvre par les pouvoirs publics. Il est fréquent d'observer, dans les réglementations en vigueur, un retard dans l'alignement des incitations sur les ODD, notamment en ce qui concerne les subventions, les taxonomies et les rapports sur la durabilité. L'absence de cadres mondiaux normalisés définissant des taxonomies relatives à la durabilité a, par exemple, entraîné une fragmentation des marchés, sapant ainsi la confiance des investisseurs et ralentissant l'alignement des investissements sur les priorités des ODD. De même, les progrès limités accomplis dans l'intégration de la double matérialité dans les rapports sur la durabilité sont à l'origine de lacunes sur le plan de la compréhension des impacts sociaux et environnementaux, de plus large portée, des activités du secteur privé. Des avancées ont été réalisées, se concrétisant par l'adoption de réglementations sur la conduite responsable des entreprises et de normes d'approvisionnement durable et de qualité des investissements au niveau de l'Union européenne par exemple, ou par la création du réseau Blue Dot et autres initiatives. L'avant-projet de document final de la quatrième Conférence internationale sur le financement du développement met l'accent sur l'amélioration des cadres régissant la divulgation d'informations relatives à la double matérialité et la normalisation des critères de classification des fonds pour les ODD afin de prévenir l'écoblanchiment et de créer une taxonomie mondiale du financement des ODD (Nations Unies, 2025[73]). Ces mesures pourraient donner un nouveau visage à la gouvernance financière et à la gouvernance d'entreprise et favoriser des stratégies d'investissement efficaces, transparentes et durables.

La stabilité et la viabilité du système financier reposent sur une réglementation financière solide et adaptable. Bien que des progrès significatifs aient été accomplis en matière de réglementation bancaire depuis la crise financière de 2009, la réglementation applicable au secteur financier non bancaire reste inadéquate et comporte des lacunes face aux risques systémiques. La mauvaise évaluation des risques dans les cadres réglementaires financiers actuels tels que ceux utilisés au niveau international pour la pondération des risques (par exemple Bâle III) renchérit le coût des emprunts destinés à financer les investissements dans les ODD, en particulier dans les PMA (Nations Unies, 2025[73]). En outre, la durabilité environnementale est très peu prise en compte dans la réglementation financière, et la divulgation d'informations relatives aux risques climatiques de même que les plans de transition sont des dispositifs relativement nouveaux. Les agences de notation de crédit, qui jouent un rôle central dans la détermination des coûts d'emprunt, n'offrent pas une transparence suffisante, ni un alignement à long terme satisfaisant sur les objectifs en matière de durabilité.

Parmi les propositions avancées à l'approche de la quatrième Conférence internationale sur le financement du développement pour faire face à ces défis, il est proposé de réexaminer et de modifier les cadres de pondération des risques adoptés au niveau international. L'objectif est de garantir que les évaluations soient précises et prennent notamment en compte les facteurs de durabilité, ainsi que de réduire la dépendance excessive à l'égard des notes de crédit. L'adoption d'un cadre réglementaire prudentiel adapté aux PMA et aux marchés peu développés est envisagée, de même que l'adoption de systèmes de notation de crédit fondés sur des modèles, s'inscrivant dans la durée et plus transparents (Nations Unies, 2025[73]). Un dialogue régulier entre les autorités de réglementation, les agences de notation et les parties prenantes est un moyen de s'assurer que des mesures appropriées seront prises durant les opérations d'échange et de restructuration de dette. L'intégration de plans de transition climatique, la soumission de ces plans à de tests de résistance et l'étude de la possibilité de conclure des accords mondiaux sur la gestion des mouvements de capitaux et d'adopter une réglementation applicable à la gestion d'actifs peuvent contribuer à créer un système financier plus résilient et plus en phase avec la durabilité.

Les actifs financiers mondiaux sont principalement détenus par le secteur privé, qui privilégie généralement le rendement au détriment de l'impact sur le développement. Les institutions financières non bancaires en détiennent la plus grande part (47 %), suivies des banques (40 %) et, dans une bien moindre mesure, des banques centrales et des institutions financières publiques (Graphique 1.12). L'alignement de ces apports financiers privés, qui représentent des montants considérables, sur les ODD reste limité, car le secteur privé privilégie généralement le rendement à l'impact sur le développement. Dans ce contexte, bien que détenant une part bien moindre des actifs, les institutions financières publiques, jouent un rôle essentiel de catalyseur des investissements durables et de soutien aux biens publics. C'est pourquoi, il est primordial de renforcer la collaboration entre les secteurs public et privé afin de créer de véritables synergies entre rentabilité et impact social positif. Les organisations de la société civile plaident en faveur d'un examen plus approfondi de l'impact sur le développement des partenariats public-privé, du financement mixte et d'autres instruments de financement privé, dans le but de s'assurer que les instruments de financement privé contribuent de manière significative au développement durable, à l'action climatique, à l'égalité des genres, à la stabilité budgétaire, à la défense des droits du travail et aux objectifs sociaux de façon plus générale (Civil Society Financing for Development Mechanism, 2024[82]). La quatrième Conférence internationale sur le financement du développement offre une occasion unique de mettre en avant la nécessiter d'orienter les financements mixtes et les investissements institutionnels vers des projets aux impacts mesurables en matière de durabilité, en normalisant les instruments, en créant des réserves de capitaux à effet catalyseur et en améliorant les données et les indicateurs d'impact afin d'obtenir des résultats significatifs en matière de développement (Nations Unies, 2025[73]).

Graphique 1.12. Accélérer l'affectation des ressources au financement des ODD

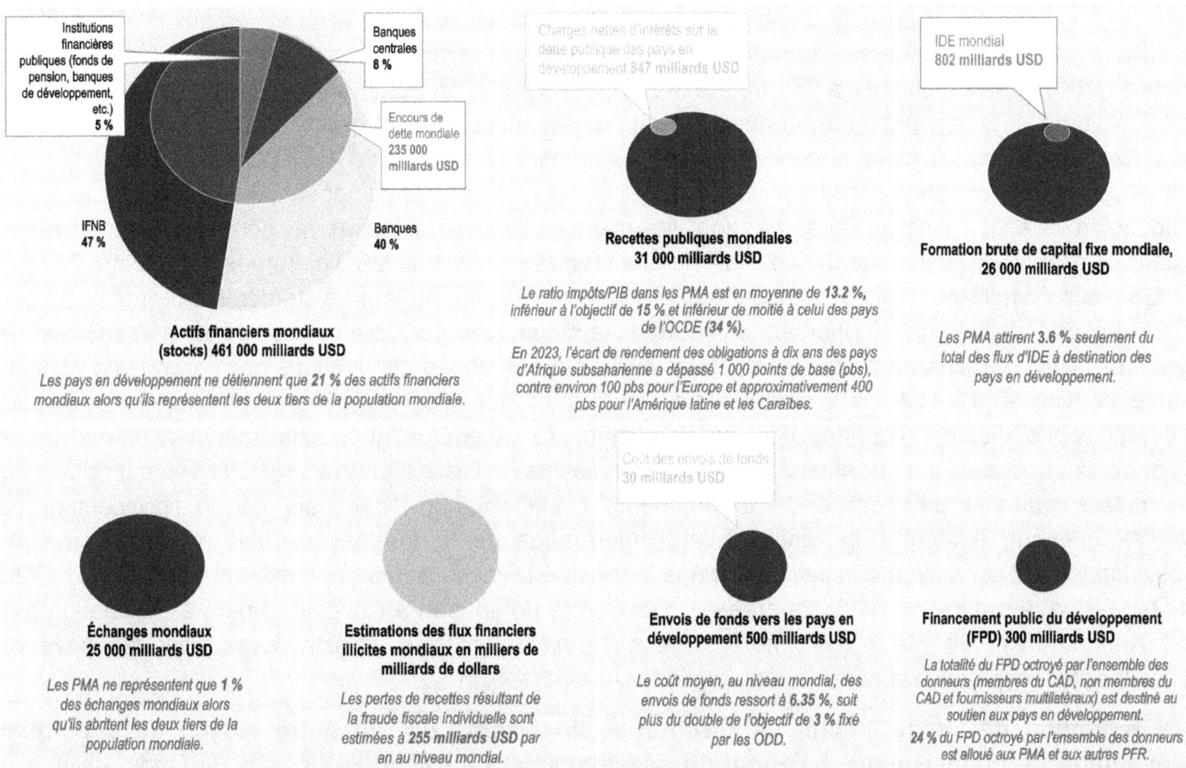

Note : IFNB = institutions financières non bancaires La part des pays en développement dans la population mondiale est calculée selon la définition des pays en développement de la Banque mondiale. La part de l'APD allouée aux PMA est établie à partir des chiffres de 2022 relatifs aux versements nets, aux prix constants de 2022 et selon la méthode de l'équivalent-don. Tous les chiffres sont établis à partir des données de 2022, à l'exception de ceux relatifs aux charges d'intérêts nettes sur la dette publique des pays en développement, qui reposent sur des données de 2023, et des chiffres relatifs aux flux mondiaux d'IDE, reposant sur des données du premier semestre 2024.

Source : Pour les actifs financiers mondiaux (hors encours de dette) : données du Conseil de stabilité financière (2023[83]), *Global Monitoring Report on Non-Bank Financial Intermediation*, https://www.fsb.org/2023/12/global-monitoring-report-on-non-bank-financial-intermediation-2023/. Pour l'encours de dette : Fonds monétaire international (2023[84]), *2023 Global Debt Monitor*, https://www.imf.org/-/media/Files/Conferences/2023/2023-09-2023-global-debt-monitor.ashx. Pour les chiffres des recettes publiques mondiales, données du FMI sur les recettes publiques ; CNUCED (2024[36]), *Un monde de dette 2024 - Une entrave de plus en plus grande à la prospérité mondiale*, https://unctad.org/fr/publication/un-monde-de-dettes ; OCDE (2024[85]), *Rapport sur la dette mondiale 2024 - Les marchés obligataires dans un contexte de dette élevée*, https://www.oecd.org/fr/publications/rapport-sur-la-dette-mondiale-2024_63ccad6c-fr.html. Pour les chiffres de la formation brute de capital fixe mondiale : données de la Banque mondiale (2024[86]), *Formation brute de capital fixe (en USD courants)* (base de données), https://donnees.banquemondiale.org/indicateur/NE.GDI.FTOT.CD ; OCDE (2024[38]) , « FDI in figures, octobre 2024 », https://www.oecd.org/en/publications/fdi-in-figures-october-2024_fcdc2fb2-en.html. Pour les chiffres des échanges mondiaux : Organisation mondiale du commerce (2023[87]), *Evolution of Trade Under the WTO : Handy Statistics*, https://www.wto.org/english/res_e/statis_e/trade_evolution_e/evolution_trade_wto_e.htm ; ONU (2024[88]), *À propos des pays les moins avancés* (page web), https://www.un.org/ohrlls/fr/content/%C3%A0-propos-des-pays-les-moins-avanc%C3%A9s. Pour les flux financiers illicites : Gravelle (2022[89]), *Tax Havens: International Tax Avoidance and Evasion*, https://crsreports.congress.gov/product/details?prodcode=R40623. Pour les envois de fonds : Banque mondiale (2024[90]), *Indicateurs du développement dans le monde*, https://donnees.banquemondiale.org/theme/secteur-financier?view=chart. Pour les chiffres relatifs aux FPD : OCDE (2024[30]), *Explorateurs de données de l'OCDE, Tableau CAD 1 : Flux par fournisseur (APD+AASP+privé)* (ensemble de données), http://data-explorer.oecd.org/s/9w ; OCDE (2024[91]), « Intégrer l'action climatique dans le financement du développement », https://doi.org/10.1787/41d16c83-en.

Bien qu'il s'agisse d'une source essentielle de capitaux pour les projets liés aux ODD, les flux mondiaux d'IDE se chiffrent actuellement à 800 milliards USD seulement (OCDE, 2024[38]). La formation brute de capital fixe (FBCF) et l'IDE sont des piliers indispensables pour stimuler la croissance économique, en particulier dans les pays en développement où les besoins en infrastructures et en capacités de production sont importants. La FBCF, qui représente les investissements dans des actifs à long terme tels que les infrastructures et les machines et les bâtiments, indique la part du capital qui est consacrée à la construction des fondations économiques d'un pays. En orientant stratégiquement l'IDE vers des secteurs qui permettent d'accroître la FBCF dans les secteurs verts et liés aux ODD, les pays peuvent renforcer la résilience, soutenir l'action climatique et favoriser la croissance économique à long terme. La FBCF s'est chiffrée à 26 000 milliards USD en 2022, en partie grâce à l'IDE, qui, à hauteur de 800 milliards USD, a représenté un afflux de capitaux essentiel (Graphique 1.12). L'IDE joue également un rôle crucial et complémentaire au sens où il permet d'accroître la FBCF dans les pays en développement en leur procurant les fonds nécessaires au développement d'infrastructures, de technologies et d'industries durables, dont les marchés financiers locaux ne pourraient peut-être pas suffire à assurer le financement. Les PMA auraient reçu 280 milliards USD d'entrées d'IDE entre 2015 et 2023 – soit 40 milliards USD de plus au total – si celles-ci avaient augmenté au même rythme (17 %) que vers d'autres pays en développement au cours de la même période. Comme indiqué dans la section 1.2, les flux d'IDE à destination des PMA n'ont pas enregistré un rebond dans les mêmes proportions après la crise du COVID-19 que ceux dirigés vers d'autres pays en développement et ce, en raison des répercussions disproportionnées des crises alimentaire et énergétique, ainsi que des autres chocs mondiaux successifs qui ont affecté plus durement ces pays (CNUCED, 2023[92]). Parmi les propositions formulées dans la perspective de la quatrième Conférence internationale sur le financement du développement, figurent l'intensification et l'amélioration de la qualité de l'IDE dans les pays en développement au moyen d'initiatives ciblées telles que la mesure des contributions de l'IDE aux ODD (c'est-à-dire la qualité de l'IDE), la création d'un centre de soutien à l'investissement à destination des PMA et la mise en place d'un mécanisme de financement des infrastructures pour les pays en développement privés d'accès à la mer (Nations Unies, 2024[93]).

La réduction des déperditions de ressources financières est un autre moyen de débloquer davantage de financements à l'appui du développement durable. Les envois de fonds, estimés à 500 milliards USD, en sont un exemple. Ils constituent un levier essentiel pour le développement des pays à faible revenu, mais leur potentiel est obéré par des frais de transfert qui demeurent élevés. Le Programme à l'horizon 2030 et le Programme d'action d'Addis-Abeba préconisent la réduction des coûts de transfert pour atteindre un objectif de 3 points de pourcentage, mais les coûts actuels restent plus de deux fois supérieurs à l'objectif et se sont chiffrés à 30 milliards USD au total en 2022. La réalisation de l'objectif aurait permis de mobiliser 20 milliards USD supplémentaires par an en faveur des ménages des pays en développement en 2022 (Chapitre 3). La quatrième Conférence internationale sur le financement du développement pourrait avoir pour objectif de ramener les coûts de transfert à 3 points de pourcentage d'ici à 2030, en s'appuyant sur les technologies numériques, l'intensification de la concurrence entre les opérateurs de transfert d'argent, et l'amélioration de la transparence sur les frais et à des cadres réglementaires proportionnés régissant les flux de ressources privées (Nations Unies, 2025[73]).

Les activités économiques criminelles et illicites constituent une autre source majeure de déperdition de ressources financières dans les pays en développement, et dans certains pays, les flux financiers illicites (FFI) peuvent excéder à la fois l'APD et les entrées d'IDE (Spanjers et Foss, 2015[94]). Bien qu'il n'existe pas de définition internationalement acceptée des FFI, on considère traditionnellement qu'ils englobent le blanchiment de capitaux, la corruption et la fraude fiscale auxquelles se livrent des entreprises internationales, ainsi que la manipulation des prix de transfert (OCDE, 2014[95]). Les FFI sont une menace pour les intérêts stratégiques, politiques et économiques des pays et sapent la confiance du public dans l'État et le système financier. Sur la période 2018-22, 22 pays ont pris part à une expérience pilote d'estimations des FFI. Confrontée à la difficulté de consolider ces estimations, en raison de données incomplètes et du risque de double comptage, la CNUCED s'est appuyée sur des informations tirées d'études pilotes pour tracer des orientations méthodologiques affinées sur le suivi des FFI (Chapitre 2) (CNUCED, 2024[96]). En ce qui concerne les FFI, il reste toutefois des défis majeurs à relever comme l'insuffisance des échanges d'informations, les limites à la capacité d'utiliser les données financières et la médiocrité des mesures de lutte contre la corruption et le blanchiment de capitaux. Le manque d'harmonisation des réglementations applicables aux prestataires de services professionnels (avocats, comptables, agents immobiliers, etc.) peut également favoriser ou faciliter les FFI. Les solutions proposées en vue de la quatrième Conférence internationale sur le financement du développement mettent l'accent sur la promotion de la transparence financière à l'échelle mondiale, reposant sur le renforcement de la coopération internationale, l'adoption, au niveau national, de réglementations applicables aux prestataires de services professionnels et la mise en œuvre de normes internationales de lutte contre la corruption. Il est également nécessaire d'améliorer les pratiques en matière de recouvrement d'avoirs, et de renforcer les mesures de lutte contre le blanchiment de capitaux, pour combattre les FFI et réduire les déperditions de ressources financières préjudiciables au soutien au développement durable.

Une part considérable des ressources financières est allouée aux encours de dettes publique et privée, qui s'élèvent à 235 000 milliards USD, ainsi qu'au coût du service de la dette dans les pays en développement, qui a atteint 847 000 milliards USD en 2023. La succession de chocs mondiaux, l'aggravation des vulnérabilités liées à l'endettement et l'étroitesse des marges de manœuvre budgétaires exacerbent les problèmes d'endettement des pays en développement, compromettant leur capacité à investir dans les ODD et la résilience climatique. Il est urgent de réussir à gérer plus efficacement le fardeau de la dette afin de libérer des capitaux pour financer les priorités de développement. L'avant-projet de document final publié en amont de la quatrième Conférence internationale sur le financement du développement comporte un appel à la création d'une architecture de la dette plus équitable dans le but de lever ces obstacles systémiques, y compris une recommandation visant à établir des principes approuvés à l'échelle mondiale pour des emprunts et des prêts responsables, ainsi que des outils de suivi de la mise en œuvre de ces principes à toutes les étapes du cycle de la dette. L'avant-projet met également l'accent sur la nécessité d'une plus grande transparence, la réponse envisagée étant un appel à créer, au niveau mondial, un registre centralisé des données sur la dette afin d'harmoniser la notification, de renforcer la confiance entre créanciers et emprunteurs et d'améliorer la prise de décisions (Nations Unies, 2025[73]).

Si elles sont mobilisées efficacement, les recettes publiques mondiales, estimées à 31 000 milliards USD, constituent une ressource essentielle à l'appui du financement des ODD. Le renforcement des mécanismes de recouvrement de l'impôt, en particulier dans les pays en développement, pourrait permettre d'accroître sensiblement les ressources publiques intérieures. D'après les estimations du Fonds monétaire international (FMI), les pays en développement à faible revenu pourraient relever leur ratio impôts/PIB de 9 points de pourcentage en moyenne en combinant réformes fiscales et institutionnelles (FMI, 2024[97]). Les PMA pourraient mobiliser 280 milliards USD de recettes fiscales supplémentaires par an en portant ce ratio à un niveau équivalent à celui des autres pays en développement (Chapitre 2). Pour y parvenir, il faudrait accroître les recettes fiscales, en privilégiant notamment les impôts sur les biens et services ainsi que sur le revenu des personnes physiques, qui s'avèrent les plus prometteurs à cet égard. Bien qu'il soit possible d'envisager, dans une certaine mesure, une augmentation des recettes tirées de l'impôt sur les bénéfices des sociétés, la marge de progression reste limitée au regard du montant des ressources nécessaires. Les propositions formulées dans la perspective de la quatrième Conférence internationale sur le financement du développement englobent un soutien à la mise en œuvre de la Solution reposant sur deux piliers du BEPS de l'OCDE et du G20, assorti d'une mention de l'importance de veiller à ce que les résultats qu'elle produira bénéficient aux pays en développement. Parmi les recommandations figurent celle de relever le taux de l'impôt minimum mondial sur les sociétés, prévu au titre du Pilier Deux, ainsi que celle d'apporter un soutien au renforcement des capacités afin d'aider les pays en développement à analyser et à mettre en œuvre ce cadre de manière efficace (Nations Unies, 2024[93]). Le renforcement du dispositif de la déclaration pays par pays et l'amélioration de la transparence sur la propriété grâce à la mise en place de registres mondiaux sont également des étapes déterminantes pour garantir la discipline fiscale. Ces mesures visent à instaurer un système fiscal international plus juste, en donnant aux pays en développement les moyens de préserver leurs bases d'imposition, et à mobiliser des recettes suffisantes pour investir dans le développement durable.

L'alignement des politiques commerciales sur les objectifs de durabilité offrirait aux pays en développement un levier déterminant pour renforcer leur résilience économique et mieux tirer parti des flux d'échanges mondiaux. Les échanges mondiaux de biens et de services, évalués à 25 000 milliards USD en 2022, constituent une composante essentielle des ressources financières publiques pouvant être mobilisées à l'appui du développement durable (Graphique 1.12). En intégrant le recours à des pratiques durables dans les accords commerciaux et les politiques nationales, les pays peuvent favoriser une croissance inclusive et assurer une stabilité économique à long terme. Les PMA représentent par exemple 14 % de la population mondiale, mais 1 % seulement des échanges mondiaux. Doubler leur part des échanges mondiaux en la portant à 2 % pourrait générer 230 milliards USD supplémentaires par an pour leurs économies, des ressources qui pourraient être utilisées pour lutter contre la pauvreté et diversifier l'économie (Chapitre 5). L'avant-projet rédigé dans le contexte de la quatrième Conférence internationale sur le financement du développement contient un appel à renforcer l'aide aux infrastructures commerciales et à la facilitation des échanges, l'objectif étant de doubler l'aide pour le commerce aux PMA d'ici à 2031 et d'affecter au moins 50 % de cette aide au renforcement des capacités de production (Nations Unies, 2025[73]). La Zone de libre-échange continentale africaine devrait par exemple faire augmenter les recettes tirées des échanges par les pays d'Afrique de 450 milliards USD d'ici à 2035, grâce à une hausse attendue de 81 % du commerce intra-africain. Ces exemples illustrent la contribution que des politiques commerciales convergentes peuvent apporter à l'avènement d'une croissance durable, en particulier lorsqu'elles ciblent les régions et les pays ayant les plus grands besoins.

Bien que les FPD provenant de fournisseurs bilatéraux et multilatéraux ne représentent que 300 milliards USD sur le montant total du financement des ODD, ils demeurent une ressource primordiale, en particulier pour les pays qui en ont le plus besoin. Même s'ils ne peuvent à eux seuls combler le déficit de financement, ils jouent un rôle capital dans des secteurs où l'investissement privé est limité, comme les régions en situation de fragilité ou à haut risque. Il s'avère indispensable de redoubler les engagements au titre de l'APD et d'améliorer l'efficacité de l'APD afin d'exercer un effet catalyseur sur les autres apports financiers et de garantir le financement du développement atteigne les plus vulnérables. Les membres du CAD auraient mobilisé 200 milliards USD supplémentaires en 2023 s'ils s'étaient mis d'accord sur l'objectif de consacrer 0.7 % de leur revenu national brut (RNB) à l'APD et l'avaient atteint. Sur la période 2015-22 cependant, l'APD allouée par les membres du CAD aux pays les plus vulnérables n'a pas progressé au même rythme que les apports totaux, puisqu'elle a augmenté de 28 % seulement alors que l'APD totale a augmenté de 48 % (Chapitre 4). Parmi les propositions avancées pour permettre de relever ces défis, figurent l'adoption de calendriers plus ambitieux pour la réalisation des objectifs d'APD ; le relèvement des engagements à l'égard des PMA, portés de 0.15-0.20 % actuellement à 0.20 % du RNB consacré à l'APD ; l'augmentation de la part de l'APD affectée au renforcement des capacités et des institutions essentielles dans les pays en développement (aide programmable par pays, soutien budgétaire, etc.) ; et l'amélioration de la transparence et de la redevabilité pour tous les fournisseurs de coopération pour le développement, notamment les fournisseurs de coopération Sud-Sud et de coopération triangulaire (Nations Unies, 2025[73]).

Encourager la participation du secteur privé par le biais du financement mixte et mettre en place un suivi rigoureux pourrait faciliter un afflux d'investissements non négligeable vers des secteurs essentiels pour le développement durable. Des outils tels que le financement mixte, l'investissement à impact positif et les obligations vertes pourraient également attirer des investisseurs privés si les risques sont réduits par des garanties publiques partielles. Des mécanismes financiers novateurs et une intensification des effets catalyseurs de l'APD contribueraient également à libérer des ressources au profit d'investissements dans les ODD d'une importance cruciale, permettant une répartition plus équitable de la richesse mondiale à l'appui d'une croissance inclusive et durable. Néanmoins, pour que ces mécanismes aient un impact significatif, l'adoption d'un cadre réglementaire favorable et de mesures précises s'impose afin de garantir qu'ils contribuent réellement à l'atteinte de résultats liés aux ODD.

Les banques multilatérales de développement (BMD) peinent à accroître leurs capacités financières, à prendre en compte l'impact qu'ont leurs incitations sur le développement, et à élargir l'accès aux financements concessionnels. Dans le même temps, elles doivent s'accommoder d'une situation marquée par une coordination fragmentée et une hausse de la demande d'investissements durables et inclusifs. Les réformes en cours au sein des BMD visent à tripler le volume total des prêts d'ici à 2030 pour le porter à 400 milliards USD par an. Pourtant, même dans le scénario le plus optimiste, le montant des prêts supplémentaires accordés par les BMD serait de 40 milliards USD par an – soit nettement moins que l'objectif de 260 milliards USD supplémentaires par an fixé par le Groupe d'experts indépendants du G20 (OCDE, 2024[98]). Les propositions formulées, pour relever ces défis, dans l'avant-projet de document final de la quatrième Conférence internationale sur le financement du développement comprennent la mise en œuvre de réformes en matière d'adéquation des fonds propres, l'augmentation des financements concessionnels, la prise en compte de l'impact des incitations sur le développement durable, la multiplication des prêts en monnaie locale et le renforcement de la collaboration afin de rationaliser les opérations et d'optimiser la mobilisation des ressources (Nations Unies, 2025[73]).

Il est possible de mettre en évidence de nouveaux leviers pour favoriser la transition

La transition vers une économie mondiale durable et inclusive nécessite des efforts coordonnés et différenciés pour pouvoir actionner des leviers d'action intégrant les objectifs interdépendants que sont l'élimination de la pauvreté, la croissance économique et l'action climatique. Les actions entreprises doivent être adaptées aux capacités et aux besoins variés des pays, en fonction de leur stade de développement. Les PFR, dont les émissions et le PIB par habitant sont faibles, devraient se concentrer sur l'élimination de la pauvreté en investissant dans le capital humain, physique et financier. Les PRI, en particulier les PRITI, devraient donner la priorité à la croissance du revenu, tout en réduisant leur vulnérabilité et en tirant parti de synergies, par exemple en faisant baisser la pollution atmosphérique. Les pays à revenu élevé, qui sont responsables de la majeure partie des émissions mondiales, doivent non seulement œuvrer à l'atténuation du changement climatique, mais aussi gérer les coûts associés à la transition (Groupe de la Banque mondiale, 2024[99]).

De nouveaux leviers d'action peuvent favoriser l'obtention de bénéfices à long terme sur le plan de l'équité sociale, de la stabilité financière et de la durabilité. Le potentiel offert par les leviers traditionnels que sont les politiques monétaire et budgétaire a été, après la crise du COVID-19, largement épuisé. Pour éviter toute conséquence négative fortuite, en particulier lorsqu'il s'agit de faire face aux risques inhérents au découplage, les pouvoirs publics doivent recourir à une série de leviers économiques, notamment à la mise en place de nouveaux cadres réglementaires, de politiques de transition et d'instruments financiers équitables, afin d'ouvrir de nouvelles possibilités d'accroître les financements et les recettes et d'atteindre les objectifs mondiaux en matière de climat et de développement durable. Le Graphique 1.13 donne un aperçu de ces possibilités et des divers avantages qu'elles peuvent contribuer à procurer, comme la réforme des impôts et des subventions, la création de marchés (tels que le marché du carbone), le renforcement des cadres réglementaires, la valorisation des actifs naturels (comme les océans et la bioéconomie), ainsi que des politiques de transition juste. Ces avantages peuvent plus ou moins démultipliés en fonction des contextes nationaux.

Graphique 1.13. Nouveaux leviers pour la transition

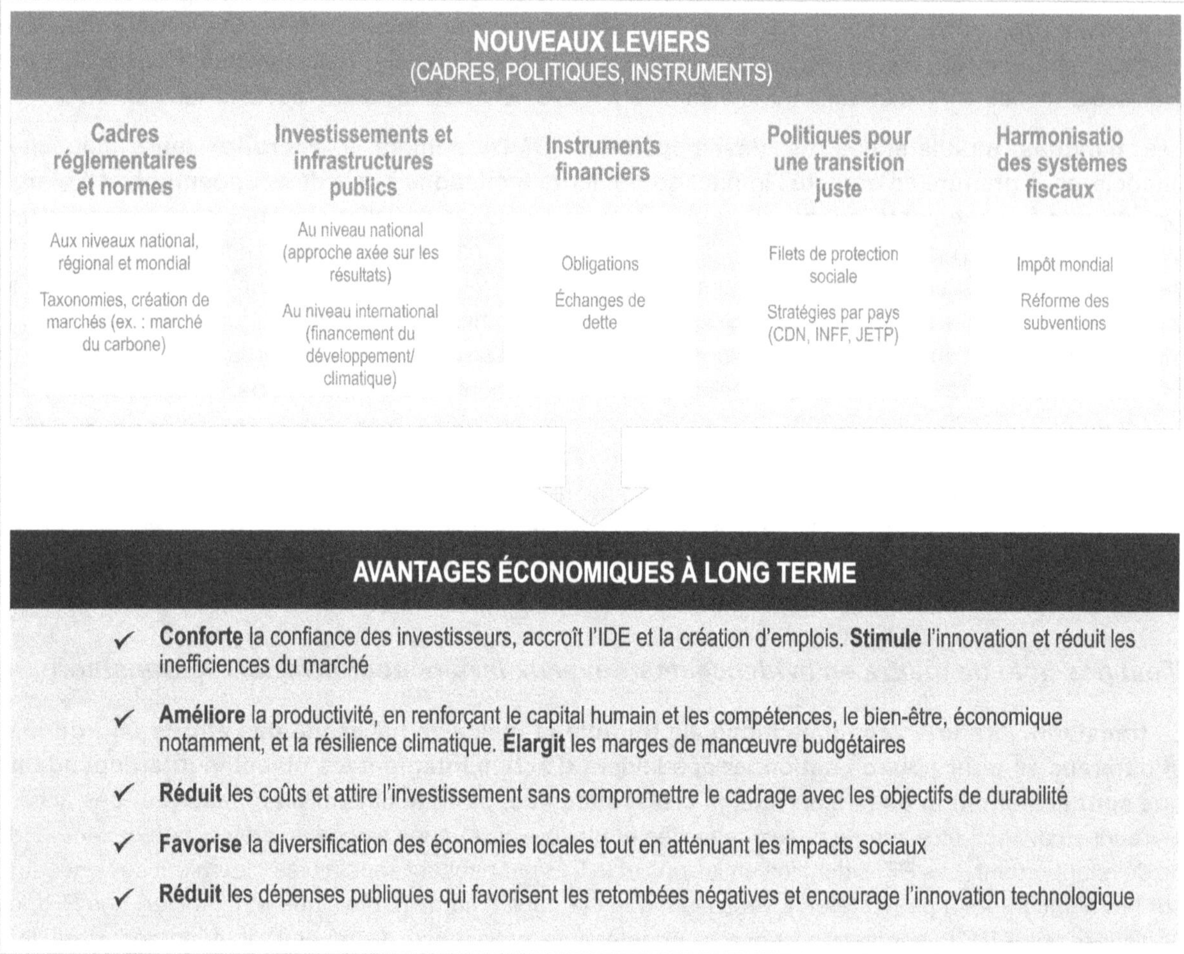

Note : CDN = contributions déterminées au niveau national ; INFF = cadres de financement nationaux intégrés ; JETPS = partenariats pour une transition énergétique juste.

Bien que difficile à mettre en œuvre, la remise en cause des subventions aux combustibles fossiles est un enjeu crucial pour tous les pays, même si le degré de priorité diffère selon le niveau de revenu des pays. Concilier les objectifs budgétaires et environnementaux et l'équité sociale est un défi pour tous les pays, quel que soit leur niveau de revenu. Lors de la COP 28, une coalition de nations appartenant à différents groupes de revenu s'est engagée à mettre fin aux subventions aux combustibles fossiles en promouvant la transparence, en levant les obstacles internationaux et en favorisant l'adoption de stratégies nationales d'élimination progressive des subventions tout en minimisant les fuites de carbone et en maintenant des règles du jeu équitables (Institut international du développement durable, 2024[100]). La réorientation des subventions accordées à des activités à forte intensité de carbone vers des projets dans le domaine des énergies renouvelables peut permettre de réduire sensiblement les émissions et favoriser l'émergence de trajectoires d'innovation verte. Dans les pays à faible revenu, les priorités sont souvent axées sur la réduction des perturbations sociales et économiques, en utilisant ces ressources pour élargir l'accès à l'énergie, financer les filets de protection sociale et favoriser un développement inclusif. Elles peuvent à cet effet être réorientées de façon à répondre à des besoins de développement urgents comme l'accès aux énergies propres, les infrastructures et la lutte contre la pauvreté. L'Indonésie, qui a progressivement restructuré ses subventions aux combustibles fossiles tout en investissant dans les énergies renouvelables, et en effectuant des transferts monétaires directs pour soutenir les populations vulnérables, représente un exemple remarquable à cet égard (OCDE, 2024[101]). L'efficacité des leviers d'action est conditionnée par l'existence de filets de protection sociale solides, d'une communication claire et d'un engagement des parties prenantes garant de l'acceptabilité politique et sociale (Alers et Jones, 2021[102]).

Les marchés du carbone peuvent constituer des leviers d'action supplémentaires, mais ils nécessitent une réforme en profondeur afin que les pays à faible revenu puissent en tirer avantage. Les résultats de la COP 29 sur les marchés du carbone ont révélé l'absence de garde-fous solides garantissant aux pays en développement un accès équitable à ces marchés et l'insuffisance des mesures de prévention contre l'écoblanchiment. Les pays en développement auront besoin d'un soutien pour que les échanges de crédits d'émission de carbone servent leurs objectifs de développement, que les règles de partage des recettes soient clarifiées et que les projets relatifs au marché du carbone soient intégrés dans les politiques économiques de portée plus large. Les partenaires au développement peuvent œuvrer au renforcement des capacités institutionnelles et techniques de ces pays afin d'assurer leur participation effective aux marchés du carbone, tout en distinguant le financement du carbone du financement climatique de manière à éviter les doubles emplois ou une mauvaise affectation des ressources (CNUCED, 2024[103]).

L'économie maritime ou l'économie bleue ouvre de larges perspectives pour la promotion du développement durable, en particulier dans les PFR et les PEID où les secteurs d'activité liés à la mer sont des piliers essentiels de l'économie (OCDE, 2024[104]). Les PFR sont dépendants des secteurs d'activité liés aux océans, qui représentent plus de 11 % de leur PIB, un pourcentage bien supérieur à celui des pays de l'OCDE, où ils ne contribuent au PIB qu'à hauteur de 2 %. Le tourisme par exemple, y compris le tourisme marin et côtier, est une composante essentielle des moyens de subsistance et de la résilience économique au Cabo Verde, aux Seychelles et aux Maldives, où il génère plus de 50 % du PIB. En 2022, l'APD allouée à l'économie maritime s'est certes chiffrée à 3.5 milliards USD au total, soit une hausse de 45 % par rapport à 2021, mais elle ne représentait toutefois encore que 1 % de l'APD totale (OCDE, 2024[104]). Sur ce total, 2.4 milliards USD (69 %) ont été consacrés à l'amélioration de la durabilité dans les secteurs de l'économie maritime ou à la préservation des ressources océaniques. Ces investissements attestent que l'économie bleue recèle un potentiel susceptible d'être mis à profit pour favoriser une croissance inclusive et réagir face aux défis environnementaux, à condition que les politiques et les mécanismes financiers restent en phase avec les objectifs de durabilité et de résilience.

Si les bons leviers d'action sont en place, la bioéconomie ouvre des perspectives à tous les pays, mais offre un potentiel de transformation particulièrement important aux PFR et aux PRI. Le terme de bioéconomie renvoie à l'exploitation de ressources biologiques renouvelables pour atténuer la dépendance à l'égard des énergies fossiles, réduire les émissions de gaz à effet de serre et optimiser l'efficacité de l'utilisation des ressources (OCDE, 2018[105]). Quel que soit leur niveau de revenu, tous les pays doivent collaborer pour faire en sorte que la biomasse soit utilisée de manière durable et selon des modalités permettant de concilier les objectifs environnementaux, économiques et sociaux. Des leviers tels que la suppression des subventions aux combustibles fossiles et la mise en œuvre d'incitations financières comme les taxes carbone peuvent être des moyens d'accroître la compétitivité des bioproduits (OCDE, 2018[105]). La concrétisation de projets de production de biogaz à petite échelle dans des PFR, comme ceux menés au Kenya par exemple, montrent comment produire une énergie renouvelable à partir de déchets agricoles et ménagers, améliorer la gestion des déchets et réduire la déforestation (Forum économique mondial, 2024[106]). Les PRI, dont le Brésil, ont réussi, en fabriquant de l'éthanol à partir de la canne à sucre, à créer des emplois, à réduire leurs émissions et à générer des crédits d'émission de carbone (Forum économique mondial, 2024[106]).

Engager une action durable et inclusive à l'échelle mondiale, indépendamment du niveau de revenu des pays, peut aussi passer par l'instauration de prélèvements de solidarité visant à

mobiliser des ressources nouvelles et significatives au service des objectifs visés en termes de climat et de développement. Le Groupe de travail sur les contributions de solidarité mondiale (2024[107]), par exemple, attire l'attention, dans un rapport d'étape rendu public à l'occasion de la COP 29, sur les diverses solutions envisageables pour soumettre à des taxes les secteurs à fortes émissions et à forte intensité de ressources. Parmi les options présentées, figurent des prélèvements de solidarité sur les combustibles fossiles, le transport aérien, le transport maritime, la tarification du carbone et les transactions financières, ainsi qu'une taxe sur l'extraction des combustibles fossiles et une taxe sur les transactions financières pouvant permettre de lever entre 156 et 260 milliards EUR par an, dont une part importante serait allouée aux pays en développement. Les pays à revenu élevé sont encouragés à montrer la voie en instituant des incitations du côté de la demande, notamment des assignations en matière de passation de marchés publics. En 2022, 92 % des pays de l'OCDE interrogés (35 sur 38) ont déclaré avoir adopté une politique ou un cadre d'action national pour une transition verte, et 29 ont indiqué faire référence dans leurs engagements environnementaux nationaux à une politique de ce type ou aux règles de passation des marchés publics comme à un outil au service d'objectifs de durabilité (OCDE, 2024[108]). Dans le même temps, les PRI peuvent privilégier la collaboration industrielle et les PFR intégrer dans leurs stratégies nationales des projets de carbone renouvelable rendus possibles par des financements concessionnels et des transferts de technologie.

La dette peut être un levier d'action puissant à l'appui du développement lorsqu'elle est au service des ODD et lorsqu'une utilisation efficace des ressources et un retour sur investissement élevé sont assurés. À l'approche de la quatrième Conférence internationale sur le financement du développement, diverses propositions ont déjà été élaborées pour faire face à la crise de la dette tout en favorisant une croissance durable et inclusive (Nations Unies, 2024[93]). La multiplication et la simplification des échanges dette-climat et dette-nature pourraient permettre de diriger des ressources vers le développement durable et de réduire en outre les coûts de transaction. Des solutions novatrices, comme la conversion de dettes en mesures en faveur de l'action climatique et de la nature, pourraient contribuer au redéploiement d'une dette estimée à 100 milliards USD au profit de la restauration de la nature et de l'adaptation au changement climatique dans les pays en développement. Les clauses sur la résilience climatique dans les contrats de dette, qui permettent de suspendre temporairement ou de restructurer les paiements en cas de catastrophe liée au climat, sont de plus en plus souvent intégrées dans les instruments financiers, ce qui procure aux nations vulnérables une marge de manœuvre budgétaire dont elles ont grandement besoin. En outre, jusqu'à 80 milliards USD pourraient être débloqués grâce à la réorientation, via les BMD, de droits de tirage spéciaux au profit d'un accroissement des investissements dans la résilience climatique et le développement durable. Le Chapitre 6 sur la dette et la viabilité de la dette fait état d'inconvénients que présentent ces dispositifs ainsi que d'autres considérations les concernant. Parmi les propositions complémentaires, figure un appel à mettre en place un nouveau mécanisme de coordination pour le soutien à la liquidité, l'assistance technique et les conseils juridiques dispensés aux nations débitrices, destiné à leur permettre de gérer leur dette dans la durée sans risquer le défaut de paiement. La réforme du Cadre commun du G20 a pour objet d'assurer l'adoption de résolutions plus justes et plus efficaces en élargissant l'éligibilité, en érigeant en norme la suspension du service de la dette pendant les négociations et en raccourcissant les délais de traitement de la dette. Les administrations nationales et les groupes de défense des intérêts des créanciers réclament également des réformes législatives au niveau national pour pouvoir prévenir les perturbations causées par les créanciers récalcitrants et perfectionner les contrats de prêt. Par ailleurs, certains appellent de leurs vœux une mise à jour des évaluations relatives à la viabilité de la dette, tenant compte des dépenses nécessaires pour atteindre les ODD, des risques climatiques et des effets à long terme des investissements durables sur la croissance, qui constituerait le socle de stratégies d'endettement conformes aux objectifs de développement et de résilience.

Enfin, il est primordial de renforcer, dans les pays à faible revenu, des stratégies de financement du développement que ces pays puissent s'approprier afin de placer la coopération internationale

et les flux financiers mondiaux sous le signe d'une transition juste. Les stratégies de financement des ODD et de financement climatique pilotées par les pays, comme les cadres de financement nationaux intégrés (CNFI), les contributions déterminées au niveau national (CDN) et les partenariats pour une transition énergétique juste (JETP), jouent un rôle essentiel pour la prise en compte des ODD dans la planification économique et les budgets nationaux. Les CDN, par exemple, constituent un levier d'action pour les pays, leur permettant de détailler leur contribution à la réalisation des objectifs de l'Accord de Paris, notamment en ce qui concerne l'élévation de la température mondiale. Accompagner ces stratégies exige l'octroi de financements concessionnels ainsi que d'une assistance technique et d'un soutien au renforcement des capacités, devant permettre de consolider les systèmes de gestion des finances publiques, d'améliorer la conformité aux cibles des ODD et d'intégrer la résilience climatique dans les cadres nationaux de développement. Le financement climatique doit compléter, et non remplacer, le financement du développement, afin d'assurer que les progrès de l'action climatique sont alignés avec l'éradication de la pauvreté et la croissance inclusive. La quatrième Conférence internationale sur le financement du développement peut donner l'occasion de s'emparer des possibilités existantes d'aligner les efforts de développement sur les CDN, en utilisant des cadres intégrés pour orienter la planification et la prise de décisions, et en favorisant la conclusion d'accords de coopération pluriannuels stables (Nations Unies, 2024[93]). Le renforcement du dialogue international fait également partie des propositions visant à assurer la cohérence du financement des besoins en matière de développement, d'action climatique et humanitaire, en rationalisant les architectures en place au niveau national de façon que les pays en développement soient au centre de leurs propres processus de coordination et de prise de décisions. La coopération internationale devrait également privilégier la concordance entre les stratégies des donneurs et les plans pilotés par les pays, afin de promouvoir l'appropriation et la cohérence, et d'assurer des effets à long terme.

À l'avenir, la quatrième Conférence internationale sur le financement du développement offrira une occasion décisive d'élaborer un cadre au service de la poursuite des efforts collectifs et individuels visant à aligner les flux, les politiques et les stratégies de financement en faveur d'une transition durable. Pour promouvoir l'adoption de nouveaux leviers d'action adaptés à la situation et au niveau de revenu propres à chaque pays, la communauté mondiale peut encourager un mouvement convergent vers ses priorités de financement, en s'attaquant aux obstacles systémiques et en favorisant la cohérence des politiques. La quatrième Conférence internationale sur le financement du développement peut insuffler l'élan indispensable à l'accroissement des investissements dans le développement durable et à l'alignement des flux financiers sur les ODD, sachant qu'il convient de veiller à ce qu'aucun pays ne soit laissé pour compte sur le chemin de la transition vers un avenir durable et résilient.

1.4. Préparer la quatrième Conférence internationale sur le financement du développement et l'après-2025

Le renouvellement du Programme d'action d'Addis-Abeba, qui sert depuis plusieurs années de cadre pour le financement du développement durable, offre l'occasion de soutenir la mise en place d'une architecture de financement plus durable et plus équitable en 2025. Depuis son adoption en 2015, ce programme a joué un rôle catalyseur pour toute une série d'initiatives qui, notamment, renforcent la coopération internationale en matière de fiscalité, intègrent les cadres de financement et établissent des mécanismes de financement innovants. Toutefois, la pandémie de COVID-19, le changement climatique, le rétrécissement de la marge de manœuvre budgétaire et d'autres défis ont modifié les besoins et les priorités en matière de financement. La quatrième Conférence internationale sur le financement du développement, qui se tiendra à Séville (en Espagne) en 2025, vise à évaluer les progrès accomplis au regard des engagements pris précédemment, à mettre en évidence et à relever les défis émergents dans le but d'accélérer les progrès vers la réalisation du Programme 2030 et à plaider en faveur de réformes de l'architecture financière internationale afin de mieux soutenir le développement durable (Nations Unies, 2024[109]).

De récents accords internationaux de grande envergure montrent bien l'ampleur du défi que représente le financement, qui rend les enjeux pour la Conférence de Séville d'autant plus importants. Des initiatives clés telles que l'Initiative de Bridgetown, le Plan de relance des ODD de l'ONU, le Groupe de travail à haut niveau des ministres africains des Finances, de la Planification et du Développement économique, le Vulnerable Twenty Group (ou V20, groupe des 20 pays les plus vulnérables au changement climatique) ou le Pacte de Paris pour les peuples et la planète visent collectivement à lutter contre les inégalités financières à l'échelle mondiale et à soutenir le développement durable. La réforme n'a jamais été aussi cruciale, mais sa mise en œuvre n'a jamais été aussi difficile. Les attentes sont considérables et exigent une stratégie globale et cohérente pour favoriser une croissance juste et durable. L'appel à mobiliser 500 milliards USD par an au titre du Plan de relance des ODD n'a pas encore été suivi d'effets, ce qui met en évidence l'écart entre ambition et concrétisation (Nations Unies, 2023[110]). Les accords majeurs récemment conclus sous l'égide des Nations Unies, tels que le Pacte pour l'avenir ou les accords issus de la COP 29 sur le climat et de la COP 16 sur la biodiversité, n'ont pas donné lieu aux avancées nécessaires en matière de financement, si bien que des décisions cruciales ont été reportées à la Conférence de Séville, dont les enjeux sont devenus d'autant plus grands.

Comment les négociateurs peuvent-ils tirer le meilleur parti des possibilités offertes par la Conférence de Séville ? Trois grandes considérations devraient les guider. Premièrement, s'efforcer d'obtenir des résultats significatifs et politiquement réalisables, tout en renforçant la confiance. Deuxièmement, veiller à ce que le cadre qui sera défini lors de la Conférence soit adapté à l'après-2025. Et troisièmement, renforcer le mécanisme de suivi du financement du développement à la suite de la Conférence pour s'assurer de leur mise en œuvre. Au cours des dix années qui ont suivi l'adoption du Programme d'action d'Addis-Abeba, de nouveaux défis sont apparus et le contexte a changé, si bien que le Programme doit être actualisé afin de demeurer pertinent après 2025. La Conférence de Séville pourrait aider la communauté internationale à trouver un équilibre entre le besoin d'ambition et les risques de fragmentation géoéconomique[10].

S'efforcer d'obtenir des résultats significatifs et politiquement réalisables

Compte tenu des tensions géoéconomiques actuelles et des risques de découplage économique décrits dans ce chapitre, la priorité doit être donnée à la restauration de la confiance entre les acteurs. En raison de l'érosion de la confiance entre les nations, il est difficile de parvenir à s'entendre sur la révision du cadre de financement en place. On a pu le constater durant la pandémie de COVID-19 : les disparités dans la distribution des vaccins ont mis en évidence de profondes failles dans la solidarité mondiale, renforçant le sentiment d'iniquité et érodant la confiance. Des structures de gouvernance plus équitables peuvent contribuer à éviter la fragmentation des systèmes mondiaux d'échanges, d'investissement et de financement (Nations Unies, 2024[93]). La poursuite de la modernisation des structures de gouvernance au sein d'institutions telles que le FMI ou la Banque mondiale, et dans les processus de négociation de la dette (par exemple ceux menés par le Club de Paris) pourrait permettre aux pays en développement de mieux se faire entendre et d'avoir davantage d'influence dans la prise de décision. Les pays en développement détiennent 37 % des droits de vote au FMI et 39 % à la Banque mondiale, alors qu'ils représentent 75 % des membres de ces institutions[11] (Nations Unies, 2023[111]) (voir également le Chapitre 7 sur le règlement des problèmes systémiques).

Pour restaurer la confiance, il est essentiel de commencer par améliorer la cohérence des politiques au service du développement durable (CPDD)[12]. Dans une enquête réalisée en 2023 par l'OCDE, 73 % des pays ayant répondu ont indiqué que le manque de données et d'analyses sur les effets transnationaux des politiques publiques constituait un obstacle majeur aux progrès en matière de CPDD (OCDE, 2024[112]). Remédier aux contradictions et promouvoir des efforts intégrés permettra d'éviter les cercles vicieux, tels que les conflits ou le sous-investissement dans l'éducation et la lutte contre le changement climatique, entre autres, qui exacerbent les inégalités mondiales (voir la section 1.3). L'alignement des flux financiers mondiaux sur les cibles des ODD et de l'Accord de Paris nécessite des réformes importantes dans les pays de l'OCDE, notamment des ajustements des politiques budgétaires, des systèmes fiscaux, des subventions et de la gouvernance institutionnelle. En donnant la priorité à la CPDD, la Conférence de Séville peut encourager des approches plus intégrées et transparentes de l'action publique, favorisant la confiance mutuelle entre les nations.

Lors de la Conférence de Séville, il sera primordial d'ancrer des pratiques inclusives et d'appeler les plateformes existantes à travailler ensemble afin de parvenir à des résultats équitables et à des mesures concrètes, qui résonneront et renforceront la confiance entre tous les partenaires. Le CAD de l'OCDE a fait l'objet d'ajustements lui permettant d'intégrer des points de vue plus hétérogènes tels que ceux de pays non membres, d'organisations de la société civile et de nouveaux fournisseurs de coopération Sud-Sud et de coopération triangulaire. De même, la transformation du projet sur le soutien public total au développement durable (TOSSD) en un forum international indépendant en 2024 témoigne de l'évolution de la mesure du TOSSD, qui est en train de devenir une norme mondiale pour le suivi du financement du développement durable selon des modalités garantissant la transparence, la redevabilité et l'appropriation locale. Élaboré, initialement, par le CAD au titre du Programme d'action d'Addis-Abeba, le TOSSD a été élargi de façon à inclure la coopération Sud-Sud, les partenariats triangulaires et le financement des biens publics mondiaux, et cette évolution a nécessité une structure de gouvernance dépassant le cadre de l'OCDE (Chapitre 4). Ces efforts témoignent de la prise de conscience croissante de l'importance d'une gouvernance inclusive, grâce à laquelle l'ensemble des pays développés et en développement, des BMD, des acteurs du secteur privé et des organisations de terrain peuvent faire entendre leur voix. Une telle approche est essentielle pour aligner les financements dédiés au développement sur des besoins et priorités diversifiés. Le renforcement des consultations de toutes les parties prenantes concernées ne se limite pas à accroître la légitimité des cadres internationaux ; il garantit également que les solutions de financement sont ancrées dans les réalités locales.

Lors de la Conférence de Séville, la réforme de l'architecture financière ne devrait ni démanteler ni dupliquer les structures existantes, mais plutôt accélérer la transformation des plateformes en place. Les appels à centraliser la prise de décision au sein de l'Organisation des Nations Unies afin de parvenir à un consensus mondial pourraient conduire à une redondance des efforts et à une polarisation des débats à travers les votes par bloc, ce qui pourrait entraver les progrès et diluer les accords existants (par exemple, la définition de l'APD et l'engagement pris concernant cette aide). Au contraire, en s'appuyant sur les contributions à forte valeur ajoutée des plateformes régionales existantes partageant des objectifs communs, il est possible de renforcer l'efficacité en promouvant des approches fondées sur des données et des éléments probants, en définissant des normes mondiales et en encouragent les examens par les pairs et ainsi que les évaluations comparatives, dans l'optique de guider les meilleures pratiques. Les efforts devraient s'attacher en priorité à affiner la définition de l'APD et à sanctuariser cette aide, afin d'en préserver l'intégrité. La collaboration entre les institutions demeure essentielle pour garantir un cadre de gouvernance équilibré et efficace. Une approche harmonisée qui met à profit ces atouts complémentaires peut renforcer la gouvernance mondiale et promouvoir une plus grande cohérence en vue de la réalisation des objectifs à l'appui du développement durable.

Si l'accent mis sur les objectifs quantitatifs présente des avantages, il comporte aussi des risques, notamment celui d'accentuer le déficit de confiance lorsque ces objectifs ne sont pas atteints. Les nouveaux engagements en matière de financement du développement durable ne doivent pas être des promesses intenables, et doivent permettre de combler les déficits là où des capitaux sont nécessaires à une transition juste et écologique. *Certains domaines d'intervention du Programme d'action d'Addis-Abeba, tels que l'entreprise privée et les finances* intérieures et internationales, comportent de nombreux engagements ciblant des résultats spécifiques – parmi lesquels la mobilisation de 100 milliards USD par an en financements climatiques d'ici 2020, un accès intégral et égal aux services financiers d'ici 2030, et une réduction à 3 % des coûts de transaction des envois de fonds effectués par les migrants – mais un seul des engagements a été respecté, quoiqu'après l'échéance fixée. D'autres domaines d'intervention du Programme d'action d'Addis-Abeba reprennent également des cibles anciennes, qui continuent d'alimenter le déficit de confiance. Ainsi, par la Résolution 2626 (XXV) de l'Assemblée générale des Nations Unies adoptée en 1970, les pays développés se sont engagés à consacrer 0.7 % de leur RNB à l'APD destinée aux pays en développement. Toutefois, il n'existe aucun accord international précisant quels pays développés sont concernés par cette cible ni le délai dont ils disposent pour l'atteindre (Chapitre 4). Plus récemment, des engagements ambigus, tels que l'engagement à fournir 1 300 milliards USD pris lors de la COP 29, continuent de mettre en évidence les difficultés liées à la réalisation des objectifs de financement et le risque de fragmentation des ressources (COP29, 2024[113]). Pour combler efficacement ces lacunes, il est essentiel d'aligner les priorités sur les engagements pris et de définir des cadres plus clairs, transparents, avec des délais précis, afin d'assurer une plus grande redevabilité.

Au-delà du volume de financements mobilisés, la qualité des ressources et le respect des principes d'efficacité sont déterminants pour l'obtention de résultats en matière de développement durable. Ils nécessitent de réaffirmer des principes fondamentaux tels que l'appropriation par les pays, une meilleure coordination entre les parties prenantes, l'orientation vers des résultats mesurables et la redevabilité mutuelle. Le cadre de suivi actualisé du Partenariat mondial pour une coopération efficace au service du développement (le Partenariat mondial) constitue un outil précieux pour mesurer et promouvoir ces principes en mettant l'accent sur l'inclusivité, la transparence et l'alignement sur les systèmes nationaux. Donner aux pays bénéficiaires les moyens de prendre la main dans la conception et la mise en œuvre des stratégies de développement permet de s'assurer que le financement répond à leurs besoins et priorités spécifiques. Une coordination renforcée entre les donneurs, les pouvoirs publics et d'autres partenaires peut réduire la fragmentation et améliorer l'efficience de l'affectation des ressources. De telles approches peuvent conférer un rôle moteur aux pays en développement tout en garantissant un cadre de financement cohérent et axé sur les résultats.

Les stratégies nationales devraient être placées au cœur du système, et tous les autres leviers financiers devraient être conçus de manière à soutenir et renforcer ces stratégies. Les cadres de financement nationaux intégrés constituent un outil pratique pour aligner les flux financiers sur les priorités nationales de développement, permettant aux pouvoirs publics de mobiliser plus efficacement les ressources publiques, privées, nationales et internationales. De même, des plateformes propres aux pays, telles que celles concernant le Partenariat pour une transition énergétique juste, montrent comment la collaboration internationale peut être adaptée aux besoins nationaux spécifiques et garantir l'alignement sur les objectifs mondiaux. Des approches duales comme celles-ci – ancrées dans les stratégies de développement des PFR et des PRI et complétées par les stratégies de financement des ODD des Membres de l'OCDE et des PRI – témoignent d'une responsabilité partagée. Ainsi, les mécanismes de financement tels que les initiatives de financement mixte peuvent réduire les risques associés aux investissements privés dans des projets d'énergie renouvelable en Afrique tout en contribuant directement aux stratégies climatiques des pays hôtes. Pour progresser dans la réalisation des ODD, il faut qu'une part importante des efforts de financement déployés par les Membres de l'OCDE et d'autres pays à revenu élevé soutiennent directement le développement durable dans les régions en développement, ce qui favorisera une approche du développement mondial qui soit plus équitable et axée sur les résultats.

L'intégration d'indicateurs plus généraux du bien-être et de la durabilité environnementale dans les processus décisionnels – conformément aux lignes directrices visant à aller *« au-delà du PIB »* – facilite les transitions vers un développement plus inclusif et plus durable. Si le RNB par habitant reste la principale mesure permettant de déterminer l'éligibilité des pays à l'APD (pays à revenu faible ou intermédiaire tels que définis par la Banque mondiale, en particulier), le RNB par habitant n'est pas la seule mesure déterminant la façon dont les financements concessionnels sont alloués. L'utilisation d'indices de vulnérabilité multidimensionnelle et d'autres instruments financiers adaptés qui tiennent compte des vulnérabilités propres aux pays en situation de surendettement et aux pays touchés par le changement climatique peut contribuer à une répartition plus équitable des rares ressources d'APD. Ces outils, ainsi que les cadres de financement nationaux intégrés et les stratégies de transition sans heurt, peuvent également aider les pays vulnérables à attirer davantage de ressources extérieures publiques et privées, tout en veillant à ce qu'ils s'approprient les stratégies de financement et à ce que ces dernières soient adaptées à leurs difficultés et à leurs capacités.

Actualiser le cadre de financement lors de la quatrième Conférence internationale sur le financement du développement, afin qu'il reste pertinent après 2025

Le Programme d'action d'Addis-Abeba demeure une référence fondamentale pour le financement du développement durable, mais son cadre nécessite une actualisation qui permettrait de faire face aux nouveaux défis et promouvoir des solutions innovantes. Il est essentiel de s'attaquer aux déficits de financement dans des domaines tels que le climat et la biodiversité, les systèmes de santé et d'autres problématiques systémiques pour aider la communauté mondiale à trouver un équilibre en direction des ODD. Il faut pour cela mettre fin aux cercles vicieux, aligner les flux financiers sur les ODD et déployer des mécanismes innovants permettant de mobiliser les ressources plus efficacement. S'il favorise une transition climatique juste, par exemple, un cadre actualisé de financement à l'appui du développement durable peut contribuer à réduire les vulnérabilités dans l'ensemble des régions, quel que soit le niveau de revenu, tout en favorisant des progrès équitables.

Plusieurs des actualisations en cours de discussion, notamment la différenciation du financement climatique et du financement du développement, seront difficiles à mettre en œuvre et risquent de ne pas aboutir. Le Pacte pour l'avenir, adopté lors du Sommet de l'avenir, organisé par les Nations Unies en 2024, renforce les engagements à mobiliser davantage de financements climatiques, en particulier pour les projets d'adaptation et d'énergies renouvelables. La question de la clarification de l'additionnalité du financement climatique par rapport aux engagements de financement existants à l'appui du développement n'a pas été résolue. Cette ambiguïté est déterminante, étant donné que le climat est un sujet transversal. Il est important de veiller à ce que les financements soient suffisants pour contribuer à atténuer les risques d'impacts négatifs et permettre une plus grande mobilisation des ressources dans l'ensemble des secteurs. Bien que le climat soit reconnu comme un thème transversal dans le Programme d'action d'Addis-Abeba, il serait pertinent de mettre davantage l'accent, dans les différents domaines d'action, sur les risques d'impacts négatifs et sur la possibilité d'étoffer les ressources. Ainsi, les échanges sont un moteur de la triple transition (numérique, écologique et sociale) et ont un rôle important à jouer dans le développement durable (Chapitre 5). La fiscalité environnementale peut favoriser le développement durable en relevant les défis environnementaux en même temps qu'elle soutient la croissance économique (Chapitre 2). Les énergies renouvelables et les technologies climatiques peuvent aider les pays en développement à opérer une transition vers une économie plus circulaire et plus verte (Chapitre 8).

Le périmètre des risques systémiques englobe désormais des défis financiers et autres, complexes, tels que le changement climatique, le recul de la biodiversité, la santé, les pandémies, l'intelligence artificielle et les vulnérabilités en matière de cybersécurité, nécessitant un meilleur filet de sécurité financière à l'échelle mondiale. La Conférence de Séville peut soutenir un accroissement des ressources et dispositifs du FMI, par exemple en créant un accord de crédit croisé multilatéral, en veillant à ce que les financements d'urgence reposent sur les besoins et en augmentant les prêts concessionnels grâce à des mécanismes tels que le Fonds fiduciaire pour la résilience et la durabilité. L'émission de nouveaux droits de tirage spéciaux assortie d'une réorientation généralisée vers des pays vulnérables et le soutien apporté à des dispositifs régionaux, surtout en Afrique et dans d'autres régions sous-représentées, permettraient d'améliorer la couverture, la fiabilité et la réactivité du filet de sécurité (Chapitre 7). L'élargissement du périmètre et de l'accessibilité de ces mécanismes pour faire face aux chocs systémiques, qu'ils soient climatiques, sanitaires ou autres, améliorera également le degré de préparation à l'échelle mondiale, protégera les économies vulnérables et assurera une intervention plus résiliente face aux crises futures.

Si le Programme d'action d'Addis-Abeba souligne la nécessité de directives claires concernant la responsabilité des créanciers et des débiteurs, les progrès en matière de coordination des acteurs à l'appui de la viabilité de la dette restent fragmentaires, et les questions de dette restent peu transparentes. La restructuration de la dette souveraine est devenue beaucoup plus complexe, sous l'effet d'une augmentation des défauts de paiement et de la diversification de la base de créanciers, qui comprend aussi bien le secteur privé que la Chine ou les États du Golfe (Chapitre 6). Pour empêcher que les débiteurs ne favorisent certains créanciers par rapport à d'autres, la Conférence de Séville devrait encourager la participation d'un éventail plus large de créanciers grâce à l'utilisation coordonnée d'outils tels que les garanties, les rehaussements de crédit et les échanges de créances, parallèlement à des dispositions contractuelles renforcées telles que les clauses relatives aux créanciers les plus favorisés. La coopération avec les agences de notation peut contribuer à accroître la transparence des évaluations des risques. La Conférence devrait également promouvoir les dispositifs de réintégration des pertes qui protègent les créanciers contre les risques associés à une éventuelle remise en cause des accords de restructuration de la dette, et soutenir les travaux du Cadre commun du G20 visant à assurer le suivi des traitements de dette et de la marge de manœuvre budgétaire pour les dépenses consacrées au développement durable. Il est crucial de renforcer la transparence de la dette, avec notamment une communication intégrale des conditions et obligations associées à la dette si l'on veut garantir la redevabilité et encourager la confiance entre toutes les parties prenantes, et ainsi permettre une plus grande efficacité dans la restructuration de la dette et l'obtention de résultats en matière de développement durable.

Les efforts doivent porter en priorité sur ceux qui ont le moins bénéficié de la mobilisation des ressources depuis l'adoption du Programme d'action d'Addis-Abeba, comme les PMA et les secteurs sociaux sous-financés. Comme vu précédemment, les PMA et les autres PFR peinent à attirer des investissements privés. Il est donc essentiel d'adopter une stratégie cohérente et globale pour favoriser une croissance à la fois juste et durable, remédier aux iniquités persistantes et veiller à ce que personne ne soit laissé pour compte. En outre, la Conférence de Séville devrait encourager la suppression des obstacles qui entravent l'expansion des entreprises et financements privés dans ces pays. Ainsi, elle devrait promouvoir des instruments financiers innovants, renforcer les stratégies d'atténuation des risques et améliorer la transparence des données dans le but d'attirer les investissements privés dans les PMA et les autres PFR. Il est également crucial de déployer des efforts à l'échelle mondiale pour renforcer le financement de la santé et de l'éducation dans les pays en développement, étant donné que ces secteurs restent notablement sous-financés. Comme indiqué à la section 1.2, le service de la dette extérieure détourne des ressources publiques de services essentiels comme la santé et l'éducation, ce qui constitue un cercle vicieux. Ces difficultés financières exacerbent les problèmes existants, comme la pénurie de professionnels de santé et l'accès limité à une éducation de qualité dans les pays en développement. Afin que les progrès réalisés soient des progrès durables, la Conférence de Séville doit se concentrer davantage sur les investissements des autorités nationales et des donneurs internationaux dans l'accès équitable à ces services essentiels.

Renforcer le cadre de suivi du financement du développement afin d'assurer une redevabilité accrue

Dans le but de soutenir l'élaboration d'un solide cadre de suivi du financement du développement d'envergure mondiale en 2025, l'exercice d'analyse de l'exécution du Programme d'action d'Addis-Abeba conduit par l'OCDE recense plus de 70 cibles des ODD pertinentes, ainsi que de nombreux indicateurs indirects supplémentaires. L'objectif de cet exercice est de contribuer au mécanisme actuel qui opère un suivi du financement du développement, dans le cadre du Groupe de réflexion interinstitutions sur le financement du développement (dont l'OCDE est membre), qui est piloté par les Nations Unies et dont la principale réalisation, en termes de suivi, est le rapport annuel sur le financement du développement durable (*Financing for Sustainable Development Report*). Dans le cadre de ce processus, les Chapitres 2 à 8 des *Perspectives mondiales du financement du développement durable 2025* ont été transmis, dans une version préliminaire, à titre de contributions au document préparatoire de la Conférence de Séville (intitulé *Elements paper*) (OCDE, 2024[114]) et actualisés après que des commentaires ont été reçus et des consultations menées, si bien que ce rapport présente un examen approfondi de dix ans de mise en œuvre du Programme d'action d'Addis-Abeba. Les éclairages portant sur les sept domaines d'intervention sont exposés dans les chapitres suivants : ressources publiques intérieures (Chapitre 2) ; entreprise privée et finances intérieures et internationales (Chapitre 3) ; coopération internationale pour le développement (Chapitre 4) ; commerce international, moteur du développement (Chapitre 5) ; dette et viabilité de la dette (Chapitre 6) ; règlement des problèmes systémiques (Chapitre 7) ; et science, technologie, innovation et renforcement des capacités (Chapitre 8). Pour chaque domaine d'intervention du Programme d'action d'Addis-Abeba, les chapitres correspondants fournissent un état des lieux détaillant les progrès réalisés, les attentes non satisfaites, ainsi que l'émergence de nouveaux défis ou solutions nécessitant des ajustements au Programme d'action d'Addis-Abeba. Les chapitres sont accompagnés d'annexes statistiques qui, avec l'état des lieux, constituent la base d'un cadre de suivi renforcé, permettant de mesurer les progrès accomplis au regard de cibles quantifiables ou qualitatives, en cohérence avec les ODD.

L'accord résultant de la Conférence de Séville devrait définir des résultats clairs et atteignables, accompagnés d'objectifs précis pour des engagements plus larges, et des mécanismes rigoureux d'analyse d'impact permettant d'évaluer les progrès au regard d'indicateurs sociaux, économiques et environnementaux. Se concentrer sur des résultats mesurables alignés sur les ODD peut permettre de maximiser l'impact de toutes les sources de financement à l'appui du développement. Ainsi, l'indicateur 17.3.1 relatif aux ODD, qui s'intéresse aux IDE, envois de fonds et autres flux financiers en direction des pays en développement, est essentiel pour garantir la mobilisation de ressources suffisantes pour répondre aux besoins de développement et combler les déficits de financement. Cependant, de nombreux autres cibles et indicateurs relatifs aux ODD, ainsi que des variables de substitution additionnelles, sont importants pour garantir un cadre de suivi complet et couvrant l'ensemble des domaines d'intervention. L'exercice d'analyse conduit par l'OCDE démontre le potentiel que renferment de nouveaux indicateurs et de nouvelles mesures de sauvegarde pour rendre l'allocation des ressources équitable, renforcer la redevabilité et opérer un suivi efficace des contributions à la réalisation des ODD.

- <u>Coopération internationale pour le développement</u> : La consolidation des efforts, reposant sur les atouts des mécanismes existants au sein des Nations Unies et au-delà, est nécessaire pour entamer une nouvelle ère. La Conférence de Séville devrait renforcer la qualité, l'impact et l'efficacité de tous les types de coopération pour le développement, tandis que le Partenariat mondial continue de produire des données – par exemple concernant l'indicateur 17.15.1 relatif aux ODD (« Ampleur du recours par les prestataires de la coopération pour le développement à des cadres de résultats et à des outils de planification propres aux pays ») – qui étayent le dialogue sur les politiques à mener et l'apprentissage, et favorisent la redevabilité et les progrès en matière d'efficacité du développement (GPEDC, 2024[115]).
- <u>Dette et viabilité de la dette</u> : Les cadres de suivi doivent intégrer des indicateurs supplémentaires, tels que ceux proposés dans le Cadre commun du G20, pour pouvoir suivre les traitements de dette et la marge de manœuvre budgétaire disponible pour les dépenses de développement durable. La viabilité de la dette est abordée uniquement dans la cible 17.4 des ODD (« Aider les pays en développement à assurer la viabilité à long terme de leur dette au moyen de politiques concertées visant à favoriser le financement de la dette [...] »), à travers son indicateur mesurant le service de la dette en proportion des exportations de biens et services. Disposer de métriques

plus nombreuses pourrait favoriser l'adoption d'une approche unifiée du suivi des progrès au niveau des accords internationaux de gestion de la dette, permettant une gestion de la dette plus efficace, en phase avec les objectifs visant le développement durable.

- Règlement des problèmes systémiques : Si des objectifs clairs et quantifiables pour faire face aux risques systémiques étaient définis, il serait possible de mieux atténuer leurs effets interdépendants sur le financement durable. Des variables de substitution statistiques, comme le financement de la santé mondiale ou les indicateurs de communication d'informations relatives aux risques climatiques, permettraient d'amplifier les efforts de suivi et de mieux répondre aux besoins d'un système mondial plus interdépendant.

Les acteurs clés pourraient s'engager de manière individualisée à soutenir le suivi établi lors de la Conférence de Séville, en fonction de leurs capacités et de leurs rôles respectifs. Le cadre qui sera défini lors de la Conférence pourrait s'accompagner d'une *feuille de route* ou d'un *ensemble* de mesures de soutien faisant l'objet d'engagements par différents acteurs tels que le CAD de l'OCDE, le sommet Finance en commun, le Partenariat mondial pour une coopération efficace au service du développement, l'Alliance mondiale des investisseurs pour le développement durable, pilotée par les Nations Unies, ou des organisations philanthropiques, entre autres. La mise en œuvre de ces mesures pourrait faire l'objet d'un suivi continu et les progrès accomplis pourraient être régulièrement communiqués aux Nations Unies, avec la possibilité d'ajuster la feuille de route à mesure que les acteurs honorent leurs engagements en matière de réforme. Les organisations multilatérales pourraient fournir des données systématiques sur les financements concessionnels, les mesures liées à la viabilité de la dette et les instruments financiers innovants, tandis que les organisations régionales pourraient se concentrer sur les déficits de financement et les solutions propres à chaque région. Les réseaux d'institutions de financement du développement (IFD) pourraient apporter des éclairages sur la mobilisation du secteur privé et les projets de financement mixte. Les organisations de la société civile pourraient jouer un rôle crucial dans le suivi de la transparence, de l'inclusivité et de l'impact social des engagements de financement, veillant ainsi à la redevabilité à l'égard des communautés mal desservies. Les fournisseurs bilatéraux pourraient aligner leur notification sur les cibles des ODD en mettant à disposition des données sectorielles sur le financement, et les fournisseurs de coopération Sud-Sud et de coopération triangulaire pourraient partager leurs expériences en matière de financement ainsi que de renforcement des capacités, de transfert de technologies et de partenariats régionaux. À des fins de cohérence, le CAD devrait renforcer ses engagements en faveur du suivi du financement du développement en établissant des normes de notification et en encourageant la participation, notamment en s'appuyant sur la méthodologie mise au point par le CAD pour le suivi du financement du développement durable dans le cadre des examens par les pairs. La conjonction des efforts de tous ces acteurs garantirait que la notification volontaire du financement à l'appui du développement est robuste, inclusive et à même de faire progresser le financement des ODD.

Bien que la mesure de l'impact souffre de limites intrinsèques, la Conférence de Séville devrait néanmoins tirer parti des plateformes existantes pour suivre l'impact sur le développement dans les différents domaines d'intervention. Nombre de ces plateformes ont déjà été recensées et présentées en amont des négociations pour la quatrième Conférence internationale sur le financement du développement. L'une des propositions consiste à examiner en quoi les règles prudentielles influent sur l'accès des petites et moyennes entreprises dans les pays en développement aux financements, et à s'assurer que les initiatives de financement mixte sont alignées sur les priorités nationales. Plusieurs autres propositions appellent divers acteurs à intensifier le suivi d'impact. Ainsi, les banques de développement pourraient mieux intégrer des méthodologies prenant en compte la valeur des externalités dans les transactions et modèles financiers. Les BMD peuvent aligner leurs cadres d'évaluation d'impact sur les ODD, en rendant compte à la fois des effets positifs et négatifs. Enfin, encourager le leadership des pays en développement et favoriser la cohérence et la redevabilité entre les partenaires au développement peut contribuer à prendre en compte les effets sur le développement durable dans les décisions relatives à l'allocation des financements et aux modalités de coopération.

En associant les engagements à des résultats tangibles, le nouveau cadre pour le financement du développement peut devenir un levier d'apprentissage adaptatif, permettant une amélioration continue de l'efficacité des financements pour la mise en œuvre des ODD. La communication d'informations devrait s'appuyer sur les processus existants, tels que les examens nationaux volontaires (ENV) des ODD, les CDN et les rapports sur les INFF. Certains pays ont déjà fait de gros progrès dans ce domaine. Ainsi, le Mexique intègre la notification du financement à l'appui du développement dans ses processus nationaux de planification budgétaire, reliant les apports de financements à des résultats spécifiques pour les ODD (Gouvernement du Mexique, 2024[116]). Le Costa Rica procède à des évaluations détaillées des effets des financements climatiques sur les objectifs de conservation de la biodiversité et de réduction des émissions de carbone (Nations Unies, 2023[117]). Le Rwanda utilise son cadre de financement durable pour aligner les stratégies de financement sur des résultats mesurables en matière de développement, et fournit des rapports détaillés sur les affectations de ressources et leurs impacts (Rwanda Ministry of Finance and Economic Planning, 2024[118]). Entre 2016, année de création des ENV et 2023, le nombre de pays participants est passé de 22 à 39 (PNUD, 2023[119]). Ces évaluations devraient être davantage encouragées afin que les parties prenantes soient à même de mesurer les effets concrets des initiatives, ce qui peut permettre de favoriser la redevabilité et d'affiner les stratégies pour en maximiser l'impact. En vertu de l'Accord de Paris, les pays doivent soumettre de nouvelles CDN tous les cinq ans, renforçant progressivement leurs engagements de façon à refléter leur « niveau d'ambition maximal » et les dernières données scientifiques sur le climat (Nations Unies, 2015[120]). En juin 2024, la plupart des pays avaient soumis des CDN actualisées assorties d'objectifs pour 2030 ; le prochain cycle, qui couvre les objectifs pour 2035, doit être soumis début 2025. La Conférence de Séville peut encourager les pays à améliorer à la fois leurs systèmes de notification et leur soutien aux pays en développement afin de renforcer leur capacité à prendre des décisions fondées sur des données. L'assistance technique aux systèmes statistiques et le renforcement des capacités de suivi des progrès au regard des cibles alignées sur les ODD renforceront encore les efforts de suivi à l'échelle mondiale.

Les chapitres suivants proposent une analyse approfondie des engagements pris dans le cadre du Programme d'action d'Addis-Abeba, en examinant les progrès réalisés, les défis persistants et les lacunes actuelles. Ils mettent également en évidence les enjeux apparus depuis 2015 et identifient les domaines clés où une mise à jour du cadre de financement s'avère nécessaire.

Références

Abdel-Latif, H. et al. (2023), « Le ralentissement économique en Chine pèsera sur la croissance de l'Afrique subsaharienne », https://www.imf.org/fr/News/Articles/2023/11/09/cf-chinas-slowing-economy-will-hit-sub-saharan-africas-growth. [24]

AIE (2021), *World Energy Outlook 2021*, Agence internationale de l'énergie, Paris, https://www.iea.org/reports/world-energy-outlook-2021. [71]

Aiyar, S. et al. (2023), « Geoeconomic fragmentation and the future of multilateralism », *IMF Staff Discussion Notes*, n° SDN/ 2023/001, Fonds monétaire international, Washington, D.C, https://www.imf.org/en/Publications/Staff-Discussion-Notes/Issues/2023/01/11/Geo-Economic-Fragmentation-and-the-Future-of-Multilateralism-527266. [7]

Alers, M. et B. Jones (2021), *Fossil Fuel Subsidy Reforms: Lessons and Opportunities*, Programme des Nations Unies pour le développement, New York, https://www.undp.org/publications/fossil-fuel-subsidy-reform-lessons-and-opportunities. [102]

Aon (2023), *2023 Weather, Climate and Catastrophe Insight*, https://www.aon.com/weather-climate-catastrophe/index.aspx. [68]

Arteta, C., S. Kamin et F. Ruch (2022), « How do rising U.S. interest rates affect emergine and developing economies? It depends », *Policy Research Working Paper*, n° 10258, Banque mondiale, Washington, D.C., https://documents1.worldbank.org/curated/en/099036212082239238/pdf/IDU032d1feef0db0d0480e0b3190f92d87c50de8.pdf. [56]

Banque des règlements internationaux (2024), *Central bank policy rates (base de données)*, https://data.bis.org/topics/CBPOL (consulté le 15 novembre 2024). [58]

Banque mondiale (2024), *Data: Gross fixed capital formation (current US$) (base de données)*, https://donnees.banquemondiale.org/indicateur/NE.GDI.FTOT.CD (consulté le 10 novembre 2024). [86]

Banque mondiale (2024), *Debt Sustainability Analysis (DSA): Latest Publicly Available Debt Sustainability Analyses Under the Joint Bank-Fund Debt Sustainability Framework for Low Income Countries (LIC-DSF) (base de données)*, https://www.worldbank.org/en/programs/debt-toolkit/dsa. [63]

Banque mondiale (2024), *Indicateurs du développement dans le monde (base de données): Secteur financier*, https://donnees.banquemondiale.org/theme/secteur-financier?view=chart (consulté le 10 December 2024). [90]

Banque mondiale (2024), *International Debt Report 2024*, http://hdl.handle.net/10986/42444. [29]

Banque mondiale (2023), *Data Bank: International Debt Statistics (base de données)*, https://databank.worldbank.org/source/international-debt-statistics (consulté le 4 novembre 2024). [57]

Bhattacharya, A. et al. (2022), *Financing a Big Investment Push in Emerging Markets and Developing Countries for Sustainable, Resilient and Inclusive Recovery and Growth*, Grantham Research Institute on Climate Change and the Environment, London School of Economics and Political Science, Londres et Brookings, Washington, DC, https://www.lse.ac.uk/granthaminstitute/wp-content/uploads/2022/05/Financing-the-big-investment-push-in-emerging-markets-and-developing-economies-for-sustainable-resilient-and-inclusive-recovery-and-growth-1.pdf. [54]

Bhattacharya, A. et al. (2023), *A climate finance framework : decisive action to deliver on the Paris Agreement – Summary*, Grantham Research Institute on Climate Change and the Environment and London School of Economics and Political Science, Londres, https://www.lse.ac.uk/granthaminstitute/wp-content/uploads/2023/11/A-Climate-Finance-Framework-IHLEG-Report-2-SUMMARY.pdf. [45]

Bolhuis, M., J. Chen et B. Kett (2023), « Fragmentation in global trade: Accounting for commodities », *Documents de travail du FMI*, n° WP/23/73, Fonds monétaire international, Washington, D.C, https://www.imf.org/en/Publications/WP/Issues/2023/03/24/Fragmentation-in-Global-Trade-Accounting-for-Commodities-531327. [19]

Buchner, B. et al. (2023), *Global Landscape of Climate Finance 2023*, Climate Policy Initiative, San Francisco, https://www.climatepolicyinitiative.org/publication/global-landscape-of-climate-finance-2023/. [48]

Carluccio, J. et al. (2024), *Tracking Fragmentation in World Trade*, Banque de France, https://www.banque-france.fr/system/files/2024-07/slide_2024_07.pdf. [10]

Cazzaniga, M. et al. (2024), « Gen-AI: Artificial intelligence and the future of work », *Staff Discussion Note*, n° SDN/2024/001, Fonds monétaire international, Washington, D.C., https://www.imf.org/en/Publications/Staff-Discussion-Notes/Issues/2024/01/14/Gen-AI-Artificial-Intelligence-and-the-Future-of-Work-542379. [20]

Chakrabarty, M. (2024), *Shrinking Chinese demand, loan volumes weaken Africa's growth prospects*, Observer Research Foundation, https://www.orfonline.org/expert-speak/shrinking-chinese-demand-loan-volumes-weaken-africa-s-growth-prospects. [21]

Chen, W., M. Fornino et H. Rawlings (2024), « Navigating the Evolving Landscape between China and Africa's Economic Engagements », https://www.imf.org/en/Publications/WP/Issues/2024/02/23/Navigating-the-Evolving-Landscape-between-China-and-Africas-Economic-Engagements-545104. [22]

Cho, W. et al. (2024), « Diagnosis and policy action for sustainable and inclusive productivity growth », *Documents de travail de l'OCDE sur la science, la technologie et l'industrie*, n° 2024/7, Éditions OCDE, Paris, https://doi.org/10.1787/1668f250-en. [3]

Civil Society Financing for Development Mechanism (2024), « Civil society FfD mechanism submission to FfD4 elements paper », https://csoforffd.org/resources/civil-society-ffd-mechanism-submission-to-ffd4-elements-paper/. [82]

CNUCED (2024), *A World of Debt : A Growing Burden to Global Prosperity*, Conférence des Nations Unies sur le commerce et le développement, Genève, https://unctad.org/publication/world-of-debt. [36]

CNUCED (2024), *Efforts to track illicit financial flows need scaling up*, Conférence des Nations Unies sur le commerce et le développement, Genève, https://sdgpulse.unctad.org/illicit-financial-flows/. [96]

CNUCED (2024), *Investissement étranger direct : flux et stock entrants et sortants, annuel (base de données)*, https://unctadstat.unctad.org/datacentre/reportInfo/US.FdiFlowsStock (consulté le 9 novembre 2024). [31]

CNUCED (2024), « L'aggravation des déficits budgétaires et de la dette dans les pays les moins avancés exige une action internationale urgente », https://unctad.org/fr/news/laggravation-des-deficits-budgetaires-et-de-la-dette-dans-les-pays-les-moins-avances-exige-une. [60]

CNUCED (2024), *Une goutte dans l'océan : les marchés du carbone n'ont offert que des financements limités pour les pays les moins avancés*, https://unctad.org/fr/news/une-goutte-dans-locean-les-marches-du-carbone-nont-offert-que-des-financements-limites-pour. [103]

CNUCED (2023), « Investment flows to least developed countries affected disproportionately by global crises », *Investment Trends Monitor*, Conférence des Nations Unies sur le commerce et le développement, Genève, https://unctad.org/publication/investment-flows-least-developed-countries-affected-disproportionally-global-crises. [92]

CNUCED (2023), *Rapport sur l'investissement dans le monde 2023 : Investir dans l'énergie durable pour tous*, Conférence des Nations Unies sur le commerce et le développement, Genève, https://unctad.org/fr/publication/rapport-sur-linvestissement-dans-le-monde-2023. [47]

CNUCED (2023), « SDG investment is growing, but too slowly: The investment gap is now $4 trillion, up from $2.5 in 2015 », *SDG Investment Trends Monitor*, Conférence des Nations Unies sur le commerce et le développement, Genève, https://unctad.org/publication/sdg-investment-trends-monitor-issue-4 (consulté le 19 novembre 2024). [43]

CNUCED (2022), *Rapport 2022 sur les pays les moins avancés : La transition vers une économie sobre en carbone et ses conséquences redoutables pour la transformation structurelle*, Conférence des Nations Unies sur le commerce et le développement, Genève, https://unctad.org/fr/publication/rapport-2022-sur-les-pays-les-moins-avances. [75]

CNUCED (2014), *World Investment Report 2014: Investing in the SDGs - An Action Plan*, Conférence des Nations Unies sur le commerce et le développement, Genève, https://unctad.org/publication/world-investment-report-2014 (consulté le 20 novembre 2024). [41]

Conseil de stabilité financière (2023), *Global Monitoring Report on Non-Bank Financial Intermediation*, https://www.fsb.org/2023/12/global-monitoring-report-on-non-bank-financial-intermediation-2023/. [83]

COP29 (2024), *Breakthrough in Baku delivers $1.3 trillion 'Baku Finance Goal' with new core finance goal of $300 billion*, https://cop29.az/en/media-hub/news/breakthrough-in-baku-delivers-13tn-baku-finance-goal (consulté le 10 décembre 2024). [113]

Dasgupta, P. (2021), *The Economics of Biodiversity : The Dasgupta Review*, HM Treasury, Londres, https://www.gov.uk/government/publications/final-report-the-economics-of-biodiversity-the-dasgupta-review. [79]

D'Orazio, A., F. Ferriani et A. Gazzani (2024), *Geoeconomic fragmentation and firms' financial performance*, Centre for Economic Policy Research, Londres, https://cepr.org/voxeu/columns/geoeconomic-fragmentation-and-firms-financial-performance. [9]

FAO (2024), *Situation alimentaire mondiale : Indice FAO des prix des produits alimentaires*, Organisation des Nations Unies pour l'alimentation et l'agriculture, Rome, https://www.fao.org/worldfoodsituation/foodpricesindex/fr. [5]

Felbermayr, G. et al. (2020), « The global sanctions data base », *European Economic Review*, vol. 129, https://doi.org/10.1016/j.euroecorev.2020.103561. [17]

FMI (2024), *G-20 Note on Alternative Options for Revenue Mobilization*, Fonds monétaire international, Washington, D.C., https://www.imf.org/external/np/g20/062424.htm. [97]

FMI (2024), *World Economic Outlook Database: October 2024 Edition*, Fonds monétaire international, Washington, D.C., https://www.imf.org/en/Publications/WEO/weo-database/2024/October. [62]

FMI (2024), *World Economic Outlook, April 2024: Resilience Amid Divergence*, Fonds monétaire international, Washington, D.C., https://www.imf.org/en/Publications/WEO/Issues/2024/04/16/world-economic-outlook-april-2024. [4]

FMI (2023), *2023 Global Debt Monitor*, Fonds monétaire international, Washington, D.C., https://www.imf.org/-/media/Files/Conferences/2023/2023-09-2023-global-debt-monitor.ashx. [84]

FMI (2021), *Policy Responses to COVID-19 (page web)*, https://www.imf.org/en/Topics/imf-and-covid19/Policy-Responses-to-COVID-19 (consulté le 1 décembre 2024). [59]

FMI (2020), *World Economic Outlook, January 2020: Tentative Stabilization, Sluggish Recovery?*, Fonds monétaire international, Washington, D.C., https://www.imf.org/en/Publications/WEO/Issues/2024/10/22/world-economic-outlook-october-2024. [1]

Forum économique mondial (2024), *What is the bioeconomy and how can it drive sustainable development?*, https://www.weforum.org/stories/2024/07/bioeconomy-sustainable-development/. [106]

GAFI (2021), *High-Level Synopsis of the Stocktake of the Unintended Consequences of the FATF Standard*, Groupe d'action financière, https://www.fatf-gafi.org/content/dam/fatf-gafi/reports/Unintended-Consequences.pdf. [13]

Global Development Policy Center (2024), *Chinse Loans to Africa Database*, https://www.bu.edu/gdp/chinese-loans-to-africa-database/ (consulté le 11 décembre 2024). [23]

Global Solidarity Levies Tax Force (2024), *Scaling Solidarity: Progress on Global Solidarity Levies*, https://globalsolidaritylevies.org/app/uploads/2024/11/GSLTF-Scaling-Solidarity-Progress-on-Global-Solidarity-Levies-report.pdf. [107]

Global Trade Alert (2024), *Data Center (base de données)*, https://data.globaltradealert.org/ (consulté le 10 novembre 2024). [15]

Góes, C. et E. Bekkers (2022), « The Impact of Geopolitical Conflicts on Trade, Growth, and Innovation », *Staff Working Paper*, n° ERSD-2022-09, Organisation mondiale du commerce, Genève, https://www.wto.org/english/res_e/reser_e/ersd202209_e.htm. [11]

Gouvernement du Mexique (2024), *Allocation and Impact Report 2024: Mexico's SDG Bonds*, https://www.finanzaspublicas.hacienda.gob.mx/work/models/Finanzas_Publicas/docs/ori/Ingles/SDG/Mexicos_SDG_Bond_Allocation_and_Impact_Report_2024.pdf. [116]

GPEDC (2024), *GPEDC Inputs to the FfD4 Elements Paper*, https://www.effectivecooperation.org/system/files/2024-10/GPEDC%20Inputs%20to%20the%20FfD4%20Elements%20Paper.pdf. [115]

Gravelle, J. (2022), *Tax Havens: International Tax Avoidance and Evasion*, Congressional Research Service, Washington, D.C., https://crsreports.congress.gov/product/details?prodcode=R40623. [89]

Groupe de la Banque mondiale (2024), *Data Bank: International Debt Statistics (base de données)*, https://databank.worldbank.org/source/international-debt-statistics (consulté le 10 novembre 2024). [28]

Groupe de la Banque mondiale (2024), *Data: Personal remittances, received (current US$) (base de données)*, https://donnees.banquemondiale.org/indicateur/BX.TRF.PWKR.CD.DT (consulté le 5 novembre 2024). [32]

Groupe de la Banque mondiale (2024), *Data: World Development Indicators (base de données)*, https://databank.worldbank.org/source/world-development-indicators (consulté le 7 novembre 2024). [6]

Groupe de la Banque mondiale (2024), *Poverty, Prosperity, and Planet Report 2024: Pathways ouf of the Polycrisis*, https://www.worldbank.org/en/publication/poverty-prosperity-and-planet. [99]

Groupe de la Banque mondiale (2022), *Mineral-rich developing countries can drive a net-zero future*, https://www.worldbank.org/en/news/feature/2022/06/06/mineral-rich-developing-countries-can-drive-a-net-zero-future. [72]

Groupe d'experts indépendants du G20 (2023), *Strengthening Multilateral Development Banks : The Triple Agenda - Volume 1*, https://www.gihub.org/resources/publications/strengthening-multilateral-development-banks-the-triple-agenda-report-of-the-g20-independent-experts-group/. [44]

Institut international du développement durable (2024), *The United Kingdom, New Zealand, and Colombia Join Coalition to Phase Out Fossil Fuel Subsidies*, https://www.iisd.org/articles/press-release/united-kingdom-new-zealand-colombia-join-coffis. [100]

Institute for Economics & Peace (2024), *Global Peace Index 2024: Measuring Peace in a Complex World*, https://www.economicsandpeace.org/wp-content/uploads/2024/06/GPI-2024-web.pdf (consulté le 1 octobre 2024). [8]

Johnson, J. et al. (2021), *The Economic Case for Nature: A Global Earth-Economy Model to Assess Development Policy Pathways*, Banque mondiale, Washington, D.C., https://openknowledge.worldbank.org/entities/publication/fcc11682-c752-51c4-a59f-0ab5cd40dc6f. [78]

Kida, M. et S. Paetzold (2021), « The Impact of Gray-Listing on Capital Flows: An Analysis Using Machine Learning », *Working Paper*, n° 2021/153, FMI, https://www.imf.org/en/Publications/WP/Issues/2021/05/27/The-Impact-of-Gray-Listing-on-Capital-Flows-An-Analysis-Using-Machine-Learning-50289. [14]

Kirilakha, A. et al. (2021), « The global sanctions data base: An update that includes the years of the Trump presidency », dans van Bergeijk, P. (dir. pub.), *The Research Handbook on Economic Sanctions*, Edward Elgar Publishing Limited, Cheltenham, R.-U., https://doi.org/10.4337/9781839102721. [18]

Kjellstrom, T. et al. (2019), *Travailler sur une planète plus chaude : L'impact du stress thermique sur la productivité du travail et le travail décent*, Organisation internationale du Travail, Genève, https://www.ilo.org/fr/publications/major-publications/travailler-sur-une-planete-plus-chaude-limpact-du-stress-thermique-sur-la. [67]

Nations Unies (2025), *Zero draft: Outcome document of the Fourth International Conference on Financing for Development*, Bureau du financement du développement, Département des affaires économiques et sociales des Nations Unies, New York, https://financing.desa.un.org/sites/default/files/2025-01/FfD4%20Outcome%20Zero%20Draft.pdf. [73]

Nations Unies (2024), *À propos des pays les moins avancés (page web)*, https://www.un.org/ohrlls/fr/content/%C3%A0-propos-des-pays-les-moins-avanc%C3%A9s (consulté le 5 novembre 2024). [88]

Nations Unies (2024), « Elements paper for the outcome document of the Fourth International Conference on Financing for Development », Bureau du financement du développement, Département des affaires économiques et sociales des Nations Unies, New York, https://financing.desa.un.org/sites/default/files/2024-11/FfD4%20Elements%20paper_Nov%2022.pdf. [93]

Nations Unies (2024), *Financing for Sustainable Development Report 2024 : Financing for Development at a Crossroads*, UN Inter-agency Task Force on Financing for Development and Department of Economic and Social Affairs, New YOrk, https://desapublications.un.org/publications/financing-sustainable-development-report-2024 (consulté le 20 novembre 2024). [53]

Nations Unies (2024), *The 4th International Conference on Financing for Development (page web)*, https://financing.desa.un.org/ffd4 (consulté le 2 décembre 2024). [109]

Nations Unies (2024), *The Sustainable Development Goals Extended Report 2024 - Goal 12 Responsible Consumption and Production*, Division de statistique de l'Organisation des Nations Unies, New York, https://unstats.un.org/sdgs/report/2024/extended-report/Extended-Report_Goal-12.pdf. [81]

Nations Unies (2024), *The Sustainable Development Goals Extended Report 2024 - Goal 17 Partnership for the Goals*, Division de statistique de l'Organisation des Nations Unies, New York, https://unstats.un.org/sdgs/report/2024/extended-report/Extended-Report_Goal-17.pdf. [33]

Nations Unies (2023), *Payments for Environmental Services Program – Costa Rica (page web)*, https://unfccc.int/climate-action/momentum-for-change/financing-for-climate-friendly-investment/payments-for-environmental-services-program (consulté le 3 octobre 2024). [117]

Nations Unies (2023), *Progress Towards the Sustainable Development Goals - Report of the Secretary-General: Statistical Annex*, Conseil économique et social, New York, https://unstats.un.org/sdgs/files/report/2023/E_2023_64_Statistical_Annex_I_and_II.pdf. [111]

Nations Unies (2023), « Time to scale up creative solutions to bridge the SDG funding gap », *UN DESA Voices*, vol. 27/9, https://desapublications.un.org/un-desa-voice/expert-voices/september-2023/time-scale-creative-solutions-bridge-sdg-funding-gap (consulté le 18 novembre 2024). [42]

Nations Unies (2023), *United Nations Secretary-General's SDG Stimulus to Deliver Agenda 2030*, https://www.un.org/sustainabledevelopment/wp-content/uploads/2023/02/SDG-Stimulus-to-Deliver-Agenda-2030.pdf. [110]

Nations Unies (2022), *Global Assessment Report on Disaster Risk Reduction (GAR): Transforming Governance for a Resilient Future*, Bureau des Nations Unies pour la prévention des catastrophes, New York, https://www.undrr.org/gar/gar2022-our-world-risk-gar. [76]

Nations Unies (2015), *Qu'est-ce que l'Accord de Paris ?*, https://unfccc.int/fr/process-and-meetings/l-accord-de-paris/qu-est-ce-que-l-accord-de-paris. [120]

NGFS (2024), *NGFS Climate Scenarios (base de données)*, Réseau des banques centrales et des superviseurs pour le verdissement du système financier, Paris, https://www.ngfs.net/ngfs-scenarios-portal/ (consulté le 1 décembre 2024). [70]

Notre Dame Global Adaptation Initiative (2022), *ND-GAIN Country Index, Vulnerability and Readiness (base de données)*, https://gain.nd.edu/our-work/country-index/rankings/. [80]

Novta, N. et E. Pugacheva (2021), « The macroeconomic costs of conflict », *Journal of Macroeconomics*, vol. 68, p. 103286, https://doi.org/10.1016/j.jmacro.2021.103286. [64]

OCDE (2025), *Rapport sur la dette mondiale 2025 (version abrégée): Financer la croissance dans un environnement de marché de la dette difficile*, Éditions OCDE, Paris, https://doi.org/10.1787/e334697f-fr. [61]

OCDE (2024), *Augmentation de l'aide publique au développement en 2023 avec un soutien accru à l'Ukraine et aux besoins humanitaires*, https://www.oecd.org/fr/about/news/press-releases/2024/04/international-aid-rises-in-2023-with-increased-support-to-ukraine-and-humanitarian-needs.html (consulté le 1 novembre 2024). [39]

OCDE (2024), *CAD1: Flux par donneur (APD+AASP+privé) (base de données)*, http://data-explorer.oecd.org/s/9w (consulté le 24 novembre 2024). [30]

OCDE (2024), *Coopération pour le développement 2024 : Mettre la transition écologique au service de la lutte contre la pauvreté et les inégalités*, Éditions OCDE, Paris, https://doi.org/10.1787/cf89cef9-fr. [101]

OCDE (2024), *Development Co-operation for a Sustainable Ocean Economy in 2022: A Snapshot*, ONE Members and Partners, https://one.oecd.org/document/DCD(2024)21/en/pdf (consulté le 5 novembre 2024). [104]

OCDE (2024), *Explorateur de données - Philanthropie privée pour le développement (base de données)*, http://data-explorer.oecd.org/s/11v. [40]

OCDE (2024), « FDI in Figures, October 2024 », Éditions OCDE, Paris, https://www.oecd.org/en/publications/fdi-in-figures-october-2024_fcdc2fb2-en.html. [38]

OCDE (2024), *Financement climatique fourni et mobilisé par les pays développés en 2013-2022*, Le financement climatique et l'objectif des 100 milliards de dollars, Éditions OCDE, Paris, https://doi.org/10.1787/9db2b91d-fr. [52]

OCDE (2024), *Financement multilatéral du développement 2024 (version abrégée)*, Éditions OCDE, Paris, https://doi.org/10.1787/42dc17c2-fr. [98]

OCDE (2024), *Financing for Development 2025 Draft Fact Sheets and Statistical Annexes*, ONE Members and Partners, https://one.oecd.org/document/DCD(2024)29/en/pdf. [114]

OCDE (2024), *Harnessing Public Procurement for the Green Transition : Good Practices in OECD Countries*, Examens de l'OCDE sur la gouvernance publique, Éditions OCDE, Paris, https://doi.org/10.1787/e551f448-en. [108]

OCDE (2024), « Integrating climate action into development finance », *Perspectives du développement de l'OCDE*, n° 45, Éditions OCDE, Paris, https://doi.org/10.1787/41d16c83-en. [91]

OCDE (2024), *Perspectives économiques de l'OCDE, Rapport intermédiaire, Septembre 2024 : L'économie mondiale à un tournant*, Éditions OCDE, Paris, https://doi.org/10.1787/f3e84c18-fr. [2]

OCDE (2024), *Rapport sur la dette mondiale 2024 : Les marchés obligataires dans un contexte de dette élevée*, Éditions OCDE, Paris, https://doi.org/10.1787/63ccad6c-fr. [85]

OCDE (2024), *Unleashing Policy Coherence to Achieve the SDGs: An Assessment of Governance Mechanisms*, Éditions OCDE, Paris, https://doi.org/10.1787/a1c8dbf8-en. [112]

OCDE (2023), *Statistiques des recettes publiques 2023 : Dynamisme des recettes fiscales dans les pays de l'OCDE*, Éditions OCDE, Paris, https://doi.org/10.1787/bcbdaf1a-fr. [35]

OCDE (2022), *Global Outlook on Financing for Sustainable Development 2023: No Sustainability Without Equity*, Éditions OCDE, Paris, https://doi.org/10.1787/fcbe6ce9-en. [26]

OCDE (2020), *Global Outlook on Financing for Sustainable Development 2021 : A New Way to Invest for People and Planet*, Éditions OCDE, Paris, https://doi.org/10.1787/e3c30a9a-en. [27]

OCDE (2018), *Meeting Policy Challenges for a Sustainable Bioeconomy*, Éditions OCDE, Paris, https://doi.org/10.1787/9789264292345-en. [105]

OCDE (2014), *Illicit Financial Flows from Developing Countries : Measuring OECD Responses*, Éditions OCDE, Paris, https://doi.org/10.1787/9789264203501-en. [95]

OCDE et al. (2024), *The Role of the G20 in Promoting Green and Just Transitions*, Éditions OCDE, Paris, https://doi.org/10.1787/548e71cd-en. [74]

OMC (2023), *Evolution of Trade Under the WTO: Handy Statistics*, Organisation mondiale du commerce, Genève, https://www.wto.org/english/res_e/statis_e/trade_evolution_e/evolution_trade_wto_e.htm. [87]

OMM (2021), *State of the Global Climate 2020*, Organisation météorologique mondiale, Genève, https://wmo.int/publication-series/state-of-global-climate-2020. [77]

OMS (2024), *Public Health and the Climate Crisis (présentation vidéo)*, Organisation mondiale de la santé, Genève, https://www.who.int/publications/m/item/public-health-and-the-climate-crisis. [69]

ONE Campaign (2024), *The Trillions Tracker (page web)*, https://data.one.org/trillionstracker/ (consulté le 19 novembre 2024). [46]

PNUD (2023), *2023 Voluntary National Reviews through the Lens of Peaceful, Just and Strong Institutions*, Programme des Nations Unies pour le développement, New York, https://www.undp.org/publications/2023-voluntary-national-reviews-through-lens-peaceful-just-and-strong-institutions. [119]

PNUE (2023), *Adaptation Gap Report 2023: Underfinanced. Underprepared. Inadequate Investment and Planning on Climate Adaptation Leaves World Exposed*, Programme des Nations Unies pour l'environnement, https://www.unep.org/fr/resources/rapport-2023-sur-le-deficit-de-ladaptation-au-climat. [51]

Portail sur les données migratoires (2024), *Migrations et développement : Rapatriements de fonds (page web)*, https://www.migrationdataportal.org/fr/themes/rapatriements-de-fonds (consulté le 10 novembre 2024). [37]

Properzi, E. (2023), *Closing the spigots: the rise and collapse of bond markets for developing countries*, Finance for Development Lab, Paris, https://findevlab.org/closing-the-spigots-the-rise-and-collapse-of-bond-markets-for-developing-countries/. [55]

Réseau du CAD de l'OCDE sur la gouvernance (à paraître), *ACTT Programme of Work on Illicit Financial Flows (IFFs), De-risking and Financial Exclusion: Synthesis Report*. [12]

Rwanda Ministry of Finance and Economic Planning (2024), *Rwanda's Sustainable Finance Framework*, https://www.afdb.org/sites/default/files/esg_minecofin_rwanda_executed_version_sp_spo_approval_27-03-2024.pdf. [118]

Sachs, J. et al. (2023), « The case for long-term SDG financing », *Reflection Paper*, United Nations Sustainable Development Solutions Network, Paris, https://www.unsdsn.org/resources/the-case-for-long-term-sdg-financing/. [66]

Sachs, J., G. Lafortune et G. Fuller (2024), *Sustainable Development Report 2024: The SDGs and the UN Summit of the Future*, Sustainable Development Solutions Network, Paris/Dublin University Press, Dublin, https://sdgtransformationcenter.org/reports/sustainable-development-report-2024. [25]

Spanjers, J. et H. Foss (2015), *Flux financiers illicites et indices de développement : 2008-2012*, Global Financial Integrity, Washington, D.C, https://gfintegrity.org/report/illicit-financial-flows-development-indices-2008-2012/. [94]

Syropoulos, C. et al. (2024), « The global sanctions data base–Release 3: COVID-19, Russia, and multilateral sanctions », *Review of International Economics*, vol. 32/1, pp. 12-48, https://doi.org/10.1111/roie.12691. [16]

UNESCO (2024), *Le prix de l'inaction : les coûts privés, fiscaux et sociaux à l'échelle mondiale des enfants et des jeunes qui n'apprennent pas*, Organisation des Nations unies pour l'éducation, la science et la culture, Paris, https://unesdoc.unesco.org/ark:/48223/pf0000390193_fre. [65]

UNU-WIDER (2023), « Tax revenues as a share of GDP (ensemble de données) », *UNU-WIDER Government Revenue Dataset (with major processing by Our World in Data)*, Our World in Data, Global Change Data Lab, https://ourworldindata.org/grapher/tax-revenues-as-a-share-of-gdp-unu-wider. [34]

van Tilburg, R., A. Simić et S. Murawski (2024), *The Climate Trillions We Need: Proposals for a New Global Financial Architecture to End Poverty and Save the Planet*, Sustainable Finance Lab, Utrecht, Pays-Bas, https://sustainablefinancelab.nl/wp-content/uploads/sites/334/2023/11/The-climate-trillions-we-need-5.pdf (consulté le 20 novembre 2024). [50]

Zhan, J. et al. (2023), « Why trillions are needed to bridge the SDG financing gap », *Forum économique mondial*, https://www.weforum.org/stories/2023/09/why-trillions-more-are-needed-to-bridge-the-sdg-financing-gap/ (consulté le 20 novembre 2024). [49]

Notes

[1] Cela représente une hausse de 0.3 point de pourcentage par rapport aux prévisions de 2023 de 2.9 %.

[2] L'inflation globale mondiale n'a cessé de décroître après avoir culminé à 8.7 % en 2022 (moyenne annuelle) pour s'établir à 6.9 % en 2023, et devrait poursuivre son repli pour s'établir à 5.8 % en 2024. Voir https://www.imf.org/en/Publications/WEO/Issues/2024/10/22/world-economic-outlook-october-2024.

[3] En comparaison, les prévisions de croissance à moyen terme avant la pandémie s'établissaient à 3.6 % en 2020 (voir https://www.imf.org/en/Publications/WEO/Issues/2024/10/22/world-economic-outlook-october-2024) et à 4.9 % avant la crise financière mondiale de 2008 (voir https://www.imf.org/en/Publications/WEO/Issues/2016/12/31/Housing-and-the-Business-Cycle), tandis que la moyenne annuelle réelle de 2000 à 2019 était de 3.8 %.

[4] D'après une note de discussion au personnel du Fonds monétaire international en date de 2024, l'IA touchera environ 60 % des travailleurs dans les économies avancées et se traduira, pour environ la moitié d'entre eux, par une hausse de la productivité et des revenus, et pour l'autre moitié par une baisse de la demande de main-d'œuvre et de salaire. En comparaison, on estime que les répercussions de l'IA ne toucheront que 40 % des emplois dans les économies de marché émergentes, et 26 % dans les PFR, où la proportion de la main-d'œuvre dans les secteurs à forte intensité de connaissances est plus faible. Dans ces pays, les bouleversements du marché du travail à court terme se traduiront également par des possibilités restreintes d'amélioration de la productivité. Voir https://www.imf.org/-/media/Files/Publications/SDN/2024/English/SDNEA2024001.ashx.

[5] Ces calculs ne tiennent pas compte des cotisations de sécurité sociale.

[6] Ces calculs comprennent les cotisations de sécurité sociale.

[7] Les donneurs publics englobent les pays membres du CAD de l'OCDE, les pays non membres du CAD et les organisations multilatérales. Les calculs reposent sur l'équivalent-don, aux prix constants de 2015.

[8] Les pertes et préjudices correspondent aux besoins de financement destinés à aider les pays en développement à se relever de catastrophes liées au climat lorsque l'adaptation a été insuffisante ou que les limites d'adaptation ont été dépassées. Pour de plus amples détails, voir https://www.lse.ac.uk/granthaminstitute/publication/a-climate-finance-framework-decisive-action-to-deliver-on-the-paris-agreement-summary/.

[9] Une transition juste désigne une transition qui répond aux besoins des individus et des régions pénalisés par l'abandon des activités à forte intensité de carbone et qui garantit qu'ils ne sont pas laissés à eux-mêmes pour en supporter les coûts sans aucun soutien. Ce concept implique également de reconnaître que les pays et les communautés qui ont peu contribué au changement climatique ne devraient pas supporter la charge disproportionnée de l'atténuation de ses effets, et souligne l'importance d'agir pour réduire les émissions afin de protéger le bien-être des générations futures. Pour de plus amples détails, voir https://www.lse.ac.uk/granthaminstitute/publication/a-climate-finance-framework-decisive-action-to-deliver-on-the-paris-agreement-summary/.

[10] Le reste de ce chapitre s'appuie sur les conclusions d'un exercice d'analyse mené par l'OCDE en 2024 afin d'étudier en quoi un programme d'action renouvelé pourrait façonner les priorités du financement à l'appui du développement durable pour l'après-2025. Un groupe de réflexion à l'échelle de toute l'OCDE

a préparé des fiches d'information et des annexes statistiques examinant les progrès réalisés au niveau des sept domaines d'intervention du Programme d'action d'Addis-Abeba, accompagnées d'une analyse critique et de données clés. Ces documents ont été soumis aux Nations Unies et aux États membres afin de fournir des éléments en vue de l'élaboration du document préparatoire de la Conférence de Séville (intitulé *Elements paper*). Ils se conforment aux processus internationaux et forment, dans ce rapport, les Chapitres 2 à 8.

[11] Des progrès ont toutefois été accomplis. Ainsi, au 1er novembre 2024, le FMI a créé un nouveau siège à son conseil d'administration, qu'il a attribué à l'Afrique subsaharienne, laquelle dispose ainsi de trois sièges. Pour plus de détails, voir : https://www.imf.org/fr/News/Articles/2024/11/01/pr-24403-imf-expands-executive-board-with-addition-of-25th-chair.

[12] L'OCDE définit la cohérence des politiques au service du développement durable comme une « approche visant à intégrer les différentes dimensions du développement durable à tous les niveaux de l'action publique nationale et internationale » ; elle a pour objet de promouvoir la mise en œuvre intégrée du Programme 2030 en : *i)* favorisant les synergies et en maximisant les gains dans les domaines économique, social et environnemental ; *ii)* conciliant les objectifs de politique nationale et les objectifs de développement durable reconnus à l'échelle internationale ; *iii)* tenant compte des incidences transnationales et des conséquences à long terme des politiques publiques, notamment celles qui risquent de concerner des pays en développement ». Pour consulter la Recommandation dans son intégralité, voir https://legalinstruments.oecd.org/fr/instruments/OECD-LEGAL-0381

2 Ressources publiques intérieures

Ce chapitre est consacré au domaine d'intervention « Ressources publiques intérieures » du Programme d'action d'Addis-Abeba et s'intéresse notamment aux progrès accomplis, aux défis qu'il reste à relever et aux enjeux émergents, à l'heure où la communauté internationale se prépare en vue de la quatrième Conférence internationale sur le financement du développement. Il examine les tendances mondiales en matière de mobilisation des recettes, mettant en évidence le rôle des recettes fiscales et non fiscales dans le développement durable et le comblement des déficits de financement. Parmi les avancées constatées figurent la hausse des ratios impôts/PIB, le renforcement de l'encadrement international de la fiscalité, et des initiatives innovantes comme la numérisation des systèmes fiscaux et la fiscalité environnementale. Plusieurs défis subsistent, notamment des bases de recettes restreintes, une supervision insuffisante des incitations fiscales, et des déficits de financement des services essentiels dans les pays à faible revenu et à revenu intermédiaire. Des opportunités se présentent dans plusieurs domaines tels que la numérisation de l'administration fiscale, la mise en œuvre d'un impôt minimal mondial, et l'alignement des politiques fiscales sur les Objectifs de développement durable, offrant un potentiel de transformation pour améliorer la mobilisation des ressources et favoriser une croissance économique équitable.

2.1. Tableau de bord des données

Principales tendances

Dans une majorité de pays, les ratios impôts/PIB ont connu un rebond malgré les répercussions négatives de la pandémie de COVID-19 sur les recettes.

Entre 2015 et 2022, les recettes fiscales des pays en développement sont passées de 16.5 % du PIB à 17.1 % en moyenne (Nations Unies, 2024[1]). Le ratio impôts/PIB a augmenté tant dans les pays à faible revenu (PFR) (+4 %) que dans les pays à revenu intermédiaire de la tranche inférieure (PRITI) (+2 %), passant de 11 % à 11.4 % et de 15.4 % à 15.7 % respectivement. Malgré cette hausse, dans les PFR, le ratio impôts/PIB reste en dessous du seuil de 15 % visé pour le taux d'imposition effectif (11.44 % en 2022). Le ratio impôts/PIB a diminué (-3 %) dans les pays à revenu intermédiaire de la tranche supérieure (PRITS), passant de 19.2 % en 2015 à 18.3 % en 2022 (Our World in Data, 2023[2]).

Entre 2015 et 2021, il a en revanche augmenté dans deux tiers des 130 économies figurant dans la base de données mondiale des statistiques des recettes publiques de l'OCDE. Cependant, dans 86 % des PFR et 43 % des PRITI, les recettes restent en deçà du niveau requis pour financer les services sociaux essentiels et investir dans le développement économique (15 % du PIB) (Benitez et al., 2023[3] ; Choudhary, Ruch et Skrok, 2024[4]).

Les recettes fiscales (hors contributions de sécurité sociale) constituent la principale source de recettes publiques, bien que les recettes non fiscales représentent également une part significative dans l'ensemble des pays. D'après les données du Fonds monétaire international (2024[5]), les recettes non fiscales représentent un tiers des recettes des pays développés, et près de la moitié des recettes des pays en développement.

Entre 2015 et 2022, les recettes totales, fiscales et non fiscales, des pays en développement ont augmenté de 20 %, soit une hausse annuelle de 2 %, et sont passées de 3 150 milliards USD au chiffre record de 3 790 milliards USD en 2022 (aux prix constants de 2015).

Graphique 2.1. Ratio impôts/PIB

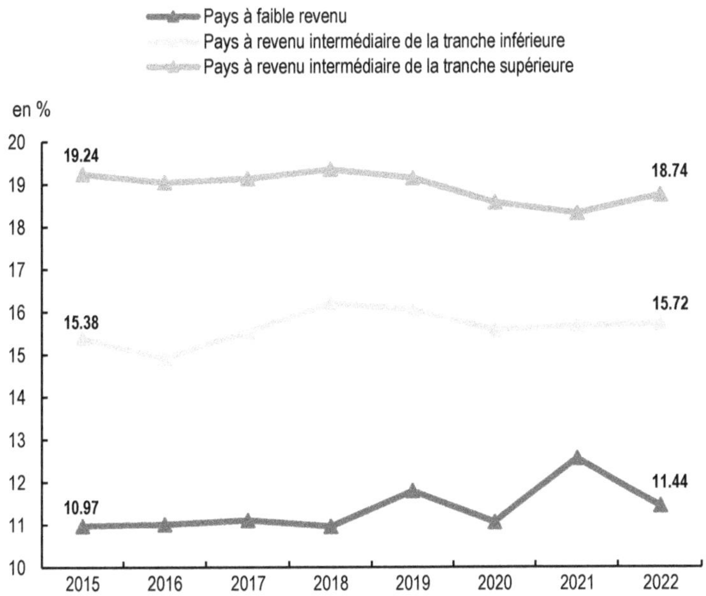

Note : ces chiffres n'incluent pas les cotisations de sécurité sociale.
Source : Calculs des auteurs à partir de Our World in Data (2023[2]), *Tax revenues as a share of GDP (UNU-WIDER, Government Revenue Dataset)*, https://ourworldindata.org/grapher/tax-revenues-as-a-share-of-gdp-unu-wider.

La structure fiscale (ou composition des recettes fiscales) varie considérablement entre les pays et a évolué depuis 2015.

La composition des recettes fiscales, ou la part des recettes fiscales provenant des différents types d'impôt, diffère entre les économies avancées et les économies en développement. Les impôts assis sur les biens et les services représentent environ la moitié des recettes fiscales dans les pays en développement tandis que, dans les économies avancées, les impôts sur les revenus et les bénéfices et les contributions de sécurité sociale représentent une part beaucoup plus importante de la structure fiscale. Dans la majorité des régions et des groupes de revenus, la part des impôts sur les revenus et des contributions de sécurité sociale dans la structure fiscale a augmenté entre 2015 et 2021, tandis que celle des impôts sur les biens et les services a diminué. En Afrique plus particulièrement, la part de la taxe sur la valeur ajoutée dans les recettes a diminué tandis que la part des autres impôts sur la consommation a augmenté dans des proportions similaires. En moyenne, entre 2015 et 2021, c'est dans les PFR que la structure fiscale s'est le plus modifiée, avec un déclin du rôle des taxes sur les biens et les services tandis que l'impôt sur les bénéfices des sociétés et les contributions de sécurité sociale prenaient une part plus importante.

D'autres sources de recettes publiques, hors impôts, peuvent générer des ressources supplémentaires pour le développement. Les pays dotés de ressources naturelles exploitables, par exemple, peuvent accroître leurs recettes à l'aide d'instruments non fiscaux tels que les redevances ou les intérêts et dividendes. Dans certains pays, les régimes de sécurité sociale obligatoire sous gestion privée offrent une autre source de revenus. En 2021, les recettes non fiscales et les contributions aux régimes privés de sécurité sociale ont représenté 1.7 % du PIB en moyenne dans la région Amérique latine et Caraïbes (ALC), et plus de 5 % du PIB de certaines économies, comme le Chili et le Mexique (OCDE et al., 2023[6]).

Graphique 2.2. Évolution de la structure fiscale en Afrique (33), Asie-Pacifique (36), ALC (27), dans les économies de l'OCDE et dans les économies en développement, entre 2015 et 2021

Points de pourcentage en % des recettes fiscales totales

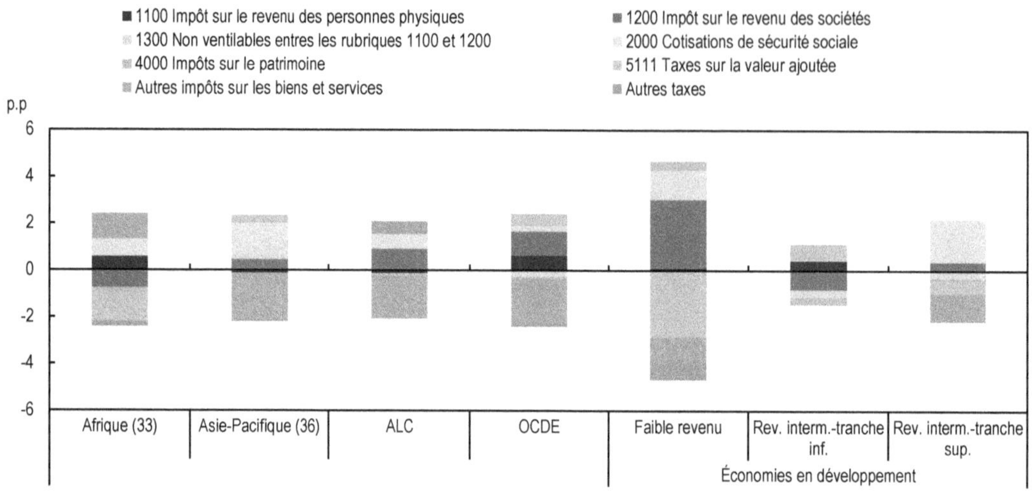

Note : Les économies en développement (80) comprennent celles qui, dans la base de données mondiale des Statistiques des recettes publiques, sont classées dans les catégories « à faible revenu » (11), « à revenu intermédiaire de la tranche inférieure » (35) et « à revenu intermédiaire de la tranche supérieure » (34) par la Banque mondiale.
Source : Calculs des auteurs basés sur (2023[7]), base de données mondiale des Statistiques des recettes publiques.
https://www.oecd.org/fr/data/datasets/global-revenue-statistics-database.html.

Le montant total de l'APD à l'appui de la mobilisation des recettes intérieures a augmenté depuis 2015.

L'aide publique au développement (APD) totale à l'appui de la mobilisation des recettes intérieures (MRI) a connu une hausse substantielle depuis 2015, passant de 219.7 millions USD en 2015 à 748.7 millions USD en 2022 ; ce chiffre est néanmoins inférieur au plus haut observé en 2020, qui était de 1.1 milliard USD. Cette hausse a été largement portée par les prêts octroyés par le système multilatéral, dont les pays qui ne comptent pas parmi les pays les moins avancés (PMA) ont perçu une part significative.

Les partenaires du développement qui sont membres de l'Initiative fiscale d'Addis-Abeba se sont engagés collectivement à doubler leur assistance en matière fiscale pour la porter à 441.1 millions USD à l'horizon 2020, puis à maintenir ou à dépasser ce niveau par la suite. Bien que cet objectif n'ait pas été atteint, l'assistance en matière fiscale a considérablement augmenté.

Lancée en 2022, la plateforme numérique sur le traitement fiscal de l'aide publique au développement est devenue la première ressource publique de ce type destinée à améliorer la transparence autour de la fiscalité de l'aide au développement. Elle expose les approches adoptées par 22 des 30 membres du CAD qui ont participé à l'enquête, et qui représentaient plus de 80 % de l'APD bilatérale en 2020. Sur ces 22 membres, 13 pays donneurs présents sur la plateforme ont indiqué avoir révisé leur politique depuis 2015. Quatre d'entre eux ne demandent jamais, ou rarement, à bénéficier d'exonérations ; trois en font parfois la demande, neuf en font généralement la demande, et six n'ont pas de politique générale sur ce point.

Des Principes directeurs concernant le traitement fiscal de l'aide fournie de gouvernement à gouvernement ont été élaborés par l'Organisation des Nations Unies (ONU) par le biais de son Sous-comité du régime fiscal applicable aux projets d'aide publique au développement. Le Comité fiscal des Nations Unies a également adopté une recommandation portant sur la publication des dispositions concernant le régime fiscal applicable aux projets d'aide de gouvernement à gouvernement.

Graphique 2.3. L'APD à l'appui de la mobilisation de ressources intérieures

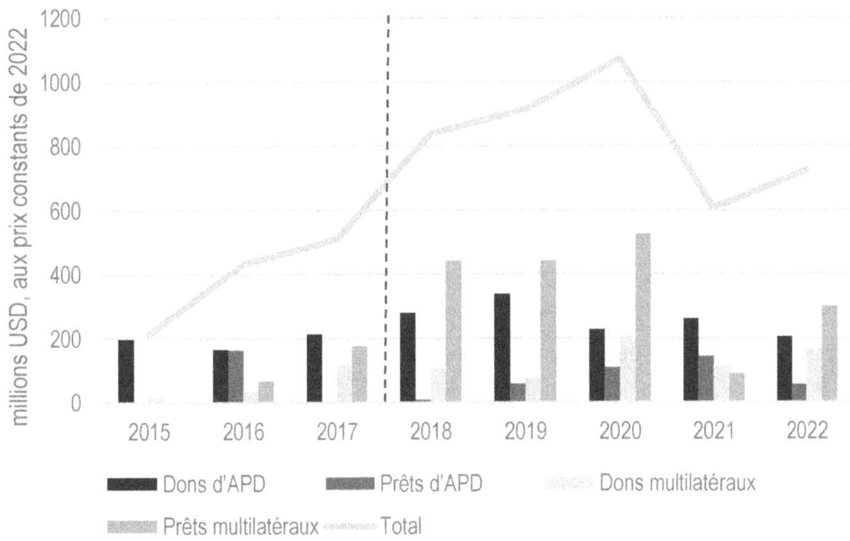

Note : Les chiffres antérieurs à 2018 sont calculés selon la méthode des flux financiers. À partir de 2018, les calculs reposent sur la méthode de l'équivalent-don.
Source : Calculs des auteurs d'après OCDE (2024[8]), *Système de notification des pays créanciers* (base de données), http://data-explorer.oecd.org/s/3d.

Indicateurs clés de performance

↑	Entre 2015 et 2022, les recettes fiscales sont passées de 16.8 % à 17.5 % du PIB en moyenne dans les pays en développement. Malgré cette hausse, le ratio impôts/PIB dans les PFR reste inférieur au seuil de 15 % visé pour le taux d'imposition effectif (11.44 % en 2022).
↓	À l'échelle mondiale, les subventions explicites en faveur des combustibles fossiles ont été multipliées par trois et sont passées de 503.3 milliards USD en 2015 à 1 530 milliards USD en 2022. De 2021 à 2022, la hausse des subventions s'est située entre 36 % et 58 % pour toutes les régions, sauf pour les régions Océanie (+22 %) et Australie et Nouvelle-Zélande (+6 %) (Nations Unies, 2024[9]).
↔	L'APD à l'appui de la MRI provenant des participants à l'Initiative fiscale d'Addis-Abeba est passée de 220 millions USD en 2015 à 345 millions USD en 2022 ; l'engagement à multiplier par deux les volumes d'APD pour les porter à 441.1 millions USD en 2020 n'a donc pas été honoré (Addis Tax Initiative, 2024[10]).

↓ Léger recul	↓ Recul marqué	↔ Statu quo, neutre	↔ Stagnation, problème possible	↑ Progrès majeure	↑ Progrès minime
↓ Recul sensible	↓ Recul majeur	↔ Stagnation, préoccupation mineure	↔ Stagnation négative, préoccupante	↑ Progrès	↑ Progrès négligeables ou contestés

Note : Engagements quantifiables sélectionnés. L'Annexe 2.A. présente la liste complète des indicateurs.

Potentiel de mobilisation des ressources

- En portant le ratio impôts/PIB à un niveau équivalent à celui d'autres pays en développement, les PFR pourraient mobiliser 4.3 points de pourcentage de plus du ratio impôts/PIB, ce qui équivaut à 27.8 milliards USD de recettes fiscales par an[1].
- Concrétiser cette mobilisation impliquerait d'augmenter les recettes provenant de divers impôts, sachant que ce sont les impôts sur les biens et les services et les impôts sur le revenu des personnes physiques qui offrent le meilleur potentiel. Bien qu'il existe une marge d'augmentation des recettes grâce à l'impôt sur les bénéfices des sociétés, le gain serait limité au regard de l'ampleur des ressources nécessaires.
- À l'échelle mondiale, les scénarios de tarification du carbone pourraient générer environ 1 400 milliards USD par an jusqu'en 2030, soit 1.1 % du PIB mondial (FMI, 2024[11]).
- En raison de l'absence de définition commune et de difficultés de nature statistique, les estimations des flux financiers illicites varient fortement (OCDE, 2022[12]). Toutefois, des progrès ont été enregistrés en matière d'harmonisation et de clarification des approches, notamment sur une base pays par pays.

2.2. Principaux domaines de progrès

La coopération internationale en matière fiscale s'est beaucoup développée ces dernières années

Les efforts déployés par le Forum mondial sur la transparence et l'échange de renseignements en matière fiscale (le Forum mondial) et ses 171 membres, dont 55 % sont des pays en développement, ont permis de mettre un terme au secret bancaire, et plus de 130 milliards EUR de recettes supplémentaires et de pénalités ont été identifiés, dont plus de 45 milliards EUR par les pays en développement. La participation de 147 juridictions à la Convention multilatérale concernant l'assistance administrative mutuelle en matière fiscale facilite également l'échange de renseignements entre pays. Parmi elles, 126 juridictions ont adopté l'échange automatique de renseignements relatifs aux comptes financiers. À ce jour, 108 d'entre elles échangent déjà des renseignements selon un processus automatique, parmi lesquelles figurent 51 pays en développement, dont plusieurs PMA.

Dans le domaine de la taxation effective des entreprises multinationales (EMN), la coopération internationale s'est également intensifiée. Dans 102 juridictions, des lois ont été adoptées pour permettre aux autorités fiscales de partager des renseignements clés sur le pays ; de plus, en novembre 2024, 104 juridictions avaient signé la Convention multilatérale pour la mise en œuvre des mesures relatives aux conventions fiscales pour prévenir l'érosion de la base d'imposition et le transfert de bénéfices (la « Convention BEPS ») qui leur permet de modifier leurs conventions fiscales bilatérales existantes et d'en combler les lacunes (OCDE, 2024[13]). Les 147 membres du Cadre inclusif sur le BEPS, dont la moitié sont des pays développés, se sont accordés sur des règles visant à établir une taxe mondiale minimale avec un taux effectif minimal d'imposition de 15 % ; la mise en œuvre de l'accord est en cours. Le Cadre inclusif prévoit également d'instaurer une approche simplifiée et rationalisée pour l'application du principe de pleine concurrence à certaines activités des entreprises multinationales (EMN). Dans un récent rapport, l'OCDE (2024[14]) a estimé que cette approche limiterait les litiges liés aux prix de transfert et les coûts de conformité, renforcerait la certitude en matière fiscale tant pour l'administration fiscale que pour le contribuable, et serait bénéfique pour les juridictions à faible capacité qui font face à un manque de ressources et de données disponibles.

Tous les pays n'ont pas encore pu tirer avantage de ce renforcement de la coopération fiscale internationale, notamment parmi les PMA.

Le soutien régional et international au renforcement des capacités fiscales porte ses fruits et fait l'objet d'une demande croissante

La hausse du financement international, de l'appui technique et de la formation renforce les capacités fiscales des pays en développement, notamment dans le domaine de la fiscalité internationale. L'Initiative Inspecteurs des impôts sans frontières (IISF), lancée à l'occasion de la troisième Conférence internationale sur le financement du développement qui s'est tenue à Addis-Abeba en 2015, consiste à mettre à la disposition des administrations fiscales des pays en développement des spécialistes, qui leur apportent une assistance pratique sur des dossiers de vérification en cours ainsi que sur des questions de fiscalité internationale connexes. À ce jour, les programmes de l'IISF, notamment ceux en lien avec le Forum africain sur l'administration fiscale (ATAF), ont permis de générer, dans 62 juridictions, plus de 2.30 milliards USD de recettes fiscales supplémentaires, et 6.05 milliards USD suite à des redressements fiscaux (OCDE/PNUD, 2024[15]). L'OCDE et le Forum mondial intensifient leur appui au service du renforcement des capacités afin de pouvoir répondre à la demande croissante émanant des pays en développement qui souhaitent mettre en œuvre les normes internationales les plus récentes en matière fiscale. Le Forum mondial a ainsi procuré une assistance à 91 juridictions en 2023, sous la forme de programmes d'intégration pour les nouveaux membres, de programmes bilatéraux, de formations, de cours en ligne, de boîtes à outils et de conseils, et nombre des activités de renforcement des capacités ont été menées en partenariat avec des organisations fiscales internationales et régionales (OCDE, 2024[16]).

La collaboration avec les organisations fiscales régionales gagne de plus en plus en importance. L'ATAF, qui a assuré des missions d'assistance technique dans 35 pays en 2023, occupe une place de premier plan dans le renforcement des capacités fiscales des pays d'Afrique. Des redressements fiscaux menés par les membres de l'ATAF grâce à ces initiatives ont rapporté 1.41 milliard USD, dont 620 millions USD recouvrés à l'occasion de contrôles. Depuis 2016, les efforts combinés de l'ATAF et des programmes conjoints de l'ATAF et de l'IISF ont permis de collecter 1.92 milliard USD (African Tax Administration Forum, 2024[17]). Autre exemple : la Plateforme de collaboration sur les questions fiscales, créée en 2016, qui réunit les secrétariats du FMI, de l'OCDE, des Nations Unies et de Banque mondiale et vise à renforcer la collaboration en matière de MRI (Platform for Collaboration on Tax, 2024[18]). De son côté, l'Académie de l'OCDE pour les enquêtes en matière de délinquance fiscale et financière a formé plus de 3 000 agents publics de 167 juridictions dans l'objectif d'améliorer la détection et les enquêtes dans ce domaine, et de soutenir les efforts des pays dans leur lutte contre les flux financiers illicites.

Les banques publiques de développement (BPD) mobilisent de plus en plus le financement du développement durable dans les pays en développement

Les BPD jouent un rôle essentiel pour promouvoir la concordance entre l'investissement et des initiatives mondiales telles que les Objectifs de développement durable (ODD), l'Accord de Paris et le Cadre de la biodiversité de Kunming-Montréal. Sur les 127 BPD et institutions de financement du développement créées depuis 2006, 72 % l'ont été dans des pays à faible revenu et à revenu intermédiaire ; actuellement, 37.8 % d'entre elles sont domiciliées dans des PRITI, 23.5 % dans des PRITS, mais seulement 3.6 % dans des PFR[2] (Peking University et Agence Française de Développement, 2024[19]). Les BPD mobilisent de plus en plus le financement au service de l'adaptation climatique, de la biodiversité et des investissements en matière sociale, et s'essaient aux obligations liées au développement durable, aux dispositifs de conversion de dette et à d'autres instruments financiers innovants. Bien que de nombreuses BPD fixent des objectifs écologiques, les actifs verts représentent une part relativement faible des portefeuilles, 14 % seulement en moyenne (OCDE et al., 2023[6]). Ainsi, seuls 19 % des instruments proposés par les BPD dans la région Amérique latine et Caraïbes portent sur des investissements numériques, verts ou répondant à des problématiques de genre (OCDE et al., 2023[6]). Le réseau Finance in Common soutient les BPD en favorisant la recherche, le dialogue et l'apprentissage entre pairs afin qu'elles puissent améliorer leurs stratégies et leurs activités. Il œuvre également à la promotion de la coopération mondiale entre les parties prenantes, dans l'objectif de rationaliser les cadres financiers et d'appuyer les objectifs de développement durable ; récemment, des activités ont ainsi été menées pour renforcer les alliances, intensifier l'assistance technique, et remédier aux problèmes d'asymétrie de devises afin d'accroître les flux de capitaux transfrontières.

2.3. Défis persistants

Une approche trop restrictive, axées sur certains impôts spécifiques, réduit le potentiel de génération des recettes. Aucun type de recettes ne permettra, à lui seul, d'atteindre le niveau nécessaire pour réaliser les ODD. Or, les efforts visant à accroître la MRI se concentrent trop souvent sur l'impôt sur les bénéfices des sociétés qui, bien qu'essentiel pour assurer des règles du jeu équitables et préserver la confiance dans le système fiscal, ne suffit pas à générer le niveau de recettes publiques intérieures nécessaires dans de nombreux pays. Le système fiscal doit donc être considéré dans son ensemble pour identifier les sources de recettes possibles. La conception de stratégies de recettes à moyen terme visant à aligner les réformes du système fiscal sur les objectifs de recettes peut constituer une piste intéressante (Platform for Collaboration on Tax, 2021[20] ; Platform for Collaboration on Tax, 2023[21]), qui est d'ailleurs à l'étude dans plus de 25 pays. Lorsqu'elles sont élaborées en consultation avec la société dans son ensemble et avec son soutien, ces stratégies peuvent compléter efficacement les cadres de financement nationaux intégrés. Les stratégies de recettes peuvent également insuffler une dynamique politique durable en faveur de réformes fiscales. Ce point a son importance sachant que les contraintes de politique économique sont souvent considérées comme un obstacle majeur à la réalisation et à l'application des réformes de MRI (Independent Evaluation Group, 2023[22]).

La croissance économique ne se traduit pas forcément par une hausse des recettes fiscales

Les pays à faible revenu et à revenu intermédiaire ont besoin de la croissance économique pour le bon fonctionnement de l'État ainsi que pour fournir des services publics, un système éducatif et un système de protection sociale de qualité. Le système fiscal devrait contribuait à un environnement propice à la croissance économique. Mais la croissance économique doit également permettre d'accroître les recettes fiscales. Lorsque ces recettes augmentent parallèlement à la croissance économique, cela peut dispenser les pays de procéder à une augmentation des taux légaux d'imposition qui entraînerait des distorsions économiques. Maintenir une base d'imposition large, limiter les mesures d'incitation fiscale basées sur les revenus et assurer la progressivité des régimes fiscaux peut amplifier la contribution de la croissance à la hausse des recettes.

La supervision des incitations fiscales, notamment des aides en faveur des combustibles fossiles, reste insuffisante

Les incitations fiscales sont de plus en plus répandues et généreuses dans le monde (OCDE, 2022[23]). Bien qu'elles puissent jouer un rôle important dans le développement, le manque à gagner côté recettes peut se révéler considérable. Le coût des incitations liées à l'impôt sur les bénéfices des sociétés s'élève en moyenne à 0.2 % et 0.3 % du PIB en Afrique et en Asie respectivement, et presque le double dans un quart des pays de ces régions (OCDE, 2022[23]). Près de 90 % des pays en développement offrent une mesure incitative liée à l'impôt sur les bénéfices avec pour conséquence que les entreprises éligibles ne sont pas imposées sur leurs bénéfices. Les données probantes sur l'efficacité des incitations fiscales sont peu concluantes en raison d'un suivi et d'une analyse le plus souvent insuffisants pour en calculer le rapport coût-bénéfice. Dans de nombreux pays, il conviendrait d'examiner les dépenses fiscales de manière plus exhaustive, en ne se limitant pas aux incitations fiscales offertes aux grandes multinationales.

Un tel examen permettrait d'assurer que les incitations sont bien conçues, correctement ciblées et basées sur des critères d'éligibilité clairs, et que leur octroi, leur gestion et leur évaluation s'effectuent en toute transparence (FMI, OCDE, ONU, Groupe de la Banque mondiale, 2015[24]).

Les subventions aux combustibles fossiles, qui restent répandues dans le monde, freinent fortement la durabilité environnementale et l'efficacité économique en encourageant une consommation excessive de sources d'énergie à forte intensité de carbone. Le coût budgétaire de ces aides, y compris de celles assurées par des dépenses fiscales, est loin d'être négligeable : en 2022, pour 48 pays de l'OCDE et pays partenaires, le montant des aides d'État en faveur des combustibles fossiles était supérieur à 1 400 milliards USD, soit le double des niveaux de 2021, en raison d'initiatives visant à atténuer les coûts élevés de l'énergie (OCDE, 2023[25]). Une augmentation préoccupante de ces aides est observée, malgré la connaissance de leurs effets négatifs, qui entravent la réalisation des engagements climatiques et alourdissent les coûts budgétaires. La suppression progressive des subventions aux combustibles fossiles permettrait d'alléger la charge budgétaire et de dégager des ressources pour réaliser des investissements plus productifs dans les énergies renouvelables, l'éducation et la santé, tout en alignant les signaux du marché sur les objectifs de politique climatique. Il importera de compenser les effets potentiellement régressifs de la tarification des combustibles fossiles en veillant à ce que les économies réalisées soient redirigées vers des programmes ciblant les populations vulnérables, bien que cela puisse poser des défis dans certains pays.

La lutte contre la délinquance fiscale, la corruption et les flux financiers illicites doit s'appuyer sur une coopération interétatique, qui fait souvent défaut

Les FFI désignent des activités, telles que le blanchiment de capitaux, la corruption active, la fraude et l'évasion fiscale ou encore la falsification des factures dans les échanges commerciaux, qui visent à transférer illégalement des ressources d'un pays à un autre (OCDE, 2014[26]). Ces flux illicites affaiblissent les institutions publiques, favorisent la corruption, tant active que passive étrangère, et engendrent des préjudices ainsi que des pertes financières considérables.

Les FFI menacent les intérêts stratégiques, politiques et économiques des pays et érodent la confiance du public dans les institutions publiques ainsi que le système financier. Ils peuvent également avoir pour effet de neutraliser les flux financiers légitimes et de réduire la capacité d'investissement intérieur. Parce qu'ils peuvent, dans certains pays, être supérieurs à la fois aux flux d'APD et d'IDE (investissements directs étrangers), la lutte contre les flux financiers illicites est un enjeu majeur pour la cohérence des politiques au service du développement durable (Global Financial Integrity, 2015[27] ; OCDE, 2024[28]).

Malgré les bons résultats de l'Initiative pour le recouvrement des avoirs volés, partenariat entre la Banque mondiale et l'Office des Nations Unies contre la drogue et le crime qui a permis le recouvrement d'environ 1.9 milliard USD d'avoirs volés, le taux de recouvrement des produits d'activités criminelles reste estimé à seulement 1 %. La détection des risques et des tendances émergentes dans le domaine de la délinquance fiscale peut améliorer les performances, de même que le renforcement de la coordination entre les organes compétents et l'amélioration des stratégies nationales visant à lutter contre la délinquance fiscale et à promouvoir une approche de la lutte contre les FFI à l'échelle de l'ensemble de l'administration[3].

La coopération internationale est essentielle, et l'Aide publique au développement (APD) peut jouer un rôle clé en ciblant des secteurs générateurs de recettes non fiscales, tels que l'énergie et le transport, en renforçant les institutions nationales cruciales, comme les banques centrales et les autorités fiscales, et en impliquant le secteur privé pour promouvoir la gestion des risques, le devoir de diligence et les IDE responsables. Pour cela, il est nécessaire de renforcer les capacités techniques en matière de FFI. Les efforts devraient viser à soutenir les pays en développement dans la mise en œuvre des normes du Groupe d'action financière (GAFI), afin de renforcer la confiance des marchés et des investisseurs, de dissuader la pratique de l'atténuation des risques (de-risking), et d'assurer un accès continu aux marchés financiers et aux systèmes de paiement transfrontaliers[4].

La connaissance des informations concernant les bénéficiaires effectifs doit être améliorée

La connaissance des informations sur les bénéficiaires effectifs est la pierre angulaire de la lutte contre l'évasion fiscale et autres FFI. Ces dernières années, en s'appuyant sur les travaux du Forum mondial et sur les synergies avec le processus du GAFI, les juridictions ont pu réaliser des avancées concrètes en ce qui concerne la transparence des informations sur les bénéficiaires effectifs et la mise en conformité des parties prenantes nationales et étrangères. Elles ont notamment promulgué des lois et créé des outils pour combler les lacunes en matière d'information, renforcer l'efficacité des enquêtes sur les faits de délinquance financière et fiscale, et améliorer la MRI. Pourtant, pour des motifs tenant généralement à la mise en œuvre, seules 53 % des 118 juridictions examinées par le Forum mondial en juin 2024 ont obtenu une note satisfaisante sur la question des bénéficiaires effectifs. Des progrès sont donc attendus en ce qui concerne la mise en œuvre concrète des réformes adoptées, ainsi que les ressources que les administrations doivent y allouer. Les stratégies de lutte contre les FFI devraient être axées sur la création de registres des bénéficiaires effectifs, dont la configuration, la gestion et la supervision se révèlent complexes aussi bien pour les pays développés que pour les pays en développement.

Le financement reste peu accessible aux acteurs infranationaux et urbains

Environ 65 % des 169 cibles des ODD ne pourront être atteintes sans la participation des administrations infranationales, notamment municipales. Dans une récente enquête menée conjointement par l'OCDE, le Réseau des solutions pour le développement durable et le Comité européen des régions, les deux tiers des administrations infranationales citaient le manque de ressources financières comme principal obstacle pour concrétiser les ODD (OCDE, 2024[29]). Dans leurs réponses, elles mettaient en avant la nécessité de décentraliser, notamment dans plusieurs pays d'Afrique, pour permettre aux administrations locales de générer leurs propres recettes, par exemple via la propriété immobilière (Cities Alliance, 2021[30]). Les administrations locales et régionales jouent un rôle déterminant dans la réalisation des objectifs climatiques et environnementaux et sont responsables de la majeure partie des dépenses publiques consacrées à l'adaptation aux changements climatiques et à leur atténuation. Pourtant, dans les économies émergentes, les niveaux actuels d'investissement montrent un déficit de financement annuel de 350 milliards USD dans les villes pour atteindre les cibles climatiques (Birch, Rodas et Drumm, 2023[31]). La coopération internationale peut être particulièrement efficace pour soutenir les administrations infranationales et le financement urbain. Les systèmes de garanties, par exemple, peuvent mobiliser le financement du développement durable, comme l'ont souligné les discussions sur la réforme des banques multilatérales de développement et le Groupe d'experts indépendants du G20 (2023[32]). En exploitant ce potentiel, les villes pourraient bénéficier d'un meilleur accès au financement dans un objectif de gestion des impacts du changement climatique. Entre 1988 et 2024, l'Agence multilatérale de garantie des investissements a émis des garanties pour un montant total de 84.5 milliards USD, et seules 11 demandes d'indemnités ont donné lieu à paiement (Agence multilatérale de garantie des investissements, 2024[33]). Jusqu'ici, ses activités se sont concentrées pour l'essentiel sur les PRITS, mais les garanties concernant des investissements dans les PFR ont représenté plus de 10 % du volume de nouvelles émissions pour la première fois lors de l'exercice 2022 (Mathiasen et Aboneaaj, 2023[34]).

Il est nécessaire d'adopter une budgétisation sensible au genre pour réduire les inégalités entre les genres

Un financement adéquat et efficace est indispensable pour parvenir à l'égalité entre les genres et favoriser l'autonomisation des femmes et des filles. La budgétisation sensible au genre peut aider à éliminer les biais présents dans les processus et outils des administrations, tout en soutenant leurs efforts pour promouvoir l'égalité entre les genres, notamment en ce qui concerne les salaires et l'accès aux marchés du travail. De plus en plus de pays de l'OCDE procèdent à une budgétisation sensible au genre (OCDE, 2024[35]). Des pays partenaires vérifient actuellement s'ils disposent de systèmes pour suivre les dotations budgétaires destinées à l'égalité entre les genres dans le cadre du cycle de suivi 2023-26 du Partenariat mondial pour une coopération efficace au service du développement (2024[36]).

2.4. Domaines nouveaux et émergents

La numérisation de l'administration fiscale peut avoir de nombreux bienfaits, sur le plan de l'augmentation des recettes et au-delà

La numérisation de l'administration fiscale est associée à de nombreux effets positifs, parmi lesquels l'accroissement des recettes : porter l'adoption de la déclaration électronique à la moitié des impôts et taxes pourrait entraîner une hausse des recettes équivalant à 1.6 % du PIB GDP (Nose et Mengistu, 2023[37]). Elle est également liée à une hausse de la confiance du public dans les agents de l'administration fiscale et à une baisse du sentiment de corruption (FMI, 2022[38]). Malgré les progrès accomplis dans ce domaine par les pays en développement, il subsiste une importante marge de progression. Pour réussir la transformation numérique, il est essentiel à la fois d'agir sur le plan des politiques publiques et de renforcer les ressources humaines (Nose et Mengistu, 2023[37]). Les possibilités de soutien offertes par différents acteurs sont de plus en plus nombreuses, parmi lesquelles les programmes de l'IISF et les modèles de maturité de transformation numérique facilitant l'auto-évaluation (OCDE, 2022[39]).

La mise en œuvre d'un impôt minimum mondial pour les multinationales pourrait générer des recettes supplémentaires considérables

L'impôt minimum mondial garantit que les grandes entreprises multinationales paient un niveau d'impôt minimum (à un taux effectif de 15 %) sur leur revenu dans chacune des juridictions où elles exercent des activités. Cela réduit les incitations à transférer des bénéfices, encadre la concurrence fiscale, et met fin à la course au moins-disant en matière d'impôts sur les bénéfices des sociétés. À ce jour, environ 45 juridictions ont déjà intégré l'impôt minimum mondial dans leur législation, ou prévoient de le faire. La hausse des recettes qu'il entraînerait a été estimée entre 155 et 192 milliards USD par an, soit 6.5 % à 8.1 % des recettes mondiales de l'IS (OCDE, 2024[40]). Si toutes les juridictions pourraient largement bénéficier des retombées, celles qui appliquent une ou plusieurs composantes de l'impôt minimum mondial en tireraient un avantage encore plus important. Les autres, en revanche, risquent de renoncer à des recettes qu'elles pourraient pourtant aisément collecter. La mise en place de l'impôt minimum sera également l'occasion pour les juridictions de réexaminer leurs incitations fiscales et de s'orienter vers des incitations conçues de manière à offrir un meilleur rapport coût-bénéfice au regard de l'investissement généré par dollar des États-Unis de recettes perdues.

Renforcer le lien entre impôt et ODD

Bien que l'impôt soit principalement considéré comme un levier permettant de générer des revenus pour atteindre des objectifs de développement, la politique fiscale peut aussi servir à orienter plus directement les résultats en matière de développement. À ce jour, ce potentiel n'est pas pleinement exploité. Il est surtout important dans les domaines de la réduction des inégalités, de l'environnement et de la santé.

La politique fiscale peut renforcer la progressivité et aider à lutter contre les inégalités de revenu et de richesse à l'échelle mondiale

La concentration des richesses au sommet de l'échelle de distribution s'est accrue. De fait, la part estimée du patrimoine détenu par les 0.001 % les plus riches au niveau mondial a plus que doublé entre 1995 et 2022, passant d'environ 3.3 % à 6.9 % (OCDE, 2024[41]). Les taux effectifs d'imposition des particuliers très fortunés sont souvent nettement inférieurs à ceux des bas revenus[5] (OCDE, 2024[41]). En ce qui concerne la MRI, la première limite de l'impôt sur le revenu des personnes physiques est la capacité des plus fortunés à réduire leur revenu imposable par le report de l'impôt sur les plus-values et l'utilisation stratégique de sociétés de holding.

Les politiques peuvent contribuer à élargir les assiettes fiscales et à réduire les écarts d'imposition entre les différents types de revenus et d'actifs. Les pays qui affichent un niveau élevé de dépenses fiscales pourraient modifier celles qui produisent des effets régressifs pour améliorer la progressivité du système fiscal. Les juridictions devraient en outre établir des rapports annuels sur les dépenses fiscales qui, d'une part, mesureraient le manque à gagner sur le plan des recettes fiscales et, d'autre part, en analyseraient les effets redistributifs. Il conviendrait également d'élaborer des stratégies cohérentes pour renforcer l'économie formelle et faire entrer les activités informelles et leurs travailleurs dans le champ du système fiscal. Cela nécessitera des réformes en matière d'impôts et d'avantages fiscaux. De nombreux pays comptent des activités informelles et la main-d'œuvre associée qui sont en mesure de contribuer aux impôts et à la sécurité sociale. Lorsqu'ils sont bien conçus, les régimes fiscaux forfaitaires incitent à entrer dans l'économie formelle sans restreindre la croissance des activités.

La fiscalité environnementale peut favoriser le développement durable en relevant les défis environnementaux tout en soutenant la croissance économique

En 2023, les recettes générées par les taxes carbone et les systèmes d'échange de quotas d'émissions ont atteint un niveau record de 104 milliards USD (Groupe de la Banque mondiale, 2023[42]). La couverture mondiale des politiques explicites de tarification du carbone est en hausse, et près d'un quart des émissions mondiales de gaz à effet de serre (GES) sont actuellement soumises à une taxe carbone ou à un système d'échange de quotas. Si l'on inclut la tarification implicite du carbone par le biais des droits d'accises sur les produits énergétiques, la couverture des politiques de tarification explicites et implicites du carbone atteint 42 % des émissions mondiales de GES (OCDE, 2023[43]). Ces taxes peuvent générer des recettes importantes, qui peuvent ensuite être réorientées vers des services publics essentiels et aider à contrer les effets redistributifs négatifs. Leur rôle premier est d'inciter à réduire les dommages environnementaux, de promouvoir l'innovation dans les technologies vertes, et d'améliorer les résultats en matière de santé publique en réduisant les risques liés à la pollution. Bien qu'elles puissent produire des effets régressifs, les taxes environnementales peuvent également être conçues de manière à incorporer des mesures compensatoires, comme des crédits d'impôt ou des transferts sociaux, afin d'atténuer leur impact sur les ménages vulnérables et d'assurer une distribution équitable de leurs bénéfices. Ce type d'approche a le mérite de favoriser la résilience tant environnementale qu'économique, et ainsi de contribuer au développement durable à long terme.

Le G20, dans une récente déclaration sur la mise en œuvre d'un impôt minimal mondial de 2 % sur la fortune des milliardaires, ainsi que le Groupe de travail sur les contributions de solidarité mondiale prônent l'introduction de taxes dans les secteurs à émissions élevées et à forte intensité de ressources. Parmi leurs propositions figurent l'instauration de taxes sur l'extraction des combustibles fossiles et les transactions financières, dont une part importante des recettes serait affectée aux pays en développement.

Il faut accroître la marge de manœuvre budgétaire et les ressources extérieures pour réduire les écarts de financement de la protection sociale et des services de santé essentiels dans les pays en développement

Après une phase de progrès à partir de 2000, l'extension de la couverture des services de santé essentiels a commencé à stagner dans le monde en 2015, et 4.5 milliards de personnes n'étaient pas entièrement couvertes en 2021. En 2019, deux milliards de personnes rencontraient des difficultés financières dues aux dépenses de santé non prises en charge, un milliard faisait face à des coûts catastrophiques, et 344 millions basculaient dans la pauvreté extrême. La proportion de ménages consacrant plus de 10 % de leur budget à des dépenses de santé est passée de 12.6 % en 2015 à 13.5 % en 2019 (Nations Unies, 2024[44]).

Dans de nombreux pays, la pandémie de COVID-19 a exacerbé le déficit de financement de la protection sociale et des services de santé essentiels. En outre, nombre de pays en développement, caractérisés par une économie informelle importante, éprouvent de grandes difficultés à financer les services essentiels. Les PFR devraient dépenser 15.9 % de leur PIB en plus, et les PRITI 5.1 %, pour pouvoir fournir un socle de protection sociale. En d'autres termes, pour combler leur déficit de financement, de nombreux PFR devraient consacrer plus de 75 % de leurs recettes fiscales à la protection sociale, soit davantage que les dépenses des pays membres de l'OCDE disposant d'une base de recettes fiscales bien plus conséquente (OCDE, 2024[45]). En Afrique subsaharienne, les dépenses publiques de santé n'étaient que d'environ 5.2 % du PIB en 2019, alors que la moyenne mondiale s'établissait à 9.8 % du PIB (Piatti-Fünfkirchen, Lindelow et Yoo, 2018[46]).

La création d'une marge budgétaire, par l'augmentation des recettes fiscales, l'élargissement de la couverture de sécurité sociale, une gestion prudente de la dette et la réaffectation des dépenses publiques, entre autres stratégies, contribuerait à réduire le déficit de financement. Pourtant, dans la plupart des pays, les taxes à visée sanitaire sont sous-utilisées : d'après l'Organisation mondiale de la santé (2021[47]), en 2020, seuls 40 pays taxaient le tabac à 75 % ou plus du prix de la plupart des marques de cigarettes vendues. Les taxes sur le tabac et l'alcool et, dans une moindre mesure, les taxes sur le sucre et les boissons contenant des sucres ajoutés, offrent un potentiel de recettes fiscales important, et présentent en outre l'intérêt d'inciter les populations à adopter un mode de vie plus sain, ce qui a pour effet de réduire les coûts sanitaires, économiques et sociaux pour la société. Les pays pourraient prélever des cotisations de sécurité sociale de manière à financer la protection sociale en fonction de la productivité de la main-d'œuvre et à limiter le risque que le système fiscal et de sécurité sociale pousse les travailleurs vers l'économie informelle.

Annexe 2.A. Ressources publiques intérieures

Tableau d'annexe 2.A.1. Évaluation du domaine d'intervention : Ressources publiques intérieures

Paragraphe du Programme d'action d'Addis-Abeba	Engagement	Cible ou objectif spécifique (quantifiable/ avec échéance)	Cible des Objectifs de développement durable (ODD) correspondante (si disponible)	État d'avancement de la mise en œuvre ou progrès accomplis depuis 2015, d'après les indicateurs des ODD retenus ou d'autres pertinents (mesures indirectes)
20	Améliorer les conditions de l'activité économique dans nos pays, notamment le respect de la légalité et lutter contre la corruption à tous les niveaux et sous toutes ses formes.	Non	Cible 16.3 Promouvoir l'état de droit dans l'ordre interne et international et garantir à tous un égal accès à la justice. Cible 16.5 Réduire nettement la corruption et la pratique des pots-de-vin sous toutes leurs formes. Cible 16.10 Garantir l'accès public à l'information et protéger les libertés fondamentales, conformément à la législation nationale et aux accords internationaux.	Voir également les paragraphes 22-25. *D'autres cibles et indicateurs non cités dans cette annexe présentent également une pertinence. Pour plus d'informations, consulter https://www.sdg16hub.org/home et https://unstats.un.org/sdgs/report/2023/extended-report/Extended-Report_Goal-16.pdf.* Indicateur 16.3.1 des ODD – Proportion des personnes victimes de violences a) physiques, b) psychologiques ou c) sexuelles au cours des 12 mois précédents ayant signalé les faits aux autorités compétentes ou recouru à d'autres mécanismes de règlement des différends officiellement reconnus. En l'état au début de l'année 2024, seuls 53 pays disposaient d'au moins un point de données sur le signalement d'un type de violences couvertes par l'indicateur 16.3.1 depuis 2010 (Nations Unies, 2024[48]). Indicateur 16.5.1 des ODD – Proportion de personnes ayant eu, au moins une fois, affaire à un agent public auquel elles ont versé un pot-de-vin ou qui leur a demandé un pot-de-vin au cours des 12 mois précédents. En 2022, la prévalence moyenne des pots-de-vin était plus élevée dans les pays à faible revenu. Elle était ainsi de 31.6 % dans les pays à faible revenu (PFR), de 26.2 % dans les pays à revenu intermédiaire de la tranche inférieure (PRITI), de 17.1 % dans les pays à revenu intermédiaire de la tranche supérieure (PRITS), et de 8.9 % dans les pays à revenu élevé (Nations Unies, 2024[48]).

Paragraphe du Programme d'action d'Addis-Abeba	Engagement	Cible ou objectif spécifique (quantifiable/ avec échéance)	Cible des Objectifs de développement durable (ODD) correspondante (si disponible)	État d'avancement de la mise en œuvre ou progrès accomplis depuis 2015, d'après les indicateurs des ODD retenus ou d'autres pertinents (mesures indirectes)
				Indice de perception de la corruption (IPC) de Transparency International Depuis 2011, 28 des 180 pays mesurés par l'IPC ont amélioré leur score en matière de corruption, tandis que celle de 34 pays s'est nettement dégradée. En Afrique subsaharienne, plus de 90 % des pays ont obtenu un score inférieur à 50 (Transparency International, 2024[49]). Indicateurs du Panorama des administrations publiques de l'OCDE, rapports sur la Convention de l'OCDE sur la lutte contre la corruption, et indicateurs de la confiance dans les pouvoirs publics de l'OCDE Les données disponibles pour les pays de l'OCDE montrent que des progrès ont été accomplis depuis 2015 en ce qui concerne l'accès du public aux documents budgétaires et le nombre de pays mettant activement en application la législation anti-corruption (OCDE, 2023[50]).
21	Être désireux, par le choix des politiques, de promouvoir une société sans exclusive Adopter et appliquer une législation non discriminatoire, mettre en place une infrastructure sociale et des politiques de développement durable. Faciliter une participation réelle et égale des femmes à l'économie en leur accordant un accès égal au processus de décision et aux postes de direction.	Non	Cible 5.5 Veiller à ce que les femmes participent pleinement et effectivement aux fonctions de direction à tous les niveaux de décision, dans la vie politique, économique et publique, et y accèdent sur un pied d'égalité. Cible 10.2 D'ici à 2030, autonomiser toutes les personnes et favoriser leur intégration sociale, économique et politique, indépendamment de leur âge, de leur sexe, de leur handicap, de leur race, de leur appartenance ethnique, de leurs origines, de leur religion ou de leur statut économique ou autre.	Indicateur 5.5.1 des ODD – Proportion de sièges occupés par des femmes dans a) les parlements nationaux et b) les administrations locales. En 2024, les femmes occupaient en moyenne 26.9 % des sièges aux parlements nationaux (chambre unique et chambre basse), un taux en hausse par rapport à 2015 (22.3 %). Dans les pays les moins avancés (PMA), cette proportion est passée de 21.7 % en 2015 à 26.8 % en 2024. En outre, à l'échelle mondiale, les femmes occupaient 35.5 % des sièges électoraux au sein des organes délibérants des administrations locales en 2023 ; dans les PMA, cette proportion était de 27 % (Nations Unies, 2019[51]). Indicateur 10.2.1 des ODD – Proportion de personnes vivant avec un revenu de plus de 50 % inférieur au revenu moyen, par âge, sexe et handicap. Depuis 2000, les deux tiers des pays ont réduit la part de leur population vivant avec un revenu inférieur de plus de 50 % au revenu moyen. Cependant, plus de 12 % de la population de ces pays vit toujours avec moins de la moitié du revenu médian (Nations Unies, 2019[51]).

Paragraphe du Programme d'action d'Addis-Abeba	Engagement	Cible ou objectif spécifique (quantifiable/ avec échéance)	Cible des Objectifs de développement durable (ODD) correspondante (si disponible)	État d'avancement de la mise en œuvre ou progrès accomplis depuis 2015, d'après les indicateurs des ODD retenus ou d'autres pertinents (mesures indirectes)
			Cible 10.3 Assurer l'égalité des chances et réduire l'inégalité des résultats, notamment en éliminant les lois, politiques et pratiques discriminatoires et en encourageant l'adoption de lois, politiques et mesures adéquates en la matière. Cible 16.b Promouvoir et appliquer des lois et politiques non discriminatoires pour le développement durable.	Indicateurs 10.3.1 et 16.b.1 des ODD – Proportion de la population ayant signalé avoir personnellement fait l'objet de discrimination ou de harcèlement au cours des 12 mois précédents pour des motifs interdits par le droit international des droits de l'homme. D'après les données de 2015-23, une personne sur six a fait l'objet de discriminations sur une période de 12 mois. Les discriminations fondées sur la couleur ou l'origine ethnique continuent d'affecter des groupes de population importants. Les discriminations insidieuses fondées sur l'âge, le genre, la religion ou les convictions sont également répandues (Nations Unies, 2019[51]). Rapport mondial sur l'écart entre les genres, Forum économique mondial En 2023, d'après le Forum économique mondial, c'est dans l'autonomisation politique des femmes que l'écart entre les genres est le plus prononcé ; il n'a été comblé qu'à hauteur de 22.1 %. Toujours en 2023, seuls 12 pays sur les 146 couverts par le Rapport mondial sur l'écart entre les genres de 2023 ont obtenu un score de parité supérieur à 50 % et, dans 75 pays, les femmes occupaient 20 % ou moins des fonctions ministérielles (Forum économique mondial, 2023[52]). Indice Institutions sociales et Égalité femme-homme (ISE) de l'OCDE En vertu de l'indice ISE de l'OCDE de 2019, en moyenne, les niveaux les plus élevés de discriminations fondées sur le genre étaient enregistrés dans les pays d'Afrique subsaharienne et d'Asie du Sud (OCDE, 2019[53]).
22	S'attacher à améliorer l'équité, la transparence, l'efficacité et le rendement de la fiscalité, notamment en élargissant l'assiette fiscale et en continuant de s'efforcer à intégrer le secteur informel dans l'économie formelle, en fonction des caractéristiques de chaque pays.	Non	Cible 8.3 Promouvoir des politiques axées sur le développement qui favorisent les activités productives, la création d'emplois décents, l'entrepreneuriat, la créativité et l'innovation et stimulent la croissance des microentreprises et des petites et moyennes entreprises et facilitent leur intégration dans le secteur formel, y compris par l'accès aux	Indicateur 8.3.1 des ODD – Proportion de l'emploi informel dans l'emploi total, par secteur et par sexe. Depuis 2015, le taux de l'emploi informel a baissé de moins d'un point de pourcentage. Bien qu'il s'agisse du taux le plus bas jamais enregistré au niveau mondial, le nombre de travailleurs du secteur informel est, lui, au plus haut (OIT, 2024[54]). Plus de 90 % des femmes occupées dans les PMA et près de 90 % en Afrique subsaharienne, en Asie centrale et en Asie du Sud-Est travaillent dans le secteur

Paragraphe du Programme d'action d'Addis-Abeba	Engagement	Cible ou objectif spécifique (quantifiable/ avec échéance)	Cible des Objectifs de développement durable (ODD) correspondante (si disponible)	État d'avancement de la mise en œuvre ou progrès accomplis depuis 2015, d'après les indicateurs des ODD retenus ou d'autres pertinents (mesures indirectes)
	Saluer les efforts accomplis par certains pays pour définir les objectifs et les calendriers de l'amélioration des recettes publiques intérieures dans le cadre de leur stratégie de développement durable. Aider les pays en développement qui en ont besoin à atteindre ces objectifs. S'engager à améliorer l'administration fiscale, par des systèmes fiscaux modernisés et progressifs, par une politique fiscale mieux conçue et par une collecte plus efficace des impôts. Renforcer la coopération internationale pour aider à accroître la capacité des pays en développement notamment par une meilleure aide publique au développement (APD).		services financiers. Cible 10.4 Adopter des politiques, notamment sur les plans budgétaire, salarial et dans le domaine de la protection sociale, afin de parvenir progressivement à une plus grande égalité. Cible 17.1 Améliorer, notamment grâce à l'aide internationale aux pays en développement, la mobilisation de ressources nationales en vue de renforcer les capacités nationales de collecte de l'impôt et d'autres recettes.	informel, ce qui représente une très légère amélioration depuis 2015 (Nations Unies, 2024[55]). Indicateur 10.4.2 des ODD – Effet redistributif de la politique budgétaire. Aucune donnée n'est disponible sur l'indicateur 10.4.2 des ODD portant sur l'effet redistributif de la politique budgétaire. Indicateur 17.1.1 des ODD – Total des recettes publiques en proportion du produit intérieur brut (PIB), par source. Cet indicateur mesure directement l'efficacité des systèmes fiscaux et leur capacité à élargir l'assiette fiscale. Passées de 28.2 % à 28.3 % au cours de la période 2015-22, les recettes publiques totales (fiscales et non fiscales) exprimées en pourcentage du PIB restent constantes dans les pays en développement (FMI, 2023[56]). Entre 2015 et 2022, les recettes fiscales sont passées de 16.8 % à 17.5 % du PIB en moyenne dans les pays en développement, avec une baisse à 16.1 % en 2020 en raison du COVID-19. Dans les économies avancées, les recettes fiscales en proportion du PIB ont augmenté plus rapidement : le ratio est ainsi passé de 24.8 % en 2015 à 26 % en 2022 ; elles ont également moins subi les répercussions de la crise du COVID-19, leurs recettes fiscales n'étant tombées qu'à 24.7 % du PIB en 2020 (FMI, 2023[56]). Indicateur 17.1.2 des ODD – Proportion du budget national financé par les impôts nationaux. Cet indicateur rend compte de l'efficacité des systèmes de collecte des impôts et de l'intégration des secteurs informels dans l'économie formelle. À l'échelle mondiale, la part du budget national financée par les impôts nationaux a baissé depuis 2000, passant de 63.5 % à 59.0 % en 2022 (Nations Unies, 2019[51]). Base de données mondiale des statistiques des recettes publiques de l'OCDE Entre 2010 et 2021, malgré l'impact de la crise du COVID-19 sur les recettes publiques, le ratio impôts/PIB a augmenté dans plus des deux tiers des pays figurant dans la base

Paragraphe du Programme d'action d'Addis-Abeba	Engagement	Cible ou objectif spécifique (quantifiable/ avec échéance)	Cible des Objectifs de développement durable (ODD) correspondante (si disponible)	État d'avancement de la mise en œuvre ou progrès accomplis depuis 2015, d'après les indicateurs des ODD retenus ou d'autres pertinents (mesures indirectes)
				de données mondiale des Statistiques des recettes publiques de l'OCDE (OCDE, 2024[57]). Ratio impôts/PIB Le ratio impôts/PIB reste inférieur au seuil de 15 % dans 86 % des PFR et dans 43 % des PRITI. Dans les pays en situation de fragilité ou en proie à des conflits ou à la violence, le ratio impôts/PIB moyen n'était que de 12.6 % en 2023, et l'écart entre les pays en développement et les pays de l'OCDE s'est globalement accentué entre 2010 et 2021 (OCDE, 2024[58] ; Banque mondiale, 2024[59]). Une fiscalité mieux conçue et un renforcement des institutions pourrait permettre d'accroître le ratio impôts/PIB de 9 et 5 points de pourcentage en moyenne dans les PFR et dans les économies émergentes, respectivement (FMI, 2023[60]). Proportion des dépenses publiques financées par les impôts En 2020, année au cours de laquelle la pandémie s'est déclarée, la proportion des dépenses publiques financées par les impôts a reculé d'environ 10 % par rapport à 2019, tant dans les économies avancées que dans les pays en développement, en raison notamment d'une hausse des dépenses consacrées à des mesures de politique publique et d'une baisse des recettes fiscales. En 2022, la part des dépenses financées par les impôts n'avait pas retrouvé ses niveaux d'avant la pandémie (Nations Unies, 2024[1]). Engagement de l'Initiative fiscale d'Addis-Abeba à doubler l'APD à l'appui de la mobilisation des recettes intérieures (MRI) par rapport aux niveaux de 2020 Les partenaires de développement de l'Initiative fiscale d'Addis-Abeba se sont collectivement engagés à maintenir ou à dépasser le niveau cible mondial de 2020 (441.1 millions USD) de coopération dans le domaine de la MRI pour les réformes fiscales prises en charge par les pays (ATI, 2024[61]). L'APD totale à l'appui de la MRI, partenaires de développement de l'Initiative fiscale d'Addis-Abeba inclus, s'est établie à 749 millions USD en 2022, et emprunte de plus en plus la voie du système multilatéral. Vingt-cinq pays participent activement à la formulation et à la mise en œuvre de stratégies de recettes à moyen terme, avec un soutien important de partenaires de la Plateforme de collaboration fiscale, notamment le FMI et la Banque mondiale. Ces

Paragraphe du Programme d'action d'Addis-Abeba	Engagement	Cible ou objectif spécifique (quantifiable/ avec échéance)	Cible des Objectifs de développement durable (ODD) correspondante (si disponible)	État d'avancement de la mise en œuvre ou progrès accomplis depuis 2015, d'après les indicateurs des ODD retenus ou d'autres pertinents (mesures indirectes)
				efforts s'appuient sur des réformes fiscales nationales existantes en matière de législation, de politiques et d'administration qui coïncident avec les besoins en dépenses de développement. Certaines réformes sont financées par le Fonds thématique de mobilisation des recettes du FMI, le Programme fiscal mondial de la Banque mondiale et d'autres initiatives similaires. Les Nations Unies, l'OCDE et des programmes comme l'initiative Inspecteurs des impôts sans frontières (IISF) apportent un soutien supplémentaire afin de relier ces stratégies aux objectifs de développement mondiaux (FMI ; OCDE ; ONU ; Groupe de la Banque mondiale, 2021[62]).
23	N'épargner aucun effort pour réduire de façon appréciable les flux financiers illicites (FFI) d'ici à 2030 en vue de les éliminer à terme. Lutter contre la fraude fiscale et la corruption, en renforçant pour cela la réglementation nationale et en intensifiant la coopération internationale. Assurer la transparence de toutes les transactions financières entre les pouvoirs publics et les entreprises, s'assurer que toutes les entreprises, y compris les entreprises multinationales, paient bien des impôts aux autorités des pays où a lieu l'activité économique et où la valeur ajoutée est créée, conformément à la législation et aux politiques nationales et internationales.	Non	Cible 16.4 D'ici à 2030, réduire nettement les flux financiers illicites et le trafic d'armes, renforcer les activités de récupération et de restitution des biens volés et lutter contre toutes les formes de criminalité organisée. Voir les paragraphes 20, 24 et 25.	Voir les paragraphes 20, 24 et 25. Indicateur 16.4.1 des ODD – Valeur totale des FFI entrants et sortants (en USD courants). En 2023, neuf pays ont uni leurs efforts et procédé aux premières estimations des FFI totaux, provenant des activités criminelles comme fiscales et commerciales (CNUCED, 2024[63]). Nombre de pays mettant en œuvre des actions portant sur l'érosion de la base d'imposition et le transfert des bénéfices (BEPS) et niveaux de conformité des entreprises multinationales (EMN). Les 15 Actions du Projet BEPS offrent aux pays de nouveaux outils pour lutter contre l'érosion de la base d'imposition et le transfert de bénéfices. Il peut s'agir d'actions unilatérales ou multilatérales. Au titre de l'Action 5 du Projet BEPS, les pays échangent des renseignements sur les décisions fiscales et les régimes d'examen par les pairs. Avant l'accord sur l'Action 5 en 2015, pratiquement aucun renseignement sur les décisions fiscales n'était échangé. En 2024, plus de 54 000 échanges de décisions ont eu lieu, et 322 régimes ont été examinés, presque tous étant désormais conformes au standard en vigueur (OCDE, 2024[64]). L'Action 6 du Projet BEPS est axée sur le renforcement des dispositions anti-abus des conventions, et facilitée par un instrument multilatéral (l'IM sur le BEPS) qui met en œuvre les mesures BEPS se rapportant aux conventions fiscales. À ce jour,

Paragraphe du Programme d'action d'Addis-Abeba	Engagement	Cible ou objectif spécifique (quantifiable/ avec échéance)	Cible des Objectifs de développement durable (ODD) correspondante (si disponible)	État d'avancement de la mise en œuvre ou progrès accomplis depuis 2015, d'après les indicateurs des ODD retenus ou d'autres pertinents (mesures indirectes)
				104 juridictions ont signé l'IM sur le BEPS, et plus de 1 400 conventions existantes ont été modifiées (OCDE, 2024[64]). Au titre de l'Action 13 du Projet BEPS, les EMN sont tenues d'établir une déclaration pays par pays présentant une vue d'ensemble de leurs activités relatives à leur chiffre d'affaires, aux bénéfices réalisés, aux impôts acquittés et aux activités économiques exercées dans les différentes juridictions. Plus de 115 juridictions ont adopté une législation sur les déclarations pays par pays (OCDE, 2024[64]), soit 49 de plus qu'en 2016 (OCDE, 2025[65]), ce qui fait que la quasi-totalité des EMN dont le chiffre d'affaires dépasse le seuil de 750 millions EUR sont désormais soumises à une obligation de dépôt de la déclaration pays par pays (OCDE, 2024[64]). Nombre de juridictions participant à l'échange automatique de renseignements (AEOI) et volume de renseignements échangés Le Forum mondial, qui comprend 171 juridictions, est axé sur la mise en œuvre de deux normes internationales : la norme sur la transparence et l'échange de renseignements sur demande (EOIR), et la norme sur l'AEOI (renseignements sur les comptes financiers et les crypto-actifs). Entre 2009 et 2022, les membres du Forum mondial ont déclaré avoir émis plus de 306 000 demandes de renseignements, et près de 90 % des juridictions indiquaient un niveau satisfaisant de conformité à la norme EOIR. En l'état en 2024, 126 juridictions se sont engagées à mettre en œuvre la norme AEOI sur l'échange automatique de renseignements sur les comptes financiers, et 108 ont échangé des informations. En 2023, l'échange automatique de renseignements a concerné environ 134 millions de comptes financiers, dont les actifs représentaient quelque 12 000 milliards USD au total (OCDE, 2024[66]). Ces échanges sont rendus possibles par la Convention multilatérale concernant l'assistance administrative mutuelle en matière fiscale, qui couvre actuellement 147 juridictions. La norme sur l'AEOI et le Système de notification des pays créanciers ont été adoptés par le Conseil économique et social (ECOSOC) des Nations Unies dans le cadre du Code de conduite pour la coopération en matière de lutte contre la fraude fiscale internationale (OCDE, 2024[66]). De plus, 59 juridictions se sont engagées à commencer à échanger automatiquement des renseignements sur les crypto-actifs en 2027. Nombre de juridictions mettant en œuvre la Solution reposant sur deux piliers du Cadre

Paragraphe du Programme d'action d'Addis-Abeba	Engagement	Cible ou objectif spécifique (quantifiable/ avec échéance)	Cible des Objectifs de développement durable (ODD) correspondante (si disponible)	État d'avancement de la mise en œuvre ou progrès accomplis depuis 2015, d'après les indicateurs des ODD retenus ou d'autres pertinents (mesures indirectes)
				inclusif OCDE/G20 sur le BEPS. Les 147 membres du Cadre inclusif OCDE/G20 sur le BEPS ont contribué à l'élaboration d'une solution reposant sur deux piliers pour relever les défis soulevés par la transformation numérique de l'économie au regard du système fiscal international traditionnel. Le Pilier Un vise à répartir les droits d'imposition entre les pays de manière plus équitable, en veillant à ce que les EMN, notamment celles du secteur de l'économie numérique, soient assujetties à l'impôt dans le pays où se situent leurs utilisateurs et leurs consommateurs, quel que soit leur lieu d'établissement. Le Pilier Un comprend également des mesures pour simplifier l'établissement des prix de transfert et mettre en place une approche simplifiée et rationalisée du principe de pleine concurrence pour certaines transactions (la première phase a été adoptée). Malgré son caractère facultatif, les membres du Cadre inclusif se sont engagés à respecter l'application du Montant B par les pays en développement. Le Pilier Deux prévoit un taux d'imposition minimal mondial de 15 % sur les bénéfices afin de limiter la concurrence fiscale et d'assurer que les EMN paient un niveau d'impôt minimal sur leurs revenus mondiaux. Quelque 45 juridictions ont entrepris de prendre des mesures pour mettre en œuvre l'impôt minimum mondial pour les EMN, et près de 90 % des EMN entrant dans son champ d'application devraient y être assujetties en 2025.
24	Repérer, évaluer et combattre les risques de blanchiment d'argent, notamment par la mise en œuvre efficace des normes du Groupe d'action financière (GAFI) applicables dans la lutte contre le blanchiment d'argent et le financement du terrorisme. Encourager l'échange d'informations entre les institutions financières. (Appel au Fonds monétaire international, à la Banque mondiale et aux	Non	**Voir les paragraphes 20, 23 et 25.** Cible 16.4 D'ici à 2030, réduire nettement les flux financiers illicites et le trafic d'armes, renforcer les activités de récupération et de restitution des biens volés et lutter contre toutes les formes de criminalité organisée.	Voir les paragraphes 20, 23 et 25. Progrès dans la mise en œuvre des normes du GAFI Le réseau mondial du GAFI, composé du GAFI et de neuf organismes régionaux qui ont la qualité de membres associés (les organismes régionaux de type GAFI), ainsi que d'observateurs, réunit 206 pays et juridictions qui se sont engagés à mettre en œuvre les Recommandations du GAFI (FATF, 2023[67]). Voir le rapport annuel 2022-23 du GAFI. Évaluations de la lutte contre le blanchiment de capitaux et le financement du terrorisme (LBC/FT) conduites par le FMI Les cadres nationaux de LBC/FT de 89 % des membres du GAFI ont été évalués à l'occasion du quatrième cycle d'évaluations (FATF, 2023[67]).

Paragraphe du Programme d'action d'Addis-Abeba	Engagement	Cible ou objectif spécifique (quantifiable/ avec échéance)	Cible des Objectifs de développement durable (ODD) correspondante (si disponible)	État d'avancement de la mise en œuvre ou progrès accomplis depuis 2015, d'après les indicateurs des ODD retenus ou d'autres pertinents (mesures indirectes)
	organismes des Nations Unies)			
25	Engager instamment tous les pays qui ne l'ont pas encore fait à ratifier la Convention des Nations Unies contre la corruption (CNUCC) et engager les parties à examiner son application (référence à la CNUCC). Renforcer la coopération internationale et les institutions nationales chargées de lutter contre le blanchiment d'argent et contre le financement du terrorisme Encourager la communauté internationale à soutenir le recouvrement des actifs volés (référence à l'Initiative pour le recouvrement des avoirs volés)	Oui Tous les pays sont encouragés à ratifier la CNUCC.	Voir les paragraphes 20, 23 et 24.	Voir les paragraphes 20, 23 et 24. Nombre de pays ayant ratifié et adhéré à la CNUCC La CNUCC est le seul instrument universel et juridiquement contraignant de la lutte contre la corruption. Au 7 août 2024, la CNUCC comptait 140 signataires et 191 parties (ONUDC, 2024[68]). Progrès accomplis par l'Initiative pour le recouvrement des avoirs volés (StAR) Lancée en 2007, l'initiative StAR a aidé plus de 50 pays à renforcer leurs capacités afin de localiser, saisir et restituer les avoirs volés, et soutient la mise en œuvre du Chapitre V de la CNUCC (Banque mondiale / ONUDC, 2024[69] ; Banque mondiale / ONUDC, 2023[70]). Par le biais de cette initiative, 141 juridictions sont intervenues dans des affaires de recouvrement d'avoirs de dimension internationale qui ont conduit à la restitution de 10 milliards USD dans le monde ; 16.5 milliards USD d'actifs ont été gelés, confisqués ou restitués, et 563 affaires de recouvrement d'avoirs ont été déclarées (Banque mondiale / ONUDC, s.d.[71]). Nombre de pays ayant ratifié la Convention sur la lutte contre la corruption de l'OCDE La Convention sur la lutte contre la corruption de l'OCDE compte 46 pays (dénommés « Parties ») qui se sont engagés à lutter contre la corruption dans les transactions commerciales internationales (OCDE, 2025[72]).
26	Encourager l'investissement dans la création de valeur ajoutée et la transformation des ressources naturelles et la diversification de l'activité productive tout en éliminant progressivement les incitations fiscales excessivement	Non	Cible 8.2 Parvenir à un niveau élevé de productivité économique par la diversification, la modernisation technologique et l'innovation.	Indicateur 8.2.1 des ODD – Taux de croissance annuelle du PIB réel par personne pourvue d'un emploi. La croissance de la productivité, ou le taux de croissance du PIB réel par personne pourvue d'un emploi, a stagné en 2022 et 2023, avec des taux de croissance inférieurs à 0.5 %. Entre 2015 et 2019, le taux de croissance annuel était supérieur à 1.5 % en moyenne (Nations Unies, 2019[51]).

Paragraphe du Programme d'action d'Addis-Abeba	Engagement	Cible ou objectif spécifique (quantifiable/ avec échéance)	Cible des Objectifs de développement durable (ODD) correspondante (si disponible)	État d'avancement de la mise en œuvre ou progrès accomplis depuis 2015, d'après les indicateurs des ODD retenus ou d'autres pertinents (mesures indirectes)
	avantageuses s'appliquant à ces investissements, en particulier dans les industries extractives. Promouvoir la transparence, notamment à travers certaines initiatives telles que l'Initiative pour la transparence des industries extractives (ITIE). Soutenir la diffusion des pratiques optimales, encourager l'apprentissage par les pairs et la création de capacités pour la négociation de contrats équitables et transparents et le suivi de l'application des contrats (référence à l'ITIE).			Nombre de pays dépendants de produits de base (FMI) En 2015, environ 91 pays étaient considérés comme dépendants de produits de base, à savoir que plus de 60 % de leurs exportations totales de marchandises portaient sur des produits de base. Au cours de la période 2019-21, le nombre de pays dépendants de produits de base a légèrement augmenté pour s'établir à 101 (CNUCED, 2023[73]). Le Fonds monétaire international estime que des incitations fiscales trop généreuses peuvent entraîner des pertes de recettes à hauteur de 5 à 10 % du PIB dans les pays dépendant des secteurs du pétrole, du gaz et/ou de l'extraction minière. D'après la base de données des incitations fiscales de l'OCDE, environ 90 % des pays en développement couverts offrent une incitation fiscale qui permet aux EMN d'être exonérées de l'impôt sur les sociétés sur la totalité des revenus concernés. Progrès accomplis par l'ITIE Le nombre de pays qui mettent en œuvre la norme ITIE est passé de 48 en 2015 à plus de 50 en 2023. En 2023, plus de 60 pays publiaient des données dans un format ouvert et normalisé conformément à la politique des données ouvertes de l'ITIE. Depuis 2015, 2 970 milliards USD de recettes ont été déclarés par ce biais (Initiative pour la transparence dans les industries extractives, 2023[74]).
27	S'engager à intensifier la coopération fiscale internationale. Engager les pays à travailler ensemble pour renforcer la transparence et adopter des politiques appropriées notamment l'obligation pour les entreprises multinationales de faire connaître pays par pays aux autorités fiscales les activités menées dans tous les pays où elles opèrent, l'accès des	Non		Voir les paragraphes 22, 23 et 28 (déclaration pays par pays des EMN, échange automatique de renseignements fiscaux et APD aux pays en développement).

Paragraphe du Programme d'action d'Addis-Abeba	Engagement	Cible ou objectif spécifique (quantifiable/ avec échéance)	Cible des Objectifs de développement durable (ODD) correspondante (si disponible)	État d'avancement de la mise en œuvre ou progrès accomplis depuis 2015, d'après les indicateurs des ODD retenus ou d'autres pertinents (mesures indirectes)
	autorités compétentes à l'information sur le propriétaire effectif et, au besoin, la réalisation progressive de l'échange automatique d'informations fiscales entre les autorités fiscales, le cas échéant, avec une assistance aux pays en développement, en particulier aux PMA qui en auraient besoin.			
28	Appeler à la participation de tous les pays à la coopération fiscale internationale, notamment des PMA, des petits États insulaires en développement (PEID), des pays en développement sans littoral (PDSL) et des pays d'Afrique (référence au Forum mondial sur la transparence et l'échange de renseignements en matière fiscale, et au Cadre inclusif OCDE/G20 sur le BEPS). Constater la nécessité d'une assistance technique et de la création de capacités (référence à l'initiative Inspecteurs des impôts sans frontières [IISF] de l'OCDE et du PNUD).	Non		Voir le paragraphe 23. Participation des pays, en particulier des PMA, des PEID, des PDSL et des pays d'Afrique, à l'échange de renseignements en matière fiscale et au cadre inclusif OCDE/G20 sur le BEPS Le Cadre inclusif OCDE/G20 sur le BEPS a été établi en 2016 pour permettre aux pays intéressés de travailler ensemble sur les questions de BEPS. Le nombre de membres est passé de 82 juridictions lors de sa création à 143 en septembre 2024, et d'autres pays sont encouragés à y participer. Le groupe de pilotage comprend 25 pays qui assurent une large représentation sur le plan géographique et en ce qui concerne les niveaux de développement. Les modalités de gouvernance ont été modifiées en 2022 par l'instauration d'une co-présidence visant à accroître encore la représentativité (les co-présidents actuels sont le Royaume-Uni et la Jamaïque) (OCDE, 2025[75]). Participation des pays, en particulier des PMA, des PEID, des PDSL et des pays d'Afrique, au Forum mondial Le Forum mondial, qui comprend 171 juridictions, est axé sur la mise en œuvre de deux normes internationales : la norme sur la transparence et l'EOIR, et la norme sur l'AEOI (renseignements sur les comptes financiers et les crypto-actifs). Entre 2009 et 2022, les membres du Forum mondial ont déclaré avoir émis plus de 306 000 demandes de

Paragraphe du Programme d'action d'Addis-Abeba	Engagement	Cible ou objectif spécifique (quantifiable/ avec échéance)	Cible des Objectifs de développement durable (ODD) correspondante (si disponible)	État d'avancement de la mise en œuvre ou progrès accomplis depuis 2015, d'après les indicateurs des ODD retenus ou d'autres pertinents (mesures indirectes)
				renseignements, et près de 90 % des juridictions ont atteint un niveau satisfaisant de conformité à la norme EOIR. En février 2024, 126 juridictions s'étaient engagées à mettre en œuvre cette dernière norme à une date précise et elles étaient 108 à avoir commencé les échanges. En 2023, l'échange automatique de renseignements a concerné environ 134 millions de comptes financiers, dont les actifs représentaient quelque 12 000 milliards USD au total (OCDE, 2024[66]). Ces échanges sont rendus possibles par la Convention multilatérale concernant l'assistance administrative mutuelle en matière fiscale, qui couvre actuellement 147 juridictions. La norme sur l'AEOI et le Système de notification des pays créanciers ont été adoptés par le Conseil économique et social (ECOSOC) des Nations Unies dans le cadre du Code de conduite pour la coopération en matière de lutte contre la fraude fiscale internationale (Nations Unies, 2017[76]). En outre, 59 juridictions se sont engagées à échanger automatiquement des renseignements sur les crypto-actifs à partir de 2027. Assistance fournie par l'IISF (OCDE et PNUD) Dans le cadre de l'IISF, 59 programmes sont en cours tandis que 71 sont achevés, dont 25 collaborations Sud-Sud. Depuis 2015, l'Initiative IISF a permis d'aider des administrations fiscales de pays en développement à collecter 2.30 milliards USD de recettes supplémentaires et à procéder à des redressements fiscaux se chiffrant à 6.05 milliards USD dans 62 pays d'Afrique, d'Asie et du Pacifique, d'Europe orientale et d'Amérique latine et des Caraïbes (OCDE/PNUD, 2024[15]). Participation à divers instruments multilatéraux pour faciliter la coopération fiscale internationale, dont la Convention multilatérale concernant l'assistance administrative mutuelle en matière fiscale, l'Accord multilatéral entre autorités compétentes concernant l'échange automatique de renseignements relatifs aux comptes financiers, l'Accord multilatéral entre autorités compétentes portant sur l'échange des déclarations par pays, et la Convention multilatérale pour la mise en œuvre des mesures relatives aux conventions fiscales pour prévenir l'érosion de la base d'imposition et le transfert de bénéfices. Voir le Chapitre 3 pour plus de précisions.
29	Accueillir avec satisfaction les travaux du Comité d'experts de la coopération internationale en	Non		Ressources fournies au Comité d'experts de la coopération internationale en matière fiscale

Paragraphe du Programme d'action d'Addis-Abeba	Engagement	Cible ou objectif spécifique (quantifiable/ avec échéance)	Cible des Objectifs de développement durable (ODD) correspondante (si disponible)	État d'avancement de la mise en œuvre ou progrès accomplis depuis 2015, d'après les indicateurs des ODD retenus ou d'autres pertinents (mesures indirectes)
	matière fiscale et en particulier de ses sous-comités. Décider de continuer à chercher à améliorer ses ressources afin de le rendre plus efficace encore et d'augmenter ses capacités opérationnelles.			Un projet de mandat en vue d'une Convention-cadre des Nations Unies sur la coopération internationale en matière fiscale a été publié le 19 juillet 2024 (Nations Unies, 2024[77]).
30	Renforcer les mécanismes nationaux de contrôle, notamment les cours des comptes nationales, ainsi que, au besoin, les autres institutions de contrôle indépendant. Augmenter la transparence et la participation égale des femmes et des hommes à la budgétisation, encourager une budgétisation et un suivi des crédits budgétaires attentifs à l'égalité des sexes, et établir un cadre transparent pour la passation des marchés publics afin de renforcer le développement durable (référence au Partenariat pour un gouvernement ouvert).	Non	Cible 5.c Adopter des politiques bien conçues et des dispositions législatives applicables en faveur de la promotion de l'égalité des sexes et de l'autonomisation de toutes les femmes et de toutes les filles à tous les niveaux et renforcer celles qui existent. Cible 16.6 Mettre en place des institutions efficaces, responsables et transparentes à tous les niveaux.	Voir le paragraphe 20. Indicateur 5.c.1 des ODD – Proportion de pays dotés de systèmes permettant de suivre et de rendre public le montant des ressources allouées à l'égalité des sexes et à l'autonomisation des femmes. D'après des données de 105 pays et régions pour la période 2018-21, 26 % des pays disposent de systèmes complets pour assurer le suivi et la publication du montant des ressources allouées à l'égalité entre les genres, 59 % ont mis en place plusieurs composantes d'un tel système, et 15 % ne disposent pas des éléments constitutifs minimaux d'un tel système (Nations Unies, 2019[51]). Indicateur 16.6.1 des ODD – Dépenses publiques primaires en proportion du budget initial approuvé, par secteur (ou par code budgétaire ou autre critère similaire). La fiabilité du budget s'est améliorée en 2021 et 2022 par rapport à 2020, mais reste inférieure à la fiabilité constatée avant la pandémie. Dans la plupart des régions, hormis dans les régions Amérique latine et Caraïbes et Afrique subsaharienne, la fiabilité du budget était plus faible en 2021 et 2022, soit pendant la période qui a suivi la pandémie, que pendant la période 2015-19, avant la pandémie (Nations Unies, 2024[48]). Organisation internationale des institutions supérieures de contrôle des finances publiques (INTOSAI) et étude de la Banque mondiale sur les institutions supérieures de contrôle des finances publiques Presque tous les pays en développement se sont dotés d'une institution supérieure de contrôle des finances publiques avec le soutien de la Banque mondiale et de l'INTOSAI. Toutefois, l'indépendance et l'efficacité de ces institutions varient fortement suivant les

Paragraphe du Programme d'action d'Addis-Abeba	Engagement	Cible ou objectif spécifique (quantifiable/ avec échéance)	Cible des Objectifs de développement durable (ODD) correspondante (si disponible)	État d'avancement de la mise en œuvre ou progrès accomplis depuis 2015, d'après les indicateurs des ODD retenus ou d'autres pertinents (mesures indirectes)
				régions (Banque internationale pour la reconstruction et le développement / Banque mondiale, 2021[78]). Enquête sur le budget ouvert (EBO) Les 77 pays couverts par l'EBO de 2023 OBS n'atteindront un niveau adéquat de transparence budgétaire que dans deux décennies environ (International Budget Partnership, 2023[79]). Dépenses publiques et responsabilité financière (PEFA) 150 pays et territoires, développés et en développement, ont été soumis à des évaluations PEFA depuis leur instauration en 2001. Un Cadre complémentaire pour l'évaluation de la gestion des finances publiques sensible au genre comprenant neuf indicateurs répartis tout au long du cycle budgétaire a également été élaboré. Il a vocation à s'appliquer aux niveaux tant national qu'infranational (PEFA, 2020[80]).
31	Rationaliser les subventions inefficaces sur les combustibles fossiles, qui encouragent leur gaspillage, en éliminant les distorsions qui faussent le marché.	Oui Éliminer les subventions inefficaces sur les combustibles fossiles.	Cible 12.c Rationaliser les subventions inefficaces sur les combustibles fossiles.	Indicateur 12.c.1 des ODD – Montant des subventions aux combustibles fossiles (production et consommation) par unité de PIB. Les subventions explicites aux combustibles fossiles (sous-facturation des coûts d'approvisionnement) ont plus que doublé depuis 2020, et ont atteint un niveau record de 1 530 milliards USD dans le monde en 2022. Les subventions ont connu une hausse de 36 % à 58 % dans toutes les régions entre 2021 et 2022. Le dernier appel à éliminer les subventions aux combustibles fossiles inefficaces date du sommet de la COP 26 organisé à Glasgow en 2021 (Nations Unies, 2024[9]). Suite à la crise énergétique mondiale provoquée par l'invasion de l'Ukraine par la Russie, le montant des subventions explicites en 2021 était près de cinq fois supérieur à celui de 2020 (AIE, 2023[81]). Les subventions implicites aux combustibles fossiles ont atteint 7 000 milliards USD en 2022, soit 7.1 % du PIB mondial. Les écarts entre les niveaux de prix efficients des combustibles et leurs prix de détail sont importants et répandus. Ainsi, en 2022, les prix de 80 % de la consommation mondiale de charbon étaient inférieurs à leur niveau

Paragraphe du Programme d'action d'Addis-Abeba	Engagement	Cible ou objectif spécifique (quantifiable/ avec échéance)	Cible des Objectifs de développement durable (ODD) correspondante (si disponible)	État d'avancement de la mise en œuvre ou progrès accomplis depuis 2015, d'après les indicateurs des ODD retenus ou d'autres pertinents (mesures indirectes)
				efficient d'au moins 50 % (FMI, 2023[82]). Selon les estimations, une refonte totale de la tarification des combustibles fossiles pourrait réduire les émissions mondiales de dioxyde de carbone pour les porter en 2030 à un niveau inférieur de 43 % aux niveaux de référence (de façon à atteindre l'objectif de maintenir le réchauffement mondial à 1.5-2°C) tout en générant des recettes représentant 3.6 % du PIB mondial (FMI, 2023[82]).
32	Les maladies non transmissibles font peser un fardeau très lourd sur les pays développés comme sur les pays en développement. Constater que dans le cadre d'une stratégie détaillée de prévention et de contrôle de ces maladies, les prix et les mesures fiscales pesant sur le tabac peuvent être un moyen efficace et important de réduire la consommation de tabac et donc les coûts des soins de santé, et que ces mesures pourraient dégager un flux de recettes qui permettraient de financer le développement dans beaucoup de pays.	Non	Cible 3.a Renforcer dans tous les pays, selon qu'il convient, l'application de la Convention-cadre de l'Organisation mondiale de la santé pour la lutte antitabac. Cible 3.4 D'ici à 2030, réduire d'un tiers, par la prévention et le traitement, le taux de mortalité prématurée due à des maladies non transmissibles et promouvoir la santé mentale et le bien-être.	Indicateur 3.a.1 des ODD – Prévalence de la consommation actuelle de tabac chez personnes de 15 ans ou plus (taux comparatifs par âge). À l'échelle mondiale, le coût économique total du tabagisme (qui inclut les pertes de productivité engendrées par les décès et les handicaps) a été estimé à plus de 1 400 milliards USD par an, soit 1.8 % du PIB mondial annuel. Plus de 80 % des fumeurs vivent dans des PRITI. Un exercice de modélisation économique mené par la Banque mondiale a montré qu'une hausse de 0.25 USD par paquet des taux des droits d'accises sur les cigarettes dans tous les pays en développement générerait 41 milliards USD de recettes supplémentaires pour les PRITI (Groupe de la Banque mondiale, 2017[83]). En 2022, la prévalence mondiale du tabagisme parmi la population de 15 ans et plus a été estimée à 20.9 % (34.4 % pour les hommes et 7.4 % pour les femmes), ce qui représente quelque 1.25 milliard de consommateurs de tabac dans le monde. La prévalence a baissé par rapport à son niveau de 2015, où elle s'établissait à 23.9 %, et le nombre de consommateurs s'est réduit de 50 millions. En investissant dans des mesures de lutte antitabac qui ont fait leurs preuves, la prévalence mondiale du tabagisme pourrait être encore réduite de moitié en 15 ans, ce qui sauverait 42.8 millions de vies et générerait 6 200 milliards USD de retombées bénéfiques pour la société et l'économie, dont 2 300 milliards USD d'économies directes dans le domaine de la santé (Nations Unies, 2024[44]). À l'heure actuelle, 182 pays sont parties à la Convention-cadre de l'OMS pour la lutte antitabac (CCLAT), ce qui atteste d'une forte volonté politique de réduire à la fois la demande et l'offre de produits du tabac (Nations Unies, 2024[44]). Indicateur 3.4.1 des ODD – Taux de mortalité attribuable à des maladies cardiovasculaires, au cancer, au diabète ou à des maladies respiratoires chroniques. En 2019, la probabilité pour une personne de 30 ans de mourir de l'une des quatre

Paragraphe du Programme d'action d'Addis-Abeba	Engagement	Cible ou objectif spécifique (quantifiable/ avec échéance)	Cible des Objectifs de développement durable (ODD) correspondante (si disponible)	État d'avancement de la mise en œuvre ou progrès accomplis depuis 2015, d'après les indicateurs des ODD retenus ou d'autres pertinents (mesures indirectes)
				principales maladies non transmissibles (MNT) (maladies cardiovasculaires, cancer, affections respiratoires chroniques et diabète) avant l'âge de 70 ans était de 17.8 %. Ce chiffre marque une légère baisse par rapport à 2015, où cette probabilité était de 18.5 %. Dans le monde, les hommes sont plus exposés que les femmes au risque de décès prématuré dû à une MNT (Nations Unies, 2019[51]). La majorité (77 %) des décès liés à des MNT survient dans les pays à faible revenu et à revenu intermédiaire. Les maladies cardiovasculaires sont responsables de la plus grande partie des décès dus à des MNT (17.9 millions de décès par an), suivies des cancers (9.3 millions), des affections respiratoires chroniques (4.1 millions) et des diabètes (2.0 millions en incluant les décès suite à une maladie rénale liée à un diabète). Ces quatre groupes de maladies sont responsables de plus de 80 % des décès prématurés (OMS, 2023[84]).
33	Engager les banques nationales et régionales de développement à accroître leur contribution dans les secteurs des équipements collectifs durables, de l'énergie, etc., notamment durant les crises financières, et engager les acteurs internationaux publics et privés compétents à soutenir ces banques dans les pays en développement.	Non	S.O.	Pour de plus amples informations sur les banques publiques de développement (BPD) et les activités des institutions de financement du développement (IFD), voir la base de données de l'Université de Pékin et de l'Agence française de développement (AFD), disponible à l'adresse suivante : http://www.dfidatabase.pku.cn, et l'International Development Finance Club (IDFC, s.d.[85]). Respect des ODD par les banques publiques de développement (et les activités des institutions de financement du développement) Les actifs cumulés de plus de 500 BPD s'élevaient à environ 23 000 milliards USD en 2022, et représentaient 10 % des investissements mondiaux. 70 % de ces actifs étaient détenus par dix « méga-banques ». Avec environ 2 600 milliards USD d'avoirs, la Banque de développement de Chine est la plus grande BPD disposant d'un mandat général de développement (Finance en commun, 2022[86]). Seules 3.6 % des IFD et BPD du monde sont domiciliées dans des PFR (Finance en commun, 2022[86]). D'après une enquête sur les grandes banques de développement nationales, plus de 80 % des répondants ont adopté des objectifs verts, bien que la part d'actifs verts dans leur portefeuille, de 14 % seulement en moyenne, reste faible (Dalhuijsen et al., 2023[87]).

Paragraphe du Programme d'action d'Addis-Abeba	Engagement	Cible ou objectif spécifique (quantifiable/ avec échéance)	Cible des Objectifs de développement durable (ODD) correspondante (si disponible)	État d'avancement de la mise en œuvre ou progrès accomplis depuis 2015, d'après les indicateurs des ODD retenus ou d'autres pertinents (mesures indirectes)
34	Intensifier la coopération internationale pour mieux aider les municipalités et autres autorités locales, en particulier dans les PMA et les PEID. Contribuer à l'urbanisation viable à terme et profitant à tous, et au renforcement des liens économiques, sociaux et environnementaux entre les zones urbaines, périurbaines et rurales en améliorant la planification nationale et régionale du développement dans le cadre des stratégies nationales de développement durable. Aider à améliorer la gestion de la dette et à établir des marchés d'obligations municipales, et encourager les opérations de prêt des institutions financières et des banques de développement parallèlement aux mécanismes de réduction des risques (référence à l'AMGI). D'ici à 2020, augmenter le nombre de villes et d'établissements humains qui adoptent et appliquent des politiques et des plans d'action intégrés en faveur de l'inclusion, de l'utilisation rationnelle des	Non	Cible 11.3 D'ici à 2030, renforcer l'urbanisation durable pour tous et les capacités de planification et de gestion participatives, intégrées et durables des établissements humains dans tous les pays. Cible 11.a Soutenir les liens économiques, sociaux et environnementaux positifs entre les zones urbaines, périurbaines et rurales en renforçant la planification du développement national et régional. Cible 13.1 Renforcer, dans tous les pays, la résilience et les capacités d'adaptation face aux aléas climatiques et aux catastrophes naturelles liées au climat.	Indicateur 11.3.1 des ODD – Ratio entre le taux d'utilisation des terres et le taux de croissance démographique. Entre 2000 et 2020, sur un échantillon de 1 217 villes, les villes se sont étalées jusqu'à 3.7 fois plus vite qu'elles ne se sont densifiées (Nations Unies, 2024[88]). Indicateur 11.a.1 des ODD – Nombre de pays ayant adopté une politique urbaine nationale ou un plan de développement régional qui a) tienne compte de la dynamique des populations, b) vise à l'équilibre du développement territorial et c) élargisse la marge de manœuvre budgétaire locale. En 2021, sur 55 politiques urbaines nationales étudiées, 58 (95 %) remplissaient le premier critère relatif à la prise en compte de « la dynamique des populations), 54 (93 %) celui relatif à « l'équilibre du développement territorial », et seulement 26 (45 %) celui relatif à l'élargissement de « la marge de manœuvre budgétaire locale » (Nations Unies, 2019[51]). Indicateur 13.1.2 des ODD – Nombre de pays ayant adopté et mis en place des stratégies nationales de réduction des risques, conformément au Cadre de Sendai pour la réduction des risques de catastrophe (2015-30). En 2023, 129 pays ont déclaré disposer d'une stratégie nationale de réduction des risques de catastrophes (RRC) conformément au Cadre de Sendai, ce qui représente une hausse importante par rapport au chiffre de 55 pays en 2015. Sur ces 129 pays, 122 ont indiqué que « la promotion de la cohérence des politiques et leur alignement sur les ODD et l'Accord de Paris » constituaient une composante centrale de leur stratégie RRC, et souligné l'importance d'incorporer la résilience climatique et le développement durable (Nations Unies, 2019[51] ; Nations Unies, 2024[89]). Indicateur 13.1.3 des ODD – Proportion d'administrations locales ayant adopté et mis en place des stratégies locales de réduction des risques de catastrophe, conformément aux stratégies suivies à l'échelle nationale. La plupart des pays (82 %) disposant d'une stratégie RRC ont élaboré des stratégies RRC locales correspondantes et alignées sur leurs plans nationaux. Ces dernières années, la gouvernance des risques au niveau local s'est améliorée et, en 2023,

Paragraphe du Programme d'action d'Addis-Abeba	Engagement	Cible ou objectif spécifique (quantifiable/ avec échéance)	Cible des Objectifs de développement durable (ODD) correspondante (si disponible)	État d'avancement de la mise en œuvre ou progrès accomplis depuis 2015, d'après les indicateurs des ODD retenus ou d'autres pertinents (mesures indirectes)
	ressources, de l'atténuation des effets des changements climatiques et de l'adaptation à ces effets, et du renforcement de la résilience face aux catastrophes. Élaborer et appliquer des dispositifs de gestion globale des risques de catastrophe à tous les niveaux conformément au Cadre de Sendai.			106 pays ont déclaré avoir mis en place des stratégies locales de réduction des risques de catastrophe conformes aux stratégies nationales. En moyenne, 72 % des administrations locales de ces pays déclarants ont indiqué disposer de stratégies locales de RRC (Nations Unies, 2024[89]). Proportion des populations vivant en ville, dans le monde et dans les pays en développement D'ici à 2030, près de 60 % de la population totale des pays en développement habitera en milieu urbain. En 2023, environ 75 % de la population mondiale vivait dans des petites villes de moins de 500 000 habitants (ONU-HABITAT, 2023[90]). En Afrique, en 2020, la population urbaine était de 716 millions d'habitants, un chiffre appelé à être multiplié par deux d'ici 2050 : à cet horizon, 1.4 milliard de personnes vivront en ville, d'après les projections de l'OCDE-Club du Sahel et de l'Afrique de l'Ouest (Africapolis, 2023[91]). En 2050, quelque 60 % de cette population urbaine vivra dans de grandes villes (plus d'un million d'habitants). Les très grandes agglomérations (en particulier celles qui comptent plus de 4 millions d'habitants) sont d'ores et déjà plus compactes (caractérisées par des distances plus courtes entre les bâtiments) que les villes de moins de 4 millions d'habitants (Anderson, Prieto Curiel et Patiño Quinchía, 2023[92]). La densification des villes réduit leur étalement à la périphérie, mais au prix de certaines concessions, notamment la perte d'espaces verts (Anderson, Patiño Quinchía et Prieto Curiel, 2022[93]). Manque d'infrastructures urbaines Dans les pays en développement, le déficit de financement annuel des infrastructures publiques urbaines se chiffre à environ 1 300 milliards USD (ONU-HABITAT, 2024[94]). Pour réaliser les objectifs climatiques, il faudra investir 29 400 milliards USD dans les villes des économies émergentes entre 2018 et 2030. Or, les niveaux actuels d'investissement accusent un déficit de 350 milliards USD par an (SDG Action, 2023[95]). Sans l'implication des administrations infranationales, notamment des villes, c'est 65 % des 169 cibles des ODD qui ne pourront être atteintes (OCDE, 2025[96]). Obligations vertes municipales

Paragraphe du Programme d'action d'Addis-Abeba	Engagement	Cible ou objectif spécifique (quantifiable/ avec échéance)	Cible des Objectifs de développement durable (ODD) correspondante (si disponible)	État d'avancement de la mise en œuvre ou progrès accomplis depuis 2015, d'après les indicateurs des ODD retenus ou d'autres pertinents (mesures indirectes)
				Les obligations vertes municipales sont des titres d'emprunt émis par des entités publiques infranationales qui sont labellisées vertes pour indiquer aux marchés financiers un investissement servant à financer des projets relatifs à l'environnement et au climat. Leur émission est surtout concentrée aux États-Unis, bien que l'Europe et la Chine en émettent également. En Afrique et en Amérique latine, neuf obligations vertes municipales ont été émises par des administrations locales au cours de la période 2014-23, y compris des administrations de villes et provinces d'Argentine, du Mexique, du Maroc et d'Afrique du Sud (Herrera, 2024[97]). L'assurance contre les risques dans les pays en développement L'Agence multilatérale de garantie des investissements (AMGI) de la Banque mondiale offre une assurance contre les risques politiques qui couvre les investissements ou les prêts contre des risques non commerciaux à concurrence de 90 % à 95 %. En 35 ans, l'AMGI a émis un montant total de 70 milliards USD de garanties, et seules 11 demandes ont donné lieu à une indemnisation ; elle a atteint un ratio de levier de 76:1, sans avoir bénéficié d'aucune injection de capital depuis 1988. Toutefois, la plupart de ses activités concernent les PRITS, et 2022 a constitué le premier exercice au cours duquel les garanties en faveur des PFR ont dépassé 10 % du volume des nouvelles émissions (Mathiasen et Aboneaaj, 2023[34]).

Note : Ces données sont essentiellement tirées du rapport des Nations Unies intitulé *Sustainable Development Goals Extended Report 2024* et de ses annexes statistiques. Les sommes données dans les annexes sont exprimées en USD à prix constants de 2015. L'abréviation S.O. signifie « Sans Objet » et est utilisée lorsqu'un élément n'est pas applicable ou pertinent.

Références

Addis Tax Initiative (2024), *ATI Matchmaking (webpage)*, https://www.addistaxinitiative.net/sites/default/files/resources/2021-22%20%20ATI%20Monitoring%20Brief.pdf (consulté le 18 octobre 2024). [10]

African Tax Administration Forum (2024), « ATAF unveils 2023 annual report highlighting significant achievements », https://www.ataftax.org/press-release-ataf-release-2023-annual-report. [17]

Africapolis (2023), *Visualiser l'urbanisation en Afrique*, https://africapolis.org/fr (consulté le 24 janvier 2025). [91]

Agence multilatérale de garantie des investissements (2024), *Management's Discussion & Analysis and Financial Statements*, https://www.miga.org/sites/default/files/2024-08/MIGA%20MD%20%26A%20and%20Financial%20Statement%20June%2030%202024.pdf. [33]

AIE (2023), *Tracking the impact of government support: Fossil Fuel Subsidies*, https://www.iea.org/topics/fossil-fuel-subsidies. [81]

Anderson, B., J. Patiño Quinchía et R. Prieto Curiel (2022), « Boosting African cities' resilience to climate change : The role of green spaces », *West African Papers*, n° 37, Éditions OCDE, Paris, https://doi.org/10.1787/3303cfb3-en. [93]

Anderson, B., R. Prieto Curiel et J. Patiño Quinchía (2023), « Formes urbaines et changement climatique en Afrique », *Notes ouest-africaines*, n° 40, Éditions OCDE, Paris, https://doi.org/10.1787/505381c7-fr. [92]

ATI (2024), *Engagements et principes*, Addis Tax Initiative, https://www.addistaxinitiative.net/fr/engagements-et-principes. [61]

Banque internationale pour la reconstruction et le développement / Banque mondiale (2021), *Supreme Audit Institutions Independence Index: 2021 Global Synthesis Report. EFI Insight-Governance.*, Banque mondiale, Washington, D.C., https://insai.worldbank.org/sites/default/files/2021-07/InSAI%202021%20Final%20Report_1.pdf. [78]

Banque mondiale (2024), *Taxes & Government Revenue*, https://www.worldbank.org/en/topic/taxes-and-government-revenue. [59]

Banque mondiale / ONUDC (2024), *StAR Annual Report 2023*, https://star.worldbank.org/sites/default/files/2024-04/StAR-annual-2023-06%20%281%29.pdf. [69]

Banque mondiale / ONUDC (2023), *StAR Brochure: A brief introduction to StAR's mission, work and methodology*, https://star.worldbank.org/star-brochure-0. [70]

Banque mondiale / ONUDC (s.d.), *Stolen Asset Recovery Initiative: Asset Recovery Watch Database*, https://star.worldbank.org/asset-recovery-watch-database?cid=EFI_EM_AssetRecovery_EN_EXT (consulté le 16 novembre 2024). [71]

Benitez, J. et al. (2023), « Renforcer la capacité fiscale dans les pays en développement », *Staff Discussion Notes*, n° 2023/006, Fonds monétaire international, Washington, D.C., https://www.imf.org/fr/Publications/Staff-Discussion-Notes/Issues/2023/09/15/Building-Tax-Capacity-in-Developing-Countries-535449. [3]

Birch, E., M. Rodas et E. Drumm (2023), « Bridging the SDG funding gap in cities », *SDG Action*, https://sdg-action.org/bridging-the-sdg-funding-gap-in-cities/. [31]

Choudhary, R., F. Ruch et E. Skrok (2024), *Taxing for Growth: Revisiting the 15 Percent Threshold*, Banque mondiale, Washington, D.C., https://documents.worldbank.org/pt/publication/documents-reports/documentdetail/099062724151523023/p1778861e0c40b081186a61ced16cac6cde. [4]

Cities Alliance (2021), *Evaluer l'environnement institutionnel des villes et collectivités territoriales en Afrique*, https://www.citiesalliance.org/sites/default/files/2022-05/CitiesAlliance_Assessing%20Inst.%20Environment%20of%20Cities%20and%20Subnal.%20Govs%20in%20Africa_FR.pdf. [30]

CNUCED (2024), *Efforts to track illicit financial flows need scaling up*, https://sdgpulse.unctad.org/illicit-financial-flows/. [63]

CNUCED (2023), *L'état de la dépendance à l'égard des produits de base en 2023*, Nations Unies, New York, https://unctad.org/system/files/official-document/ditccom2023d3_en.pdf. [73]

Dalhuijsen, E. et al. (2023), *Greening National Development Financial Institutions: Trends, Lessons Learned, and Ways Forward (Overview)*, Washington, DC : Banque mondiale, https://doi.org/10.1596/978-1-4648-2031-1. [87]

FATF (2023), *FATF Annual Report 2022-2023*, https://www.fatf-gafi.org/en/publications/Fatfgeneral/FATF-Annual-report-2022-2023.html. [67]

Finance en commun (2022), *FICS Progress Report 2022*, https://financeincommon.org/sites/default/files/2022-10/Finance%20in%20Common%20Progress%20Report%202022.pdf. [86]

FMI (2024), *G-20 Note on Alternative Options for Revenue Mobilization*, Fonds monétaire international (FMI), Washington, DC, https://www.imf.org/external/np/g20/pdf/2024/062424.pdf. [11]

FMI (2024), *World Revenue Longitudinal Database: Tracking Domestic Revenue Mobilization and Changes in Government Revenue Structures*, Fonds monétaire international (FMI), Washington, DC, https://www.imf.org/en/Topics/fiscal-policies/world-revenue-longitudinal-database. [5]

FMI (2023), *Government Finance Statistics (base de données)*, Fonds monétaire international, https://data.imf.org/?sk=a0867067-d23c-4ebc-ad23-d3b015045405 (consulté le 15 septembre 2024). [56]

FMI (2023), *IMF Fossil Fuel Subsidies Data: 2023 Update*, Fonds monétaire international, Washington, D.C., https://www.imf.org/en/Publications/WP/Issues/2023/08/22/IMF-Fossil-Fuel-Subsidies-Data-2023-Update-537281. [82]

FMI (2023), *Les pays peuvent exploiter leur potentiel fiscal pour financer leurs objectifs de développement*, Fonds monétaire international, https://www.imf.org/fr/Blogs/Articles/2023/09/19/countries-can-tap-tax-potential-to-finance-development-goals. [60]

FMI ; OCDE ; ONU ; Groupe de la Banque mondiale (2021), *Platform for Collaboration on Tax: Medium-Term Revenue Strategy (MTRS)*, https://www.tax-platform.org/medium-term-revenue-strategy (consulté le 20 janvier 2024). [62]

FMI, OCDE, ONU, Groupe de la Banque mondiale (2015), *Options pour une utilisation efficace et efficiente des incitations fiscales à l'investissement dans les pays à faible revenu*, https://www.tax-platform.org/sites/pct/files/publications/100756-Tax-incentives-Main-report-options-PUBLIC_0.pdf. [24]

Forum économique mondial (2023), *Global Gender Gap Report 2023: Insight Report*, Forum économique mondial, https://www.weforum.org/publications/global-gender-gap-report-2023/digest/. [52]

Global Financial Integrity (2015), *Illicit Financial Flows and Development Indices: 2008-2012*, Global Financial Integrity, Washington, DC, https://gfintegrity.org/report/illicit-financial-flows-development-indices-2008-2012/. [27]

Groupe de la Banque mondiale (2023), *State and Trends of Carbon Pricing (Executive Summary)*, https://openknowledge.worldbank.org/server/api/core/bitstreams/d14ff4b1-823f-4d70-927c-456449772089/content. [42]

Groupe de la Banque mondiale (2017), *Tobacco Tax Reform: at the Crossroads of Health and Development*, https://documents1.worldbank.org/curated/fr/491661505803109617/pdf/119792-REVISED-v2-OctFINALWBGTobaccoTaxReformFullReportweb.pdf. [83]

Groupe d'experts indépendants du G20 (2023), *Strengthening Multilateral Development Banks : The Triple Agenda - Volume 1*, https://www.gihub.org/resources/publications/strengthening-multilateral-development-banks-the-triple-agenda-report-of-the-g20-independent-experts-group/. [32]

Herrera, H. (2024), « The proliferation of municipal green bonds in Africa and Latin America: the need for a climate justice approach », *Environment and Urbanization*, vol. 36/1, pp. 147-172, https://doi.org/10.1177/09562478241230290. [97]

IDFC (s.d.), *Working together to implement the Sustainable Development Goals*, International Development Finance Club, https://www.idfc.org/. [85]

Independent Evaluation Group (2023), « Domestic revenue mobilization », *Evaluation Insight Note*, Banque mondiale, Washington, D.C., https://ieg.worldbankgroup.org/evaluations/evaluation-insight-note-domestic-revenue-mobilization. [22]

Initiative pour la transparence dans les industries extractives (2023), *Rapport d'anniversaire de l'ITIE 2023 : Vingt ans de transparence dans les industries extractives*, https://eiti.org/sites/default/files/2023-07/FR%20EITI%2020th%20Anniversary%20Report.pdf. [74]

International Budget Partnership (2023), *Open Budget Survey 2023*, https://internationalbudget.org/wp-content/uploads/IBP-OBS-Global-Report-2023-v4-Final-Artwork.pdf. [79]

Mathiasen, K. et R. Aboneaaj (2023), « MIGA: The little engine that should », *CGD Policy Paper*, n° 309, Center for Global Development, Washington, DC, https://www.cgdev.org/sites/default/files/miga-little-engine-should.pdf. [34]

Nations Unies (2024), *Introductory Note to the Bureau's Proposal for the Revised Draft Terms of Reference for a United Nations Framework Convention on International Tax Cooperation by the Chair of the Ad Hoc Committee, Mr. Ramy M. Youssef, 18 July 2024*, Nations Unies, https://financing.desa.un.org/sites/default/files/2024-07/Revised%20draft%20ToR_18%20July%202024.pdf. [77]

Nations Unies (2024), *Objectif 8 : Travail décent et croissance économique*, Nations Unies, https://mdgs.un.org/sdgs/report/2024/goal-08/. [55]

Nations Unies (2024), *The Sustainable Development Goals Extended Report 2024: Goal 11*, Commission de statistique des Nations Unies, New York, https://unstats.un.org/sdgs/report/2024/extended-report/Extended-Report_Goal-11.pdf. [88]

Nations Unies (2024), *The Sustainable Development Goals Extended Report 2024: Goal 12 Responsible Consumption and Production*, Division de statistique de l'Organisation des Nations Unies, New York, https://unstats.un.org/sdgs/report/2024/extended-report/Extended-Report_Goal-12.pdf. [9]

Nations Unies (2024), *The Sustainable Development Goals Extended Report 2024: Goal 13*, Commission de statistique des Nations Unies, New York, https://unstats.un.org/sdgs/report/2024/extended-report/Extended-Report_Goal-13.pdf. [89]

Nations Unies (2024), *The Sustainable Development Goals Extended Report 2024: Goal 16*, Commission de statistique des Nations Unies, New York, https://unstats.un.org/sdgs/report/2024/extended-report/Extended-Report_Goal-16.pdf. [48]

Nations Unies (2024), *The Sustainable Development Goals Extended Report 2024: Goal 17*, Division de statistique de l'Organisation des Nations Unies, New York, https://unstats.un.org/sdgs/report/2024/extended-report/Extended-Report_Goal-17.pdf. [1]

Nations Unies (2024), *The Sustainable Development Goals Extended Report 2024: Goal 3*, Division de statistique de l'Organisation des Nations Unies, New York, https://unstats.un.org/sdgs/report/2024/extended-report/Extended-Report_Goal-3.pdf. [44]

Nations Unies (2019), *Progress Towards the Sustainable Development Goals - Report of the Secretary-General: Statistical Annex*, Conseil économique et social, New York, https://digitallibrary.un.org/record/3810131?ln=en&v=pdf. [51]

Nations Unies (2017), *Resolution adopted by the Economic and Social Council on 20 April 2017*, Nations Unies, https://documents.un.org/doc/undoc/gen/n17/184/54/pdf/n1718454.pdf. [76]

Newiak, M., A. Segura-Ubiergo et A. Wane (dir. pub.) (2022), *Digitalization, corruption, and trust in tax officials in Africa*, Fonds monétaire international, Washington, D.C., https://www.elibrary.imf.org/display/book/9781513584058/CH015.xml. [38]

Nose, M. et A. Mengistu (2023), « Exploring the adoption of selected digital technologies in tax administration », *IMF Notes*, n° 2023/008, Fonds monétaire international, Washington, D.C., https://www.imf.org/en/Publications/IMF-Notes/Issues/2023/12/11/Exploring-the-Adoption-of-Selected-Digital-Technologies-in-Tax-Administration-A-Cross-541094. [37]

OCDE (2025), *Déclaration pays par pays à des fins fiscales (page web)*, https://www.oecd.org/fr/themes/declaration-pays-par-pays-a-des-fins-fiscales.html (consulté le 20 janvier 2025). [65]

OCDE (2025), *Engagement mondial contre la corruption (page web)*, https://www.oecd.org/fr/networks/global-engagement-on-anti-corruption-and-anti-bribery.html (consulté le 20 janvier 2025). [72]

OCDE (2025), *Érosion de la base d'imposition et transfert de bénéfices (BEPS) (page web)*, https://www.oecd.org/fr/themes/erosion-de-la-base-d-imposition-et-transfert-de-benefices-beps.html (consulté le 20 janvier 2025). [75]

OCDE (2025), *OECD Programme on A Territorial Approach to the SDGs*, https://www.oecd.org/en/about/programmes/oecd-programme-on-a-territorial-approach-to-the-sdgs.html (consulté le 20 janvier 2025). [96]

OCDE (2024), *Breaking the Vicious Circles of Informal Employment and Low-Paying Work*, Éditions OCDE, Paris, https://doi.org/10.1787/f95c5a74-en. [45]

OCDE (2024), *Budgétisation sensible au genre (page web)*, https://www.oecd.org/fr/themes/budgetisation-sensible-au-genre.html (consulté le 2 décembre 2024). [35]

OCDE (2024), *Compare your country - Tax co-operation*, https://www.compareyourcountry.org/tax-cooperation/en/1/category/ (consulté le 20 janvier 2025). [66]

OCDE (2024), *Convention on Combating Bribery of Foreign Public Officials in International Business Transactions and Commentaries to the Convention*, Éditions OCDE, Paris, https://www.oecd.org/content/dam/oecd/en/topics/policy-sub-issues/fighting-foreign-bribery/Convention%20and%20commentaries%20booklet%202024.pdf. [28]

OCDE (2024), *Événements : Mise à jour de l'évaluation de l'impact économique de l'Impôt minimum mondial (séminaire en ligne)*, https://www.oecd.org/fr/events/2024/01/update-of-the-economic-impact-assessment-of-the-global-minimum-tax.html (consulté le 12 décembre 2024). [40]

OCDE (2024), *Fiscalité et développement (page web)*, https://www.oecd.org/fr/themes/fiscalite-et-developpement.html (consulté le 2 décembre 2024). [58]

OCDE (2024), *Fiscalité et développement à l'OCDE : Rétrospective de la période 2009-24*, Éditions OCDE, Paris, https://doi.org/10.1787/c92a1248-fr. [16]

OCDE (2024), *Fiscalité et inégalités : Rapport de l'OCDE à l'intention des ministres des Finances et des gouverneurs de banque centrale des pays du G20*, Éditions OCDE, Paris, https://doi.org/10.1787/816c9a41-fr. [41]

OCDE (2024), *Instrument multilatéral BEPS (page web)*, Éditions OCDE, Paris, https://www.oecd.org/fr/themes/instrument-multilateral-beps.html (consulté le 11 décembre 2024). [13]

OCDE (2024), « Localising the SDGs in a changing landscape », *OECD Regional Development Papers*, n° 68, Éditions OCDE, Paris, https://doi.org/10.1787/a76810d7-en. [29]

OCDE (2024), *Pilier Un - Montant B : Cadre Inclusif sur le BEPS*, Projet OCDE/G20 sur l'érosion de la base d'imposition et le transfert de bénéfices, Éditions OCDE, Paris, https://doi.org/10.1787/2a736abb-fr. [14]

OCDE (2024), *Rapport sur la fiscalité du Secrétaire général de l'OCDE à l'intention des ministres des Finances et des gouverneurs de banque centrale du G20 (G20 Brésil, juillet 2024)*, Éditions OCDE, Paris, https://doi.org/10.1787/b7ee899a-fr. [64]

OCDE (2024), *Système de notification des pays créanciers (Base de données)*, http://data-explorer.oecd.org/s/3d (consulté le 20 janvier 2025). [8]

OCDE (2024), *The Global Revenue Statistics Database 2024 (Brochure)*, https://www.oecd.org/content/dam/oecd/en/topics/policy-sub-issues/global-tax-revenues/brochure-global-revenue-statistics-database.pdf. [57]

OCDE (2023), *Base de données mondiale des statistiques des recettes publiques*, https://www.oecd.org/fr/data/datasets/global-revenue-statistics-database.html (consulté le 12 décembre 2024). [7]

OCDE (2023), *Effective Carbon Rates 2023: Pricing Greenhouse Gas Emissions through Taxes and Emissions Trading*, Série de l'OCDE sur la tarification du carbone et la fiscalité des énergies, Éditions OCDE, Paris, https://doi.org/10,1787/b84d5b36-e. [43]

OCDE (2023), *Inventaire OCDE des mesures de soutien pour les combustibles fossiles 2023*, Éditions OCDE, Paris, https://doi.org/10.1787/9a234d8b-fr. [25]

OCDE (2023), *Panorama des administrations publiques 2023*, Éditions OCDE, Paris, https://doi.org/10.1787/b4d0a9ed-fr. [50]

OCDE (2022), *Assessing Tax Compliance and Illicit Financial Flows in South Africa*, Éditions OCDE, Paris, https://doi.org/10.1787/e8c9ff5b-en. [12]

OCDE (2022), *Digital Transformation Maturity Model*, OECD Tax Administration Maturity Model Series, Éditions OCDE, Paris, https://www.oecd.org/content/dam/oecd/en/topics/policy-issues/tax-administration/digital-transformation-maturity-model.pdf. [39]

OCDE (2022), *Tax Incentives and the Global Minimum Corporate Tax : Reconsidering Tax Incentives after the GloBE Rules*, Éditions OCDE, Paris, https://doi.org/10.1787/25d30b96-en. [23]

OCDE (2019), *SIGI 2019 Global Report : Transforming Challenges into Opportunities*, Social Institutions and Gender Index, Éditions OCDE, Paris, https://doi.org/10.1787/bc56d212-en. [53]

OCDE (2014), *Illicit Financial Flows from Developing Countries : Measuring OECD Responses*, Éditions OCDE, Paris, https://doi.org/10.1787/9789264203501-en. [26]

OCDE et al. (2023), *Latin American Economic Outlook 2023 : Investing in Sustainable Development*, Éditions OCDE, Paris, https://doi.org/10.1787/8c93ff6e-en. [6]

OCDE/PNUD (2024), *Inspecteurs des impôts sans frontières – Rapport annuel 2024*, Éditions OCDE, Paris, https://doi.org/10.1787/a614997d-fr. [15]

OIT (2024), *World Employment and Social Outlook: May 2024 Update*, Organisation internationale du Travail, https://www.ilo.org/sites/default/files/2024-06/WESO_May2024%20-%20Final_30-05-24_2.pdf. [54]

OMS (2023), *Climate change and noncommunicable diseases: connections*, Organisation mondiale de la Santé, https://www.who.int/news/item/02-11-2023-climate-change-and-noncommunicable-diseases-connections. [84]

ONUDC (2024), *Learn about UNCAC*, Office des Nations unies contre la drogue et le crime, https://www.unodc.org/corruption/en/uncac/learn-about-uncac.html. [68]

ONU-HABITAT (2024), *Cities and Climate Action: World Cities Report 2024*, Programme des Nations Unies pour les établissements humains, Nairobi, https://unhabitat.org/world-cities-report-2024-cities-and-climate-action. [94]

ONU-HABITAT (2023), *Unlocking the Potential of Cities: Financing Sustainable Urban Development*, Programme des Nations Unies pour les établissements humains, Nairobi, https://unhabitat.org/sites/default/files/2023/11/unlocking_the_potential_of_cities_-_financing_sustainable_urban_development_-_06-min.pdf. [90]

Organisation mondiale de la Santé (2021), *WHO Report on the Global Tobacco Epidemic 2021: Addressing New and Emerging Products*, https://www.who.int/publications/i/item/9789240032095. [47]

Our World in Data (2023), *Tax revenues as a share of GDP (UNU-WIDER Government Revenue Dataset)*, https://ourworldindata.org/grapher/tax-revenues-as-a-share-of-gdp-unu-wider (consulté le 12 décembre 2024). [2]

PEFA (2020), *Supplementary Framework for Assessing Gender Responsive Public Financial Management*, Secrétariat du PEFA, Washington DC, https://www.pefa.org/resources/supplementary-framework-assessing-gender-responsive-public-financial-management-0. [80]

Peking University et Agence Française de Développement (2024), *Public Development Banks and Development Financing Institutions Database*, http://www.dfidatabase.pku.edu.cn/DataVisualization/index.htm (consulté le 2 décembre 2024). [19]

Piatti-Fünfkirchen, M., M. Lindelow et K. Yoo (2018), « What are governments spending on health in east and Southern Africa? », *Health Systems & Reform*, vol. 4/4, pp. 284-299, https://doi.org/10.1080/23288604.2018.1510287. [46]

Platform for Collaboration on Tax (2024), *Who We Are (page web)*, https://www.tax-platform.org/ (consulté le 18 octobre 2024). [18]

Platform for Collaboration on Tax (2023), *PCT Progress Report 2023*, Fonds monétaire international, Groupe de la Banque mondiale, OCDE, Nations unies/Washington, DC, Paris, New York, https://www.tax-platform.org/sites/pct/files/publications/PCT-Progress-Report-2023.pdf. [21]

Platform for Collaboration on Tax (2021), *MTRS (page web)*, https://www.tax-platform.org/publications/mtrs (consulté le 2 décembre 2024). [20]

PMIA (2024), *Tableau de bord global (base de données)*, https://www.effectivecooperation.org/GlobalEDCDashboard (consulté le 11 décembre 2024). [36]

SDG Action (2023), *Bridging the SDG funding gap in cities*, https://sdg-action.org/bridging-the-sdg-funding-gap-in-cities/ (consulté le 2 décembre 2024). [95]

Transparency International (2024), *Corruption Perceptions Index*, https://www.transparency.org/en/cpi/2023. [49]

Notes

[1] Calculs des auteurs. L'estimation du potentiel de mobilisation est tirée de la hausse du ratio impôts/PIB (PIB : d'après les indicateurs de développement dans le monde de la Banque mondiale, en USD courants de 2020). En 2020, le ratio impôts/PIB moyen était de 11.4 % en 2020 dans les PFR, contre 15.7 % en moyenne dans les PRITI. Cette même année, le PIB total des PFR s'élevait à 646.8 milliards USD.

[2] D'après la base de données de l'Institute of New Structural Economics de l'Université de Pékin, 36 % des 127 nouvelles BPD et institutions de financement du développement (IFD) créées depuis 2006 sont domiciliées dans des PRITI, 33 % dans des pays à revenu élevé, 19 % dans des PRITS, et 5 % dans des PFR. Voir http://www.dfidatabase.pku.edu.cn/DataVisualization/index.htm.

[3] La coordination entre agences et les stratégies nationales visant à mettre en place une approche de la lutte contre les FFI à l'échelle de l'ensemble de l'administration peuvent être améliorées en s'appuyant sur les dix Principes mondiaux pour lutter contre la délinquance fiscale élaborés par le Groupe d'action sur les délits à caractère fiscal et autres délits (TFTC) de l'OCDE et en collaborant avec le Forum mondial sur la transparence et l'échange de renseignements en matière fiscale.

[4] Donner la priorité aux secteurs à haut risque comme le commerce de produits de base, en s'appuyant par exemple sur les Orientations stratégiques pour atténuer les risques de flux financiers illicites dans le négoce de produits pétroliers, peut engendrer des progrès rapides dans la réduction des risques de FFI.

[5] Il ressort d'une étude publiée par Observatoire européen de la fiscalité que les milliardaires en France, aux Pays-Bas et aux États-Unis sont soumis à des taux effectifs d'imposition de l'ordre de 20 à 30 %, inférieurs à ceux supportés par les ménages à revenus plus faibles. Voir https://doi.org/10.1787/8dbf9a62-en.

3 Entreprise privée et finances intérieures et internationales

Ce chapitre porte sur le domaine d'intervention « Entreprise privée et finances intérieures et internationales » du Programme d'action d'Addis-Abeba et s'intéresse notamment aux progrès accomplis, aux défis qu'il reste à relever et aux enjeux émergents, à l'heure où la communauté internationale se prépare en vue de la quatrième Conférence internationale sur le financement du développement. Il étudie les progrès accomplis et les défis qui subsistent en matière de mobilisation du soutien du secteur privé en faveur du développement durable. Parmi les principaux progrès constatés figurent l'adoption croissante d'instruments de politique publique, la participation du secteur privé en hausse, et un nombre croissant d'initiatives en matière de développement durable, notamment en ce qui concerne les investissements tenant compte de critères ESG et les investissements à impact. En revanche, des difficultés, telles que le financement à destination des pays les moins avancés (PMA), le coût élevé des envois de fonds, et une mobilisation insuffisante des financements privés en faveur de l'action climatique. Plusieurs tendances se font jour, comme le rôle croissant de la finance durable, la nécessité de renforcer la transparence et la gouvernance, et l'importance de remédier aux pratiques d'atténuation des risques pour améliorer l'accès au financement international. À l'avenir, il sera également essentiel de veiller à ce que les investissements à long terme soient alignés avec les objectifs de développement durable.

3.1. Tableau de bord des données

Principales tendances

Entre 2015 et 2023, les actifs financiers mondiaux ont augmenté de 47 %, et la part de ces actifs détenue dans les pays en développement est en hausse.

En 2022, les actifs financiers mondiaux totaux ont diminué de 0.4 % ; ce recul, le premier constaté dans le secteur des institutions financières non bancaires depuis 2009, s'explique par la hausse des taux d'intérêt et des estimations à la baisse des actifs.

En 2022, la majeure partie (79 %) des 461 200 milliards USD d'actifs financiers mondiaux sous gestion (stocks) reste concentrée dans les économies avancées (Graphique 3.1). Toutefois, la part détenue dans les pays en développement est passée de 17 % à 21 % au cours de la période 2015-22.

Graphique 3.1. Actifs financiers mondiaux

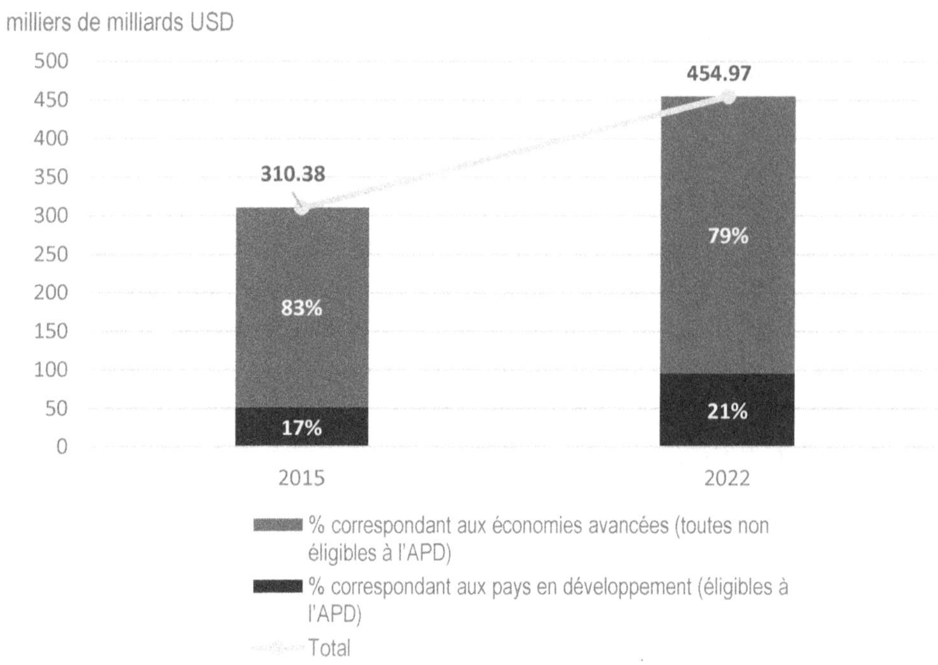

Note : La somme des juridictions n'est pas égale aux actifs financiers mondiaux totaux déclarés au Conseil de stabilité financière. Les actifs financiers mondiaux sont les actifs gérés par des entités, dont les banques, les banques centrales, les compagnies d'assurance, les fonds de pension, les institutions financières publiques et autres institutions financières. L'intermédiation financière non bancaire comprend les fonds d'investissement, les compagnies d'assurance, les fonds de pension et les autres intermédiaires financiers.
Source : Les auteurs, sur la base de Conseil de stabilité financière (2023[1]), *Global Monitoring Report on Non-Bank Financial Intermediation 2023*, https://www.fsb.org/2023/12/global-monitoring-report-on-non-bank-financial-intermediation-2023/.

À l'échelle mondiale, les apports d'investissement direct étranger ont enregistré une forte baisse et sont passés de 2 400 milliards USD en 2015 à 1 300 milliards USD en 2023.

Les flux entrants d'investissement direct étranger (IDE) ont régressé de 2 % entre 2022 et 2023 pour s'établir à 1 300 milliards USD, poursuivant ainsi leur baisse depuis 2015 (Graphique 3.2). D'après les derniers chiffres disponibles, les flux mondiaux d'IDE ont continué de reculer et s'élevaient à 802 milliards USD au premier semestre de 2024 (OCDE, 2024[2]).

Entre 2015 et 2022, les flux d'IDE ont baissé de 42 % dans les pays les moins avancés (PMA) et de 84 % dans les autres pays à faible revenu (PFR), mais de 2 % seulement dans les pays à revenu intermédiaire de la tranche inférieure (PRITI), tandis qu'ils ont augmenté de 8 % dans les pays à revenu intermédiaire de la tranche supérieure (PRITS). La part des PMA dans l'IDE dirigé vers des pays en développement est passée de 5.1 % en 2015 à 3.6 % en 2022.

Au-delà du volume des flux entrants, la qualité des IDE et leur impact sur le développement durable doivent pouvoir permettre que la mobilisation des ressources serve la réalisation des Objectifs de développement durable (ODD). Il convient en outre de noter l'orientation rapide de l'investissement étranger vers des secteurs présentant un potentiel de création d'emploi plus faible mais qui sont essentiels pour les transitions écologique et numérique.

Graphique 3.2. Flux entrants d'investissement direct étranger

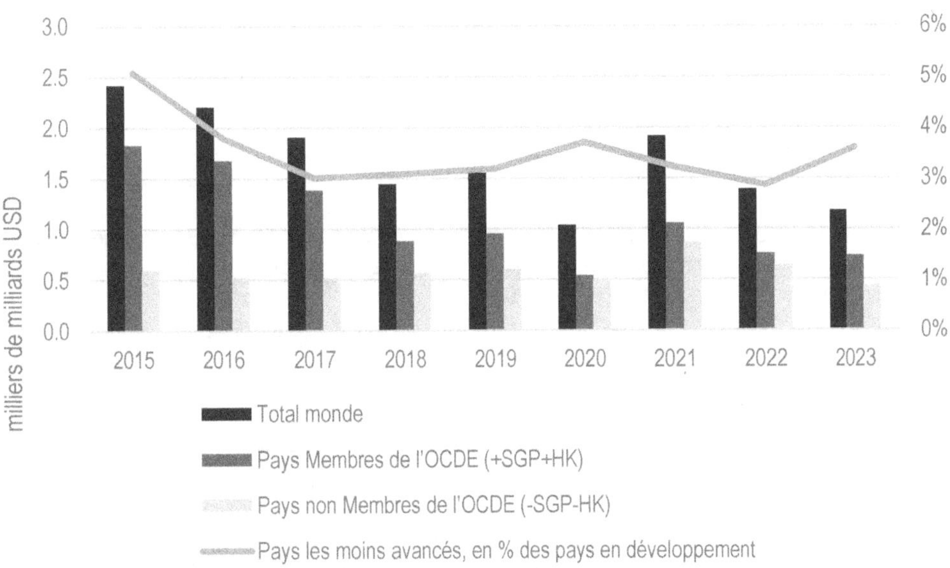

Note : Dans le graphique, HK = Hong Kong (Chine) ; SGP = Singapour. Le calcul des apports d'IDE aux PMA exprimés en pourcentage de l'IDE en faveur de tous les pays en développement est basé sur les données d'ONU commerce et développement. Pour les pays de l'OCDE, les pays non membres de l'OCDE et les agrégats mondiaux, les flux entrants d'IDE ont été compilés selon le principe directionnel lorsque les données étaient disponibles, et selon le principe des actifs et des passifs dans le cas contraire. Les données ne tiennent pas compte des entités ad hoc résidentes de l'Autriche, de la Belgique, de la Hongrie, de l'Islande, de la Lettonie, du Luxembourg, du Mexique, des Pays-Bas, du Portugal et de la Suisse.

Source : Pour les données mondiales et celles des pays de l'OCDE et des pays hors OCDE : base de données des statistiques d'IDE de l'OCDE (2024[3]), consultable dans l'Explorateur de données de l'OCDE (BMD4), http://data-explorer.oecd.org/s/1ih. Pour les PMA et l'ensemble des pays en développement : ONU commerce et développement (2024[4]), *World Investment Report 2024*, https://unctad.org/publication/world-investment-report-2024.

Les volumes des envois de fonds sont en hausse, mais les coûts de transfert restent élevés.

Le total des envois de fonds vers les pays en développement (hors Chine) a augmenté de 29 % depuis 2015 et s'est établi à 476 milliards USD en 2023. C'est dans les PRITS que le volume des envois a le plus augmenté (+49 %), par comparaison avec les PRITI (+20 %) et les PMA (+27 %). Le coût d'un transfert de 200 USD est passé de 7.7 % à 6.4 %, ce qui continue de représenter plus du double de la cible des ODD, qui est de 3 % (Graphique 3.3).

Graphique 3.3. Volume et coût des envois de fonds

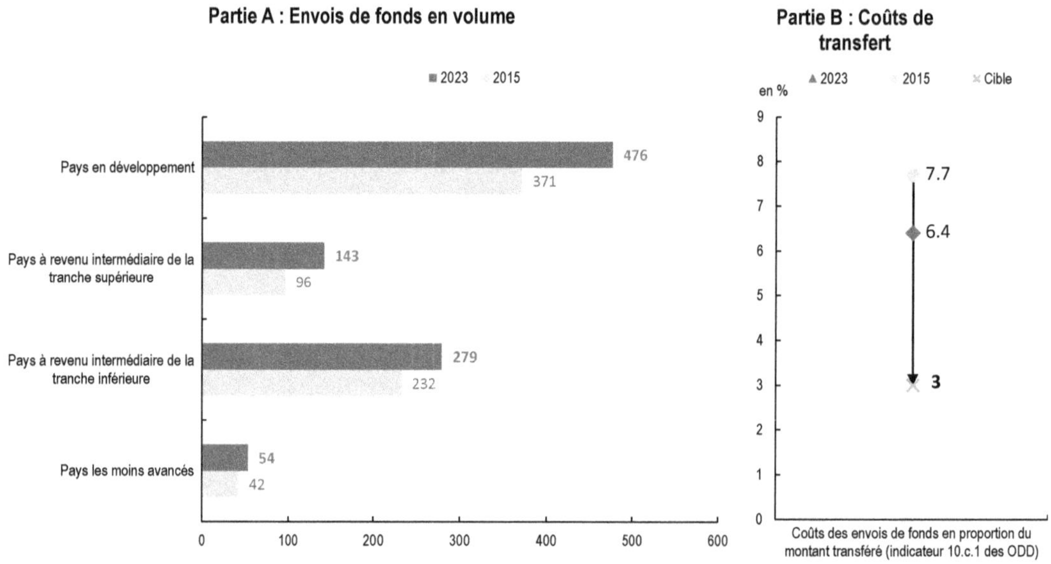

Note : Les calculs sont basés sur les prix constants de 2015 et corrigés à l'aide du déflateur du PIB de la Banque fédérale de réserve de Saint-Louis (États-Unis). Pour les coûts de transfert, les dernières données disponibles sont celles du premier trimestre de 2024. Les pays en développement sont définis comme les pays éligibles à l'APD hors Chine.
Source : Banque mondiale (2024[5]), *Indicateurs du développement dans le monde*, https://data.worldbank.org/topic/financial-sector?view=chart

Indicateurs clés de performance

↑	En 2021, 71 % des personnes adultes des économies en développement disposaient d'un compte bancaire, contre 63 % en 2017.
↑	Les IDE de création dans les énergies renouvelables ont considérablement augmenté depuis 2019 dans les pays de l'OCDE et depuis 2022 dans les pays non membres de l'OCDE, et ont été multipliés par trois dans l'ensemble.
↔	L'amélioration de l'efficacité énergétique est inférieure à la cible de l'ODD 7.3, qui visait une amélioration moyenne annuelle de 2.6 % entre 2010 et 2030, soit un doublement du taux d'amélioration moyen observé au cours de la période 1990-2010. Pour atteindre cette cible, il faudrait une progression annuelle de 4 % entre 2022 et 2030 (Nations Unies, 2024[6]).
↓	À l'échelle mondiale, la proportion de femmes occupant des postes de direction était de 27.5 % en 2022, contre 28.5 % en 2016 (Nations Unies, 2024[7]). Au rythme actuel, il faudra 176 ans pour atteindre la parité entre les genres.

↓ Léger recul	↓ Recul marqué	↔ Statu quo, neutre	↔ Stagnation, problème possible	↑ Progrès majeure	↑ Progrès minime
↓ Recul sensible	↓ Recul majeur	↔ Stagnation, préoccupation mineure	↔ Stagnation négative, préoccupante	↑ Progrès	↑ Progrès négligeables ou contestés

Note : Engagements quantifiables sélectionnés. L'Annexe 3.A. présente la liste complète.

Potentiel de mobilisation des ressources

- Les PMA auraient reçu 280 milliards USD de flux d'IDE depuis 2015, soit 41 milliards USD de plus depuis 2015, si les apports d'IDE avaient progressé au même rythme (17 %) que dans les autres pays en développement au cours de la période 2015-23 (CNUCED, 2024[4]).
- Si le coût des transferts avait respecté la cible de l'ODD de 3 points de pourcentage en 2023, 16 milliards USD supplémentaires auraient pu être mobilisés pour soutenir les ménages des pays en développement [1].

3.2. Principaux domaines de progrès

Le secteur public a intensifié ses efforts visant à faire du secteur privé un partenaire clé en matière de soutien au développement durable

Depuis 2015, les États ont fortement progressé dans l'adoption d'instruments de politique publique en faveur d'une consommation et d'une production durables, notamment en ce qui concerne les pratiques d'entreprise et d'investissement responsables, dans l'optique d'inciter le secteur privé à agir en faveur des ODD. Entre 2015 et 2020, les pays ont adopté 34 instruments économiques et budgétaires (contre 16 en 2015) ; 160 instruments de politique macroéconomique (contre 51 en 2015) ; 81 instruments réglementaires et législatifs (contre 37 en 2015) ; et 72 systèmes basés sur le volontariat (contre 30 en 2015) (PNUE, 2024[8]). Dans 46 des 52 pays en développement couverts par la base de données de 2022 de l'OCDE sur les incitations fiscales en faveur de l'investissement, au moins une incitation fiscale soutient un domaine lié aux ODD (Celani, Dressler et Wermelinger, 2022[9]). En 2023, 75 % des pays de l'OCDE étaient dotés de diverses réglementations relatives au devoir de diligence imposant aux entreprises de gérer et de déclarer les impacts environnementaux et sociaux des activités de leurs chaînes d'approvisionnement mondiales et de leurs portefeuilles d'investissements[2].

Plusieurs initiatives mondiales appuient également la contribution du secteur privé au développement durable. Citons à ce titre le Pacte mondial des Nations Unies, qui est la plus grande initiative au monde portant sur la durabilité des entreprises et compte plus de 10 000 adhérents ; l'Alliance des investisseurs mondiaux pour le développement durable, lancée en 2019, qui compte 30 dirigeants influents du monde de l'entreprise et de la finance et promeut des investissements durables ; et le réseau des Principes pour l'investissement responsable, qui comprend plus de 4 000 investisseurs représentant 121 000 milliards USD. L'Initiative pour des bourses durables (Sustainable Stock Exchanges Initiative) réunit pour sa part plus de 100 places boursières et encourage les investisseurs à opter pour des investissements responsables afin d'améliorer la transparence en matière environnementale, sociale et de gouvernance. En outre, l'initiative Business for 2030 vise à aligner des projets d'entreprises sur les ODD. Enfin, le Conseil international des normes de durabilité (ISSB) s'appuie sur le Climate Disclosure Standards Board, le Groupe de travail sur la publication d'informations financières relatives au climat, l'Integrated Reporting Framework de la Value Reporting Foundation, les normes sectorielles du Sustainability Accounting Standards Board, ainsi que sur les Indicateurs de capitalisme des parties prenantes du Forum économique mondial et la Plateforme internationale sur la finance durable.

Les acteurs de la coopération au service du développement ont également élaboré des politiques spécifiques pour impliquer plus efficacement le secteur privé, y compris dans le soutien aux pays en développement. En outre, en vertu des règles d'éligibilité à l'aide publique au développement (APD), le soutien direct des donneurs au secteur privé (à savoir les instruments du secteur privé) ne peut être déclaré au titre de l'APD que s'il apporte une valeur ajoutée à la fois financière et non financière (OCDE, 2024[10]). En déliant la majorité de leur APD, les donneurs veillent également à ce que toutes les entreprises puissent effectivement concourir et accéder au financement des donneurs, et offrent aux pays bénéficiaires davantage de flexibilité dans la passation des marchés publics. En 2015, environ 80 % de l'APD bilatérale était soit déliée, soit accordée à condition d'être utilisée pour acheter des biens ou services auprès du fournisseur de l'aide. En 2022, cette proportion est montée à plus de 85 %, ce qui atteste de la poursuite des efforts pour améliorer l'efficacité de l'implication du secteur privé par les donneurs[3] (OCDE-CAD, 2022[11]). Autre exemple : les Principes de Kampala, qui visent à renforcer la participation du secteur privé à la coopération pour le développement, encouragent l'appropriation par les pays partenaires des efforts d'implication du secteur privé et favorisent des projets et programmes alignés sur les priorités nationales liées au développement durable (PMIA, 2019[12]). L'Évaluation des Principes de Kampala est une nouvelle composante de l'exercice de suivi du Partenariat mondial pour une coopération efficace au service du développement (2023[13]). Elle a pour objectif de réunir des données factuelles afin de suivre les progrès accomplis et de renforcer l'efficacité de l'implication du secteur privé dans la coopération pour le développement.

Enfin, les prestataires de la coopération pour le développement se sont accordés sur un certain nombre de normes internationales visant à renforcer l'engagement en faveur d'une implication efficace du secteur privé. Parmi elles figurent les Principes du CAD de l'OCDE relatifs au financement mixte et les notes d'orientation pour leur mise en œuvre. Bien qu'il n'existe pas de définition établie du financement mixte[4], les principes et les notes d'orientation fournissent aux acteurs de la finance pour le développement des outils pour concevoir et mettre en œuvre des programmes de financement mixte efficaces, efficients et transparents et, à terme, mobiliser davantage de financements privés au service du développement durable. Des efforts sont actuellement déployés pour diffuser et mettre en œuvre des normes de conduite responsable des entreprises dans l'objectif d'améliorer l'impact environnemental et social des entreprises et de générer des retombées positives dans les pays en développement par le biais de l'exercice du devoir de diligence. La coopération au service du développement joue un rôle important à cet égard en contribuant à renforcer les capacités et en offrant la possibilité à tous les pays et entités de promouvoir l'investissement durable et d'accroître les opportunités de participer à des chaînes de valeur mondiales.

L'inclusion financière, et notamment la détention d'un compte bancaire, a progressé de manière régulière

Plus d'un demi-milliard de personnes ont obtenu l'accès à des services financiers formels entre 2017 et 2021 (Nations Unies, 2024[14]). À l'échelle mondiale, la détention d'un compte bancaire est passée de 51 % en 2011 à 76 % en 2021, avec une hausse notable de 30 points de pourcentage dans les pays en développement, où elle s'est établie à 71 % en 2021 (Nations Unies, 2024[14]). Toutefois, toutes les régions n'affichent pas les mêmes progrès. Par exemple, seules 15.7 % des petites entreprises industrielles de l'Afrique subsaharienne ont eu accès à des prêts ou des lignes de crédit au cours de la période 2006-23, contre 44.2 % dans la région Amérique latine et Caraïbes (Nations Unies, 2024[14]).

Les volumes d'envois de fonds sont en hausse et les coûts de transfert restent élevés

Les volumes d'envois de fonds ont augmenté pour s'établir à 838 milliards USD en 2022, dont 614 milliards USD vers l'ensemble des pays en développement ; les fonds ainsi envoyés continuent de représenter une source de revenus essentielle pour les ménages et les petites et moyennes entreprises (PME) (Nations Unies, 2024[14]). Il était escompté que les envois de fonds atteignent 669 milliards USD en 2023 (Nations Unies, 2024[14]). C'est dans la région Amérique latine et Caraïbes que les envois de fonds ont enregistré le plus fort taux de croissance (21.6 %), à la faveur de la reprise économique aux États-Unis et de la réaction des migrants aux catastrophes naturelles qui ont touché leur pays d'origine (CNUCED, 2024[4]). En 2022, les PMA ont perçu 62 milliards USD au titre des envois de fonds, soit le double du volume d'IDE (27 milliards USD) dont ils ont bénéficié cette même année[5].

Le coût moyen d'un envoi de 200 USD est passé de 7.7 % en 2015 à 6.2 % en 2023, principalement du fait d'un plus large accès des migrants aux instruments de transfert numériques. Toutefois, au niveau mondial, le coût moyen d'un envoi de fonds reste plus de deux fois supérieur à l'objectif de 3 % fixé par les ODD. L'indicateur SmaRT (Smart Remitter Target) de la Banque mondiale, qui correspond à la moyenne simple des trois services d'envoi de fonds les moins chers dans chaque circuit d'envoi, s'établissait à 3.5 % en 2023 (Banque mondiale, 2024[15]). Néanmoins, dans 20 % des circuits, les frais d'envoi étaient supérieurs à 5 %. La réduction des frais se heurte à plusieurs obstacles, notamment le peu de concurrence entre les prestataires, des réglementations restrictives même pour les envois de faibles montants, un soutien insuffisant aux nouveaux acteurs numériques, ainsi que les pratiques d'atténuation des risques liées à l'absence d'indicateurs des risques précis pour certains circuits.

Le financement du développement durable par l'action philanthropique est en hausse dans les pays en développement

Le financement philanthropique est en hausse, et les fondations nationales des pays émergents jouent un rôle croissant. Les apports à l'appui du développement provenant de 40 organisations philanthropiques privées ayant communiqué des données sont passés 4 milliards USD en 2015 à 11 milliards USD en 2022. Au cours de cette période, dans les marchés émergents comme la République populaire de Chine, l'Inde et le Mexique, les fondations nationales ont fourni 19 % du financement. C'est l'Afrique subsaharienne qui reçoit la part la plus importante du financement philanthropique total, avec des contributions significatives en faveur de la santé et du développement économique. La Fondation Gates, ainsi que d'autres grandes fondations, concentrent fortement leurs efforts sur cette région, en particulier dans les domaines de l'éradication de maladies et de l'amélioration des soins de santé, et y ont consacré 5 milliards USD au total en 2022 (Ratha et al., 2019[16]).

3.3. Défis persistants

De manière générale, les flux d'IDE vers les pays en développement sont en hausse, hormis pour les PMA

Au niveau mondial, l'IDE a diminué de 2 % entre 2022 et 2023 pour s'établir à 1 300 milliards USD, dans la poursuite de la tendance à la baisse constatée depuis 2015, et reste à un niveau inférieur à celui de la période précédant la crise du COVID-19 pour la deuxième année consécutive (CNUCED, 2024[4]). Alors que les flux d'IDE vers les pays en développement ont globalement augmenté entre 2015 et 2023, l'IDE vers les PMA a baissé tant en volume qu'en proportion. Après la pandémie de COVID-19, les flux d'IDE en direction des PMA ne sont pas remontés dans les mêmes proportions que ceux en direction des autres pays en développement en raison de l'impact disproportionné de crises touchant les produits alimentaires et l'énergie, ainsi que d'autres crises mondiales qui ont suivi (CNUCED, 2023[17]). Les PMA ont reçu 31.3 milliards USD d'IDE en 2023, contre 37.6 milliards USD en 2015, 3.6 % des flux totaux d'IDE vers les pays en développement et 2.4 % des flux d'IDE mondiaux (soit une légère amélioration par rapport aux 1.8 % en 2015) (CNUCED, 2024[4]). La perception de certains risques comme l'instabilité politique, la faiblesse des infrastructures et la taille limitée du marché fait que les acteurs de l'IDE se désintéressent souvent des PMA. D'autres facteurs, tels que des cadres réglementaires inadéquats, le manque de main-d'œuvre qualifiée et diverses barrières structurelles refroidissent les investisseurs. Dans le même temps, à l'échelle mondiale, les fusions-acquisitions transfrontières ont poursuivi leur tendance à la baisse, atteignant en 2023 leur niveau le plus bas en dix ans. L'investissement de création a marqué le pas en 2023, malgré des tendances divergentes dans les économies avancées et dans les économies émergentes et en développement, avec des dépenses d'investissement en hausse de 21 % dans ce dernier groupe (OCDE, 2024[18]).

Il est essentiel de promouvoir le renforcement des marchés de capitaux dans les pays en développement afin de permettre aux entreprises et aux pouvoirs publics de financer leurs investissements à long terme

Les marchés de capitaux soutiennent la formation de capital et la diversification des investissements, et contribuent à assurer le financement à long terme. Or, dans les pays en développement, la petite taille de ces marchés et leur sous-développement obèrent leurs opportunités de croissance. Les marchés de capitaux sont constitués de marchés d'actions et de marchés d'obligations ; l'acquisition de ces titres peut se faire sur le marché primaire, où sont émis les nouveaux titres, ou sur le marché secondaire, où s'échangent les titres existants. À titre de comparaison, en 2022, la capitalisation du marché des actions s'élevait à 131 % du produit national brut (PNB) dans les pays à revenu élevé, mais à seulement 34.4 % du PNB en Amérique latine et dans les Caraïbes, à 16.2 % du PNB en Europe centrale et dans les pays baltes, et à 64.4 % dans les pays d'Asie de l'Est et du Pacifique n'appartenant pas au groupe des pays à revenu élevé. Dans ces régions, les marchés d'actions manquent de liquidité, portent principalement sur les grandes entreprises, et ont eu tendance à connaître des flux nets négatifs ces deux dernières décennies. Quant aux marchés obligataires de ces régions, ils se concentrent généralement dans les émissions du secteur public (OCDE et al., 2024[19]).

Les investissements du secteur privé mobilisés grâce à l'intervention du secteur public en faveur du financement du développement ont augmenté mais restent insuffisants par rapport aux attentes

Entre 2012 et 2022, les interventions du secteur public à l'appui du financement du développement ont permis de mobiliser plus de 416.4 milliards USD du secteur privé, principalement par le biais d'investissements directs, de structures ad hoc, et de garanties (OCDE, 2024[20]). La mobilisation des financements privés est passée de 28 milliards USD en 2015 à 62 milliards USD en 2022, et les banques multilatérales de développement ont contribué au financement total à hauteur de 70 % au cours de la période 2020-22. La majeure partie des financements privés mobilisés est allée aux pays à revenu intermédiaire (87 %) ; les pays à faible revenu n'ont bénéficié que de 12 % de ces financements (OCDE, 2024[20]).

Selon un récent rapport de l'OCDE (2023[21]), entre 2018 et 2020, les principaux mécanismes de mobilisation des financements privés correspondaient à des investissements directs dans des entreprises et des structures ad hoc créées à des fins de financement de projets (38 %) et à des garanties (26 %). La part des financements mobilisés par des investissements directs a progressé au fil du temps. En revanche, la proportion des garanties dans la mobilisation des financements a chuté, passant de 32 % en 2018 à 20 % en 2020. Les lignes de crédit (12 %), les prêts syndiqués (10 %), les parts d'organismes de placement collectif (8 %) et les cofinancements simples (5 %) ont joué un rôle, certes plus modeste, mais non négligeable dans des domaines spécifiques, notamment en ce qui concerne le financement des PME et des projets à petite échelle (OCDE, 2023[21]).

La mobilisation des financements privés au service du développement durable se heurte à d'importants écueils, en particulier dans les pays en développement. Parmi les principaux freins figurent le risque élevé des investissements, la faiblesse des rendements, le manque de projets rentables, et la nature peu innovante des financements. Dans les PMA, l'instabilité économique et le manque de connaissances en matière d'investissement contribuent également à entraver la mobilisation des financements privés. Qui plus est, les investisseurs privés sont plus réticents à financer des secteurs comme la santé et l'éducation ou à contribuer à des objectifs de politique comme l'adaptation aux changements climatiques en raison de la faiblesse des rendements et de la petite taille des projets. La mobilisation ne pourra être renforcée qu'avec des instruments financiers innovants, une plus grande appétence au risque des institutions, et une transparence accrue des données afin de corriger les perceptions erronées des risques. Parmi les principaux leviers de mobilisation du financement, les répondants à l'enquête ont cité la disponibilité d'opportunités d'investissement rentables, l'innovation financière et la stabilité macroéconomique. D'autres facteurs comme l'amélioration des rendements des investissements, l'Accord de Paris et les ODD jouent également un rôle déterminant. L'Accord de Paris et les ODD incitent à la mobilisation des financements privés en alignant les opportunités financières sur les objectifs mondiaux liés au climat et au développement durable, ce qui favorise les investissements qui génèrent des bénéfices tout en ayant un impact positif pour la société.

Les inégalités entre les genres persistent sur le marché du travail

Dans le monde, le taux d'activité s'établit à 47 % pour les femmes contre 73 % pour les hommes. La rémunération des femmes est également largement inférieure, de 51 cents pour 1 USD gagné par un homme. Les femmes consacrent 2.6 fois plus de temps que les hommes aux soins non rémunérés et aux tâches domestiques, ce qui contribue encore à limiter leurs opportunités économiques. On constate d'importantes disparités entre les régions : en Afrique du Nord et en Asie occidentale, les femmes consacrent cinq fois plus d'heures que les hommes aux soins non rémunérés et aux tâches domestiques tandis qu'en Océanie, en Europe et en Amérique du Nord, elles y consacrent environ deux fois plus de temps (Nations Unies, 2024[14]).

3.4. Domaines nouveaux et émergents

La finance durable a gagné en importance, portée par un intérêt croissant des investisseurs pour les facteurs non financiers et les critères ESG

Les actifs mondiaux d'investissement durable correspondent à des investissements qui intègrent des critères ESG en vue de favoriser le développement durable à long terme dans divers secteurs, et visent à produire à la fois un rendement financier et un impact positif pour la société. Le volume de ces actifs a atteint 30 300 milliards USD en 2022, ce qui représente une hausse importante par rapport à 2016 mais reste légèrement inférieur aux plus hauts enregistrés en 2020 et 2021. Les fonds d'investissement durable, qui sont pour la plupart domiciliés dans des économies avancées, plus particulièrement en Europe, ont capté 81 % du marché et bénéficié d'apports importants qui ont culminé à 558 milliards USD en 2021 avant de retomber à 72 milliards USD en 2023. Fin 2023, les fonds durables avaient accumulé 2 560 milliards USD d'actifs sous gestion, soit environ 10 % de l'ensemble des actifs durables. Cependant, en valeur absolue, les actifs des fonds durables ne représentent qu'une petite proportion de l'ensemble des actifs des fonds sous gestion, et constituent moins de 5 % du total des actifs de fonds mondiaux en 2023 (Nations Unies, 2024[22]). En ce qui concerne l'investissement à impact, une forme plus ciblée d'investissement qui vise à produire un impact social ou environnemental positif mesurable en sus de générer un rendement financier, le montant des actifs sous gestion a dépassé 1 200 milliards USD en 2022, à la faveur de la montée en puissance des obligations vertes et liées au développement durable. Au total, les émissions d'obligations vertes, sociales, durables et liées à la durabilité se sont établies à 5 300 milliards USD en 2023 (Banque mondiale, 2024[23]). La part de ces obligations émises par des entités dans des pays en développement a chuté entre 2022 et 2023, passant de 13 % à 5 % (OCDE, 2024[24]).

Les politiques visant à accroître la transparence, la redevabilité et la gouvernance des marchés de capitaux et des marchés financiers durables produisent un réel impact

Près de la moitié du PIB mondial est produit dans des pays qui ont adopté une législation imposant la communication d'informations relatives au climat. L'ISSB a fortement contribué à la consolidation des principales normes de déclaration afin d'améliorer l'infrastructure des données ESG[6]. En juillet 2023, on comptait plus de 780 mesures de politique publique portant sur le financement durable dans 109 pays, ce qui représente une hausse de 70 % par rapport à 2015 (Green Finance Platform, 2019[25]). Parmi ces mesures figurent une trentaine de taxonomies et plus de 200 cadres, normes et lignes directrices relatives à la publication d'informations sur la durabilité et le climat. Toutefois, outre le risque de fragmentation des marchés qui en limite l'accès, de nombreux pays en développement se heurtent à la faiblesse de leurs marchés financiers, qui restreint leur capacité à attirer efficacement les financements durables. Ainsi, bien qu'elles contribuent à hauteur de 40 % au revenu national des économies émergentes, de nombreuses PME éprouvent des difficultés à accéder au financement et à se mettre en conformité avec les nouvelles normes de durabilité.

Des progrès ont été accomplis dans le domaine de l'infrastructure des informations. En 2022, environ 70 % des entreprises examinées publiaient des rapports sur le développement durable, soit trois fois plus qu'en 2016 (Programme des Nations Unies pour l'environnement, 2024[26]). Toutefois, il subsiste des déficits de données et des risques d'écoblanchiment, que ce soit dans les économies avancées ou dans les pays en développement. En 2023, aux États-Unis, 30 % des gestionnaires d'actifs ont supprimé leurs références au sigle ESG et à l'expression « zéro émission nette » ou « neutralité carbone » de leurs supports de marketing et de leurs sites internet (Nations Unies, 2024[22]). Dans les secteurs des services bancaires et financiers, les pratiques d'écoblanchiment ont connu une forte hausse en 2023, avec 148 signalements contre 86 en 2022. Plus de 50 % d'entre eux portaient sur des allégations trompeuses sur les combustibles fossiles (RepRisk, 2023[27]).

Un consensus mondial sur les taxonomies et législations en matière de finance durable pourrait contribuer à clarifier les règles de déclaration, à réduire les distorsions du marché, et à limiter le risque que les pratiques de blanchiment des ODD se répandent et que les progrès dans la réalisation des ODD soient mis à l'arrêt, par exemple en ce qui concerne l'ODD 8 relatif au travail des enfants, pour lequel aucun progrès n'a été enregistré depuis 2016 (Nations Unies, 2024[28]). Des efforts d'harmonisation sont en cours. Parmi eux figurent la collaboration entre la Global Reporting Initiative et l'ISSB et la participation croissante au Groupe de travail sur la publication d'informations financières relatives à la nature. Cependant, les disparités entre les juridictions soulignent la nécessité d'agir en faveur d'une interopérabilité mondiale.

Le financement privé à l'appui de l'action climatique pourrait être renforcé

Les économies avancées s'étaient engagées à mobiliser 100 milliards USD par an d'ici à 2020 pour le financement climatique en faveur des pays en développement, et ont renouvelé cet engagement jusqu'en 2025 (paragraphe 49 du Programme d'action d'Addis-Abeba) (Nations Unies, 2015[29]). Après 2021, le financement climatique a fait un bond de 30 % pour atteindre 115.9 milliards USD en 2022 soit, pour la première fois, davantage que les 100 milliards USD promis ; 60 % de ce financement est allé aux efforts d'atténuation (Nations Unies, 2024[14]). Le financement privé mobilisé par le financement public en faveur du climat, pour lequel on ne dispose de données comparables qu'à partir de 2016, est passé de 14.4 milliards USD en 2021 à 21.9 milliards USD en 2022 (soit une hausse de 7.5 milliards USD ou 52 %) après plusieurs années de stagnation relative (OCDE, 2024[30]). Toutefois, d'après la Convention-cadre des Nations Unies sur les changements climatiques, près de 6 000 milliards USD seraient nécessaires pour réaliser les plans d'action climatique des pays en développement à l'horizon 2030, ce qui nécessitera de mobiliser davantage de ressources, et entre 500 et 600 milliards USD par an de financement privé d'ici à 2030. Une part importante de ces montants devrait être mobilisée par les banques multilatérales de développement et autres institutions financières (Bhattacharya et al., 2023[31]).

Plusieurs initiatives ont été mises en place pour injecter et catalyser les investissements dans des infrastructures durables de qualité et encourager les partenariats facilitant le financement à bas coût dans les pays en développement. Entre 2013 et 2020, la Chine a investi plus de 731 milliards USD au niveau mondial, et notamment lancé la Belt and Road Initiative International Green Development Coalition en 2019 pour se mettre en conformité avec les ODD, même si des projets à forte intensité de carbone, y compris des centrales électriques à charbon, continuent d'être financés (Nedopil, 2024[32]). Le réseau Blue Dot annoncé en 2021 lors du sommet du G7 vise de son côté à promouvoir des normes élevées en matière d'infrastructures, une bonne gouvernance et la résilience climatique par le biais d'investissements privés dans les pays en développement (OCDE, 2024[33]).

L'amélioration des qualités de l'IDE soutient le développement durable et les transitions écologique et numérique

L'investissement étranger joue un rôle clé dans la promotion du développement durable. Toutefois, il ne bénéficie pas de manière égale à l'ensemble des pays, des segments de populations et des territoires. À l'échelle mondiale, entre 2019 et 2023, plus de 10 millions de nouveaux emplois ont été créés grâce aux IDE de création, dont plus de 6.4 millions dans les économies en développement et émergentes. Nombre de ces emplois sont occupés par des femmes : les entreprises étrangères emploient une part plus importante de femmes que les entreprises nationales. Cependant, pour la plupart, ces emplois ne sont pas des postes de haute direction et concernent des secteurs dans lesquels les salaires sont faibles (OCDE, 2022[34]). En outre, l'intensité de création d'emploi de l'IDE (qui correspond au nombre d'emplois créés pour 1 million USD investis) est en baisse, même dans les économies en développement et émergentes, ce qui induit des impacts négatifs à long terme sur le soutien, pourtant essentiel, de l'IDE en matière d'emploi et de revenus (OCDE, à paraître[35]).

L'IDE doit non seulement apporter du capital financier mais également contribuer au développement de l'économie, de la durabilité environnementale et du progrès social au niveau local. Parce qu'il établit des liens entre les entreprises locales et les entreprises multinationales, l'IDE peut également constituer un vecteur d'accès des entreprises nationales aux marchés internationaux et aux chaînes de valeur mondiales (OCDE, 2022[36]).

En outre, l'investissement étranger s'oriente rapidement vers des secteurs comme les énergies renouvelables, les semi-conducteurs et les technologies de l'information et de la communication qui, malgré un potentiel de création d'emploi plus faible, sont essentiels pour les transitions écologique et numérique. Par exemple, dans les économies en développement et émergentes, l'IDE de création dans les énergies renouvelables est passé de 3.3 milliards USD en 2003 (0.8 % du total des IDE de création de capacité) à 175.4 milliards USD en 2023 (24.3 % du total des IDE de création). Néanmoins, l'IDE dans les combustibles fossiles continuait de représenter 12.7 % des IDE de création en 2023 (OCDE, à paraître[35]). Il est donc urgent d'intervenir sur le plan politique pour récolter les bénéfices de l'IDE au soutien d'une croissance durable et inclusive ainsi que des transitions écologique et numérique. À cette fin, il faudra orienter les incitations financières vers les activités et les populations qui ont besoin d'être soutenues, et former rapidement la main-d'œuvre aux nouvelles compétences demandées par les entreprises multinationales, notamment en offrant aux entreprises des incitations à la reconversion et au renforcement des compétences (OCDE, 2022[36]).

Les pratiques d'atténuation des risques freinent le développement de systèmes de paiement transfrontières sûrs et abordables et limitent l'accès aux marchés financiers internationaux

Les pratiques d'atténuation des risques des institutions financières, qui consistent à cesser ou à restreindre les relations d'affaires avec certains clients ou catégories de clients afin d'éviter de gérer les risques associés, peut avoir de lourdes conséquences pour les pays en développement. Le nombre total de banques correspondantes actives a diminué de 29 % sur la période 2011-22 (Banque des règlements internationaux, 2023[37]). Les pratiques d'atténuation des risques peuvent accroître le coût des envois de fonds qui constituent la principale source de financement extérieur de nombreux pays à faible revenu et à revenu intermédiaire. L'élimination de ces pratiques passera par une coopération internationale pour aider les pays à se conformer aux normes internationales d'intégrité financière, à améliorer leur réputation sur les marchés internationaux, à lutter contre la délinquance financière, à accroître les entrées de capitaux, et à élargir l'accès des particuliers et des entreprises aux services financiers, y compris en matière de financement du commerce. Cette coopération Internationale devra s'accompagner de mesures visant à éviter que les contrevenants se soustraient aux sanctions.

L'élargissement de l'horizon d'investissement peut soutenir les objectifs de développement durable à long terme

Les créanciers commerciaux accordent généralement des prêts avec des échéances à court terme et des taux d'intérêt élevés, ce qui freine les investissements à long terme et accroît le risque de liquidité dans les pays en développement (Sachs et al., 2023[38]). La rentabilité à court terme ne devrait pas se faire au détriment des investissements productifs et durables à long terme. Une plus grande disponibilité et une meilleure qualité des informations environnementales, sociales et de gouvernance communiquées peuvent encourager les investisseurs à prendre davantage de décisions d'investissement à long terme. De plus, les questions de durabilité pourraient être mieux intégrées dans les mandats et les activités des institutions financières. Selon une étude de la World Benchmarking Alliance (2023[39]), sur 400 institutions financières examinées pour l'année 2022, seules 37 % ont communiqué des objectifs de neutralité carbone à long terme, et 2 % seulement des engagements se sont traduits par des objectifs intermédiaires pour leurs activités de financement, dont 1 % seulement étaient étayés par des données scientifiques.

Annexe 3.A. Entreprise privée et finances intérieures et internationales

Tableau d’annexe 3.A.1. Évaluation du domaine d’intervention : Entreprise privée et finances intérieures et internationales

Paragraphe du Programme d’action d’Addis-Abeba	Engagement	Cible ou objectif spécifique	Cible des Objectifs de développement durable (ODD) correspondante (si disponible)	État d’avancement de la mise en œuvre ou progrès accomplis depuis 2015, d’après les indicateurs des ODD retenus ou d’autres pertinents (mesures indirectes)
35	Inviter les entreprises à s’engager comme partenaires et à investir dans les domaines critiques pour le développement durable, notamment ceux de l’investissement direct étranger dans les pays qui en auraient le plus besoin et du financement à long terme.	Non	Aucune cible d’ODD n’a été convenue par les acteurs du secteur privé. Cible 12.1 Mettre en œuvre le Cadre décennal de programmation concernant les modes de consommation et de production durables avec la participation de tous les pays, les pays développés montrant l’exemple en la matière, compte tenu du degré de développement et des capacités des pays en développement.	Les acteurs du secteur privé n’ont pas formellement adopté le cadre des cibles et des indicateurs des ODD. Toutefois, de nombreux groupes et réseaux ont aidé à renforcer les partenariats avec le secteur privé pour aligner leurs activités sur les ODD. Parmi eux figurent, notamment, le Pacte mondial des Nations Unies, l’Alliance des investisseurs mondiaux pour le développement durable et les Principes des Nations Unies pour l’investissement responsable. (Pour une évaluation plus complète des performances au regard de l’ODD 12, voir https://sdg12hub.org/home et le chapitre 12 du rapport https://unstats.un.org/sdgs/report/2024/extended-report/Extended-Report_Goal-12.pdf.) Indicateur 12.1.1 des ODD – Nombre de pays élaborant, adoptant ou mettant en œuvre des politiques d’appui à la transition vers des modes de consommation et de production durables. En l’état en 2023, 63 États membres des Nations Unies ont déclaré disposer de 516 instruments de politique publique visant à accélérer la transition vers des modes de consommation et de production durables. 49 % d’entre eux sont des feuilles de route ou des stratégies nationales (Nations Unies, 2024[40]). Entre 2015 et 2020, les pays ont accéléré la cadence et avaient mis en place en 2020 : 34 instruments économiques et budgétaires (contre 16 en 2015) ; 160 instruments de politique macroéconomique (contre 51 en 2015) ; 81 instruments réglementaires et législatifs (contre 37 en 2015) ; et 72 systèmes basés sur le volontariat (contre 30 en 2015) (PNUE, 2024[8]).

Paragraphe du Programme d'action d'Addis-Abeba	Engagement	Cible ou objectif spécifique	Cible des Objectifs de développement durable (ODD) correspondante (si disponible)	État d'avancement de la mise en œuvre ou progrès accomplis depuis 2015, d'après les indicateurs des ODD retenus ou d'autres pertinents (mesures indirectes)
				IDE vers les pays en développement, y compris ceux qui en ont le plus besoin (ONU commerce et développement) Entre 2015 et 2023, l'IDE mondial a chuté, passant de plus de 2 000 milliards USD à 802 milliards USD. Les entrées d'IDE dans les pays en développement éligibles à l'APD sont passées de 338 milliards USD en 2015 à 286 milliards USD en 2023. Au cours de cette même période, les entrées d'IDE dans les pays les moins avancés (PMA) ont également reculé, de 37.6 milliards USD à 31.3 milliards USD, mais la part des PMA dans le total de ces entrées est passée de 1.8 % à 2.4 %. De manière similaire, le volume d'IDE dirigé vers les pays en développement sans littoral est passé de 25.1 milliards USD à 24.3 milliards USD. Cependant, l'IDE vers les petits États insulaires en développement a enregistré une hausse, de 6.4 milliards USD à 8.3 milliards USD (CNUCED, 2024[41]). Indicateurs de qualité de l'IDE Les indicateurs de qualité de l'IDE évaluent la contribution des entreprises étrangères à la productivité et à l'innovation, à la qualité de l'emploi et aux compétences, à l'égalité entre les genres, et à la croissance verte. Dans le monde, plus de 10 millions de nouveaux emplois ont été créés grâce à de l'IDE de création entre 2019 et 2023, dont 6.4 millions dans les économies en développement et émergentes (OCDE, à paraître[35]). L'investissement étranger s'oriente rapidement vers des secteurs comme les énergies renouvelables, les semi-conducteurs et les technologies de l'information et de la communication, qui présentent un potentiel de création d'emploi plus faible mais qui sont essentiels pour les transitions écologique et numérique. Par exemple, dans les économies en développement, l'IDE de création dans les énergies renouvelables est passé de 3.3 milliards USD (0.8 % du montant total des IDE de création) en 2003 à 175.4 milliards USD (24.3 % du montant total des IDE de création) en 2023. Néanmoins, l'IDE dans les combustibles fossiles continue de représenter 12.7 % de l'IDE de création (OCDE, à paraître[35]). Déficit d'investissement et flux d'investissement vers les secteurs essentiels aux ODD.

Paragraphe du Programme d'action d'Addis-Abeba	Engagement	Cible ou objectif spécifique	Cible des Objectifs de développement durable (ODD) correspondante (si disponible)	État d'avancement de la mise en œuvre ou progrès accomplis depuis 2015, d'après les indicateurs des ODD retenus ou d'autres pertinents (mesures indirectes)
				Le déficit de financement des ODD pour les infrastructures s'est établi à 2 200 milliards USD en 2022 (CNUCED, 2023[42]). Entre 2015 et 2023, les investissements dans le domaine du développement durable dans les pays en développement ont varié suivant les secteurs. Le nombre de projets a augmenté de 40 % dans les infrastructures, de 76 % dans les énergies renouvelables, et de 22 % dans la santé. Cependant, au cours de la même période, il a diminué de 6 % dans tous les secteurs suivants : l'eau, l'assainissement et l'hygiène, et l'agroalimentaire (CNUCED, 2024[43]).
36	Élaborer des politiques et/ou renforcer la réglementation pour promouvoir la qualité et la convergence des investissements. Promouvoir et créer des conditions favorables à un investissement viable à terme et qui profite à tous, par le biais notamment de la politique de la concurrence.	Non	S.O.	L'aide publique au développement (APD) à l'appui du développement du secteur privé Entre 2015 et 2022, l'APD aux infrastructures économiques et aux services économiques est passée de 41.6 milliards USD à 45.2 milliards USD, tandis que l'APD aux secteurs de la production est passée de 15.8 milliards USD à 20 milliards USD ; ces secteurs ont capté 22 % de l'APD totale. Le secteur des services bancaires et financiers a par exemple bénéficié de 5.8 milliards USD et de 6.4 milliards USD d'APD respectivement en 2015 et 2022 (OCDE, 2024[44]). Nombre de pays membres du Réseau international de la concurrence Le Réseau international de la concurrence, qui comptait 15 institutions fondatrices en 2001, comprend désormais plus de 140 membres de près de 130 juridictions (Competition Policy International, 2020[45]) (RIC). La base de données des Tendances de l'OCDE sur la concurrence répertorie depuis 2018 des informations sur les tendances de la concurrence couvrant 77 juridictions et 34 variables (OCDE, 2024[46]). Recommandation du CAD de l'OCDE sur le déliement de l'aide publique au développement Les membres du CAD sont convenu de délier l'APD aux PMA, aux pays pauvres très endettés, aux autres pays à faible revenu, et aux pays et territoires bénéficiant uniquement des crédits de l'Association internationale de développement (IDA) dans la Recommandation du CAD sur le déliement de l'aide publique au développement

Paragraphe du Programme d'action d'Addis-Abeba	Engagement	Cible ou objectif spécifique	Cible des Objectifs de développement durable (ODD) correspondante (si disponible)	État d'avancement de la mise en œuvre ou progrès accomplis depuis 2015, d'après les indicateurs des ODD retenus ou d'autres pertinents (mesures indirectes)
				(modifiée pour la dernière fois en 2018), ce qu'examine le Rapport 2022 sur la mise en œuvre de la Recommandation du CAD sur le déliement de l'aide publique au développement. Efficacité de l'implication du secteur privé dans la coopération pour le développement : l'Évaluation des Principes de Kampala dans le cadre de l'exercice de suivi du Partenariat mondial pour une coopération efficace au service du développement Le Partenariat mondial pour une coopération efficace au service du développement (2023[13]) entend agir sur quatre fronts : l'état des politiques, le dialogue inclusif, la qualité de la participation du secteur privé, et la facilité d'établir des partenariats. Les conclusions de l'Évaluation des Principes de Kampala peuvent servir à appuyer le dialogue multipartite dans les pays participants grâce à des données concrètes, à identifier les goulets d'étranglement en matière de collaboration et à y remédier, et à améliorer la coordination entre les acteurs du développement et, par voie de conséquence, la confiance entre les partenaires publics, privés et de la société civile. En mettant en évidence l'impact de la collaboration public-privé, cette initiative peut accroître les investissements ainsi que la mise en place ou le renforcement de ces partenariats. Recommandation et boîtes à outils sur le Cadre d'action pour l'investissement et les politiques relatives aux qualités de l'IDE de l'OCDE Voir les paragraphes 35 et 37. Promotion de l'investissement : voir le paragraphe 46.
37	Veiller à ce que le secteur des entreprises soit dynamique, tout en protégeant les droits des travailleurs et en faisant observer les normes sanitaires (OIT). Encourager l'adoption de pratiques et de principes de fonctionnement viables à terme et responsables (Pacte mondial) ainsi que l'investissement d'impact. Harmoniser les diverses initiatives, repérer les lacunes, et	Non	De nombreuses cibles des ODD sont pertinentes, notamment les suivantes : Cible 8.8 Défendre les droits des travailleurs, promouvoir la sécurité sur le lieu de travail et assurer la protection de tous les travailleurs. Cible 12.6	De nombreux indicateurs des ODD trouvent à s'appliquer, notamment les suivants : Indicateur 8.8.2 des ODD – Niveau de respect des droits du travail. Le nombre d'enfants astreints au travail a été estimé à 160 millions dans le monde début 2020, ce qui représente près d'un enfant sur dix à l'échelle mondiale et d'un enfant sur quatre en Afrique subsaharienne (Nations Unies, 2024[47]). Au niveau mondial, bien que la tendance à long terme soit à la baisse, les progrès sont à l'arrêt depuis 2016. D'après les estimations mondiales, l'esclavage moderne touchait 50 millions de personnes en 2021, soit 10 millions de plus qu'en 2016 (OIT / OIM, 2022[48]).

Paragraphe du Programme d'action d'Addis-Abeba	Engagement	Cible ou objectif spécifique	Cible des Objectifs de développement durable (ODD) correspondante (si disponible)	État d'avancement de la mise en œuvre ou progrès accomplis depuis 2015, d'après les indicateurs des ODD retenus ou d'autres pertinents (mesures indirectes)
	renforcer la conformité, notamment s'agissant de l'égalité des sexes.		Encourager les entreprises, en particulier les grandes entreprises et les sociétés transnationales, à adopter des pratiques viables et à intégrer dans les rapports qu'elles établissent des informations sur la viabilité.	Les données sur les accidents du travail mortels et non mortels montrent que la situation s'est nettement améliorée au fil des décennies. La moyenne mondiale concernant l'indicateur 8.8.2 des ODD sur le niveau de respect des droits au travail (liberté syndicale d'association et droit de négociation collective) s'établissait à 4.81 en 2022. Entre 2015 et 2021, la situation s'est aggravée dans 43 % des pays de 0.55 point et s'est améliorée dans 35 % des pays de 0.51 point. Le nombre de travailleurs migrants internationaux a connu une hausse continue et atteint 169 millions en 2019 (Nations Unies, 2024[49]). Indicateur 12.6.1 des ODD – Nombre de sociétés publiant des rapports sur le développement durable. En 2021-22, 73 % des entreprises couvertes par la base de données Refinitiv database, qui répertorie des données de plus de 10 000 entreprises du monde entier, le plus souvent des grandes entreprises, ont publié des rapports sur le développement durable ; le nombre d'entreprises ayant publié ce type de rapport a ainsi été multiplié par trois depuis 2016. Cette hausse s'est observée dans toutes les régions en 2022. L'Amérique latine, l'Afrique et l'Océanie ont enregistré des progrès continus tandis que l'Europe, l'Asie et l'Amérique du Nord sont les régions qui affichent la plus grande proportion d'entreprises publiant des rapports sur le développement durable (Nations Unies, 2024[40]). Autres formes de communication d'informations sur le développement durable par les acteurs du secteur privé Le réseau des Principes pour l'investissement responsable (PRI) rassemble plus de 4 000 investisseurs représentant 121 000 milliards USD. L'Initiative pour des bourses durables (Sustainable Stock Exchanges Initiative) réunit pour sa part plus de 100 places boursières et a pour objectif d'améliorer la transparence en matière environnementale, sociale et de gouvernance. Le Pacte mondial comprend plus de 20 000 entreprises issues de plus de 160 pays (PRI, 2023[50] ; SSE, 2024[51] ; Pacte mondial des Nations Unies, 2024[52]). Indicateurs de qualité de l'IDE de l'OCDE

Paragraphe du Programme d'action d'Addis-Abeba	Engagement	Cible ou objectif spécifique	Cible des Objectifs de développement durable (ODD) correspondante (si disponible)	État d'avancement de la mise en œuvre ou progrès accomplis depuis 2015, d'après les indicateurs des ODD retenus ou d'autres pertinents (mesures indirectes)
				L'intensité de la création d'emplois par l'IDE de création de capacité (nombre d'emplois créés pour 1 million USD investi) est plus élevée dans les pays non membres de l'OCDE que dans les pays membres de l'OCDE. Entre 2019 et 2023, pour 1 million USD investi, 2.6 nouveaux emplois étaient créés dans les pays hors OCDE, contre seulement 1.8 dans les pays de l'OCDE. L'intensité de la création d'emplois a baissé au cours de la dernière décennie, y compris dans les économies en développement, ce qui a eu des effets délétères sur la création d'emplois et les revenus. Cette baisse s'explique par le fait que l'IDE s'est orienté vers des secteurs présentant un potentiel de création d'emploi plus faible comme ceux des énergies renouvelables et des semi-conducteurs (OCDE, 2024[53]). *(Pour une évaluation plus complète des performances au regard de l'ODD 8 et d'autres cibles pertinentes, voir https://ilostat.ilo.org/data/ ainsi que le Rapport sur les objectifs de développement durable 2024 des Nations Unies, https://unstats.un.org/sdgs/report/2024/, chapitres 8, https://unstats.un.org/sdgs/report/2024/extended-report/Extended-Report_Goal-8.pdf et 12, https://unstats.un.org/sdgs/report/2024/extended-report/Extended-Report_Goal-12.pdf).*
38	Faire en sorte que les politiques et la réglementation soient favorables à la stabilité des marchés financiers et à l'ouverture à tous des services financiers (par exemple en remédiant aux conséquences imprévues des mesures d'atténuation des risques). Promouvoir les incitations à investir de manière à favoriser la performance et la viabilité à long terme et à réduire la volatilité excessive.	Non	S.O.	Volume global des émissions d'obligations durables et des apports aux fonds d'investissement durable Entre 2018 et 2023, le volume global des émissions d'obligations durables a connu une envolée, passant de 227 milliards USD à 872 milliards USD. La mobilisation de fonds pour l'investissement lié aux ODD par le biais de produits de financement durable sur les marchés financiers mondiaux se poursuit, mais à un rythme moins soutenu. Les obligations durables ont enregistré une croissance marginale en 2023, tandis que les nouveaux apports dans les fonds d'investissement durables ont chuté de 60 % (CNUCED, 2024[4]).

Paragraphe du Programme d'action d'Addis-Abeba	Engagement	Cible ou objectif spécifique	Cible des Objectifs de développement durable (ODD) correspondante (si disponible)	État d'avancement de la mise en œuvre ou progrès accomplis depuis 2015, d'après les indicateurs des ODD retenus ou d'autres pertinents (mesures indirectes)
39	Élargir l'accès aux services financiers formels pour tous dans des conditions d'égalité, notamment au moyen de stratégies, de réglementations, de soutien aux institutions, d'instruments novateurs, de l'apprentissage par les pairs et de l'échange d'expérience (par le biais de l'Alliance pour l'inclusion financière), du développement des capacités et de la collaboration.	Oui Élargir l'accès aux services financiers formels pour tous dans des conditions d'égalité.	Cible 8.10 Renforcer la capacité des institutions financières nationales de favoriser et généraliser l'accès de tous aux services bancaires et financiers et aux services d'assurance.	Indicateur 8.10.2 des ODD – Proportion d'adultes (15 ans ou plus) possédant un compte dans une banque ou dans une autre institution financière ou faisant appel à des services monétaires mobiles. L'inclusion financière a progressé de manière régulière, et plus d'un demi-milliard de personnes ont obtenu l'accès à des services financiers formels entre 2017 et 2021. À l'échelle mondiale, la détention d'un compte bancaire est passée de 51 % en 2011 à 76 % en 2021, avec une hausse notable de 30 points de pourcentage dans les pays en développement, où elle s'est établie à 71 % en 2021 (Demirgüç-Kunt et al., 2022[54]). Indicateur 8.10.1 des ODD – *a)* Nombre de succursales de banques commerciales pour 100 000 adultes et *b)* nombre de distributeurs automatiques de billets pour 100 000 adultes. Le nombre de succursales de banques commerciales a diminué entre 2015 et 2021 (de 15.0 à 13.7 pour 100 000 habitants) à l'échelle mondiale, mais est en hausse dans les PMA (de 4.8 à 5.9 pour 100 000 habitants). Il subsiste des disparités régionales, comme le montre le ratio de 4.1 en Afrique subsaharienne. Le nombre de distributeurs automatiques de billets pour 100 000 habitants est passé de 64.6 à 63.9 dans le monde, et de 12.4 à 10.8 en Afrique subsaharienne (Nations Unies, 2024[49]).
40	Veiller à ce que des services financiers adéquats et abordables soient bien offerts aux travailleurs migrants et à leur famille. Aider les autorités nationales à réduire les obstacles, améliorer la coordination entre les autorités réglementaires, et exploiter les technologies nouvelles afin d'accroître l'alphabétisation et l'inclusion financières et d'améliorer la collecte des données.	Oui Ramener le coût de transaction moyen des transferts de salaire des travailleurs migrants en 2030 au plus tard à moins de 3 % du montant	Cible 10.c D'ici à 2030, faire baisser au-dessous de 3 % les coûts de transaction des envois de fonds effectués par les migrants et éliminer les circuits d'envois de fonds dont les coûts sont supérieurs à 5 %. Cible 17.3 Mobiliser des ressources financières supplémentaires de diverses provenances	Indicateur 10.c.1 des ODD – Coûts des envois de fonds en proportion du montant transféré. Le coût de l'envoi de fonds à partir d'un pays du Groupe des Vingt (G20) s'élevait en moyenne à 6.5 % en 2023, soit davantage que la moyenne mondiale (Banque mondiale, 2023[55]). Dans 20 % des circuits d'envoi de fonds, les commissions restent supérieures à la cible de 5 % (Banque mondiale, 2023[55]). Indicateur 17.3.2 des ODD – Volume des envois de fonds de travailleurs migrants (en dollars des États-Unis) en proportion du PIB total.

Paragraphe du Programme d'action d'Addis-Abeba	Engagement	Cible ou objectif spécifique	Cible des Objectifs de développement durable (ODD) correspondante (si disponible)	État d'avancement de la mise en œuvre ou progrès accomplis depuis 2015, d'après les indicateurs des ODD retenus ou d'autres pertinents (mesures indirectes)
		transféré. Ramener à moins de 5 % d'ici à 2030 les commissions perçues sur les transferts de salaire dans toutes les filières.	en faveur des pays en développement.	Le volume des envois de fonds est en hausse, et était estimé à 831 milliards USD en 2022, dont 647 milliards USD à destination des pays en développement. Le coût des envois de fonds reste élevé. Le coût moyen de l'envoi de 200 USD est passé de 7.7 % en 2015 à 6.2 % en 2023, ce qui continue de représenter plus du double de la cible des ODD, qui est de 3 % (IOM, 2023[56]). Indicateur SmaRT (Smart Remitter Target) de la Banque mondiale En 2023, le coût global SmaRT moyen (à savoir le coût qu'un consommateur averti ayant accès à des informations complètes pourrait payer dans chaque circuit d'envoi) était de 3.41 % (Banque mondiale, 2024[15]). Proportion des envois de fonds numériques En 2023, les envois de fonds numériques représentaient 30 % de l'ensemble des opérations. Les services monétaires mobiles étaient 35 % moins chers qu'un virement bancaire et constituaient le moyen présentant le meilleur rapport coût-efficacité pour envoyer des fonds (Banque mondiale, 2023[57]).
41	Être déterminé à ce que les femmes et les filles bénéficient des mêmes chances et droits que les hommes, notamment en entreprenant des réformes législatives et administratives et en encourageant le secteur privé à contribuer à l'égalité des sexes (référence aux Principes d'autonomisation des femmes définis par ONU-Femmes et par le Pacte mondial des Nations Unies).	Non	De nombreuses cibles de l'ODD 5 trouvent à s'appliquer, de même que plusieurs cibles liées à l'égalité entre les genres d'autres ODD.	De nombreux indicateurs de l'ODD 5 trouvent à s'appliquer, de même que plusieurs indicateurs liés à l'égalité entre les genres d'autres ODD. En 2022, 13 % des indicateurs servant à évaluer les progrès accomplis sont très loin des cibles de l'ODD 5 pour 2030, et 15 % sont loin des cibles. 48 % seulement des données nécessaires pour évaluer la progression de l'ODD 5 sont disponibles (ONU-Femmes, 2022[58]). Près de la moitié des 95 pays examinés par ONU-Femmes et le Département des affaires économiques et sociales des Nations Unies en 2020 continuaient de limiter l'accès des femmes à certains emplois ou à certains secteurs, et les femmes n'occupaient que 28 % des postes de direction (Nations Unies, 2024[7]). *(Pour une évaluation plus complète des performances au regard de l'ODD 5 et d'autres ODD pertinents, voir https://data.unwomen.org/features/are-we-track-achieve-gender-equality-2030). Voir également la référence citée au paragraphe 37 sur le suivi de l'ODD 8.*

Paragraphe du Programme d'action d'Addis-Abeba	Engagement	Cible ou objectif spécifique	Cible des Objectifs de développement durable (ODD) correspondante (si disponible)	État d'avancement de la mise en œuvre ou progrès accomplis depuis 2015, d'après les indicateurs des ODD retenus ou d'autres pertinents (mesures indirectes)
42	Encourager les donations philanthropiques, la coopération avec d'autres acteurs, le renforcement de la transparence et de la responsabilisation, le respect des priorités nationales, et l'investissement d'impact.	Non	S.O.	La philanthropie privée au service du développement (OCDE) : Entre 2015 et 2022, les apports de la philanthropie privée consacrés au développement sont passés de 3.5 milliards USD à 9.9 milliards USD, ce qui représente une hausse de 185 % ; 48 organisations philanthropiques communiquent désormais des informations sur leur coopération avec les pays en développement. Cette hausse s'explique en grande partie par une meilleure couverture des données (OCDE, 2024[59]).
43	Encourager les opérations de prêt aux micro, petites et moyennes entreprises (MPME). (Longue liste de mesures, notamment de renforcement des capacités, référence à la Société financière internationale (SFI) et aux nouveaux véhicules d'investissement tels que le financement mixte, aux structures novatrices de financement de la dette et aux instruments de la gestion des risques.)	Non	Cible 9.3 Accroître, en particulier dans les pays en développement, l'accès des entreprises, notamment des petites entreprises industrielles, aux services financiers, y compris aux prêts consentis à des conditions abordables, et leur intégration aux chaînes de valeur et aux marchés.	Indicateur 9.3.1 des ODD – Proportion des petites entreprises dans la valeur ajoutée totale de l'industrie. À l'échelle mondiale, les MPME représentent plus de 90 % de l'ensemble des entreprises, 70 % en moyenne de l'emploi total, et 50 % du PIB. Le déficit de financement des petites et moyennes entreprises est estimé à 5 700 milliards USD, ou 8 000 milliards USD si l'on inclut celles du secteur informel (Société financière internationale, 2024[60]). Indicateur 9.3.2 des ODD – Proportion des petites entreprises industrielles ayant contracté un prêt ou une ligne de crédit. Seules 16.9 % des petites entreprises industrielles de l'Afrique subsaharienne et 17.4 % de celles des PMA ont accès à des prêts ou des lignes de crédit, contre 45.4 % dans la région Amérique latine et Caraïbes (Nations Unies, 2024[47]).
44	Développer les marchés financiers nationaux, en particulier les marchés des obligations à long terme et des assurances. Renforcer la supervision, les modalités de compensation et de liquidation des transactions, la résolution des litiges, la gestion des risques, les marchés régionaux et les opérations de prêt dans les monnaies	Non	S.O.	Rapport sur les IFNB du CSF Entre 2015 et 2022, le stock mondial des actifs sous gestion est passé de 310 000 milliards USD à 455 000 milliards USD ; la part détenue dans les pays en développement a également augmenté, passant de 17 % à 21 % (FSB, 2023[1]). APD à l'appui du secteur financier L'APD dirigée vers les services bancaires et financiers est restée stable au cours de la période 2015-22, avec une progression de 5.8 milliards USD à 6.4 milliards USD.

Paragraphe du Programme d'action d'Addis-Abeba	Engagement	Cible ou objectif spécifique	Cible des Objectifs de développement durable (ODD) correspondante (si disponible)	État d'avancement de la mise en œuvre ou progrès accomplis depuis 2015, d'après les indicateurs des ODD retenus ou d'autres pertinents (mesures indirectes)
	nationales. Améliorer le soutien international et la création de capacités.			La réponse de l'APD à la crise du COVID-19 a entraîné une hausse importante du soutien à ce secteur, qui a culminé à 10.9 milliards USD (OCDE, 2024[44]). L'indice de référence du système financier de la WBA Il ressort d'un examen des 400 plus grandes institutions financières au monde, banques multilatérales de développement incluses, conduit par la World Benchmarking Alliance, qu'en 2022 que seules 37 % d'entre elles publiaient des objectifs de neutralité carbone à long terme. 2 % seulement de ces engagements se sont traduits par des objectifs intermédiaires pour leurs activités de financement, dont 1 % seulement étaient étayés par des données scientifiques (WBA, 2022[61]).
45	Encourager la promotion de l'investissement et accorder la priorité aux projets axés sur la durabilité et la transformation par une aide financière et technique et le renforcement des capacités. Utiliser des assurances, des garanties des investissements (référence à l'AMGI) et de nouveaux instruments financiers pour susciter l'IDE dans les pays qui en ont le plus besoin.	Non	Cible 17.5 Adopter et mettre en œuvre des dispositifs visant à encourager l'investissement en faveur des pays les moins avancés	Indicateur 17.5.1 des ODD – Nombre de pays qui adoptent et mettent en œuvre des dispositifs visant à encourager l'investissement en faveur des pays les moins avancés. Parmi les 50 pays disposant de mécanismes de promotion des IDE sortants (IDES), seules 18 économies avancées (58 %) et 5 économies en développement (26 %) ont mis en place au moins un instrument spécialement conçu pour encourager les IDES vers les pays en développement, dont les PMA (Nations Unies, 2024[62]). Réseau des agences de promotion de l'investissement de l'OCDE Créée en 1995 par la Conférence des Nations Unies sur le commerce et le développement et 50 agences de promotion de l'investissement (API), l'Association mondiale des agences de promotion de l'investissement (WAIPA) compte 133 membres en 2024. Aux fins de leur rapport de 2020 sur la situation des API dans le monde, la WAIPA et la Banque mondiale ont examiné 162 API (WAIPA, 2023[63]). En 2016, l'OCDE a créé le Réseau des agences de promotion de l'investissement, qui comprend 51 adhérents à la Déclaration sur l'investissement international et les entreprises multinationales de l'OCDE de 1976 ; cinq des adhérents ont rejoint le réseau des API en 2015 (OCDE, 2024[64]). Garanties de l'Agence multilatérale de garantie des investissements (MIGA) Au cours de l'exercice 2023, l'AMGI a émis un montant record de 6.4 milliards USD

Paragraphe du Programme d'action d'Addis-Abeba	Engagement	Cible ou objectif spécifique	Cible des Objectifs de développement durable (ODD) correspondante (si disponible)	État d'avancement de la mise en œuvre ou progrès accomplis depuis 2015, d'après les indicateurs des ODD retenus ou d'autres pertinents (mesures indirectes)
				de nouvelles garanties dans le cadre de 40 projets et fourni un financement total de 8.6 milliards USD (provenant de sources privées et publiques) : 27 % des émissions brutes sont allées à des pays (à faible revenu) admis à bénéficier de l'aide de l'IDA, 19 % à des pays en situation de fragilité ou touchés par un conflit, et 28 % de l'ensemble des investissements garantis dans le cadre des projets ont contribué au financement de l'action climatique (AMGI, 2023[65]). Cadre d'action pour l'investissement, et Indicateurs, Recommandation et boîte à outils sur les qualités de l'IDE La Recommandation de l'OCDE sur les qualités de l'IDE recommande aux gouvernements de faciliter et promouvoir les possibilités d'investissement au service du développement durable en remédiant aux asymétries de l'information et aux obstacles administratifs. Les gouvernements devraient : sensibiliser le public et les parties prenantes aux impacts de l'investissement sur le développement durable ; renforcer l'articulation entre les objectifs de promotion de l'investissement et de développement durable, y compris dans les domaines des infrastructures de qualité, du développement des compétences et du développement régional ; améliorer le lien entre activités de facilitation de l'investissement et objectifs de développement durable, y compris en prenant des mesures visant à accroître la transparence des procédures d'obtention de permis et d'autorisation et à ce qu'elles soient bien gérées, et en resserrant les liens entre les investisseurs étrangers et les entreprises nationales.
46	Prendre la résolution d'adopter et d'appliquer des régimes de promotion des investissements en faveur des PMA. Offrir une aide financière et technique (notamment en matière de préparation des projets et de négociation des contrats, de résolution des	Non	Cible 17.3 Mobiliser des ressources financières supplémentaires de diverses provenances en faveur des pays en développement. Cible 17.5	Voir les paragraphes 35 et 36. Indicateur 17.3.1 des ODD – Ressources financières supplémentaires de diverses provenances mobilisées en faveur des pays en développement. Voir le paragraphe 54 de l'Annexe 4.A. Indicateur 17.5.1 des ODD – Nombre de pays qui adoptent et mettent en œuvre des dispositifs visant à encourager l'investissement en faveur des pays en

Paragraphe du Programme d'action d'Addis-Abeba	Engagement	Cible ou objectif spécifique	Cible des Objectifs de développement durable (ODD) correspondante (si disponible)	État d'avancement de la mise en œuvre ou progrès accomplis depuis 2015, d'après les indicateurs des ODD retenus ou d'autres pertinents (mesures indirectes)
	différends, et d'assurance et de garanties contre les risques) (référence à l'AMGI et à l'amélioration des conditions de l'activité économique). Combler le déficit de financement des pays qui en ont le plus besoin. Encourager l'utilisation de mécanismes et de partenariats novateurs.		Adopter et mettre en œuvre des dispositifs visant à encourager l'investissement en faveur des pays les moins avancés. Cible 17.9 Apporter, à l'échelon international, un soutien accru pour assurer le renforcement efficace et ciblé des capacités des pays en développement et appuyer ainsi les plans nationaux d'exécution de tous les ODD, notamment dans le cadre de la coopération Nord-Sud, Sud-Sud et triangulaire.	développement, y compris des PMA. Dans la droite ligne du Programme d'action d'Addis-Abeba, le Programme d'action de Doha en faveur des pays les moins avancés de 2022 vise à adopter et mettre en œuvre des dispositifs encourageant l'investissement en faveur des PMA. Des programmes de renforcement des capacités à destination des API et des initiatives de promotion de l'investissement dans les PMA ont ensuite été mis en place avec le concours des principales institutions concernées. Le rapport sur l'investissement dans le monde d'ONU commerce et développement présente une analyse des tendances des politiques de l'investissement, notamment en ce qui concerne le règlement des différends et les accords internationaux d'investissement (CNUCED, 2024[4]). Indicateur 17.9.1 des ODD – Valeur en dollars de l'aide financière et technique promise aux pays en développement (notamment dans le cadre de la coopération Nord-Sud et Sud-Sud et de la coopération triangulaire). Voir les paragraphes 56 et 57 de l'Annexe 4.A. Part de l'APD dans les flux de financement extérieurs Les PMA restent fortement dépendants de l'APD et des envois de fonds, qui représentent respectivement 61 % et 29 % de leurs flux de financement extérieurs, contre, respectivement, 12 % et 12 % dans les autres pays en développement. Les flux de financement privés (IDE et autres flux privés aux conditions du marché) représentent seulement 1 % du total des flux extérieurs dans les PMA, contre 22 % dans les autres pays en développement (OCDE, 2022[66]).
47	Faire figurer dans les stratégies nationales des plans d'investissement dans des ouvrages d'équipement de qualité et robustes, renforcer les conditions favorables à l'activité intérieure, et apporter un soutien technique pour aider à créer des filières de projets (référence au	Non	Cible 9.a Faciliter la mise en place d'une infrastructure durable et résiliente dans les pays en développement en renforçant l'appui financier, technologique et technique apporté aux pays d'Afrique, aux	Voir les paragraphes 35 et 36. Indicateur 9.a.1 des ODD – Montant total de l'aide publique internationale (aide publique au développement et autres apports du secteur public) alloué aux infrastructures. Le montant total des apports du secteur public, tous donneurs confondus, alloué aux infrastructures dans les pays en développement a atteint 68.2 milliards USD en

Paragraphe du Programme d'action d'Addis-Abeba	Engagement	Cible ou objectif spécifique	Cible des Objectifs de développement durable (ODD) correspondante (si disponible)	État d'avancement de la mise en œuvre ou progrès accomplis depuis 2015, d'après les indicateurs des ODD retenus ou d'autres pertinents (mesures indirectes)
	Programme de développement des infrastructures en Afrique de l'Union africaine). Encourager l'investissement à long terme, notamment par les investisseurs institutionnels et par la définition de normes adaptées.		PMA, aux PDSL et aux PEID.	2022, une hausse de 11 % depuis 2015, principalement portée par celle des flux en faveur des services bancaires et financiers. Toutefois, en pourcentage du volume total des apports du secteur public, les flux vers ce secteur se sont inscrits dans une tendance baissière et sont passés de 21 % en 2015 à 17 % en 2022 (Nations Unies, 2024[47]). Le soutien public total au développement durable (TOSSD) (Pilier I) s'est établi à 21.4 milliards USD en 2022 pour les infrastructures énergétiques, à 23 milliards USD pour le transport et l'entreposage, et à 2.3 milliards USD pour les communications. Les financements privés mobilisés pour ces trois secteurs se sont élevés à, respectivement, 8.4 milliards USD, 8.1 milliards USD et 3 milliards USD (TOSSD, 2024[67]). Plusieurs programmes et engagements ont été adoptés en faveur du développement des infrastructures. Le premier Plan d'action prioritaire (2012-20) du Programme de développement des infrastructures en Afrique (PIDA) de l'Union africaine a permis la construction de 16 066 kilomètres de routes et 4 077 kilomètres de lignes ferroviaires ; la mise en place de postes frontaliers à guichet unique ; et le développement de 7 gigawatts de production d'hydroélectricité et 3 506 kilomètres de lignes de distribution. Selon les estimations, 360 milliards USD par an seront nécessaires pour mettre en œuvre tous les projets du Programme PIDA d'ici à 2040 (African Union Development Agency - NEPAD, 2023[68]). La qualité des normes relatives aux infrastructures s'est également améliorée, notamment grâce au réseau Blue Dot.
48	Faciliter la conclusion de partenariats public-privé, notamment en vue de la planification, de la négociation des contrats, de la gestion, de la comptabilité et de la budgétisation des passifs éventuels. Prêter attention à la structure la plus indiquée et à l'utilisation des	Non	Cible 17.17 Encourager et promouvoir les partenariats publics, les partenariats public-privé et les partenariats avec la société civile, en faisant fond sur l'expérience acquise et les stratégies de financement appliquées en la matière.	Indicateur 17.17.1 des ODD – Montant (en dollars des États Unis) des ressources allouées aux partenariats public-privé pour l'infrastructure. Pas de données communiquées depuis 2016. Taille du marché du financement mixte Entre 2014 et 2023, le marché du financement mixte a compté 85 transactions en moyenne par an, avec un total de financement annuel médian de 15 milliards USD. Les transactions de financement mixte en faveur du climat ont représenté près de la

Paragraphe du Programme d'action d'Addis-Abeba	Engagement	Cible ou objectif spécifique	Cible des Objectifs de développement durable (ODD) correspondante (si disponible)	État d'avancement de la mise en œuvre ou progrès accomplis depuis 2015, d'après les indicateurs des ODD retenus ou d'autres pertinents (mesures indirectes)
	instruments mixtes de financement.			moitié (49 %) du marché du financement mixte en nombre, et 57 % du financement en montants agrégés, dont la majeure partie a été allouée aux énergies renouvelables (Convergence Blended Finance, 2024[69]). *Voir également les données sur les financements privés mobilisés par une intervention du secteur public présentées au chapitre 3 et au paragraphe 54 de l'annexe 4.A.*
49	Encourager l'investissement public et privé dans l'équipement et les écotechnologies énergétiques, notamment le piégeage et le stockage du carbone. Augmenter substantiellement la part des énergies renouvelables. Intensifier la coopération internationale pour fournir une aide suffisante et faciliter l'accès à la recherche et aux technologies relatives à l'énergie propre, développer les infrastructures et améliorer le niveau technologique afin de fournir des services énergétiques modernes et durables dans tous les pays en développement, en particulier les PMA et les PEID (références à l'initiative Énergie durable pour tous des Nations Unies, à l'initiative Power Africa, à la vision du NEPAD pour la production d'électricité en Afrique, et au Réseau insulaire mondial pour les énergies renouvelables de l'Agence internationale des énergies	Oui Doubler le taux mondial d'amélioration de l'efficacité et de la conservation énergétiques, dans le but d'assurer un accès universel à des services énergétiques peu coûteux, fiables, modernes et durables d'ici à 2030. Appel à l'action pour donner suite aux recommandations de l'initiative du Secrétaire général, Énergie durable pour tous, qui	Outre les trois cibles explicites (7.3, 7.1 et 13.a), de nombreuses cibles de l'ODD 7 trouvent à s'appliquer. Cible 7.1 D'ici à 2030, garantir l'accès de tous à des services énergétiques fiables et modernes, à un coût abordable. Cible 7.3 D'ici à 2030, multiplier par deux le taux mondial d'amélioration de l'efficacité énergétique. Cible 13.a Mettre en œuvre l'engagement que les pays développés parties à la Convention-cadre des Nations Unies sur les changements climatiques ont pris de mobiliser ensemble auprès de multiples sources 100 milliards USD par an d'ici à 2020 pour répondre aux besoins des pays en développement en ce qui concerne les mesures concrètes d'atténuation et la transparence de leur mise en œuvre et	Au-delà des indicateurs associés aux trois cible explicites, de nombreux indicateurs liés à d'autres cibles de l'ODD 7 trouvent à s'appliquer. *(Pour une évaluation plus complète des performances au regard de l'ODD 7 et d'autres ODD pertinents, voir le site conjoint de l'AIE, l'IRENA, l'UNSD, la Banque mondiale et l'OMS https://trackingsdg7.esmap.org/. Voir également https://unstats.un.org/sdgs/report/2024/extended-report/Extended-Report_Goal-7.pdf.)* Indicateur 7.1.1 des ODD – Proportion de la population ayant accès à l'électricité. En 2022, 91 % de la population mondiale avait accès à l'électricité, contre 84 % en 2015, bien que l'on constate des disparités importantes entre les régions : sur les 685.2 millions de personnes dans le monde qui n'avaient toujours pas accès à l'électricité en 2022, 569 millions vivaient en Afrique subsaharienne (Nations Unies, 2024[6]). Indicateur 7.1.2 des ODD – Proportion de la population utilisant principalement des carburants et technologies propres. En 2022, 74 % de la population mondiale avait accès à des combustibles de cuisson propres, mais 2.1 milliards de personne ne disposaient que de sources d'énergie polluantes comme le charbon et le bois. Bien que si le déficit d'accès se soit réduit depuis 2015, passant de 36 % à 26 %, on estime que 1.8 milliard de personnes n'auront toujours pas accès à des combustibles de cuisson propres en 2030 si la tendance actuelle se poursuit (Nations Unies, 2024[6]). Indicateur 7.3.1 des ODD – Intensité énergétique [rapport entre énergie primaire et

Paragraphe du Programme d'action d'Addis-Abeba	Engagement	Cible ou objectif spécifique	Cible des Objectifs de développement durable (ODD) correspondante (si disponible)	État d'avancement de la mise en œuvre ou progrès accomplis depuis 2015, d'après les indicateurs des ODD retenus ou d'autres pertinents (mesures indirectes)
	renouvelables [IRENA]).	permettraient sans doute de recueillir plus de 100 milliards USD d'investissements annuels d'ici à 2020, moyennant des initiatives axées sur les marchés, des partenariats et la mobilisation des banques de développement.	rendre le Fonds vert pour le climat pleinement opérationnel en le dotant dans les plus brefs délais des moyens financiers nécessaires. Cible 12.a Aider les pays en développement à se doter des moyens scientifiques et technologiques qui leur permettent de s'orienter vers des modes de consommation et de production plus durables.	produit intérieur brut (PIB)]. En 2021, l'intensité énergétique primaire s'est améliorée de 0.8 %, ce qui est inférieur à la moyenne de 1.2 % sur cinq ans et très loin de la cible de l'indicateur 7.3 des ODD de 2.6 %. Pour atteindre l'objectif fixé à l'horizon 2030, il faudrait une progression annuelle de 4 % entre 2020 et 2030, conformément à la Feuille de route vers la neutralité carbone de l'Agence internationale de l'énergie. La lenteur des progrès reflète le rythme modéré de la reprise à la suite de la pandémie de COVID-19, période pendant laquelle la consommation d'énergie a augmenté de plus de 5 %, ce qui représente la plus forte hausse en 50 ans (Nations Unies, 2024[6]) Indicateur 13.a.1 des ODD – Montant (en dollars des États-Unis) des ressources fournies et mobilisées par année relativement à l'objectif collectif actuel de mobilisation, soit 100 milliards USD jusqu'en 2025. D'après le septième rapport de l'OCDE portant sur les progrès accomplis au regard de l'objectif de la Convention-cadre des Nations Unies sur les changements climatiques, en 2022, les pays développés ont fourni et mobilisé un total de 115.9 milliards USD de financements climatiques pour les pays en développement, dépassant ainsi pour la première fois l'objectif annuel de 100 milliards USD (OCDE, 2024[30]). Indicateur 12.a.1 des ODD – Capacité installée du parc d'énergie renouvelable dans les pays en développement et les pays développés (en watts par habitant). Au niveau mondial, la capacité totale installée du parc d'énergie renouvelable est passée de 250 watts par habitant en 2015 à 424 watts par habitant en 2022. En Afrique subsaharienne, elle reste largement inférieure à ce niveau, puisqu'elle s'établissait à 39 watts par habitant en 2022, contre 28 en 2015. Pour atteindre l'objectif fixé et doubler l'amélioration mondiale de l'efficacité énergétique à l'horizon 2030, il faudrait multiplier par trois les investissements dans l'efficacité énergétique d'ici là (Nations Unies, 2024[40]). Part de l'énergie renouvelable mondiale dans la consommation finale d'énergie totale

Paragraphe du Programme d'action d'Addis-Abeba	Engagement	Cible ou objectif spécifique	Cible des Objectifs de développement durable (ODD) correspondante (si disponible)	État d'avancement de la mise en œuvre ou progrès accomplis depuis 2015, d'après les indicateurs des ODD retenus ou d'autres pertinents (mesures indirectes)
				Entre 2015 et 2021, à l'échelle mondiale, la part de l'énergie renouvelable dans la consommation finale d'énergie totale est passée de 16.7 % à 18.7 %, mais les disparités sont importantes entre les régions. Par exemple, cette part n'était que 32.3 % dans la région Amérique latine et Caraïbes, mais de 69.9 % en Afrique subsaharienne (AIE, IRENA, Division de statistique de l'Organisation des Nations Unies, Banque mondiale, OMS, 2024[70]). L'IDE à l'appui des énergies renouvelables rapporté aux investissements dans les combustibles fossiles Dans les pays non membres de l'OCDE, l'IDE de création dans les énergies renouvelables est passé de 3.3 milliards USD (0.8 % du volume total de l'IDE de création de capacité) en 2003 à 175.4 milliards USD en 2023 (24.3 % du volume total de l'IDE de création de capacité). Dans ces mêmes pays, l'IDE dans les combustibles fossiles représentait toujours 91.7 milliards USD (12.7 % du volume total de l'IDE de création de capacité) en 2023.

Note : Ces données sont essentiellement tirées du rapport des Nations Unies intitulé *Sustainable Development Goals Extended Report 2024* et de ses annexes statistiques. Les sommes données dans les annexes sont exprimées en USD à prix constants de 2015. L'abréviation S.O. signifie « Sans Objet » et est utilisée lorsqu'un élément n'est pas applicable ou pertinent.

Références

African Union Development Agency - NEPAD (2023), *Programme pour le Développement des Infrastructures en Afrique (PIDA): Rapport sur le premier Plan décennal de mise en œuvre*, AUDA-NEPAD, Midrand, Afrique du Sud, https://www.au-pida.org/wp-content/uploads/2023/09/PIDA-Progress-Report_WEB_FR_0.pdf. [68]

AIE, IRENA, Division de statistique de l'Organisation des Nations Unies, Banque mondiale, OMS (2024), *Tracking SDG 7: The Energy Progress Report*, Banque mondiale, Washington, D.C., https://www.iea.org/reports/tracking-sdg7-the-energy-progress-report-2024. [70]

AMGI (2023), *MIGA Annual Report 2023*, https://www.miga.org/sites/default/files/multilingual/2023-10/MIGA_AnnualReport2023_interior_toprint_R10.pdf. [65]

Banque des règlements internationaux (2023), *CPMI Quantitative Review of Correspondent Banking Data (base de données)*, https://www.bis.org/cpmi/paysysinfo/corr_bank_data.htm (consulté le 13 juillet 2024). [37]

Banque mondiale (2024), *Green, Social, Sustainability, and Sustainability-Linked (GSSS) Bonds Market Update, July 2024*, https://thedocs.worldbank.org/en/doc/dacb969cc71f53abde2d2758f1cc13ed-0340012024/original/GSSS-Quarterly-Newsletter-Issue-No-8.pdf. [23]

Banque mondiale (2024), *Remittances Prices Worldwide Quarterly: An Analysis of Trends in Cost of Remittance Services*, https://remittanceprices.worldbank.org/sites/default/files/rpw_main_report_and_annex_q124_final.pdf (consulté le 29 novembre 2024). [15]

Banque mondiale (2024), *World Development Indicators (database): Financial Sector*, https://donnees.banquemondiale.org/theme/secteur-financier?view=chart (consulté le 10 décembre 2024). [5]

Banque mondiale (2023), *An analysis of trends in cost of remittance services quarterly*, https://remittanceprices.worldbank.org/sites/default/files/rpw_main_report_and_annex_q423_final.pdf. [57]

Banque mondiale (2023), *Remittance prices worldwide*, https://remittanceprices.worldbank.org/. [55]

Bhattacharya, A. et al. (2023), *A climate finance framework : decisive action to deliver on the Paris Agreement – Summary*, Grantham Research Institute on Climate Change and the Environment and London School of Economics and Political Science, London, https://www.lse.ac.uk/granthaminstitute/wp-content/uploads/2023/11/A-Climate-Finance-Framework-IHLEG-Report-2-SUMMARY.pdf. [31]

Celani, A., L. Dressler et M. Wermelinger (2022), « Building an Investment Tax Incentives database : Methodology and initial findings for 36 developing countries », *OECD Working Papers on International Investment*, n° 2022/01, Éditions OCDE, Paris, https://doi.org/10.1787/62e075a9-en. [9]

CNUCED (2024), *FDI Data Explorer - World Investment Report 2024*, https://unctad.org/fr/publication/rapport-sur-linvestissement-dans-le-monde-2024. [41]

CNUCED (2024), « Global foreign investment weak in 2023, funding for sustainable development sectors drops over 10% », https://unctad.org/news/global-foreign-investment-weak-2023-funding-sustainable-development-sectors-drops-over-10. [43]

CNUCED (2024), *Rapport sur l'investissement dans le monde 2024*, Conférence des Nations unies sur le commerce et le développement (CNUCED), Genève, https://unctad.org/fr/publication/rapport-sur-linvestissement-dans-le-monde-2024. [4]

CNUCED (2023), « Investment flows to least developed countries affected disproportionately by global crises », *Investment Trends Monitor*, n° 45, Conférence des Nations unies sur le commerce et le développement (CNUCED), Genève, https://unctad.org/publication/investment-flows-least-developed-countries-affected-disproportionally-global-crises. [17]

CNUCED (2023), « Investment policies for the energy transition: Incentives and disincentives », *Investment Policy Monitor* 26, https://unctad.org/publication/investment-policies-energy-transition-incentives-and-disincentives (consulté le 29 novembre 2024). [42]

Competition Policy International (2020), *(Nearly) A Century with the ICN*, https://internationalcompetitionnetwork.org/wp-content/uploads/2021/10/ICN@20-Century-with-the-ICN.pdf. [45]

Convergence Blended Finance (2024), *The State of Blended Finance 2024*, Convergence Report, https://www.convergence.finance/resource/state-of-blended-finance-2024-climate-edition/view. [69]

Demirgüç-Kunt, A. et al. (2022), *The Global Findex Database 2021*, Banque mondiale, https://doi.org/10.1596/978-1-4648-1897-4. [54]

FSB (2023), *Global Monitoring Report on Non-bank Financial Intermediation 2023*, Conseil de stabilité financière, https://www.fsb.org/2023/12/global-monitoring-report-on-non-bank-financial-intermediation-2023/. [1]

Green Finance Platform (2019), *Green Finance Measures Database*, https://www.greenfinanceplatform.org/financial-measures/browse (consulté le 10 juillet 2024). [25]

IOM (2023), *La migration et les migrants dans le monde*, Organisation internationale pour les migrations, https://publications.iom.int/books/etat-de-la-migration-dans-le-monde-2024-chapitre-2. [56]

Nations Unies (2024), *Financing for Sustainable Development Report 2024*, Département des affaires économiques et sociales des Nations Unies, New York, https://desapublications.un.org/publications/financing-sustainable-development-report-2024. [22]

Nations Unies (2024), *Progress Towards the Sustainable Development Goals - Report of the Secretary-General: Statistical Annex*, Conseil économique et social, New York, https://unstats.un.org/sdgs/files/report/2024/E_2024_54_Statistical_Annex_I_and_II.pdf. [47]

Nations Unies (2024), *Statistical Annex I and II: SDG Report 2024*, https://unstats.un.org/sdgs/files/report/2024/E_2024_54_Statistical_Annex_I_and_II.pdf. [28]

Nations Unies (2024), *The Sustainable Development Goals Extended Report 2024: Goal 12*, Division de statistique de l'Organisation des Nations Unies, New York, https://unstats.un.org/sdgs/report/2024/extended-report/Extended-Report_Goal-12.pdf. [40]

Nations Unies (2024), *The Sustainable Development Goals Extended Report 2024: Goal 17 Partnerships for the Goals*, Division de statistique de l'Organisation des Nations Unies, New York, https://unstats.un.org/sdgs/report/2024/extended-report/Extended-Report_Goal-17.pdf. [62]

Nations Unies (2024), *The Sustainable Development Goals Extended Report 2024: Goal 5*, Division de statistique de l'Organisation des Nations Unies, New York, https://unstats.un.org/sdgs/report/2024/extended-report/Extended-Report_Goal-5.pdf (consulté le 29 novembre 2024). [7]

Nations Unies (2024), *The Sustainable Development Goals Extended Report 2024: Goal 7*, Division de statistique de l'Organisation des Nations Unies, New York, https://unstats.un.org/sdgs/report/2024/extended-report/Extended-Report_Goal-7.pdf (consulté le 29 novembre 2024). [6]

Nations Unies (2024), *The Sustainable Development Goals Extended Report 2024: Goal 8*, Commission de statistique des Nations Unies, New York, https://unstats.un.org/sdgs/report/2024/extended-report/Extended-Report_Goal-8.pdf. [49]

Nations Unies (2024), *The Sustainable Development Goals Report 2024*, Département des affaires économiques et sociales des Nations Unies, New York, https://unstats.un.org/sdgs/report/2024/ (consulté le 29 novembre 2024). [14]

Nations Unies (2015), *Addis Ababa Action Agenda of the Third International Conference on Financing for Development*, https://sustainabledevelopment.un.org/content/documents/2051AAAA_Outcome.pdf. [29]

Nedopil, C. (2024), *China Belt and Road Initiative (BRI) Investment Report 2023*, Griffith University and FISF Fudan University, Brisbane and Shanghai, https://www.griffith.edu.au/__data/assets/pdf_file/0033/1910697/Nedopil-2024-China-Belt-Road-Initiative-Investment-report.pdf. [32]

OCDE (2024), *Explorateur de données - Philanthropie privée pour le développement (base de données)*, http://data-explorer.oecd.org/s/ze (consulté le 20 juillet 2024). [59]

OCDE (2024), *Explorateur des données - CAD5: Aide (APD) par secteur et par fournisseur (base de données)*, http://data-explorer.oecd.org/s/9z (consulté le 3 juillet 2024). [44]

OCDE (2024), *FDI in Figures, October 2024*, https://www.oecd.org/en/publications/fdi-in-figures-october-2024_fcdc2fb2-en.html. [2]

OCDE (2024), « FDI in Figures, October 2024 », *FDI in Figures*, Éditions OCDE, Paris, https://www.oecd.org/en/publications/fdi-in-figures-october-2024_fcdc2fb2-en.html. [18]

OCDE (2024), *Finance privée mobilisée pour le développement (base de données)*, http://data-explorer.oecd.org/s/n3 (consulté le 1 juillet 2024). [20]

OCDE (2024), *Financement climatique fourni et mobilisé par les pays développés en 2013-2022*, Le financement climatique et l'objectif des 100 milliards de dollars, Éditions OCDE, Paris, https://doi.org/10.1787/9db2b91d-fr. [30]

OCDE (2024), *Foreign Direct Investment Qualities and Impact (page web)*, Éditions OCDE, Paris, https://www.oecd.org/en/topics/sub-issues/foreign-direct-investment-qualities-and-impact.html (consulté le 15 novembre 2024). [53]

OCDE (2024), *Investment Promotion Agency Network (webpage)*, Éditions OCDE, Paris, https://www.oecd.org/en/networks/investment-promotion-agency-network.html (consulté le 5 novembre 2024). [64]

OCDE (2024), « Le réseau Blue Dot, hébergé à l'OCDE, crée un cadre mondial de certification de projets d'infrastructures de qualité », https://www.oecd.org/fr/about/news/press-releases/2024/04/the-blue-dot-network-begins-global-certification-framework-for-quality-infrastructure-hosted-by-the-oecd.html. [33]

OCDE (2024), *Principaux agrégats d'IDE, BMD4 (base de données)*, http://data-explorer.oecd.org/s/1ih. [3]

OCDE (2024), « Private sector engagement », *Development Co-operation Fundamentals*, https://www.oecd.org/en/publications/development-co-operation-tips-tools-insights-practices_be69e0cf-en/private-sector-engagement_3153a116-en.html (consulté le 29 novembre 2024). [10]

OCDE (2024), « Sustainability-Linked Bonds : How to make them work in developing countries, and how donors can help », *Perspectives du développement de l'OCDE*, n° 44, Éditions OCDE, Paris, https://doi.org/10.1787/7ca58c00-en. [24]

OCDE (2024), *Tendances de l'OCDE sur la concurrence 2024 (version abrégée)*, Éditions OCDE, Paris, https://doi.org/10.1787/83258053-fr. [46]

OCDE (2023), « Private finance mobilised by official development finance interventions », *Perspectives du développement de l'OCDE*, n° 29, Éditions OCDE, Paris, https://doi.org/10.1787/c5fb4a6c-en. [21]

OCDE (2022), *Aperçu : le financement extérieur des PMA*, https://one.oecd.org/document/DCD(2022)13/en/pdf. [66]

OCDE (2022), *FDI Qualities Indicators 2022*, Éditions OCDE, Paris, https://www.oecd.org/content/dam/oecd/en/topics/policy-sub-issues/fdi-qualities-and-impact/FDI-Qualities-Indicators-2022.pdf. [34]

OCDE (2022), *FDI Qualities Policy Toolkit*, Éditions OCDE, Paris, https://doi.org/10.1787/7ba74100-en. [36]

OCDE (à paraître), *FDI Qualities Indicators 2024*, Éditions OCDE, Paris. [35]

OCDE et al. (2024), *Latin American Economic Outlook 2024 : Financing Sustainable Development*, Éditions OCDE, Paris, https://doi.org/10.1787/c437947f-en. [19]

OCDE-CAD (2022), *2022 Report on the Implementation of the DAC Recommendation on Untying*, ONE Members and Partners, https://one.oecd.org/document/DCD/DAC(2022)34/FINAL/fr/pdf. [11]

OIT / OIM (2022), *Estimations mondiales de l'esclavage moderne : Travail forcé et mariage forcé*, Organisation internationale du travail, Organisation internationale pour les migrations, Genève, https://www.ilo.org/sites/default/files/wcmsp5/groups/public/%40ed_norm/%40ipec/documents/publication/wcms_854796.pdf. [48]

ONU-Femmes (2022), *Are we on track to achieve gender equality by 2030?*, ONU Femmes, https://data.unwomen.org/features/are-we-track-achieve-gender-equality-2030. [58]

Pacte mondial des Nations Unies (2024), *The world's largest corporate sustainability initiative*, Pacte mondial des Nations Unies, https://unglobalcompact.org/what-is-gc. [52]

PMIA (2023), *Annexe 2 : Guide pour l'évaluation des principes de Kampala*, https://www.effectivecooperation.org/book-page/annex-2-guidance-kampala-principles-assessment. [13]

PMIA (2019), *Les principes de Kamala pour un engagement efficace du secteur privé dans le cadre de la coopération pour le développement*, https://www.effectivecooperation.org/system/files/2021-03/Kampala-Principles-french.pdf. [12]

PNUE (2024), *SDG 12 Hub*, Programme des Nations Unies pour l'environnement, https://sdg12hub.org/ (consulté le 29 novembre 2024). [8]

PRI (2023), *About the PRI (page web)*, Principles for Responsible Investment, https://www.unpri.org/about-us/about-the-pri. [50]

Programme des Nations Unies pour l'environnement (2024), *Indicator 12.6.1*, https://www.unep.org/topics/sustainable-development-goals/why-do-sustainable-development-goals-matter/goal-12. [26]

Ratha, D. et al. (2019), « Data release: Remittances to low- and middle-income countries on track to reach $551 billion in 2019 and $597 billion by 2021 », *World Bank People Move blog*, https://blogs.worldbank.org/en/peoplemove/data-release-remittances-low-and-middle-income-countries-track-reach-551-billion-2019 (consulté le 29 novembre 2024). [16]

RepRisk (2023), *On the Rise: Navigating the Wave of Greenwashing and Social Washing*, https://www.reprisk.com/research-insights/reports/on-the-rise-navigating-the-wave-of-greenwashing-and-social-washing. [27]

Sachs, J. et al. (2023), « The case for long-term SDG financing », *SDSN Reflection Paper*, United Nations Sustainable Development Solutions Network, Paris, https://www.unsdsn.org/resources/the-case-for-long-term-sdg-financing/. [38]

Société financière internationale (2024), *MSME Finance*, Société Financière Internationale, https://www.ifc.org/en/what-we-do/sector-expertise/financial-institutions/msme-finance. [60]

SSE (2024), *Sustainable Stock Exchanges Initiative*, Sustainable Stock Exchanges Initiative, https://sseinitiative.org/. [51]

TOSSD (2024), *Soutien public total au développement durable*, Soutien public total au développement durable, https://www.tossd.org/. [67]

WAIPA (2023), *About WAIPA*, Association mondiale des agences de promotion des investissements, https://waipa.org/about-waipa/. [63]

WBA (2022), *2022 Financial System Benchmark: assessing 400 global financial institutions on their progress to supporting a just and sustainable economy*, World Benchmarking Alliance, https://www.worldbenchmarkingalliance.org/publication/financial-system/. [61]

World Benchmarking Alliance (2023), *2024 Annual Plan*, https://assets.worldbenchmarkingalliance.org/app/uploads/2024/03/2024-Annual-Plan-for-website.pdf. [39]

Notes

[1] La réduction potentielle est une estimation des auteurs à partir du volume des envois de fonds dans les pays en développement (hors Chine) en 2023 et de la différence entre le coût actuel des envois de fonds (en pourcentage du montant transféré) et la cible indiquée pour l'ODD correspondant des Nations Unies.

[2] Les Principes directeurs de l'OCDE à l'intention des entreprises multinationales sont des recommandations que les gouvernements adressent aux entreprises multinationales en vue de mettre leurs activités en conformité avec le développement durable et d'exercer un devoir de diligence pour limiter les répercussions négatives de leurs activités sur les individus, la planète et la société. En 2023, les Principes directeurs comptaient 51 pays adhérents.

[3] Dans la Recommandation, modifiée pour la dernière fois en 2018, les membres du CAD sont convenus de délier leur APD en faveur des (PMA), des pays pauvres très endettés, des autres pays à faible revenu et des pays et territoires bénéficiant uniquement des crédits de l'IDA. Voir https://legalinstruments.oecd.org/fr/instruments/OECD-LEGAL-5015

[4] Le CAD de l'OCDE définit le financement mixte comme « l'utilisation stratégique du financement à l'appui du développement permettant de mobiliser des financements additionnels en vue de la concrétisation du développement durable dans les pays en développement ». Voir https://doi.org/10.1787/9789264288768-en.

[5] Calculs des auteurs à partir de Banque mondiale, Indicateurs du développement dans le monde, https://databank.worldbank.org/source/world-development-indicators/preview/on (consulté le 25 juillet 2024).

[6] Les principales normes de déclaration consolidées par l'ISSB sont les suivantes : le Groupe de travail sur la publication d'informations financières relatives au climat ; le Climate Disclosure Standards Board, qui comprend le Carbon Disclosure Project ; la Value Reporting Foundation, qui abritait le Sustainability Accounting Standards Board ; et l'International Integrated Reporting Framework.

4 Coopération internationale pour le développement

Ce chapitre porte sur le domaine d'intervention « Coopération internationale pour le développement » du Programme d'action d'Addis-Abeba. Il examine les progrès accomplis, les défis qu'il reste à relever et les tendances émergentes, alors que la communauté internationale se prépare en vue de la quatrième Conférence internationale sur le financement du développement. Il examine les progrès accomplis dans la modernisation de l'aide publique au développement (APD) et revient sur l'élaboration récente d'un cadre de mesure plus large : le soutien public total au développement durable (TOSSD). Il met en lumière certains défis qui subsistent, notamment le non-respect de certains engagements, la fragmentation de l'aide, et le financement insuffisant de l'égalité entre les genres. Enfin, il présente les possibilités qui s'offrent pour renforcer l'efficacité du développement, gérer les vulnérabilités multidimensionnelles, préserver la viabilité de la dette, et mobiliser les ressources du secteur privé à l'appui du développement durable, notamment par des financements innovants et un renforcement des capacités.

4.1. Tableau de bord des données

Principales tendances

Depuis 2015, le volume total de l'APD octroyée par les pays membres du CAD, y compris les flux transnationaux (aide-pays programmable (APP) et aide humanitaire), ainsi que le coût des réfugiés dans les pays donneurs, a augmenté.

En 2023, le volume total de l'aide publique au développement (APD) fournie par les pays membres du CAD a atteint un plus haut historique de 223 milliards USD à prix courants, ou 194 milliards USD aux prix constants de 2015 (OCDE, 2024[1])[1]. Cela représente une hausse de 48 % par rapport à 2015, où ce volume s'établissait à 131 milliards USD (Graphique 4.1). Entre 2015 et 2022, les versements des pays non membres du CAD aux pays en développement ont augmenté de 51 %, passant de 10.9 milliards USD à 16.5 milliards USD (OCDE, 2024[1])[2].

Sur cette période, l'aide-pays programmable (APP) et l'aide humanitaire ont poursuivi leur hausse et atteint un volume total de 90 milliards USD en 2023. L'APP, qui correspond aux flux de l'APD aux pays partenaires qui peut être programmée, s'est établie à 67 milliards USD en 2023, ce qui représente une hausse de 27 % depuis 2015 ; toutefois, si l'on exclut le soutien à l'Ukraine, son volume est resté stable au cours de la période considérée (OCDE, 2024[2]).

Le coût des réfugiés dans les pays donneurs s'est élevé à 28 milliards USD en 2023 et l'ADP humanitaire à 23 milliards USD, ce qui correspond à une hausse de 134 % et de 70 %, respectivement, par rapport à 2015.

Graphique 4.1. APD fournie par les pays membres du CAD, dont flux transnationaux (APP et aide humanitaire) et coût des réfugiés dans les pays donneurs

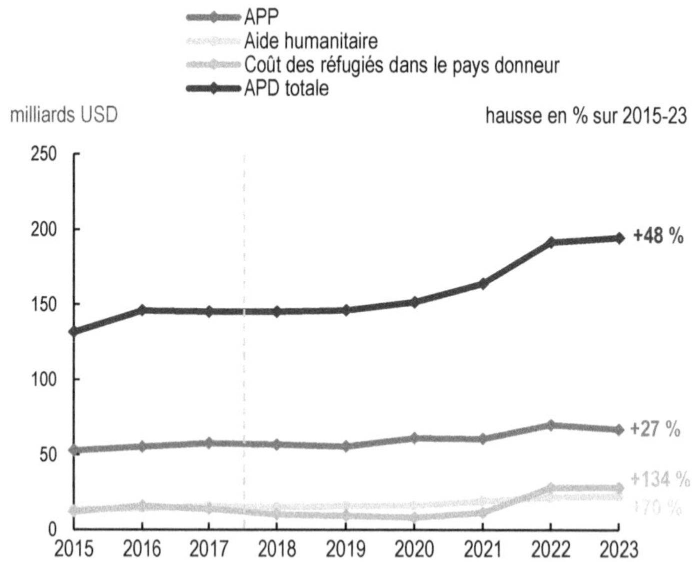

Note : Calculs basés sur les versements aux prix constants de 2015. En ce qui concerne le volume total d'APD, les chiffres antérieurs à 2018 sont calculés selon la méthode des flux financiers ; à partir de 2018, les calculs reposent sur la méthode de l'équivalent-don. L'aide humanitaire et le coût des réfugiés dans les pays donneurs sont calculés à partir de l'APD nette. Les calculs de l'APP sont basés sur l'APD brute.
Source : Calculs des auteurs d'après OCDE (2024[2]), Explorateur des données de l'OCDE, Système de notification des pays créanciers (base de données), http://data-explorer.oecd.org/s/3d.

Depuis la Conférence internationale d'Addis-Abeba, l'APD fournie par les pays membres du CAD aux pays vulnérables a progressé plus lentement que l'augmentation des dépenses totales.

Au cours de la période 2015-23, le volume total de l'APD octroyée par les pays membres du CAD a connu une forte hausse (+48 %), mais les apports d'APD à plusieurs des groupes de pays les plus vulnérables n'ont pas suivi ce rythme (+28 % en moyenne) (Graphique 4.2). L'APD aux petits États insulaires en développement (PEID) fait figure d'exception puisqu'elle a augmenté plus rapidement que le volume total d'APD au cours de cette même période.

L'APD aux pays les plus nécessiteux a augmenté de 28 % en moyenne ; la hausse est de 25 % pour les pays les moins avancés (PMA), de 17 % pour les pays en situation de fragilité ou touchés par des conflits, de 8 % pour les pays en développement sans littoral (PDSL) et de 62 % pour les petits États insulaires en développement (PEID).

Graphique 4.2. Apports d'aide publique au développement (APD) consentis par les membres du CAD aux pays les plus nécessiteux

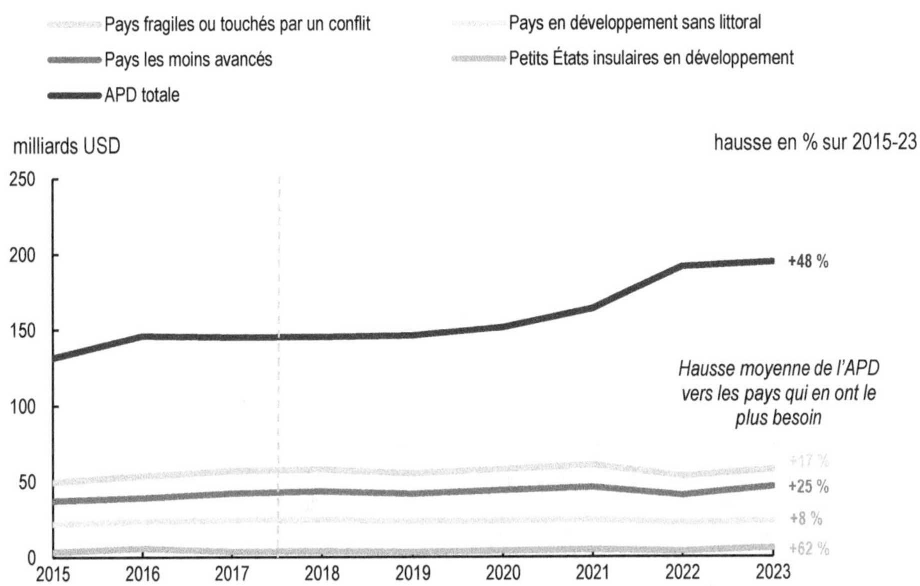

Note : Calculs basés sur les versements aux prix constants de 2015. En ce qui concerne le volume total d'APD, les chiffres antérieurs à 2018 sont calculés selon la méthode des flux financiers ; à partir de 2018, les calculs reposent sur la méthode de l'équivalent-don. Les calculs pour les PMA, les PDSL, les PEID et les pays en situation de fragilité ou touchés par des conflits sont basés sur l'APD bilatérale nette et l'APD multilatérale imputée.
Source : Calculs des auteurs d'après OCDE (2024[3]), Explorateur des données de l'OCDE, tableau CAD2a, http://data-explorer.oecd.org/s/oe.

Les données disponibles sur la mesure du soutien public total au développement durable (TOSSD) total transfrontières ont connu des améliorations

Les flux de TOSSD transfrontières, qui correspondent au Pilier I, ont représenté 315 milliards USD en 2022. Ils comprennent les dons bilatéraux et multilatéraux, les prêts concessionnels, les prêts non concessionnels, et l'aide en nature, dont la coopération Sud-Sud et la coopération triangulaire (Graphique 4.3).

Les flux de TOSSD transfrontières multilatéraux sont passés de 57 % du volume total en 2019 à 61 % du volume total en 2022. Le Pilier II du TOSSD, qui suit le soutien mondial et régional aux biens publics internationaux, a totalisé 126 milliards USD en 2022.

Graphique 4.3. Flux de soutien public total au développement durable (TOSSD)

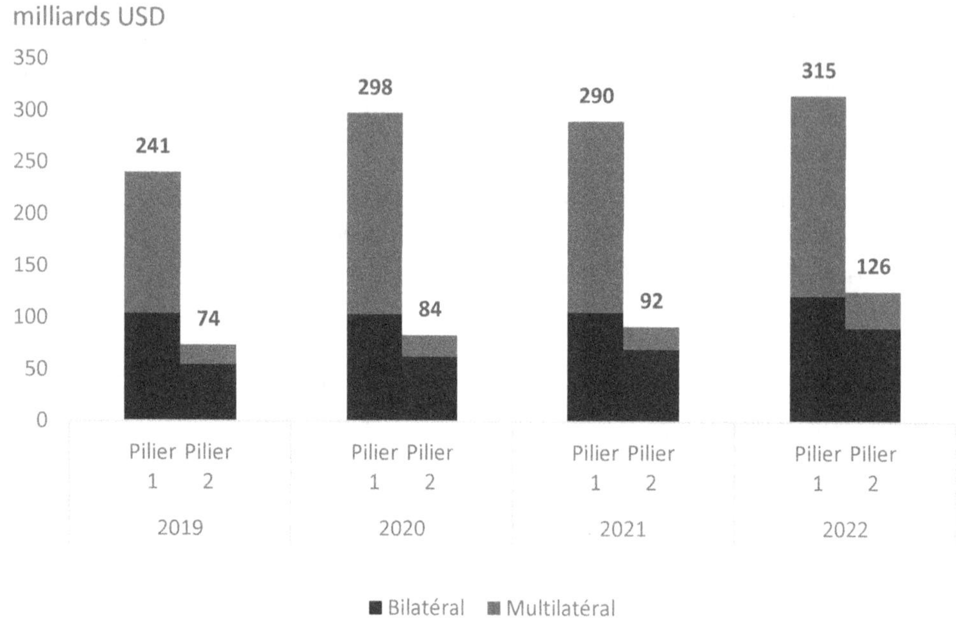

Note : Versements aux prix constants de 2022. Les pays couverts varient suivant l'année (92 partenaires bilatéraux et multilatéraux en 2019, 103 en 2020, 112 en 2021 et 121 en 2022).
Source : Forum international sur le soutien public total au développement durable (2024[4]), outil de visualisation du TOSSD (base de données) – Répartition des montants par pilier, versements, aux prix constants de 2022 ; https://tossd.online/app.

Indicateurs clés de performance

↔	En 2022, les 16 membres du CAD qui s'étaient engagés à réaliser l'objectif de 0.7% ont consacré en moyenne 0.54 % de leur revenu national brut (RNB) à l'APD aux pays en développement. La plupart des membres du CAD (27 sur 31) ont progressé vers la réalisation de l'objectif depuis 2018, et 5 membres l'ont atteint en 2023[1]. En 2022, les membres du CAD ont consacré en moyenne 0.08 % de leur RNB aux PMA, ce qui est inférieur à l'objectif de 0.15 % à 0.20 % (OCDE, 2024[5])[2].
↔	En 2022, les pays en développement ont reçu au total 276.6 milliards USD de ressources publiques, dont 55.3 milliards USD provenant de la mobilisation de financements privés et 10.2 milliards USD de dons privés, d'après les données communiquées par 101 fournisseurs bilatéraux et multilatéraux (Nations Unies, 2024[6]).
↔	Bien que la plupart des fournisseurs bilatéraux aient renforcé leur planification du développement depuis 2011, l'utilisation des cadres de résultats et des outils de planification propres aux pays par les fournisseurs bilatéraux de coopération pour le développement a baissé, passant de 64 % en 2011 à 57 % en 2018 (Nations Unies, 2024[6]).

↓ Slight setback	↓ Setback	↔ No change, neutral	↔ Stagnant, possible issue	↑ Major progress	↑ Minimal progress
Minimal setback	↓ Major setback	Holding steady, slight concern	↔ Negative stagnation, concerning	Progress	↑ Negligible progress or progress contested

1. La méthodologie de l'équivalent-don de l'APD est utilisée depuis 2018 : seul l'« élément don » du prêt, c'est-à-dire le montant « offert » en prêtant à des taux inférieurs aux taux du marché, est comptabilisé comme APD. Cet indicateur est mesuré en pourcentage du RNB à prix constants en dollars américains, en utilisant 2021 comme année de référence.
2. Les calculs n'incluent pas l'Union européenne.
Engagements quantifiables sélectionnés. L'Annexe 4.A présente la liste complète.

Potentiel de mobilisation des ressources

- Les membres du CAD auraient à eux seuls mobilisé 200 milliards USD d'APD supplémentaires en 2023 s'ils s'étaient tous engagés à respecter, et s'ils avaient tous effectivement respecté, l'objectif de consacrer 0.7 % de leur RNB à l'APD[3]. Il convient de noter qu'à ce jour, tous les membres du CAD ne se sont pas engagés envers cet objectif.
- Même en retenant un scénario optimiste, les prêts des banques multilatérales de développement atteindraient 40 milliards USD par an, ce qui est très en deçà de l'objectif fixé par le Groupe d'experts indépendants du G20 (+260 milliards USD) (OCDE, 2024[7]).

4.2. Principaux domaines de progrès

La modernisation de l'APD a permis d'améliorer l'intégrité, la transparence et la redevabilité

En modernisant la mesure de l'APD, le CAD a apporté un certain nombre de clarifications sur les règles d'éligibilité des dépenses consacrées au maintien de la paix et de la sécurité et des dépenses d'accueil de réfugiés. Il a également introduit de nouvelles règles de déclaration en ce qui concerne l'allègement de la dette et mis en place la méthode de l'équivalent-don[4] afin de prendre en compte des instruments financiers tels que les prêts, les garanties et les titres de participation. Il a en outre adopté de nouvelles règles de comptabilisation des instruments du secteur privé, qui ont commencé à s'appliquer lors de la notification des données de 2023. Ces modifications et diverses mesures visant à améliorer l'exactitude des données, la transparence et la redevabilité ont pour objet de renforcer l'intégrité de l'APD et de faire ressortir les évolutions majeures de la coopération pour le développement, comme la diversification des instruments financiers, dans les notifications d'APD.

La création du cadre de mesure du TOSSD et du Forum international sur le TOSSD a amélioré la transparence et l'exhaustivité des informations sur les flux financiers à l'appui du développement durable

La nouvelle mesure du TOSSD adoptée à l'issue de débats ouverts, inclusifs et transparents inclut les données au niveau des activités sur les flux de ressources transfrontières dirigés vers les pays en développement (Pilier I du TOSSD), les dépenses mondiales et régionales (Pilier II du TOSSD), et des données semi-agrégées sur la mobilisation des financements privés. La Commission de statistique des Nations Unies a adopté le Pilier I du TOSSD comme source de données officielles pour le suivi de l'indicateur 17.3.1 des objectifs de développement durable (ODD). Le suivi du soutien en faveur du développement durable s'est amélioré depuis 2019 : davantage de données sont récupérées et, en 2022, il couvrait 121 déclarants, dont 19 apporteurs Sud-Sud (TOSSD, 2024[4]).

Le Forum international indépendant sur le TOSSD a été créé en 2024. Son Groupe de pilotage offre une composition équilibrée avec des donneurs traditionnels, des pays qui sont à la fois donneurs et bénéficiaires, des pays bénéficiaires, et des organisations multilatérales ; la société civile et les Nations Unies y sont également fortement impliquées.

Le nombre d'activités de coopération Sud-Sud déclarées au titre du TOSSD a augmenté de 64 % entre 2019 et 2022, passant de 5 558 à 9092. Les activités de coopération triangulaire ont quant à elles connu une hausse de 268 % et sont passées de 382 à 1 404 au cours de la même période (International Forum on Total Official Support for Sustainable Development, 2024[8]).

4.3. Défis persistants

Les engagements au regard de la cible APD rapportée au RNB, notamment envers les PMA, ne sont toujours pas respectés

En 2022, 16 membres du CAD se sont engagés à consacrer 0.7 % de leur RNB à l'APD, et plusieurs avaient défini des échéances pour atteindre cet objectif d'ici à 2030 (OCDE, 2023[9]). La moyenne pondérée du ratio APD/RNB de ces membres était de 0.54 % en 2021[5]. Plusieurs pays non membres du CAD avaient déjà atteint cet objectif de 0.7 %[6].

Bien que tous les membres du CAD ne se soient pas engagés à allouer 0.15 % à 0.20 % de leur RNB à l'APD en faveur des PMA, le ratio moyen parmi les membres du CAD s'est établi à 0.09 % en 2022 (OCDE, 2024[5]). En outre, les PMA ont reçu à peu près le même volume d'APD, en moyenne 50 milliards USD par an, entre 2015 et 2022. À 22 % en 2022, leur part dans le volume total d'APD a atteint son niveau le plus bas depuis 1996, bien que des engagements aient été pris pour inverser la tendance à la baisse (OCDE, 2024[10]).

L'efficacité, la qualité et l'impact des efforts de développement accélèrent la réalisation des ODD, mais les progrès en la matière sont mitigés

L'action en faveur du développement durable ne peut se baser uniquement sur des objectifs quantitatifs. La multiplication des projets et la fragmentation du système d'aide sont toujours d'actualité : de plus en plus de pays bénéficiaires traitent avec 60 organismes ou plus : le nombre de transactions au titre de l'APD a considérablement augmenté en 2019 ; et près de la moitié du volume total de l'APD est acheminé par plus de 200 fonds et organisations, ce qui entraîne une réduction de la taille des projets et une dispersion accrue des ressources (OCDE, 2024[7] ; OCDE, 2023[9]). Ces difficultés s'accompagnent d'autres écueils, liés au recours aux systèmes nationaux, aux arbitrages entre l'appropriation par les pays et les approches à l'échelle de l'ensemble de la société, au manque de coordination des donneurs, et à l'accent mis sur ceux qui sont le plus en retard, autant d'éléments qui nuisent à l'efficacité, à la qualité et à l'impact de la coopération pour le développement, quelle que soit la forme qu'elle prenne (OCDE, 2023[9]). Il est donc essentiel de renforcer le rôle des pays bénéficiaires en harmonisant les efforts des donneurs, comme le souligne le principe de l'appropriation par les pays, afin d'assurer leur alignement sur les priorités des pays et d'accroître la responsabilisation. Les principes d'efficacité de la coopération au service du développement fournissent des orientations pour pallier ces difficultés, en mettant notamment à profit les données issues du Partenariat mondial pour une coopération efficace au service du développement et de son exercice de suivi (OCDE/PNUD, 2019[11]). De nouvelles orientations à paraître devraient également permettre d'améliorer l'efficacité des partenariats multilatéraux, la cohérence entre les efforts bilatéraux et multilatéraux, et le soutien à la réforme du système international de la coopération pour le développement, de plus en plus fragmenté. Le partage des enseignements sur le recours efficace à toutes formes de coopération pour le développement, dont la coopération Sud-Sud et la coopération triangulaire, est essentiel pour l'apprentissage mutuel, l'identification de domaines d'intérêt commun, et le renforcement des systèmes des donneurs.

Pour favoriser une plus grande équité des partenariats et un meilleur agencement des acteurs nationaux et locaux, certains donneurs étudient actuellement l'adoption de nouveaux engagements de politique publique et de réformes institutionnelles. Plusieurs membres du CAD travaillent par exemple sur l'accélération du développement piloté au niveau local, une forme de coopération pour le développement qui offre aux populations touchées et à des acteurs locaux, du gouvernement national aux organisations de terrain, davantage de latitude dans la conception et la mise en œuvre de la coopération pour le développement.

Malgré une hausse notable, la mobilisation des ressources du secteur privé par l'intervention du secteur public ne répond toujours pas aux besoins

Depuis 2015, le volume de ressources du secteur privé mobilisées[7] a plus que doublé, passant de 27.7 milliards USD à 61.6 milliards USD en 2022 (OCDE, 2023[12]). Bien que cette hausse soit importante, elle reste en deçà des milliers de milliards de dollars de financements nécessaires dans les pays en développement et, à ce jour, les montants mobilisés profitent peu aux pays qui en ont le plus besoin. La plupart de ces ressources (77 %) vont aux pays à revenu intermédiaire (OCDE, 2023[12]) Au total, les émissions d'obligations vertes, sociales, durables et liées à la durabilité se sont établies à 5 300 milliards USD en 2023 (Banque mondiale, 2024[13]). Pourtant, seulement 13 % de l'ensemble de ces obligations ont été émises par des entités dans des pays en développement en 2022, et leur part dans le marché total est tombée à 5 % en 2023 (OCDE, 2024[14]). (Pour plus d'informations sur les obstacles et les opportunités en matière de mobilisation des ressources du secteur privé, voir le Chapitre 3 « Entreprise privée et finances intérieures et internationales »).

L'APD en soutien à l'égalité des genres et à l'autonomisation de toutes les femmes et les filles peut être améliorée

La part de l'APD consacrée à des objectifs d'égalité entre les genres est en baisse, après près d'une décennie de hausse (OCDE, 2024[15]). En 2021-22, l'égalité entre les genres constituait un objectif explicite de 42 % des programmes financés par l'APD bilatérale allouable des membres du CAD, et représentait 60.4 milliards USD sur les 143 milliards USD d'APD bilatérale allouable évaluée au regard du marqueur relatif aux genres de l'OCDE (OCDE, 2024[15]). Alors qu'en 2021-22, son volume total était supérieur au niveau de 2019-20, de 57 milliards USD, sa part a reculé par rapport aux 45 % de 2019-20 ; il s'agit de la première baisse relative après une hausse continue de 2011 à 2020 (OCDE, 2024[15]). L'essentiel de l'APD ciblant des objectifs d'égalité des genres a été alloué à des programmes qui intégraient cette question parmi d'autres objectifs d'action, et 4 % de l'aide seulement est allée à des programmes dont l'égalité entre les genres constituait un objectif principal (OCDE, 2024[15]).

4.4. Domaines nouveaux et émergents

L'APD répond de plus en plus à des crises mondiales, notamment liées à la santé, au climat et aux conflits

Après une succession de chocs mondiaux, il est difficile de déterminer si l'augmentation de l'APD est véritablement nouvelle et constitue une aide supplémentaire, ou bien si elle résulte de la réorientation de l'APD provenant d'engagements existants. Selon les estimations de l'OCDE, les dépenses d'aide bilatérale des pays membres du CAD consacrées à ce qui pourrait être considéré comme la fourniture de biens publics mondiaux ont augmenté pour passer de 30 % des volumes moyens d'APD bilatérale sur la période 2006-10 à environ 57 % sur la période 2016-20, cette hausse ayant été imputée pour l'essentiel au changement climatique, au coût des réfugiés dans les pays donneurs, et aux maladies infectieuses (OCDE, 2023[9]). Les budgets d'APD sont de plus en plus sollicités pour faire face à des demandes à court terme tout en continuant à financer le développement à long terme des pays en développement et les objectifs de réduction de la pauvreté (OCDE, 2022[16]).

Le financement climatique fourni et mobilisé par les pays développés à l'appui de l'action climatique dans les pays en développement, APD comprise, a presque doublé entre 2016 et 2022, passant de 59 milliards USD en 2016 à 116 milliards USD en 2022, ce qui est désormais conforme à l'objectif fixé par la Convention-cadre des Nations Unies sur les changements climatiques de 100 milliards USD par an jusqu'en 2020 dans les pays en développement (OCDE, 2024[17]). Le financement climatique fourni et mobilisé par les pays développés à destination uniquement des PEID a quant à lui été multiplié par trois depuis 2016, pour s'établir à 3.2 milliards USD en 2022 (OCDE, 2024[17]). Les pays développés ont également progressé au regard de l'objectif de doublement du financement de l'adaptation et sont en voie d'atteindre l'objectif, à condition que les efforts actuels se poursuivent (OCDE, 2024[17]). Le financement total bilatéral du développement en lien avec le climat s'est élevé, en moyenne sur deux ans, à 50 milliards USD en 2021-22, soit 40 % du total de l'APD bilatérale (OCDE, 2024[18]). Les donneurs bilatéraux ont en outre augmenté leurs flux de financement public du développement destinés à la biodiversité, qui ont atteint un plus haut historique de 15.4 milliards USD en 2022 (OCDE, 2024[19])[8]. Enfin, l'APD allouée à la protection des océans s'inscrit dans une tendance à la hausse (OCDE, 2020[20]). (Pour de plus amples informations sur le financement climatique, notamment sur la mobilisation des financements privés au service de l'action climatique, voir le Chapitre 3 « Entreprise privée et finances intérieures et internationales ».)

Lors de la COP 29, un nouvel objectif chiffré collectif pour le financement de l'action climatique a été défini : les pays développés se sont engagés à mobiliser au moins 300 milliards USD par an d'ici à 2035 au profit des pays en développement pour les aider à lutter contre les changements climatiques (COP29, 2024[21]). La conférence a également appelé à lever 1 300 milliards USD par an auprès de toutes les sources, publiques et privées, à l'horizon 2035 (Nations Unies, 2024[22]).

Les mesures visant à assurer la viabilité de la dette dans le cadre de l'APD ont été renforcées

Depuis 2015, en moyenne, 85 % du volume total d'APD prend la forme de dons (OCDE, 2024[1]). Les prêts d'APD doivent respecter les critères des Analyses de viabilité de la dette de la Banque mondiale et du Fonds monétaire international, qui visent à garantir qu'ils ne contribuent pas au risque de surendettement. En outre, les prêts doivent être hautement concessionnels, notamment lorsqu'ils sont accordés aux pays les plus nécessiteux. Toutefois, l'élément de libéralité moyen (mesure de l'aspect concessionnel) des prêts d'APD aux PMA s'est réduit, passant de 78.4 % en 2015 à 70.0 % en 2022[9] en raison de taux d'intérêt qui ont été multipliés par deux pour atteindre 0.82 %, et de maturités raccourcies de 6 ans (ramenées à 29.8 ans en 2022) (OCDE, 2024[2]).[10]

Il est important de prendre en compte les vulnérabilités multidimensionnelles des pays en passe d'atteindre les seuils de retrait de la liste des pays admis à bénéficier de financements à l'appui du développement

Les évolutions de la pauvreté et des inégalités dans le monde et l'aggravation des niveaux de risque liée aux changements climatiques et à la dette imposent d'élaborer des mesures et indices supplémentaires pour évaluer la vulnérabilité. Le recours au RNB par habitant, bien qu'imparfait, a le mérite d'être étayé par des données solides et constitue un indicateur efficace du bien-être d'un pays, de ses vulnérabilités associées à des niveaux plus faibles de développement économique, et de sa résilience. Le RNB par habitant reste le principal déterminant de l'admissibilité d'un pays à l'APD, notamment des pays à faible revenu et à revenu intermédiaire tels que définis par la Banque mondiale, mais il n'est pas suffisant pour décider de la façon dont les financements à l'appui du développement doivent être alloués. Par exemple, les PEID, qui sont majoritairement des PRI, accusent un déficit de financement de l'adaptation estimé à 7.3 milliards USD par an en moyenne jusqu'en 2030, et continuent donc de faire face à des besoins de financement. L'Indice de vulnérabilité multidimensionnelle des Nations Unies a été instauré en 2020 dans l'objectif d'évaluer et de mettre en évidence les vulnérabilités qui ne sont reflétées ni par le RNB par habitant, ni par le PIB (Nations Unies, 2024[23]). Pour soutenir davantage les pays alors que leur RNB par habitant est en passe d'atteindre le seuil de retrait de la Liste des bénéficiaires de l'APD, le CAD explore diverses options qui permettraient de renforcer l'ouverture, l'inclusivité et la transparence des partenariats et d'appuyer une transition sans heurt vers des sources de financement plus larges, au-delà de l'APD, en particulier pour les pays qui approchent le seuil de retrait et font face à des vulnérabilités spécifiques.

Le volume total du financement public à l'appui du développement destiné au renforcement des capacités et à l'assistance technique est en hausse et facilite l'accès aux financements innovants

Alors que les solutions innovantes à l'appui du financement du développement durable se sont multipliées ces dernières années, leur impact et leur déploiement sont restés limités dans les pays en développement en raison de contraintes de capacités. Le renforcement des capacités et l'assistance technique aux pays vulnérables visent à les aider à tirer parti de solutions innovantes telles que les instruments de finance durable et les outils de gestion de la dette. En 2022, le volume total du financement public du développement alloué au renforcement des capacités et à la planification nationale s'est élevé à 54.9 milliards USD, ce qui représente une hausse de 50 % par rapport à 2015 (OCDE, 2024[2]) Les réformes politiques menées dans 17 pays à l'aide des Cadres de financement nationaux intégrés (INFF) ont permis de mobiliser 16 milliards USD pour l'investissement dans les ODD et présentent un potentiel de mobilisation de 32 milliards USD supplémentaires (Integrated National Financing Frameworks, 2024[24]). Lancée en 2022, la Facilité INFF offre une assistance technique et un renforcement des capacités aux pays qui entreprennent d'élaborer ou de mettre en œuvre un INFF afin de leur permettre d'adapter les innovations en fonction de leur situation. En outre, l'initiative étudie également actuellement la création de nouveaux outils (notamment avec des apporteurs Sud-Sud et des apporteurs du CAD) afin de répondre à la demande croissante.

Annexe 4.A. Coopération internationale pour le développement

Tableau d'annexe 4.A.1. Évaluation du domaine d'intervention : Coopération internationale pour le développement

Paragraphe du Programme d'action d'Addis-Abeba	Engagement	Cible ou objectif spécifique	Cible des Objectifs de développement durable (ODD) correspondante (si disponible)	État d'avancement de la mise en œuvre ou progrès accomplis depuis 2015, d'après les indicateurs des ODD retenus ou d'autres pertinents (mesures indirectes)
50	Augmenter toutes les formes de financement international public. Renforcer la coopération internationale pour le développement et en maximiser l'efficacité, l'efficience, la transparence, les effets et les résultats.	Non	S.O.	Soutien public total au développement durable (TOSSD) En 2022, les flux transfrontières (Pilier I) du TOSSD se chiffraient à 315 milliards USD, en hausse par rapport au montant de 290 milliards USD enregistré en 2021. Les dépenses et les ressources mondiales et régionales à l'appui des biens publics internationaux (Pilier II) se sont élevées à 126 milliards USD en 2022, soit davantage que le montant de 92 milliards USD pour l'année 2021 (TOSSD, 2024[4]).
51	Réitérer tous les engagements en matière d'aide publique au développement (APD), notamment l'engagement pris par nombre de pays développés de consacrer 0.7 % de leur revenu national brut (RNB) à l'APD et d'en consacrer 0.15 à 0.20 % dans le cas des pays les moins avancés (PMA). Encourager les fournisseurs d'APD à envisager de se donner pour objectif de consacrer au moins 0.20 % de leur RNB à l'APD destinée aux PMA.	Oui Consacrer 0.7 % du RNB à l'APD à destination des pays en développement et de 0.15 à 0.20 % du RNB à l'APD à destination des PMA.	Cible 17.2 Faire en sorte que les pays développés honorent tous leurs engagements en matière d'aide publique au développement, notamment celui pris par nombre d'entre eux de consacrer 0.7 % de leur revenu national brut (RNB) à l'aide aux pays en développement et entre 0.15 % et 0.20 % à l'aide aux PMA, les bailleurs de fonds étant encouragés à envisager de se fixer pour objectif de consacrer au moins 0.20 % de leur revenu national brut à l'aide aux PMA.	Indicateur 17.2.1 des ODD – APD nette, montant total et montant alloué aux PMA, en proportion du RNB des pays donneurs membres du CAD de l'OCDE. En 2023, l'APD consentie par les membres du CAD s'est chiffrée à 223.3 milliards USD, ce qui représente en moyenne 0.37 % de leur RNB. (Nations Unies, 2024[6]). En 2022, en moyenne, les membres du CAD ont affecté 0.09 % de leur RNB total aux PMA (OCDE, 2024[5]). Entre 2015 et 2023, l'APD allouée aux pays les plus nécessiteux a augmenté de 28 % en moyenne (hausse de 25 % pour les PMA, de 8 % pour les PDSL, de 62 % pour les PEID, et de 17 % pour les pays en situation de fragilité ou touchés par des conflits). À titre de comparaison, l'APD totale a augmenté de 48 % (OCDE, 2024[5]).

Paragraphe du Programme d'action d'Addis-Abeba	Engagement	Cible ou objectif spécifique	Cible des Objectifs de développement durable (ODD) correspondante (si disponible)	État d'avancement de la mise en œuvre ou progrès accomplis depuis 2015, d'après les indicateurs des ODD retenus ou d'autres pertinents (mesures indirectes)
52	Concentrer les ressources les plus avantageuses sur les pays les plus nécessiteux. Inverser le recul de la part de l'APD consacrée aux PMA.	Non	Cible 17.2 Voir le paragraphe 51.	Indicateur 17.2.1 des ODD Voir le paragraphe 51.
53	Veiller à ce que l'APD soit mise efficacement au service des buts et objectifs de développement. Encourager la publication de plans prospectifs qui rendent à l'avenir la coopération pour le développement plus claire, prévisible et transparente. Exhorter les pays à suivre et signaler les affectations de ressources pour l'égalité des sexes et l'autonomisation des femmes.	Non	Cible 1.a Garantir une mobilisation importante de ressources provenant de sources multiples, y compris par le renforcement de la coopération pour le développement, afin de doter les pays en développement, en particulier les PMA, de moyens adéquats et prévisibles de mettre en œuvre des programmes et politiques visant à mettre fin à la pauvreté sous toutes ses formes Cible 5.c Adopter des politiques bien conçues et des dispositions législatives applicables en faveur de la promotion de l'égalité des sexes et de l'autonomisation de toutes les femmes et de toutes les filles à tous les niveaux et renforcer celles qui existent.	Indicateur 1.a.1 des ODD – Total des dons d'APD axés sur la réduction de la pauvreté, tous donneurs confondus, exprimé en proportion du RNB du pays bénéficiaire. En 2022, 9 % des dons d'APD bilatérale (27.2 milliards USD) ont été alloués à des services sociaux essentiels et à l'aide alimentaire à l'appui du développement, dans un objectif de réduction de la pauvreté (Nations Unies, 2024[25]). Indicateur 5.c.1 des ODD – Proportion de pays dotés de systèmes permettant de suivre et de rendre public le montant des ressources allouées à l'égalité des sexes et à l'autonomisation des femmes. D'après les données de 105 pays et territoires couvrant la période 2018-21, 26 % des pays disposeraient de systèmes qui suivent et rendent publiques les dotations budgétaires destinées à l'égalité entre les genres et à l'autonomisation des femmes. De plus, 59 % auraient mis en place plusieurs composantes d'un tel système, tandis que 15 % ne disposeraient pas des éléments constitutifs minimaux d'un tel système (Nations Unies, 2024[25]).
54	Susciter la mobilisation de ressources supplémentaires provenant d'autres sources, publiques et privées.	Non	Cible 17.3 Mobiliser des ressources financières supplémentaires de diverses provenances en faveur des pays en développement.	Indicateur 17.3.1 des ODD – Ressources financières supplémentaires de diverses provenances mobilisées en faveur des pays en développement. En 2022, les ressources financières destinées aux pays en développement telles que déclarées par 101 fournisseurs bilatéraux et multilatéraux se sont élevées à 276.6 milliards USD de ressources du secteur public, 55.3 milliards USD de financements privés, et 10.2 milliards USD de dons privés à l'appui du

Paragraphe du Programme d'action d'Addis-Abeba	Engagement	Cible ou objectif spécifique	Cible des Objectifs de développement durable (ODD) correspondante (si disponible)	État d'avancement de la mise en œuvre ou progrès accomplis depuis 2015, d'après les indicateurs des ODD retenus ou d'autres pertinents (mesures indirectes)
				développement. Bien que le volume des dons (des secteurs tant public que privé) ait baissé par rapport à 2021, les prêts concessionnels à l'appui du développement durable sont en hausse de 6 %, les prêts non concessionnels en baisse de moins de 1 %, tandis que les financements privés mobilisés ont augmenté de 21 %, ce qui compense la baisse enregistrée en 2021 (Nations Unies, 2024[26]). *Les données publiées pour l'ODD 17.3.1 sur les financements privés mobilisés n'incluent pas les résultats de l'enquête sur le SNPC de l'OCDE relative aux financements privés mobilisés dans les pays en développement. Si l'on inclut les montants mobilisés dans les pays en développement, le total s'élève à 62 milliards USD en 2022.*
55	Moderniser les méthodes de mesure de l'APD. Étudier la mesure proposée du soutien public total au développement durable.	Oui Élaboration d'une mesure du TOSSD.	S.O.	*La modernisation par le CAD des règles de l'APD apporte des clarifications sur l'éligibilité des dépenses en faveur du maintien de la paix et de la sécurité et des dépenses d'accueil des réfugiés, et introduit la notion d'équivalent-don pour la comptabilisation des prêts, des garanties et des prises de participation. Ces modifications permettent d'améliorer l'exactitude, la transparence et la redevabilité et de refléter la diversification des instruments financiers dans les déclarations d'APD. Plusieurs garanties, telles qu'une mesure plus rigoureuse du niveau de concessionnalité, un plafond pour la déclaration de l'allègement de la dette et un suivi plus strict des dépenses d'accueil des réfugiés, ont également été introduites pour protéger l'intégrité de l'APD. Le CAD étudie également la possibilité de promouvoir des partenariats plus ouverts afin d'aider les pays qui s'approchent des seuils de retrait de la liste des bénéficiaires de l'APD et font face à des vulnérabilités.* (OCDE, 2025[27]) *Des débats ouverts, inclusifs et transparents se sont tenus sur la mesure du TOSSD, tandis qu'un Groupe de travail international (2017-23) a été constitué aux fins de l'élaboration du TOSSD. La méthodologie a été examinée par un Groupe de travail des Nations Unies (2020-21) du Groupe Inter-Agences et d'experts des Nations Unies sur les indicateurs des ODD. Dans une décision de mars 2022, la Commission de statistique des Nations Unies a adopté le Pilier I du TOSSD sur les flux de ressources transfrontières à destination des pays en développement comme source de données officielle pour le suivi de l'indicateur 17.3.1 des objectifs de*

Paragraphe du Programme d'action d'Addis-Abeba	Engagement	Cible ou objectif spécifique	Cible des Objectifs de développement durable (ODD) correspondante (si disponible)	État d'avancement de la mise en œuvre ou progrès accomplis depuis 2015, d'après les indicateurs des ODD retenus ou d'autres pertinents (mesures indirectes)
				développement durable (ODD). *Le Forum international sur le TOSSD (créé en 2024) et le groupe de travail qui l'a précédé ont réuni et publié les données sur le TOSSD portant sur les flux enregistrés sur quatre ans (2019-22) ; les données de 2022 couvrent les ressources fournies par 121 déclarants (pays et organisations multilatérales), dont 19 fournisseurs de coopération Sud-Sud. Les données du TOSSD sont accessibles en ligne via une base de données publique et un outil de visualisation qui présente les données par activité des flux de ressources transfrontières dirigés vers les pays en développement (Pilier I du TOSSD), les dépenses mondiales et régionales (Pilier II du TOSSD), et des données semi-agrégées sur la mobilisation des financements privés* (TOSSD, 2024[4]).
56	Accroître la coopération Sud-Sud.	Non	Cible 17.3 Mobiliser des ressources financières supplémentaires de diverses provenances en faveur des pays en développement. Cible 17.9 Apporter, à l'échelon international, un soutien accru pour assurer le renforcement efficace et ciblé des capacités des pays en développement et appuyer ainsi les plans nationaux d'exécution de tous les ODD, notamment dans le cadre de la coopération Nord-Sud, Sud-Sud et triangulaire.	Indicateur 17.3.1 des ODD *Voir le paragraphe 54.* Indicateur 17.9.1 des ODD – Valeur en dollars de l'aide financière et technique promise aux pays en développement (notamment dans le cadre de la coopération Nord-Sud et Sud-Sud et de la coopération triangulaire). Le volume total du financement public à l'appui du développement destiné au renforcement des capacités et à la planification nationale a atteint 54.9 milliards USD en 2022, soit une hausse de 51.4 % depuis 2015 ; 27.2 milliards USD ont été dirigés vers les secteurs de l'administration publique, de la santé et de la politique financière. Le soutien aux politiques sanitaires, en hausse de 26 % en 2022, a atteint 6.5 milliards USD dans le cadre de la réponse aux défis soulevés par le COVID-19. (Nations Unies, 2024[6]). De 2019 à 2022, le nombre d'activités de coopération Sud-Sud déclarées au TOSSD est passé de 5 558 à 9 092, ce qui représente une hausse de 64 %, mais le volume total est en baisse et s'est établi à 10.4 milliards USD en 2022, contre 12.8 milliards USD en 2019[1]. *Il ressort d'une enquête mondiale menée par ONU commerce et développement que 60 des 80 des pays du Sud qui y ont répondu ont sollicité un soutien immédiat afin*

Paragraphe du Programme d'action d'Addis-Abeba	Engagement	Cible ou objectif spécifique	Cible des Objectifs de développement durable (ODD) correspondante (si disponible)	État d'avancement de la mise en œuvre ou progrès accomplis depuis 2015, d'après les indicateurs des ODD retenus ou d'autres pertinents (mesures indirectes)
				de collecter ces données conformément à leurs obligations déclaratives liées à l'indicateur de l'ODD correspondant. Avec l'aide de partenaires, ONU commerce et développement dirige les travaux visant à renforcer les capacités des pays en développement afin qu'ils puissent mesurer et déclarer avec exactitude les efforts de coopération Sud-Sud, et de leur permettre de gérer et de mobiliser efficacement les ressources en vue de réaliser les objectifs fixés par l'Agenda 2030. (Nations Unies, 2024[28])
57	Renforcer la coopération Sud-Sud et la coopération triangulaire et améliorer leur efficacité sur le plan du développement.	Non	Cible 17.9 Voir le paragraphe 56.	Indicateur 17.9.1 des ODD Voir le paragraphe 56 au sujet de la coopération Sud-Sud. Entre 2019 et 2022, les activités de coopération triangulaire ont connu une hausse de 268 % et sont passées de 382 à 1 404, ce qui représente l'équivalent de 84.23 millions USD en 2019 à 424.82 millions USD en 2022.
58	Améliorer la qualité, les effets et l'efficacité de la coopération pour le développement en alignant les activités sur les priorités nationales, en réduisant leur fragmentation et en accélérant le passage à une aide non liée, en veillant notamment au respect des principes relatifs à l'efficacité de la coopération pour le développement convenus d'un commun accord. Favoriser la prise en main des activités par les pays eux-mêmes, le recours à des approches fondées sur des programmes, le renforcement des partenariats, et l'accroissement de la transparence et de la prévisibilité. Ne pas exiger des exonérations d'impôt sur les biens et services	Non	Cible 17.15 Respecter la marge de manœuvre et l'autorité de chaque pays en ce qui concerne l'élaboration et l'application des politiques d'élimination de la pauvreté et de développement durable.	Indicateur 17.15.1 des ODD – Ampleur du recours par les prestataires de la coopération pour le développement à des cadres de résultats et à des outils de planification propres aux pays. L'utilisation des cadres de résultats et des outils de planification propres aux pays par les fournisseurs bilatéraux de coopération pour le développement a baissé, passant de 64 % en 2016 à 57 % en 2018 (PMIA, s.d.[29]). Pourcentage de l'aide non liée La part d'aide non liée est en hausse, de 47 % en moyenne en 1999-2001 à 89 % en 2022. (Nations Unies, 2024[30]) Part de l'aide programmable par pays (APP) L'APP, qui correspond aux flux de l'APD aux pays partenaires qui peut être programmée, s'est établie à 67 milliards USD en 2023, ce qui représente une hausse de 27 % depuis 2015 ; toutefois, si l'on exclut le soutien à l'Ukraine, son volume est resté stable au cours de la période considérée (OCDE, 2024[2]) *Lancée en 2022, la plateforme numérique sur le traitement fiscal de l'aide publique*

Paragraphe du Programme d'action d'Addis-Abeba	Engagement	Cible ou objectif spécifique	Cible des Objectifs de développement durable (ODD) correspondante (si disponible)	État d'avancement de la mise en œuvre ou progrès accomplis depuis 2015, d'après les indicateurs des ODD retenus ou d'autres pertinents (mesures indirectes)
	fournis de gouvernement à gouvernement, en commençant par renoncer au remboursement des taxes sur la valeur ajoutée et des taxes sur les importations.			*au développement (APD) de l'OCDE est la première ressource publique de ce type visant à améliorer la transparence autour de la fiscalité de l'aide au développement. La plateforme présente les réponses des pays à l'enquête et propose des liens vers des ressources supplémentaires. Elle répertorie également les approches adoptées par 22 des 30 membres du CAD qui ont participé à l'enquête, et qui représentaient plus de 80 % de l'APD bilatérale en 2020. Sur les 22 donneurs présents sur la plateforme, 13 ont indiqué avoir procédé à la révision de leur politique depuis 2015. Quatre d'entre eux ne demandent jamais, ou rarement, à bénéficier d'exonérations, trois en font parfois la demande, neuf en font généralement la demande, et six n'ont pas de politique définie sur ce point* (OCDE, s.d.[31]). *Des Principes directeurs concernant le traitement fiscal de l'aide fournie de gouvernement à gouvernement ont été élaborés par l'Organisation des Nations Unies (ONU) par le biais de son Sous-comité du régime fiscal applicable aux projets d'aide publique au développement* (Département des affaires économiques et sociales des Nations Unies, 2023[32]). *Le Comité fiscal des Nations Unies a également adopté une recommandation portant sur la publication des dispositions concernant le régime fiscal applicable aux projets d'aide de gouvernement à gouvernement.*
59	Être conscient que la Convention-cadre des Nations Unies sur les changements climatiques et la Conférence des Parties à cet instrument sont la principale instance intergouvernementale habilitée à négocier, au plan international, une intervention mondiale face aux changements climatiques.	Non	S.O.	S.O.
60	Concrétiser l'engagement pris par les pays développés de mobiliser 100 milliards USD par an d'ici à	Oui Mobiliser 100 milliards USD	Cible 13.a Mettre en œuvre l'engagement que les pays développés parties à la Convention-	Indicateur 13.a.1 des ODD – Montant (en dollars des États-Unis) des ressources fournies et mobilisées par année relativement à l'objectif collectif actuel de mobilisation, soit 100 milliards de dollars jusqu'en 2025.

Paragraphe du Programme d’action d’Addis-Abeba	Engagement	Cible ou objectif spécifique	Cible des Objectifs de développement durable (ODD) correspondante (si disponible)	État d’avancement de la mise en œuvre ou progrès accomplis depuis 2015, d’après les indicateurs des ODD retenus ou d’autres pertinents (mesures indirectes)
	2020 au service du financement climatique dans les pays en développement.	par an au service du financement climatique d’ici à 2020.	cadre des Nations Unies sur les changements climatiques ont pris de mobiliser ensemble auprès de multiples sources 100 milliards de dollars par an d’ici à 2020 pour répondre aux besoins des pays en développement en ce qui concerne les mesures concrètes d’atténuation et la transparence de leur mise en œuvre et rendre le Fonds vert pour le climat pleinement opérationnel en le dotant dans les plus brefs délais des moyens financiers nécessaires.	D’après le septième rapport de l’OCDE portant sur les progrès accomplis au regard de l’objectif de la Convention-cadre des Nations Unies sur les changements climatiques, en 2022, les pays développés ont fourni et mobilisé un total de 115.9 milliards USD de financements climatiques pour les pays en développement, dépassant ainsi pour la première fois l’objectif annuel de 100 milliards USD, bien que cette réalisation intervienne deux ans après l’année cible initiale de 2020 (OCDE, 2024[17]).
61	Se féliciter du lancement du Fonds vert pour le climat et la décision de son Conseil d’administration de viser à terme une répartition équilibrée 50/50 entre l’atténuation et l’adaptation.	Non	Cible 13.a Voir le paragraphe 60.	Indicateur 13.a.1 des ODD *Voir le paragraphe 60.* APD allouée à l’atténuation et à l’adaptation Après un léger recul en 2021, le financement de l’adaptation est passé à 32.4 milliards USD en 2022, soit le triple du montant enregistré en 2016. Les efforts d’atténuation continuent de représenter la majorité, avec 60 % du total (OCDE, 2024[17]). Décaissements et reconstitution des réserves du Fonds vert pour le climat (FVC) Les décaissements du FVC ont enregistré une hausse de 24.3 %, de 10.3 milliards USD lors du premier processus de mobilisation des ressources en 2014 à 12.8 milliards USD en 2022. En décembre 2023, le second processus de reconstitution des réserves du FVC a donné lieu à des annonces de contributions de 31 pays pour un montant total de 12.8 milliards USD sur les quatre années suivantes (Fonds vert pour le climat, 2024[33]).
62	Prendre en considération la résilience face aux changements	Non	Cible 11.b D’ici à 2020, accroître nettement le nombre	Indicateur 11.b.1 des ODD – Nombre de pays ayant adopté et mis en place des stratégies nationales de réduction des risques, conformément au Cadre de Sendai

Paragraphe du Programme d'action d'Addis-Abeba	Engagement	Cible ou objectif spécifique	Cible des Objectifs de développement durable (ODD) correspondante (si disponible)	État d'avancement de la mise en œuvre ou progrès accomplis depuis 2015, d'après les indicateurs des ODD retenus ou d'autres pertinents (mesures indirectes)
	climatiques et aux catastrophes dans le financement du développement afin d'assurer la durabilité des résultats en matière de développement. Renforcer la capacité de gestion et de financement des acteurs nationaux et locaux en ce qui concerne les risques de catastrophe, dans le cadre des stratégies nationales de développement durable.		de villes et d'établissements humains qui adoptent et mettent en œuvre des politiques et plans d'action intégrés en faveur de l'insertion de tous, de l'utilisation rationnelle des ressources, de l'adaptation aux effets des changements climatiques et de leur atténuation et de la résilience face aux catastrophes, et élaborer et mettre en œuvre, conformément au Cadre de Sendai pour la réduction des risques de catastrophe (2015-30), une gestion globale des risques de catastrophe à tous les niveaux. Cible 13.2 Intégrer les mesures de lutte contre le changement climatique dans les politiques, les stratégies et la planification nationales. Cible 13.b Promouvoir des mécanismes de renforcement des capacités afin que les PMA et les PEID se dotent de moyens efficaces de planification et de gestion pour faire face aux changements climatiques, l'accent étant mis, notamment, sur les femmes, les jeunes, la population locale et les groupes marginalisés.	pour la réduction des risques de catastrophe (RRC) (2015-30). En 2023, 129 pays ont déclaré s'être dotés d'une stratégie nationale de réduction des risques de catastrophes conforme au Cadre de Sendai, contre 55 pays en 2015. (Nations Unies, 2024[34]) Indicateur 11.b.2 des ODD – Proportion d'administrations locales ayant adopté et mis en place des stratégies locales de RRC, conformément aux stratégies suivies à l'échelle nationale. En 2023, 106 pays ont déclaré disposer de stratégies locales de RRC alignées sur leur stratégie nationale. En moyenne, 72 % des administrations locales de ces pays déclarants ont indiqué disposer de stratégies de ce type (Nations Unies, 2024[35]). Indicateur 13.2.1 des ODD – Nombre de pays ayant prévu des contributions déterminées au niveau national, des stratégies à long terme, des plans nationaux d'adaptation et des communications relatives à l'adaptation, selon les informations communiquées au secrétariat de la Convention-cadre des Nations Unies sur les changements climatiques. En 2023, 194 pays avaient prévu des contributions déterminées au niveau national, 154 pays disposaient de communications nationales (Parties non visées à l'Annexe I) et 45 de plans nationaux d'adaptation (Nations Unies, 2024[36] ; Nations Unies, 2024[25]). Indicateur 13.b.1 des ODD – Nombre de PMA et de PEID ayant prévu des contributions déterminées au niveau national, des stratégies à long terme, des plans nationaux d'adaptation et des communications relatives à l'adaptation, selon les informations communiquées au secrétariat de la Convention-cadre des Nations Unies sur les changements climatiques. Les PMA ont soumis 46 propositions de préparation au Fonds vert pour le climat pour la formulation de plans nationaux d'adaptation et d'autres processus de planification à l'adaptation, dont 31 ont été approuvées et 26 ont déjà donné lieu à des versements (CCNUCC, 2024[37]). En outre, 37 PEID et 45 PMA ont au moins présenté une première version de contributions déterminées au niveau national, et

Paragraphe du Programme d'action d'Addis-Abeba	Engagement	Cible ou objectif spécifique	Cible des Objectifs de développement durable (ODD) correspondante (si disponible)	État d'avancement de la mise en œuvre ou progrès accomplis depuis 2015, d'après les indicateurs des ODD retenus ou d'autres pertinents (mesures indirectes)
				de nombreux pays ont également commencé à soumettre des stratégies à long terme et des communications relatives à l'adaptation à la Convention-cadre des Nations Unies sur les changements climatiques (CCNUCC, 2024[37]).
63	Mobiliser des ressources financières de toutes sources et à tous les niveaux en faveur de la conservation et de l'utilisation durable de la biodiversité et des écosystèmes. Mettre en œuvre le Plan stratégique mondial pour la diversité biologique 2011-20 et ses Objectifs d'Aichi pour la biodiversité. Soutenir les efforts faits par les pays pour progresser dans la voie de la conservation et de la restauration. Aider les pays qui en ont besoin à mieux mettre en œuvre leurs stratégies et plans d'action concernant la biodiversité.	Oui Mettre en œuvre le Plan stratégique mondial pour la diversité biologique 2011-2020 et ses Objectifs d'Aichi pour la biodiversité.	Cible 15.a Mobiliser des ressources financières de toutes provenances et les augmenter nettement pour préserver la biodiversité et les écosystèmes et les exploiter durablement. Cible 15.9 D'ici à 2020, intégrer la protection des écosystèmes et de la biodiversité dans la planification nationale, dans les mécanismes de développement, dans les stratégies de réduction de la pauvreté et dans la comptabilité	Indicateurs 15.a.1 et 15.b.1 des ODD – *a)* APD consacrée à la préservation et à l'exploitation durable de la biodiversité ; *b)* produits générés et fonds mobilisés par les instruments économiques en rapport avec la biodiversité. En 2022, l'APD allouée à la préservation et à l'exploitation durable de la biodiversité s'est élevée à 11 milliards USD, en hausse par rapport aux 9.5 milliards USD de 2015 (OCDE, 2024[19]). Indicateur 15.9.1 des ODD – *a)* Nombre de pays qui ont établi des objectifs nationaux conformément ou de manière semblable à l'objectif 2 d'Aichi pour la biodiversité du Plan stratégique pour la diversité biologique 2011-20 dans leurs stratégies et plans d'action nationaux pour la biodiversité et progrès accomplis dans la réalisation de ces objectifs ; *b)* intégration de la biodiversité aux systèmes de comptabilité et d'information financière, définie comme la mise en œuvre du Système de comptabilité environnementale et économique. En 2022, 145 pays avaient fixé des objectifs nationaux conformément à l'objectif 2 d'Aichi pour la biodiversité du Plan stratégique pour la diversité biologique 2011-20 dans leurs stratégies et plans d'action nationaux en faveur de la biodiversité (Nations Unies, 2024[25]).
64	Assurer la conservation et l'utilisation durable des océans et des mers et de leurs ressources au service du développement durable.	Non	Cible 14.2 D'ici à 2020, gérer et protéger durablement les écosystèmes marins et côtiers, notamment en renforçant leur résilience, afin d'éviter les graves conséquences de leur dégradation et prendre des mesures en faveur de leur restauration pour rétablir la santé et la productivité des océans.	APD allouée à l'économie océanique En 2022, l'APD allouée à l'économie océanique a atteint 3.5 milliards USD, ce qui représente une hausse par rapport au chiffre de 2.1 milliards USD en 2015 mais ne constitue qu'une fraction (1 %) de l'APD totale. L'APD allouée à l'économie océanique durable axée sur l'amélioration de la durabilité des secteurs de l'économie océanique et sur la conservation des océans s'est établie à 2.4 milliards USD, contre 1.1 milliard USD en 2015, ce qui représente 69 % de l'APD totale allouée à l'économie de la mer (OCDE, 2020[20] ; OCDE, 2024[7]).

Paragraphe du Programme d'action d'Addis-Abeba	Engagement	Cible ou objectif spécifique	Cible des Objectifs de développement durable (ODD) correspondante (si disponible)	État d'avancement de la mise en œuvre ou progrès accomplis depuis 2015, d'après les indicateurs des ODD retenus ou d'autres pertinents (mesures indirectes)
			Cible 14.c Améliorer la conservation et l'utilisation durable des océans et de leurs ressources en application des dispositions du droit international, énoncées dans la Convention des Nations Unies sur le droit de la mer, qui fournit le cadre juridique requis pour la conservation et l'utilisation durable des océans et de leurs ressources.	
65	Renforcer le soutien aux zones côtières et aux pays côtiers de basse altitude, notamment en faveur des PMA et des PEID, afin de les aider à relever les défis de l'élévation des températures à l'échelle mondiale et du niveau des mers, de l'acidification des océans et d'autres effets des changements climatiques, et à s'y adapter.	Non	Cible 14.7 D'ici à 2030, faire bénéficier plus largement les PEID et les PMA des retombées économiques de l'exploitation durable des ressources marines, notamment grâce à une gestion durable des pêches, de l'aquaculture et du tourisme ;	APD allouée à l'économie océanique Voir le paragraphe 64. APD allouée aux PMA et aux PEID Entre 2015 et 2023, l'APD consentie aux PMA et aux PEID a enregistré une hausse de, respectivement, 25 % et 62 % (OCDE, 2024[5]).
66	Permettre aux pays de prévenir ou de contrer les situations de crise chronique induites par des conflits ou des catastrophes naturelles. Renforcer les capacités des acteurs nationaux et locaux en matière de gestion et de financement de la réduction des risques de catastrophe et permettre ainsi aux pays de tirer avec efficience et efficacité parti de l'aide internationale en cas de besoin.	Non	Cible 11.b Voir le paragraphe 62.	Indicateur 11.b.1 des ODD *Voir le paragraphe 62.* Indicateur 11.b.2 des ODD *Voir le paragraphe 62.*

Paragraphe du Programme d'action d'Addis-Abeba	Engagement	Cible ou objectif spécifique	Cible des Objectifs de développement durable (ODD) correspondante (si disponible)	État d'avancement de la mise en œuvre ou progrès accomplis depuis 2015, d'après les indicateurs des ODD retenus ou d'autres pertinents (mesures indirectes)
67	Aider les pays à accéder au financement de la consolidation de la paix et du développement en situation d'après conflit.	Non	S.O.	APD dirigée vers les contextes fragiles L'APD à destination de contextes fragiles a représenté 89.1 milliards USD en 2022, contre 75.5 milliards USD en 2016 (OCDE, 2024[5]). *Depuis 2016, l'OCDE évalue la fragilité dans de nombreux pays et contextes à travers le monde à l'aide d'un cadre multidimensionnel couvrant les dimensions économique, environnementale, humaine, politique, sécuritaire et sociétale. Les contextes touchés par des conflits ont tendance à être fragiles, mais la plupart des contextes fragiles ne sont pas en état de guerre. La fragilité augmente toutefois les risques de conflit ou de crise* (OCDE, s.d.[38]).
68	Soutenir les efforts faits par les PMA, les PDSL et les PEID pour renforcer leurs capacités nationales de réaction à divers types de chocs, dont les crises financières, les catastrophes naturelles et les urgences sanitaires.	Non	Cible 10.b Favoriser l'apport d'APD et les flux financiers, y compris les investissements étrangers directs, en direction des États qui en ont le plus besoin, en particulier les pays les moins avancés, les pays africains, les petits États insulaires en développement et les pays en développement sans littoral, conformément à leurs plans et programmes nationaux.	Indicateur 10.b.1 des ODD – Montant total des ressources allouées au développement, par pays bénéficiaire et donneur et type d'apport (APD, investissement étranger direct et autres). Au total, en 2022, les pays en développement ont reçu 499 milliards USD de ressources, dont 246 milliards USD au titre de l'APD ; 66 % provenaient de pays membres du CAD, 7 % d'autres donneurs bilatéraux, et 27 % d'organisations multilatérales. C'est l'Asie qui en a reçu la plus grande part (38 %), et les principaux bénéficiaires étaient des pays à revenu intermédiaire de la tranche inférieure. Les flux privés ont rebondi après la crise du COVID-19 et apporté une contribution de 200 milliards USD ; la part de l'APD s'est inscrite à la baisse, passant de 54 % en 2015 à 49 % en 2022 (Nations Unies, 2024[39]).
69	Étudier d'autres mécanismes innovants reposant sur des modèles qui combinent les ressources publiques et privées telles que les obligations vertes, les obligations-vaccination, les prêts triangulaires et les mécanismes d'incitation, et les mécanismes de tarification du carbone.	Non	Cible 17.3 Voir le paragraphe 54.	Indicateur 17.3.1 des ODD Voir le paragraphe 54. Volume global annuel des émissions d'obligations durables Le volume global annuel des émissions d'obligations à caractère durable (obligations vertes, sociales, durables et liées à la durabilité) s'est chiffré à 946 milliards USD en 2023, ce qui représente une hausse de 2.2 % après une baisse en 2022 (Rapport 2024 sur le financement du développement durable). Les

Paragraphe du Programme d'action d'Addis-Abeba	Engagement	Cible ou objectif spécifique	Cible des Objectifs de développement durable (ODD) correspondante (si disponible)	État d'avancement de la mise en œuvre ou progrès accomplis depuis 2015, d'après les indicateurs des ODD retenus ou d'autres pertinents (mesures indirectes)
				émissions d'obligations durables ont été multipliées par cinq depuis 2018, et le montant cumulé des émissions d'obligations vertes, sociales, durables et liées à la durabilité s'est établi à 5 300 milliards USD en 2023 (Nations Unies, 2024[30] ; Banque mondiale, 2024[40]). Pourtant, seules 13 % de l'ensemble de ces obligations ont été émises par des entités dans des pays en développement en 2022, et leur part dans le marché est tombée à 5 % en 2023 (OCDE, 2023[41]). *Les obligations vertes, sociales et durables financent des activités durables spécifiques. Les obligations liées au développement durable ont un objectif général mais sont liées à des objectifs de performance environnementale ou sociale. Les obligations vertes continuent de constituer le principal instrument, puisqu'elles représentent 60 % des émissions totales, et sont principalement axées sur l'atténuation climatique* (Nations Unies, 2024[30]).
70	Reconnaître le rôle fondamental des banques multilatérales de développement et autres institutions financières internationales de développement dans le financement du développement durable, concessionnel et non concessionnel.	Non	S.O.	Financement du développement par les fournisseurs multilatéraux En 2022, les organisations multilatérales se sont engagées à consacrer 213 milliards USD de leurs ressources de base au soutien aux pays en développement, un montant en hausse par rapport aux 152 milliards USD en 2015. Près de la moitié de ces engagements, à savoir 92 milliards USD en 2022 et 71 milliards USD en 2015, se sont concrétisés par un soutien concessionnel (OCDE, 2024[7]). Contribution des membres du CAD au système multilatéral de développement En 2022, la contribution totale des membres du CAD au système multilatéral de développement s'est élevée à 98.5 milliards USD, en hausse par rapport à la contribution de 60.7 milliards USD en 2015 (OCDE, 2024[7]).
71	Accentuer le soutien aux pays à revenu intermédiaire (notamment par des financements concessionnels tels que l'APD).	Non	S.O.	APD allouée aux pays à revenu intermédiaire Les versements d'APD (à prix constants) des membres du CAD en faveur des pays à revenu intermédiaire de la tranche inférieure se sont chiffrés à 47.1 milliards USD en 2022, contre 27.4 milliards USD en 2015. Pour les pays à revenu intermédiaire

Paragraphe du Programme d'action d'Addis-Abeba	Engagement	Cible ou objectif spécifique	Cible des Objectifs de développement durable (ODD) correspondante (si disponible)	État d'avancement de la mise en œuvre ou progrès accomplis depuis 2015, d'après les indicateurs des ODD retenus ou d'autres pertinents (mesures indirectes)
				de la tranche supérieure, ces versements se sont établis à 13.1 milliards USD en 2022, contre 10.2 milliards USD en 2015 (OCDE, 2024[3]).
72	Accroître le soutien aux pays à revenu intermédiaire, et remédier au problème de la diminution de l'accès au financement concessionnel avec l'augmentation des revenus des pays. Encourager les banques multilatérales de développement à concevoir en matière de passage des pays d'une catégorie à l'autre des politiques qui soient séquentielles et graduelles tout en étudiant les moyens de concevoir des stratégies d'aide adaptées et en prenant acte de l'importance des mécanismes d'atténuation des risques, notamment par l'entremise de l'Agence multilatérale de garantie des investissements.	Non	S.O.	Soutien de l'AMGI aux pays à revenu intermédiaire Au cours de l'exercice 2023, l'AMGI a émis un montant record de 6.4 milliards USD de nouvelles garanties dans le cadre de 40 projets et fourni un financement total de 8.6 milliards USD (provenant de sources privées et publiques). La majorité des projets ont contribué à au moins un des trois domaines prioritaires de l'AMGI : 27 % des émissions brutes sont allées à des pays (à faible revenu) admis à bénéficier de l'aide de l'International Development Association, 19 % à des pays en situation de fragilité ou touchés par un conflit, et 28 % de l'ensemble des investissements garantis dans le cadre des projets ont contribué au financement de l'action climatique. Les garanties émises par l'AMGI au cours de l'exercice 2023 devraient contribuer à la création de 8 744 emplois et permettre l'émission de prêts pour un montant de 2.6 milliards USD, notamment pour des petites et moyennes entreprises et pour des activités liées au climat. Les projets de l'AMGI ont également permis de connecter 55 millions de personnes aux réseaux de téléphonie mobile et de 40 millions de personne à l'internet (AMGI, 2023[42]).
73	Adapter le niveau de concessionnalité du financement international public en fonction des indicateurs du développement de chaque pays bénéficiaire et de la viabilité du projet à financer.	Non	S.O.	Voir le paragraphe 72.
74	Soutenir le système des Nations Unies pour le développement.	Non	S.O.	Soutien de l'ensemble des États membres des Nations Unies au système des Nations Unies pour le développement En 2022, les contributions de l'ensemble des États membres des Nations Unies au système des Nations Unies pour le développement se sont établies à

Paragraphe du Programme d'action d'Addis-Abeba	Engagement	Cible ou objectif spécifique	Cible des Objectifs de développement durable (ODD) correspondante (si disponible)	État d'avancement de la mise en œuvre ou progrès accomplis depuis 2015, d'après les indicateurs des ODD retenus ou d'autres pertinents (mesures indirectes)
				38.7 milliards USD, ce qui représente une hausse de près de 100 % par rapport au montant de 19.3 milliards USD en 2016 (OCDE, 2024[7]). Soutien des membres du CAD au système des Nations Unies pour le développement Les pays membres du CAD ont contribué à ce montant total à hauteur de 36.8 milliards USD en 2022, contre 17.9 milliards USD en 2015 (OCDE, 2024[7]).
75	Mettre en lumière le rôle des banques de développement dans le financement des infrastructures et du développement. Encourager les systèmes de sauvegarde efficaces et l'investissement à long terme dans le développement durable. Soutenir les nouveaux mécanismes de financement pour les investissements régionaux et les organisations régionales.	Non	Cible 9.a Faciliter la mise en place d'une infrastructure durable et résiliente dans les pays en développement en renforçant l'appui financier, technologique et technique apporté aux pays d'Afrique, aux PMA, aux PDSL et aux PEID. Cible 17.17 Encourager et promouvoir les partenariats publics, les partenariats public-privé et les partenariats avec la société civile, en faisant fond sur l'expérience acquise et les stratégies de financement appliquées en la matière.	Indicateur 9.a.1 des ODD – Montant total de l'aide publique internationale (APD et autres apports du secteur public) alloué aux infrastructures. En 2022, les apports totaux du secteur public (versements bruts) destinés aux infrastructures ont représenté 68.2 milliards USD, contre 61 milliards USD en 2015 (+11 %). Cependant, leur part en pourcentage du volume total des apports du secteur public est en baisse, puisqu'elle était de 21 % en 2015 et représente 17 % en 2022. Pour les PMA, les apports totaux du secteur public alloués aux infrastructures se sont élevés à 12.85 milliards USD, en hausse par rapport au montant de 8.33 milliards USD observé en 2015 (Nations Unies, 2024[25]). Indicateur 17.17.1 des ODD – Montant (en dollars des États Unis) des ressources allouées aux partenariats public-privé pour l'infrastructure. Aucune donnée disponible depuis 2016. Financement du développement par les banques publiques de développement *Voir l'Annexe 2.A. pour de plus amples informations sur le rôle des banques publiques de développement dans le financement du développement durable.*
76	Soutenir les partenariats multipartites.	Non	Cible 17.16 Renforcer le Partenariat mondial pour le développement durable, associé à des partenariats multipartites permettant de mobiliser et de partager des savoirs, des	Indicateur 17.16.1 des ODD – Nombre de pays faisant état de progrès dans la mise en place de cadres multipartites de suivi de l'efficacité du développement favorisant la réalisation des objectifs de développement durable ; En 2018, 56 des 114 pays qui ont fait l'objet d'évaluations consécutives de la coopération efficace au service du développement (36 pays bénéficiaires et 20 pays

Paragraphe du Programme d'action d'Addis-Abeba	Engagement	Cible ou objectif spécifique	Cible des Objectifs de développement durable (ODD) correspondante (si disponible)	État d'avancement de la mise en œuvre ou progrès accomplis depuis 2015, d'après les indicateurs des ODD retenus ou d'autres pertinents (mesures indirectes)
			connaissances spécialisées, des technologies et des ressources financières, afin d'aider tous les pays, en particulier les pays en développement, atteindre les ODD.	fournisseurs) ont globalement progressé en ce qui concerne le renforcement de l'efficacité des partenariats multipartites et les moyens de mise en œuvre du Programme à l'horizon 2030 (Nations Unies, 2024[26]). En 2024, seul un pays bénéficiaire sur cinq pour lesquels une nouvelle évaluation était disponible a accompli des progrès dans le renforcement de ces partenariats pour le développement (Nations Unies, 2024[26]).
77	Soutenir les partenariats multipartites tels que l'Alliance mondiale pour les vaccins et l'immunisation (Gavi) et le Fonds mondial de lutte contre le sida, la tuberculose et le paludisme. Prendre acte du rôle essentiel joué par l'Organisation mondiale de la santé (OMS) dans la coordination de l'action sanitaire internationale. Améliorer les systèmes de santé nationaux et mondiaux, accroître le budget de la santé, et renforcer le personnel de santé dans les pays en développement. Soutenir la mise en œuvre de la Convention-cadre de l'OMS pour la lutte antitabac et les financements innovants en faveur de la santé des femmes et des enfants, dont la contribution du Mécanisme mondial de financement.	Non	Cible 3.8 Faire en sorte que chacun bénéficie d'une couverture sanitaire universelle, comprenant une protection contre les risques financiers et donnant accès à des services de santé essentiels de qualité et à des médicaments et vaccins essentiels sûrs, efficaces, de qualité et d'un coût abordable. Cible 3.a Renforcer dans tous les pays, selon qu'il convient, l'application de la Convention-cadre de l'OMS pour la lutte antitabac. Cible 3.b Appuyer la recherche et le développement de vaccins et de médicaments contre les maladies, transmissibles ou non, qui touchent principalement les habitants des pays en développement, donner accès, à un coût abordable, aux médicaments et vaccins essentiels, conformément à la Déclaration de Doha sur l'Accord sur les aspects des droits de propriété	Indicateur 3.8.1 des ODD – Couverture des services de santé essentiels. La couverture sanitaire universelle est passée de 65 % en 2015 à 68 % en 2021 (Nations Unies, 2024[25]). Indicateur 3.8.2 des ODD – Proportion de la population consacrant une grande part de ses dépenses ou de ses revenus domestiques aux services de soins de santé. En 2019, la proportion de la population consacrant une très grande part (plus de 25 %) de ses dépenses ou de ses revenus domestiques aux services de soins de santé était de 3.8 % contre 3.3 % en 2015. La proportion de la population consacrant une grande part (plus de 10 %) de ses dépenses ou de ses revenus domestiques aux services de soins de santé était de 13.5 % contre 12.7 % en 2015 (Nations Unies, 2024[25]). Indicateur 3.a.1 des ODD – Prévalence de la consommation actuelle de tabac chez les personnes de 15 ans ou plus (taux comparatifs par âge). La prévalence de la consommation actuelle de tabac chez les personnes de 15 ans ou plus, quel que soit leur genre, était de 20.9 % en 2022 contre 23.9 % en 2015 (Nations Unies, 2024[25]). Indicateur 3.b.2 des ODD – Montant total net de l'APD consacré à la recherche médicale et aux soins de santé de base. Le montant total net des versements d'APD affectés à la recherche médicale et aux soins de santé de base était de 21.1 milliards USD en 2022, contre 10.5 milliards USD en 2015. Pour les PMA, le montant total net des versements

Paragraphe du Programme d'action d'Addis-Abeba	Engagement	Cible ou objectif spécifique	Cible des Objectifs de développement durable (ODD) correspondante (si disponible)	État d'avancement de la mise en œuvre ou progrès accomplis depuis 2015, d'après les indicateurs des ODD retenus ou d'autres pertinents (mesures indirectes)
			intellectuelle qui touchent au commerce (ADPIC) et la santé publique, qui réaffirme le droit qu'ont les pays en développement de tirer pleinement parti des dispositions de cet accord qui ménagent une flexibilité lorsqu'il s'agit de protéger la santé publique et, en particulier, d'assurer l'accès universel aux médicaments. Cible 3.c Accroître considérablement le budget de la santé et le recrutement, le perfectionnement, la formation et le maintien en poste du personnel de santé dans les pays en développement, notamment dans les PMA et les PEID.	d'APD affectés à la recherche médicale et aux soins de santé de base s'est établi à 6.4 milliards USD en 2022, contre à 4.9 milliards USD en 2015 (Nations Unies, 2024[25]). Indicateur 3.c.1 des ODD – Densité et répartition du personnel de santé. En 2021, au niveau mondial, la densité du personnel de santé, par type d'activité exercée, était de 17.3 pour 10 000 habitants pour les médecins, mais elle n'était que de 2.8 % pour 10 000 habitants dans les PMA. Bien qu'une étude ait récemment revu à la baisse les prévisions de pénurie de personnel de santé à l'horizon 2030, de 18 millions à 10 millions, le vieillissement de la population mondiale entraîne des besoins accrus et creuse l'écart. Pour préserver la densité actuelle à taux comparatifs par âge des personnels de santé, il faudrait 1.8 million de professionnels de santé supplémentaires dans 54 pays, principalement dans des pays à revenu élevé. Selon des données de 2014-22, c'est l'Europe qui affiche les plus hautes densités de médecins et de dentistes, de 40.4 et 6.9 praticiens pour 10 000 habitants respectivement ; l'Amérique du Nord est au premier rang pour ce qui est des infirmiers et des sages-femmes, qui sont 117.2 pour 10 000 habitants, et des pharmaciens, 9.7 pour 10 000 habitants. En revanche, l'Afrique subsaharienne affiche les plus faibles densités de personnel de santé, avec 2.3 médecins et 11.6 infirmiers et sages-femmes pour 10 000 habitants, et moins d'un dentiste et d'un pharmacien pour 10 000 habitants (Nations Unies, 2024[43]).
78	Dispenser une éducation de qualité à tous les enfants. Faire en sorte que tous les enfants acquièrent une éducation gratuite, équitable, inclusive et de qualité, du niveau préscolaire au niveau secondaire. Renforcer les initiatives telles que le Partenariat mondial pour l'éducation. Accroître le pourcentage d'enseignants qualifiés, en particulier dans les pays en développement et	Non	Cible 4.1 D'ici à 2030, faire en sorte que toutes les filles et tous les garçons suivent, sur un pied d'égalité, un cycle complet d'enseignement primaire et secondaire gratuit et de qualité les dotant d'acquis véritablement utiles. Cible 4.2 D'ici à 2030, faire en sorte que toutes les filles et tous les garçons aient accès à des	Indicateur 4.b.1 des ODD – Apports d'APD consacrés aux bourses par secteur et type d'études. Le volume d'APD (versements bruts) consacré aux bourses s'est établi à 1.67 milliard USD en 2022 contre 1.39 milliard USD en 2015 (Nations Unies, 2024[44]). Indicateur 4.c.1 des ODD – Proportion d'enseignants possédant les qualifications minimales requises par niveau d'études. En 2022, 15 % des enseignants n'étaient toujours par formés conformément aux normes minimales de leur pays, une proportion qui stagne depuis 2015. On observe des disparités importantes entre les régions : en Afrique subsaharienne, seuls 70 %

Paragraphe du Programme d'action d'Addis-Abeba	Engagement	Cible ou objectif spécifique	Cible des Objectifs de développement durable (ODD) correspondante (si disponible)	État d'avancement de la mise en œuvre ou progrès accomplis depuis 2015, d'après les indicateurs des ODD retenus ou d'autres pertinents (mesures indirectes)
	les PEID.		services de développement et de prise en charge de la petite enfance et à une éducation préscolaire de qualité qui les préparent à suivre un enseignement primaire. Cible 4.b D'ici à 2020, augmenter nettement à l'échelle mondiale le nombre de bourses d'études offertes à des étudiants des pays en développement, en particulier des PMA, des PEID et des pays d'Afrique, pour leur permettre de suivre des études supérieures, y compris une formation professionnelle, des cursus informatiques, techniques et scientifiques et des études d'ingénieur, dans des pays développés et d'autres pays en développement. Cible 4.c D'ici à 2030, accroître nettement le nombre d'enseignants qualifiés, notamment au moyen de la coopération internationale pour la formation d'enseignants dans les pays en développement, surtout dans les PMA et les PEID.	des enseignants possèdent les qualifications minimales fixées au niveau national, contre 88 % en Asie de l'Est et en Asie du Sud-Est (Nations Unies, 2024[44]). APD à l'appui de l'éducation Les engagements d'APD bilatérale à l'appui de l'éducation sont en hausse, de 13.6 milliards USD en 2015 à 14.4 milliards USD en 2022 (OCDE, 2024[45]).

Note : Ces données sont essentiellement tirées du rapport des Nations Unies intitulé Sustainable Development Goals Extended Report 2024 et de ses annexes statistiques. Les sommes données dans les annexes sont exprimées en USD à prix constants de 2015. L'abréviation S.O. signifie « Sans Objet » et est utilisée lorsqu'un élément n'est pas applicable ou pertinent. 1. Sur la base de données fournies par le Forum international sur le TOSSD.

Références

AMGI (2023), *Rapport annuel 2023*, Agence multilatérale de garantie des investissements, https://www.miga.org/sites/default/files/multilingual/2024-03/FRENCH_MIGA_Annual_Report_FY23.pdf. [42]

Banque mondiale (2024), *Green, Social, Sustainability, and Sustainability-Linked (GSSS) Bonds Market Update, July 2024*, https://thedocs.worldbank.org/en/doc/dacb969cc71f53abde2d2758f1cc13ed-0340012024/original/GSSS-Quarterly-Newsletter-Issue-No-8.pdf. [13]

Banque mondiale (2024), *Green, Social, Sustainability, and Sustainability-Linked (GSSS) Bonds: Market Update – April 2024*, https://thedocs.worldbank.org/en/doc/2fa215f2779f95d970ef0601aa551cbc-0340012024/original/GSSS-Quarterly-Newsletter-Issue-No-7.pdf. [40]

CCNUCC (2024), *Draft text on SBI 60 agenda item 11: Matters relating to the least developed countries*, https://unfccc.int/sites/default/files/resource/LDC_matters_SBI60.pdf. [37]

COP29 (2024), *Breakthrough in Baku delivers $1.3 trillion 'Baku Finance Goal' with new core finance goal of $300 billion*, https://cop29.az/en/media-hub/news/breakthrough-in-baku-delivers-13tn-baku-finance-goal. [21]

Département des affaires économiques et sociales des Nations Unies (2023), *United Nations Guidelines on the Tax Treatment of Government-to-Government Aid Projects*, Nations Unies, https://doi.org/10.18356/9789210001083. [32]

Fonds vert pour le climat (2024), *Fonds vert pour le climat*, https://www.greenclimate.fund/gcf-2. [33]

Integrated National Financing Frameworks (2024), *Making finance work for for people and planet: How countries are building their sustainable finance ecosystem through integrated national financing frameworks*, https://inff.org/resource/making-finance-work-for-people-and-planet-how-countries-are-building-their-sustainable-finance-ecosystem-through-integrated-national-financing-frameworks. [24]

International Forum on Total Official Support for Sustainable Development (2024), « About the data », *Soutien public total au développement durable*, https://tossd.online/about (consulté le 30 November 2024). [8]

Nations Unies (2024), *COP29 : la Conférence des Nations Unies sur le climat convient de tripler le financement aux pays en développement pour protéger les vies et les moyens de subsistance*, https://unfccc.int/fr/news/cop-29-la-conference-des-nations-unies-sur-le-climat-convient-de-tripler-le-financement-aux-pays-en. [22]

Nations Unies (2024), *Financing for Sustainable Development Report 2024 : Financing for Development at a Crossroads*, Département des affaires économiques et sociales, Financement, Nations Unies, New York, https://desapublications.un.org/publications/financing-sustainable-development-report-2024 (consulté le 20 novembre 2024). [30]

Nations Unies (2024), *History of the MVI*, United Nations Office of the High Representative for the Least Developed Countries, Landlocked Developing Countries and Small Island Developing States, https://www.un.org/ohrlls/mvi/history-of-mvi (consulté le 29 November 2024). [23]

Nations Unies (2024), *Progress Towards the Sustainable Development Goals - Report of the Secretary-General: Statistical Annex*, Conseil économique et social, New York, https://unstats.un.org/sdgs/files/report/2024/E_2024_54_Statistical_Annex_I_and_II.pdf. [25]

Nations Unies (2024), *SDGs - Extended Report*, Division de statistique de l'Organisation des Nations Unies, New York, https://unstats.un.org/sdgs/report/2024/extended-report/ (consulté le 29 novembre 2024). [28]

Nations Unies (2024), *The Sustainable Development Goals Extended Report 2024*, Commission de statistique des Nations Unies, New York, https://unstats.un.org/sdgs/report/2024/extended-report/Extended-Report_Goal-17.pdf. [6]

Nations Unies (2024), *The Sustainable Development Goals Extended Report 2024*, Commission de statistique des Nations Unies, New York, https://unstats.un.org/sdgs/report/2024/extended-report/Extended-Report_Goal-13.pdf. [34]

Nations Unies (2024), *The Sustainable Development Goals Extended Report 2024: Goal 10*, Commission de statistique des Nations Unies, New York, https://unstats.un.org/sdgs/report/2024/extended-report/Extended-Report_Goal-10.pdf. [39]

Nations Unies (2024), *The Sustainable Development Goals Extended Report 2024: Goal 11*, Commission de statistique des Nations Unies, New York, https://unstats.un.org/sdgs/report/2024/extended-report/Extended-Report_Goal-11.pdf. [35]

Nations Unies (2024), *The Sustainable Development Goals Extended Report 2024: Goal 11*, Commission de statistique des Nations Unies, New York, https://unstats.un.org/sdgs/report/2024/extended-report/Extended-Report_Goal-11.pdf. [36]

Nations Unies (2024), *The Sustainable Development Goals Extended Report 2024: Goal 17*, Commission de statistique des Nations Unies, New York, https://unstats.un.org/sdgs/report/2024/extended-report/Extended-Report_Goal-17.pdf. [26]

Nations Unies (2024), *The Sustainable Development Goals Extended Report 2024: Goal 3*, Commission de statistique des Nations Unies, New York, https://unstats.un.org/sdgs/report/2024/extended-report/Extended-Report_Goal-3.pdf. [43]

Nations Unies (2024), *The Sustainable Development Goals Extended Report 2024: Goal 4*, Commission de statistique des Nations Unies, New York, https://unstats.un.org/sdgs/report/2024/extended-report/Extended-Report_Goal-4.pdf. [44]

OCDE (2025), *Modernising official development assistance (ODA)*, https://www.oecd.org/content/oecd/en/topics/sub-issues/oda-standards/modernising-official-development-assistance-oda.html (consulté le 25 janvier 2025). [27]

OCDE (2024), *Biodiversity and Development Finance 2015-2022 : Contributing to Target 19 of the Kunming-Montreal Global Biodiversity Framework*, Éditions OCDE, Paris, https://doi.org/10.1787/d26526ad-en. [19]

OCDE (2024), *Coopération pour le développement 2024 : Mettre la transition écologique au service de la lutte contre la pauvreté et les inégalités*, Éditions OCDE, Paris, https://doi.org/10.1787/cf89cef9-fr. [10]

OCDE (2024), *Development co-operation for a sustainable ocean economy in 2022: A snapshot*, https://one.oecd.org/document/DCD%282024%2921/en/pdf. [7]

OCDE (2024), *Development Finance for Gender Equality 2024*, Éditions OCDE, Paris, https://doi.org/10.1787/e340afbf-en. [15]

OCDE (2024), *Explorateur de données de l'OCDE - Tableau CAD 1 (base de données)*, http://data-explorer.oecd.org/s/9x. [1]

OCDE (2024), *Explorateur des données de l'OCDE - Tableau CAD5 (base de données)*, http://data-explorer.oecd.org/s/9z. [45]

OCDE (2024), *Explorateur des données de l'OCDE, Système de notification des pays créanciers (base de données)*, http://data-explorer.oecd.org/s/3d. [2]

OCDE (2024), *Explorateur des données de l'OCDE, tableau CAD2a (base de données)*, http://data-explorer.oecd.org/s/oe. [3]

OCDE (2024), *Explorateur des données de l'OCDE, tableau CAD3a (base de données)*, http://data-explorer.oecd.org/s/oa. [5]

OCDE (2024), *Financement climatique fourni et mobilisé par les pays développés en 2013-2022*, Le financement climatique et l'objectif des 100 milliards de dollars, Éditions OCDE, Paris, https://doi.org/10.1787/9db2b91d-fr. [17]

OCDE (2024), *OECD Data Explorer, Aid activities targeting Global Environmental Objectives (dataset)*, http://data-explorer.oecd.org/s/10g. [18]

OCDE (2024), « Sustainability-Linked Bonds : How to make them work in developing countries, and how donors can help », *Perspectives du développement de l'OCDE*, n° 44, Éditions OCDE, Paris, https://doi.org/10.1787/7ca58c00-en. [14]

OCDE (2023), *Coopération pour le développement 2023 : Quel système d'aide pour demain ?*, Éditions OCDE, Paris, https://doi.org/10.1787/83b806cb-fr. [9]

OCDE (2023), *Green, social and sustainability bonds in developing countries: the case for increased donor co-ordination*, Éditions OCDE, Paris, https://www.oecd.org/content/dam/oecd/en/publications/reports/2023/06/green-social-and-sustainability-bonds-in-developing-countries_2c108396/1cce4551-en.pdf. [41]

OCDE (2023), « Private finance mobilised by official development finance interventions », *Perspectives du développement de l'OCDE*, n° 29, Éditions OCDE, Paris, https://doi.org/10.1787/c5fb4a6c-en. [12]

OCDE (2022), *Global Outlook on Financing for Sustainable Development 2023 : No Sustainability Without Equity*, Éditions OCDE, Paris, https://doi.org/10.1787/fcbe6ce9-en. [16]

OCDE (2020), *Sustainable Ocean for All : Harnessing the Benefits of Sustainable Ocean Economies for Developing Countries*, Objectif développement, Éditions OCDE, Paris, https://doi.org/10.1787/bede6513-en. [20]

OCDE (s.d.), *Conflits et fragilité (page web)*, https://www.oecd.org/fr/themes/conflits-et-fragilite.html. [38]

OCDE (s.d.), *Le traitement fiscal de l'aide publique au développement*, https://www.oecd.org/fr/topics/policy-issues/tax-and-development/tax-treatment-of-official-development-assistance.html (consulté le 2024). [31]

OCDE/PNUD (2019), *Vers une coopération pour le développement plus efficace : Rapport d'étape 2019*, Éditions OCDE, Paris, https://doi.org/10.1787/6acb4dc0-fr. [11]

PMIA (s.d.), *The Global Partnership and SDG Target 17.15*, https://www.effectivecooperation.org/system/files/2023-06/SDG%2017.15.pdf. [29]

TOSSD (2024), *TOSSD data visualisation tool*, International Forum on Total Official Support for Sustainable Development, https://tossd.online/ (consulté le 29 November 2024). [4]

Notes

[1] Le volume global de l'APD en 2023 est mesuré sur la base de l'équivalent-don. L'évolution du volume d'APD depuis 2015 est basée sur les montants d'APD nets.

[2] Ces montants sont la somme des montants d'APD renseignés par les pays non membres du CAD qui déclarent leurs apports dans le Système de notification des pays créanciers (SNPC) de l'OCDE, et des montants d'APD estimés des pays non membres du CAD qui ne déclarent pas leurs apports dans le SNPC. Les non-membres du CAD qui déclarent leurs apports dans le SNPC sont l'Arabie saoudite, l'Azerbaïdjan, la Bulgarie, la Croatie, Chypre, les Émirats arabes unis, Israël, le Kazakhstan, le Koweït, la Lettonie, le Liechtenstein, Malte, Monaco, le Qatar, la Roumanie, le Taipei chinois, la Thaïlande, le Timor-Leste et la Türkiye. Il a été procédé à des estimations pour les pays non membres du CAD ci-après : l'Argentine, l'Afrique du Sud, l'Inde et la République populaire de Chine.

[3] Estimations basées sur le volume total d'APD fourni par les membres du CAD et le ratio moyen APD/RNB en 2023 (0.37 %).

[4] La comptabilisation en équivalent-don a permis d'améliorer l'objectivité et la transparence de la mesure de l'APD, et de corriger les failles liées à l'utilisation de la méthode des flux financiers. Les nouveaux taux d'actualisation des prêts souverains (entre 6 % et 9 %) sont également plus bas et plus réalistes que le taux d'actualisation unique qui s'appliquait avant la réforme (10 %). Toutes les données sur l'APD sont accessibles au public. Dans un souci de transparence et de comparabilité, les données sur l'APD continuent d'être collectées et publiées sur la base des flux financiers, en plus de l'être selon la méthode de l'équivalent-don. Voir https://web-archive.oecd.org/temp/2023-11-13/395130-modernisation-dac-statistical-system.htm.

[5] Les pays ayant adopté un objectif de 0.7 % ou plus d'APD en proportion de leur RNB en 2022 comprennent : l'Allemagne, l'Autriche, la Belgique, le Danemark, l'Espagne, la Finlande, la France,

l'Islande, l'Irlande, l'Italie, le Luxembourg, la Norvège, la Nouvelle-Zélande, les Pays-Bas, le Portugal et la Suède.

[6] Les pays membres et non membres du CAD qui ont atteint l'objectif de 0.7 % ou plus d'APD en proportion de leur RNB durant une année ou plus depuis 2015 sont l'Allemagne, l'Arabie saoudite, le Danemark, les Émirats arabes unis, le Koweït, le Luxembourg, la Norvège, les Pays-Bas, la Suède, la Türkiye et le Royaume-Uni.

[7] Le terme « mobilisation » décrit le lien de causalité entre le financement privé mis à la disposition d'un projet spécifique et une intervention publique.

[8] Le total est obtenu en appliquant un coefficient de 40 % à une portion de données ayant un objectif significatif (FPD spécifiquement dirigés vers la biodiversité).

[9] La Recommandation du CAD sur les conditions financières et modalités de l'aide adoptée en 1978 engageait les adhérents à consentir un élément de libéralité de 86 % pour tous les pays en développement et de 90 % pour les PMA. Toutefois, la Recommandation fait référence à l'APD telle qu'elle était définie avant 2014, c'est-à-dire, notamment, à un taux d'actualisation de 10 % pour calculer l'élément de libéralité au lieu des taux d'actualisation différenciés par catégorie de revenu.

[10] Voir Groupe de travail du CAD sur les statistiques du financement du développement, 2024, https://one.oecd.org/document/DCD/DAC/STAT(2024)21/fr/pdf.

5 Le commerce international, moteur du développement

Ce chapitre est consacré au domaine d'intervention intitulé « Le commerce international, moteur du développement » du Programme d'action d'Addis-Abeba et s'intéresse notamment aux progrès accomplis, aux défis qu'il reste à relever et aux domaines qui se font jour, à l'heure où la communauté internationale se prépare en vue de la quatrième Conférence internationale sur le financement du développement. Il en ressort que le commerce Sud-Sud est en plein essor, favorisé par le passage au numérique et l'intégration régionale, tandis que les mesures de facilitation des échanges réduisent considérablement les coûts. Toutefois, la part des pays en développement dans le commerce mondial stagne depuis les années 2010, sous l'effet des crises, du découplage et des obstacles techniques. Les pays les moins avancés (PMA) sont confrontés à des défis persistants, notamment une diversification limitée, des droits de douane élevés et les conséquences des normes environnementales. Les tendances émergentes font ressortir le rôle du commerce dans les transitions numériques, environnementales et sociales, l'Aide pour le commerce s'alignant de plus en plus sur les objectifs de développement durable.

5.1. Tableau de bord des données

Principales tendances

Le volume du commerce mondial augmente, mais la part relative des pays en développement reste stable.

Entre 2015 et 2023, les échanges de biens et de services ont progressé de 10 000 milliards USD, soit environ 50 %, passant de 21 000 milliards USD en 2015 à 31 000 milliards USD en 2022, avant de diminuer légèrement pour s'établir à 30 000 milliards USD en 2023. Dans le même temps, le ratio du commerce au produit intérieur brut est resté stable, à environ 29.1 % en 2023, comparable aux 29.6 % de 2008 (D'Andrea et al., 2024[1]). Les pays les moins avancés (PMA) ne représentent toujours que 1.0 % du commerce mondial et les petits États insulaires en développement (PEID) seulement 3.2 % (UNCTAD, 2024[2]).

Graphique 5.1. Part des exportations mondiales

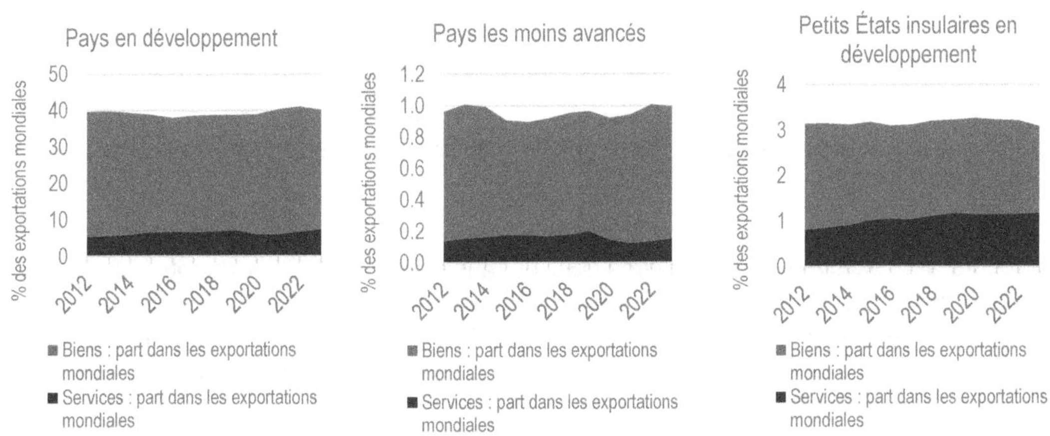

Source : CNUCED (2024[2]), données disponibles à l'adresse : SDG Pulse, 2024, https://sdgpulse.unctad.org/trade-developing-economies/.

Le déficit de financement du commerce mondial se creuse.

Le déficit de financement du commerce mondial, défini comme la différence entre les demandes et les approbations de financement pour soutenir les importations et les exportations, est aujourd'hui estimé à 2 500 milliards USD par an, une augmentation substantielle par rapport aux estimations de 2016 et 2018 qui tablaient sur 1 500 milliards USD par an (Banque asiatique de développement (BAsD), 2023[3]).

Graphique 5.2. Déficit de financement du commerce mondial

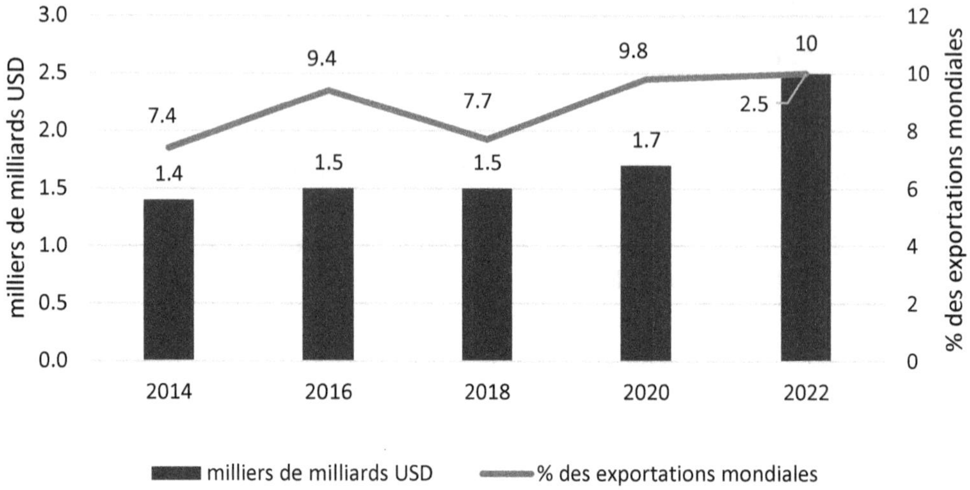

Source : BAsD (2023[3]), "2023 Trade Finance Gaps, Growth and Jobs Survey", https://www.adb.org/publications/2023-trade-finance-gaps-growth-jobs-survey et OMC (2024[4]), Données commerciales et tarifaires, https://www.wto.org/french/res_f/statis_f/statis_f.htm.

L'Aide pour le commerce augmente, mais le soutien aux pays les moins avancés (PMA) reste insuffisant.

Le volume total des versements au titre de l'Aide pour le commerce et le volume du soutien aux PMA ont atteint un record à respectivement 51 milliards USD et 14 milliards USD (29 % du total) en 2022. Depuis la création de cette initiative en 2006, les versements au titre de l'Aide pour le commerce totalisent 689 milliards USD, dont 56 % pour l'infrastructure économique, 42 % pour le renforcement des capacités de production et 2 % pour la politique et les réglementations commerciales. Sur ce total, 189 milliards USD ont été versés à des PMA et à d'autres pays à faible revenu.

Graphique 5.3. Versements et engagements au titre de l'Aide pour le commerce, 2002-22

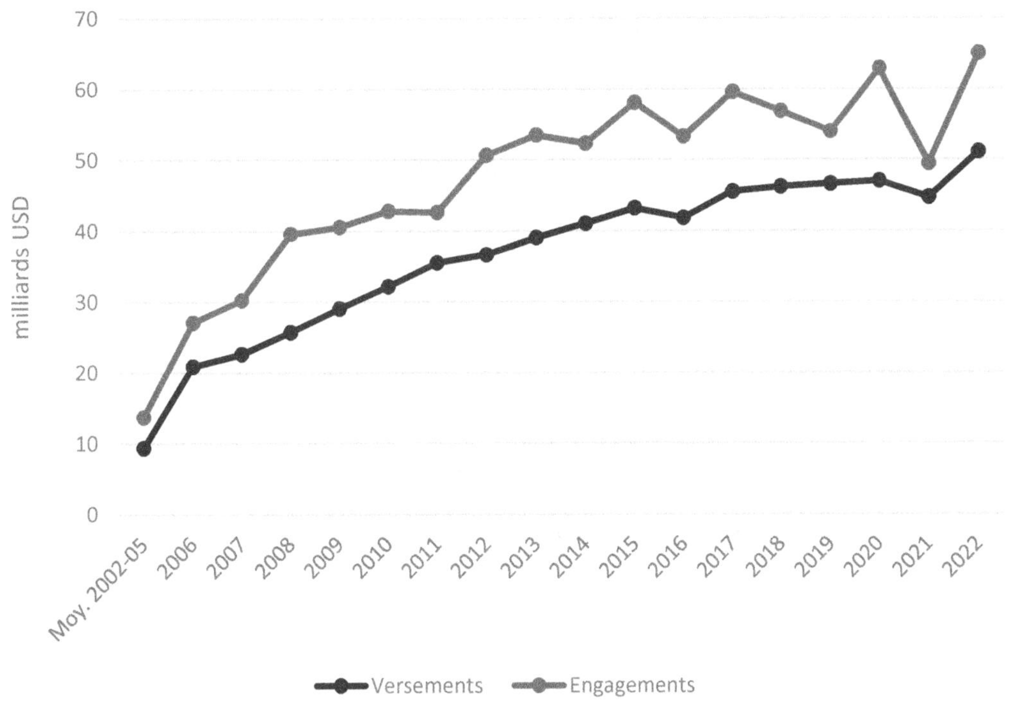

Source : Calculs des auteurs d'après OCDE/OMC (2024[5]), Panorama de l'Aide pour le commerce 2024,https://doi.org/10.1787/7a4e356a-en.

Indicateurs clés de performance

↔	En 2022, les versements destinés aux PMA dans le cadre de l'Aide pour le commerce ont atteint le chiffre record de 14 milliards USD, mais cela représentait une part du total plus faible qu'en 2021[1], alors que l'objectif était de multiplier par deux d'ici à 2031 les versements aux PMA par rapport aux niveaux de 2018.
↔	Entre 2012 et 2023, la part des PMA dans le commerce mondial avoisinait les 1 %, soit loin de l'objectif de 2 % (UNCTAD, 2024[2]).
↔	Les services fournis par voie numérique dans les PMA ont augmenté de 44 % depuis 2015, contre 100 % dans le reste du monde au cours de la même période. En 2024, le volume de ces services dans les PMA sera inférieur de 73 % au volume moyen mondial[2] (UNCTAD, 2024[2]).
↔	Pour 84 des 135 pays, le tarif moyen pondéré mondial sous statut préférentiel a diminué au cours de la période 2015-22[3].

↓ Léger recul	↓ Recul marqué	↔ Statu quo, neutre	↔ Stagnation, problème possible	↑ Progrès majeure	↑ Progrès minime
Recul sensible	↓ Recul majeur	Stagnation, préoccupation mineure	↔ Stagnation négative, préoccupante	Progrès	↑ Progrès négligeables ou contestés

Note : Engagements quantifiables sélectionnés. L'Annexe 5.A présente la liste complète.

1. Calculs des auteurs d'après OCDE/OMC (2024[5]), Panorama de l'Aide pour le commerce 2024, https://doi.org/10.1787/7a4e356a-en.
2. Calculs des auteurs d'après https://public.tableau.com/app/profile/tinotenda.mataire/viz/DigitallydeliveredservicesDashboard2.
3. Calculs des auteurs d'après DESA ONU (2024[6]), base de données des indicateurs des ODD, https://unstats.un.org/sdgs/dataportal/database.

Potentiel de mobilisation des ressources

- Les PMA représentent seulement 1 % du commerce mondial, alors qu'ils abritent 14 % de la population mondiale. Si leur part dans les échanges commerciaux doublait pour atteindre 2 %, cela pourrait générer 230 milliards USD par an.
- Selon les prévisions, la Zone de libre-échange continentale africaine (ZLECAf) devrait entraîner une augmentation des recettes commerciales des pays africains de 450 milliards USD d'ici à 2035 et stimuler le commerce intra-africain de plus de 81 % (Baker McKenzie, 2024[7]).
- La valeur des exportations vertes de l'Afrique, notamment l'hydrogène vert, les minéraux critiques et les crédits à l'exportation, pourrait dépasser les 15 milliards USD par an d'ici à 2050 (McKinsey & Company, 2024[8]).
- Le commerce améliore le salaire des femmes et l'égalité économique. La suppression des droits de douane à l'importation entraînerait des gains de revenus réels moyens pour les ménages dirigés par une femme, qui seraient supérieurs de 2.5 % à ceux des ménages dirigés par un homme. Au Burkina Faso et au Cameroun, par exemple, cette hausse équivaudrait à une année de dépenses pour l'éducation ou la santé (Rocha et Piermartini, 2023[9]). La réduction des droits de douane fondés sur le genre ou « tarifs rose » pourrait faire baisser les droits de douane moyens de 6 points de pourcentage dans certains pays (World Bank Group and World Trade Organisation, 2018[10]).

5.2. Principaux domaines de progrès

Les pays en développement constituent le principal moteur de la croissance du commerce mondial.

La croissance des échanges est largement due au commerce entre pays en développement. La part du commerce entre pays en développement dans le commerce mondial est passée de 9.8 % en 1995 à 24.6 % en 2022, ce qui représente 54 % des exportations des pays en développement. Les pays en développement sont également de plus en plus intégrés dans l'économie mondiale, les taux de participation à la chaîne de valeur mondiale (CVM) en amont et en aval passant de 25.2 % des exportations totales en 1995 à 44.6 % en 2015 et à 48.7 % en 2022. Ces augmentations se sont traduites par un triplement des échanges de biens intermédiaires depuis 2000 (Nations Unies, 2024[11]). Le commerce des services est devenu une source de forte croissance pour les pays en développement, conjuguée aux possibilités offertes par le commerce numérique. Par exemple, les exportations de services fournis par voie numérique ont doublé entre 2005 et 2015 et ont encore doublé entre 2015 et 2023. Toutefois, après deux décennies de forte croissance, la part des pays en développement dans le commerce mondial est restée stable dans les années 2010 et au début des années 2020, à environ 40 % et à 30 % pour les services (UNCTAD, 2024[2]).

L'intégration commerciale régionale entre pays en développement et avec ces derniers se développe en même temps que les flux commerciaux. Le commerce Sud-Sud est passé de 600 milliards USD en 1995 à 5 300 milliards USD en 2021, et son volume dépasse désormais celui du commerce Nord-Sud et connaît une croissance plus rapide que la moyenne mondiale (UNCTAD, 2023[12]). En supprimant les obstacles au commerce en Afrique, la ZLECAf pourrait faire sortir 30 millions de personnes de l'extrême pauvreté et 68 millions de personnes supplémentaires de la pauvreté modérée (African Union, 2024[13]). Les sources de données officielles sous-estiment souvent le commerce interrégional, en particulier dans les pays en développement. Par exemple, l'ampleur réelle du commerce interrégional des denrées alimentaires en Afrique de l'Ouest est bien supérieure à celle indiquée dans les statistiques officielles, car une grande partie de ce commerce se fait de manière informelle et n'est pas enregistrée.

Grâce à l'amélioration de la facilitation des échanges, les droits de douane et les coûts commerciaux continuent de diminuer.

Selon les estimations, la mise en œuvre intégrale de l'Accord sur la facilitation des échanges (AFE) de l'Organisation mondiale du commerce (OMC), qui est entré en vigueur en 2017, pourrait réduire les coûts commerciaux de 14.3 % en moyenne et stimuler le commerce mondial à hauteur de 1 000 milliards USD par an, les gains les plus importants étant enregistrés dans les pays les plus pauvres (World Trade Organization, 2015[14]). En 2024, les engagements pris dans le cadre de l'AFE sont mis en œuvre à hauteur de 80.2 % au niveau mondial, de 74.1 % pour l'ensemble des pays en développement et de 49 % pour les seuls PMA (World Trade Organization, 2024[15]).

Après deux décennies de baisse, durant lesquelles les droits de douane sont passés de 13.1 % en 1996 à 9.1 % en 2015, la moyenne simple des droits de douane de la nation la plus favorisée appliqués par les membres de l'OMC s'élevait à 8.8 % en 2022. En 2022, les PMA bénéficiaient d'un accès en franchise de droits pour 62.9 % des lignes tarifaires, un niveau stable depuis 2015. Les petits États insulaires en développement (PEID) bénéficiaient d'un accès en franchise de droits pour 74.3 % des lignes de produits en 2022, soit une augmentation de 12 % par rapport à 2015 (UNCTAD, 2024[16]). Cependant, les droits de douane appliqués dans les PMA (préférences incluses) sont sept fois plus élevés que ceux imposés dans les régions développées (UNCTAD, 2024[16]).

De manière générale, les coûts commerciaux sont en baisse. Par exemple, la moyenne pondérée des droits de douane dans les PMA est passée de 10.6 % (nation la plus favorisée) et 8.7 % (préférences incluses) en 2015 à respectivement 9.2 % et 7 % en 2022 (UN, 2024[17]).

L'Accord de l'OMC sur les subventions à la pêche, adopté en 2022, vise à réduire les quelque 22 milliards USD dépensés chaque année en subventions préjudiciables, montrant ainsi le potentiel de la réforme commerciale à réorienter les ressources de manière efficace (Nations Unies, 2024[11]). En 2023 et 2024, 52 membres de l'OMC ont ratifié cet accord (World Trade Organization, 2024[18]).

Soutenir les capacités commerciales des pays en développement grâce au déliement

L'un des objectifs de la Recommandation du CAD sur le déliement de l'aide publique au développement (APD) est de contribuer à l'intégration des pays en développement dans les chaînes de valeur mondiales en permettant aux entreprises locales d'accéder aux contrats d'APD et en encourageant les achats locaux. En 2021-22, 53 % des contrats non liés financés par les donneurs du CAD ont été attribués à des fournisseurs originaires des pays en développement, soit 38 % du total en termes de valeur.

5.3. Défis persistants

Les pays en développement sont de plus en plus marginalisés dans le commerce mondial du fait des turbulences liées à la crise financière mondiale et à la pandémie de COVID-19.

La crise financière mondiale de 2008-09 et, plus récemment, les tensions commerciales liées à la pandémie de COVID-19 ont mis fin à la croissance rapide de la part des pays en développement dans le commerce mondial, qui avait été tirée par le développement des chaînes de valeur mondiales et le commerce des biens intermédiaires au début des années 2000. Depuis la crise du COVID-19, les risques de découplage se sont accrus, les blocs enregistrant une croissance de leurs échanges commerciaux inférieure de 4 à 6 % à celle des échanges internes aux blocs (World Trade Organization, 2023[19]). Les délocalisations dans des pays amis ont augmenté de 6 % depuis 2021. La relocalisation de voisinage est stable et aucune tendance claire ne se dégage, mais la concentration des échanges a augmenté de 5 % par rapport à 2021 (Nations Unies, 2024[11]).

Les obstacles techniques sont de plus en plus nombreux et touchent 70 % de l'ensemble des échanges commerciaux (UNCTAD, 2024[16]). Les interventions des États susceptibles de fausser les échanges se sont multipliées après la pandémie et sont venues s'ajouter aux formes traditionnelles de subventions. Par exemple, les mesures de soutien à l'agriculture ont atteint un sommet à 851 milliards USD en 2022 dans les pays à revenu élevé et les pays émergents, entravant ainsi la compétitivité des PMA et leur participation au commerce mondial (OCDE, 2023[20]). Le recours croissant aux subventions publiques par les grandes économies (OCDE et non-OCDE) pour promouvoir les secteurs stratégiques risque également de nuire à la compétitivité commerciale de la plupart des pays en développement (et des autres pays) qui ne disposent pas de la même marge de manœuvre budgétaire pour contrer les subventions par des mesures similaires. C'est pourquoi le Fonds monétaire international, l'OCDE, la Banque mondiale et l'OMC appellent à une approche coordonnée vis-à-vis des subventions (FMI et al., 2023[21]).

La fixation de nouvelles normes environnementales dans les économies avancées peut également avoir un impact négatif sur les capacités d'exportation des pays en développement. Par exemple, selon une étude réalisée par l'African Climate Foundation (2023[22]), le mécanisme d'ajustement carbone aux frontières, instauré par l'Union européenne (UE), pourrait entraîner une diminution des exportations africaines vers l'UE allant de 3.1 % à 13.9 % selon le secteur. Dans plusieurs pays, des secteurs comme celui du cacao en Côte d'Ivoire et du café en Éthiopie sont déjà touchés par le coût de la transition (Hochet-Bodin, 2024[23]). Si, dans les pays avancés, ces nouvelles normes visent à atteindre des objectifs environnementaux légitimes, les pays en développement ont besoin d'une aide supplémentaire pour faire face au coût de l'ajustement (African Climate Foundation, 2023[22]).

Certains groupes restent marginalisés dans le commerce international.

Les pays en développement à croissance rapide sont les moteurs de l'expansion du commerce et de l'investissement, mais cette croissance exclut largement les pays les plus pauvres (OCDE, 2023[20]). En 2021, la valeur des exportations de services des PMA était inférieure de 32 % aux niveaux antérieurs à la pandémie, ce qui témoigne de la persistance des effets de la crise dans ces pays (UN, 2024[24]). En outre, des disparités persistent. Les hommes entrepreneurs sont presque deux fois plus susceptibles que les femmes entrepreneures de se lancer sur le marché international (Korinek, Mourougane et Lieshout, 2023[25]), et les droits de douane continuent de peser de manière disproportionnée sur les secteurs qui emploient des femmes et sur les produits consommés par les femmes (World Bank Group and World Trade Organisation, 2018[10]).

Les exportations des pays en développement restent peu diversifiées et à faible valeur ajoutée.

En 2022, l'indice de concentration des exportations des économies en développement s'élevait à 0.10 (0.22 pour les PMA et 0.26 pour les pays en développement sans littoral), un chiffre nettement plus élevé que celui des économies développées (0.07). En moyenne, environ 65 % des exportations des PMA et des PEID étaient destinées à leurs dix principaux partenaires commerciaux, contre 55 % pour les pays en développement en tant que groupe. En 2022, les produits manufacturés représentaient 66 % des exportations totales de marchandises des économies en développement, contre 58 % en 2012. Même si la part des produits manufacturés dans les exportations totales des PMA est passée de 22 % en 2012 à 35 % en 2022, les exportations de marchandises des PMA sont largement axées sur des produits manufacturés simples tels que le textile et l'habillement (UNCTAD, 2024[2]).

La réforme du système commercial multilatéral est toujours en cours.

Les membres de l'OMC se sont engagés lors de la conférence ministérielle de 2022, et ont réaffirmé cet engagement dans la déclaration ministérielle d'Abou Dhabi en 2024, à œuvrer à la réforme nécessaire de l'OMC afin d'améliorer toutes ses fonctions et à rendre compte des progrès accomplis à cet égard. Le Conseil général rendra compte, lors de la Conférence ministérielle de 2025, des progrès accomplis à ce jour pour améliorer le fonctionnement quotidien des conseils, comités et groupes de négociation de l'OMC en vue d'accroître l'efficacité de l'organisation et de faciliter la participation des membres aux travaux de l'OMC. Les membres de l'OMC mènent également des discussions visant à mettre en place un système de règlement des différends pleinement opérationnel et qui fonctionne bien, accessible à tous les membres.

5.4. Domaines nouveaux et émergents

Le commerce est un moteur de la triple transition (numérique, écologique et sociale) et doit jouer un rôle croissant dans le développement durable.

Commerce et transformation numérique

La connectivité numérique contribue de manière essentielle à la réduction des coûts commerciaux. Une augmentation de 1 % de la connectivité numérique réduit les coûts du commerce intérieur de 0.3 % et les coûts du commerce international de 0.1 %. L'Aide pour le commerce renforce considérablement le soutien aux technologies de l'information et de la communication, avec des versements en hausse de 31 % depuis 2020 et des engagements qui ont presque doublé en cinq ans (OCDE/OMC, 2024[5]). Au niveau mondial, les exportations de services fournis par voie numérique ont presque quadruplé depuis 2005, atteignant 3 900 milliards USD en 2022 pour représenter 54 % du total des exportations mondiales de services et dépasser la croissance des exportations de biens et d'autres services (Botwright et Dabré, 2024[26]).

Commerce et transformation environnementale

En 2021-22, les donneurs bilatéraux se sont engagés à consacrer 20 milliards USD à l'Aide pour le commerce liée au climat, ce qui représente 67 % du total des engagements. Les engagements ont augmenté de 18 % pour les projets d'atténuation, mais ont légèrement diminué pour les efforts d'adaptation. En 2021-22, 80 % de l'Aide pour le commerce était consacrés à l'atténuation, ce qui laisse supposer qu'il est possible de financer davantage l'adaptation (OCDE/OMC, 2024[5]). La demande de minéraux critiques pour la production d'énergies propres augmente et pourrait entraîner des pénuries. Les pays africains, qui possèdent 30 % des réserves minérales mondiales, souhaitent utiliser la ZLECAf pour créer des chaînes de valeur régionales et stimuler le développement économique (Botwright et Dabré, 2024[26]). Les accords commerciaux intègrent de plus en plus des considérations de durabilité - à l'instar de l'Accord sur le changement climatique, le commerce et la durabilité de 2024 - même si l'harmonisation des normes et des mécanismes d'ajustement carbone aux frontières reste une question délicate.

Commerce et transformation sociale

Dans la Déclaration ministérielle d'Abou Dhabi, les membres de l'OMC ont réaffirmé le caractère central de la dimension du développement dans les travaux de l'OMC et le rôle que le système commercial multilatéral pourrait jouer pour contribuer à la réalisation des objectifs de développement durable (ODD). Les projets d'Aide pour le commerce ciblent tous les ODD : l'ODD 9 (Industrie, innovation et infrastructure) ayant reçu le plus de versements au titre de cette initiative, suivi de l'ODD 7 (Énergie propre et d'un coût abordable), de l'ODD 2 (Faim « zéro »), de l'ODD 11 (Villes et communautés durables) et de l'ODD 8 (Travail décent et croissance économique) (OCDE/OMC, 2024[5]). Un certain nombre d'innovations sociales et technologiques peuvent émerger dans les chaînes de valeur mondiales, et des politiques adéquates pourraient les rendre plus robustes (Schwellnus, Haramboure et Samek, 2023[27]).

Annexe 5.A. Le commerce international, moteur du développement

Tableau d'annexe 5.A.1. Évaluation du domaine d'intervention : Le commerce international, moteur du développement

Paragraphe du Programme d'action d'Addis-Abeba	Engagement	Cible ou objectif spécifique	Cible des objectifs de développement durable (ODD) correspondante (si disponible)	État d'avancement de la mise en œuvre ou progrès accomplis depuis 2015, d'après les indicateurs des ODD retenus ou d'autres pertinents (mesures indirectes)
79	Soutenir un système commercial multilatéral universel, fondé sur des règles, ouvert, transparent, prévisible, inclusif, non discriminatoire et équitable sous l'égide de l'Organisation mondiale du commerce (OMC), ainsi qu'une vraie libéralisation des échanges.	Non	Cible 17.10 Promouvoir un système commercial multilatéral universel, réglementé, ouvert, non discriminatoire et équitable sous l'égide de l'OMC, notamment grâce à la tenue de négociations dans le cadre du Programme de Doha pour le développement.	Indicateur 17.10.1 des ODD – Moyenne mondiale pondérée des taux de droits de douane En 2022, les droits de douane moyens appliqués à tous les produits au niveau mondial étaient de 3.1 % (nation la plus favorisée) ou de 1.8 % (préférences incluses), contre respectivement 3.8 % et 2.8 % en 2015. Les droits de douane moyens étaient trois fois plus élevés dans les pays les moins avancés (PMA), à respectivement 9.2 % et 7 % en 2022, contre 10.6 % et 8.7 % en 2015 (UN, 2024[17]). Restrictions à l'importation et à l'exportation et libéralisation multilatérale et préférentielle du commerce Le commerce international est en grande partie libéralisé grâce à des droits nuls au titre de la nation la plus favorisée (NPF) et à l'accès préférentiel en franchise de droits. En 2022, environ deux tiers des échanges internationaux sont exempts de droits de douane, mais les droits appliqués au tiers restant sont souvent très élevés. Le commerce agricole est largement exempt de droits de douane grâce à l'accès préférentiel, mais les droits restants sont assez élevés (près de 20 % en moyenne). L'accès préférentiel est également important pour les produits manufacturés, pour lesquels le tarif moyen simple approche les 10 %. L'accès préférentiel est d'une importance limitée dans le cas des ressources naturelles, car le commerce dans cette catégorie est largement exempt de droits de douane dans le cadre de la clause NPF et les droits de douane restants sont généralement faibles (moyenne simple d'environ 6 %) (CNUCED, 2023[28]).

Paragraphe du Programme d'action d'Addis-Abeba	Engagement	Cible ou objectif spécifique	Cible des objectifs de développement durable (ODD) correspondante (si disponible)	État d'avancement de la mise en œuvre ou progrès accomplis depuis 2015, d'après les indicateurs des ODD retenus ou d'autres pertinents (mesures indirectes)
				Fréquence et couverture des mesures non tarifaires Le commerce international est étroitement régi par l'imposition d'obstacles techniques aux échanges. Plus de 30 % des lignes de produits et près de 70 % du commerce mondial sont concernés. Les mesures de contrôle des prix concernent environ 15 % du commerce mondial. Les mesures sanitaires et phytosanitaires concernent environ 20 % du commerce mondial. Les mesures à l'exportation sont en outre fréquemment appliquées au commerce international, mais elles concernent surtout l'agriculture (CNUCED, 2023[28]). Indice de restrictivité des échanges de services (IRES), IRES numérique et indice de restrictivité de la réglementation applicable à l'investissement direct étranger Les obstacles au commerce des services restent élevés dans tous les pays et secteurs, car ils sont influencés par les enjeux économiques et géopolitiques mondiaux et par l'introduction, ces dernières années, de nouvelles politiques, notamment celles de 2023 relatives à la fourniture de services par l'intermédiaire d'une présence commerciale et d'investissements étrangers. En 2023, l'IRES moyen et l'IRES numérique pour les pays de l'OCDE étaient respectivement de 0.19 et 0.14, où le maximum est 1 (correspondant aux mesures maximales de restriction du commerce) (OECD, 2024[29]).
80	Mettre en œuvre toutes les décisions du paquet de Bali, notamment en ce qui concerne les PMA, les petites économies et l'Accord sur la facilitation des échanges (AFE).	Oui Ratifier l'AFE.	S.O.	Taux de mise en œuvre des engagements pris dans le cadre de l'AFE L'AFE est entré en vigueur le 22 février 2017 après avoir été ratifié par les deux tiers des membres de l'OMC. En 2024, le taux global de mise en œuvre des engagements atteint 80.2 % (OMC, 2024[30]).
81	Développer le financement du commerce compatible avec les règles de l'OMC (et demander aux banques de développement de fournir des solutions).	Non	S.O.	Déficit de financement du commerce (estimations seulement, qui varient considérablement ; voir Banque asiatique de développement, d'après enquête) Le déficit de financement du commerce s'est creusé entre 2014 et 2022, passant de 1 400 milliards USD (7.4 % des exportations mondiales) à 2 500 milliards USD (10.0 % des exportations mondiales) (Asian Development Bank et al., 2023[31]).

Paragraphe du Programme d'action d'Addis-Abeba	Engagement	Cible ou objectif spécifique	Cible des objectifs de développement durable (ODD) correspondante (si disponible)	État d'avancement de la mise en œuvre ou progrès accomplis depuis 2015, d'après les indicateurs des ODD retenus ou d'autres pertinents (mesures indirectes)
82	Accroître le commerce mondial d'une manière compatible avec les ODD et intégrer le développement durable dans la politique commerciale. Soutenir une intégration plus complète des PMA, des pays en développement sans littoral (PDSL), des petits États insulaires en développement (PEID) et de l'Afrique dans les marchés régionaux et mondiaux.	Oui Multiplier par deux la part des PMA dans les exportations mondiales d'ici à 2020.	Cible 8.2 Parvenir à un niveau élevé de productivité économique par la diversification, la modernisation technologique et l'innovation, notamment en mettant l'accent sur les secteurs à forte valeur ajoutée et à forte intensité de main-d'œuvre. Cible 17.11 Accroître nettement les exportations des pays en développement, en particulier en vue de doubler la part des PMA dans les exportations mondiales d'ici à 2020.	Indicateur 17.11.1 des ODD – Part des pays en développement et des PMA dans les exportations mondiales. (SDG Trade Monitor - Portail de Suivi de la contribution du commerce aux ODD) La part des pays en développement dans les exportations mondiales de marchandises a atteint 44.4 % en 2021, contre 42.1 % en 2015. La part des PMA s'élevait à 1.1 % en 2022, contre 0.9 % en 2015 (ITC; UNCTAD, 2024[32]). Part du commerce mondial dans le PIB La part du commerce mondial dans le PIB s'élevait à 56.5 % en 2021, contre 56.1 % en 2015 (World Integrated Trade Solution, 2024[33]).
83	Conclure les négociations sur le Programme de Doha pour le développement. Lutter contre le protectionnisme sous toutes ses formes (notamment disciplines concernant les subventions dans le secteur de l'agriculture et de la pêche). Accélérer l'adhésion de tous les pays en développement participant aux négociations.	Oui Conclure le Programme de Doha pour le développement ; adhésion de tous les pays en développement participant aux négociations.	Cible 2.B Corriger et prévenir les restrictions et distorsions entravant le fonctionnement des marchés agricoles mondiaux, y compris par l'élimination parallèle de toutes les formes de subventions aux exportations agricoles et de toutes les mesures à l'exportation ayant un effet équivalent, conformément au mandat du Cycle de négociations de Doha pour le développement.	Indicateur 2.b.1 des ODD – Subventions à l'exportation dans le secteur agricole Les subventions à l'exportation notifiées à l'OMC ont considérablement diminué, passant de 6.7 milliards USD en 1999 à 33 millions USD en 2022. En janvier 2024, seuls les PMA et les pays en développement importateurs nets de denrées alimentaires pouvaient recourir à certaines formes de subventions à l'exportation (ITC; UNCTAD, 2024[34]). Historique des interventions unilatérales en matière de politique commerciale (base de données GTA) En 2015, la base de données Global Trade Alert (GTA) faisait état de 343 interventions gouvernementales discriminatoires en matière de commerce. En 2023, elle en enregistrait 1 941 (Global Trade Alert, 2024[35]). Liste des membres de l'OMC et liste des accessions Depuis 2015, quatre pays en développement ont achevé leur processus d'accession à l'OMC : Seychelles (2015), Kazakhstan (2015), Liberia (2016) et Afghanistan (2016). En 2024, les Comores et le Timor-Leste ont transmis leur acceptation du

Paragraphe du Programme d'action d'Addis-Abeba	Engagement	Cible ou objectif spécifique	Cible des objectifs de développement durable (ODD) correspondante (si disponible)	État d'avancement de la mise en œuvre ou progrès accomplis depuis 2015, d'après les indicateurs des ODD retenus ou d'autres pertinents (mesures indirectes)
				Protocole d'accession, et 22 autres pays poursuivent les négociations (OMC, 2024[36]). Les négociations sur le Programme de Doha pour le développement sont au point mort. Néanmoins, les négociations multilatérales ont permis un certain nombre d'avancées telles que le paquet de Nairobi, la révision de l'Accord sur les ADPIC (accès aux médicaments), le paquet COVID-19 et l'Accord sur les subventions à la pêche.
84	Mettre en œuvre et surveiller le traitement spécial et différencié conformément aux accords de l'OMC.	Non	Cible 10.A Appliquer les dispositions relatives au traitement spécial et différencié des pays en développement, en particulier des PMA, conformément aux accords de l'OMC.	Indicateur 10.a.1 des ODD – Proportion de lignes tarifaires concernées par les importations en provenance des PMA et des pays en développement bénéficiant d'une franchise de droits La proportion de lignes tarifaires appliquées aux importations en provenance des PMA est passée de 48.1 % en 2005 à 62.9 % en 2022 ; pour les autres pays en développement bénéficiant d'une franchise de droits, elle est passée de 40.7 % à 55.2 % au cours de la même période (UN, 2024[17]). Indicateur 10.A.(i) des ODD – Part des exportations en franchise de droits (SDG Trade Monitor - Portail de Suivi de la contribution du commerce aux ODD) La part des exportations admises en franchise de droits vers les régions développées était de 75.4 % en 2022 pour l'ensemble des pays en développement, contre 71.4 % en 2015 (+4 points de pourcentage). Pour les PMA, la part a diminué pour passer de 85.4 % à 85.0 % au cours de la même période, mais elle a augmenté pour les PEID et les PDSL, passant respectivement de 87.3 % à 95.2 % et de 94.4 % à 95.9 % (ITC; UNCTAD, 2024[37]). En 2022, la part des produits en franchise de droits était de 34.7 % (contre 32.3 % en 2015) pour l'ensemble des pays en développement et de 39.1 % (contre 35.7 % en 2015) pour les PMA. Les pourcentages sont très variables d'un secteur à l'autre dans l'ensemble des pays en développement et dans les PMA : 29.8 % (26.9 % en 2015) et 37.5 % (33.2 % en 2015), respectivement, pour l'agriculture ; 37.5 % (35.7 % en 2015) et 41.1 % (38.2 % en 2015), respectivement, pour l'industrie ; 63.4 % (61.7 % en 2015) pour le pétrole ; 26.2 % (23 % en 2015) et 31.7 % (27.2 % en 2015), respectivement, pour le textile ; et 20 % (15.6 % en 2015) et 25.4 %

Paragraphe du Programme d'action d'Addis-Abeba	Engagement	Cible ou objectif spécifique	Cible des objectifs de développement durable (ODD) correspondante (si disponible)	État d'avancement de la mise en œuvre ou progrès accomplis depuis 2015, d'après les indicateurs des ODD retenus ou d'autres pertinents (mesures indirectes)
				(20.4 % en 2015), respectivement, pour l'habillement (ITC; UNCTAD, 2024[37]).
85	Mettre en œuvre la franchise de droits et l'absence de contingent pour les PMA ; faciliter l'accès au marché pour les PMA (y compris les règles d'origine).	Non	Cible 17.12 Permettre l'accès rapide de tous les PMA aux marchés en franchise de droits et sans contingent, conformément aux décisions de l'OMC, notamment en veillant à ce que les règles préférentielles applicables aux importations provenant des pays les moins avancés soient transparentes et simples et facilitent l'accès aux marchés.	Indicateur 17.12.1 des ODD – Droits de douane moyens appliqués aux pays en développement, aux PMA et aux PEID (SDG Trade Monitor -Portail de Suivi de la contribution du commerce aux ODD) Entre 2015 et 2022, les droits de douane moyens (préférences incluses) dans les pays en développement sur tous les produits sont passés de 1.7 % à 1.3 % (soit une baisse de 0.44 point de pourcentage). La diminution a été plus rapide dans les PMA (de 3.1 % à 2.4 %, soit -0.7 point de pourcentage), mais plus lente dans les pays en développement sans littoral (de 1.7 % à 1.3 %, soit -0.34 point de pourcentage) et dans les PEID (de 0.52 % à 0.32 %, soit -0.2 point de pourcentage) (ITC; UNCTAD, 2024[38]).
86	Accepter l'amendement à l'Accord sur les ADPIC concernant l'accès aux médicaments.	Oui Adoption de l'amendement ADPIC.	S.O.	Adoption de l'amendement ADPIC L'amendement ADPIC est entré en vigueur en janvier 2017. Plus de 50 membres de l'OMC ont adopté la législation nécessaire pour utiliser le système à des fins d'exportation et, selon des estimations informelles, le système couvre aujourd'hui environ 80 % de la capacité mondiale actuelle d'exportation de médicaments (OMC, s.d.[39]).
87	Renforcer la coopération régionale et les accords commerciaux régionaux, ainsi que leur cohérence et leur compatibilité avec les règles de l'OMC. Accroître le soutien à l'intégration commerciale régionale et à l'intégration des petites et moyennes entreprises dans les chaînes de valeur mondiales. Combler les lacunes dans les infrastructures régionales liées au commerce, au transport et au transit	Non	S.O.	Nombre d'accords commerciaux en vigueur (RTAIS de l'OMC et COMTRADE) Le nombre d'accords commerciaux préférentiels (ACP) en vigueur a pratiquement doublé, passant de moins de 150 en 2005 à plus de 350 en 2022. Plus de la moitié des accords commerciaux en vigueur vont au-delà des concessions tarifaires pour couvrir les services et les mesures intérieures autres qu'à la frontière. Après 2015, la tendance à la hausse a été largement alimentée par de nouveaux accords commerciaux couvrant à la fois les biens et les services (UNCTAD, 2024[40]). Part des échanges entre les parties aux ACP (RTAIS de l'OMC et COMTRADE) Bien que le nombre d'ACP ait augmenté de manière significative, le pourcentage des échanges entre les pays qui en font partie n'a pas augmenté dans les mêmes

Paragraphe du Programme d'action d'Addis-Abeba	Engagement	Cible ou objectif spécifique	Cible des objectifs de développement durable (ODD) correspondante (si disponible)	État d'avancement de la mise en œuvre ou progrès accomplis depuis 2015, d'après les indicateurs des ODD retenus ou d'autres pertinents (mesures indirectes)
	(y compris pour les PDSL, les PMA et les PEID).			proportions. Globalement, et sans tenir compte des échanges au sein de l'Union européenne, environ un tiers du commerce mondial a eu lieu entre des pays qui partagent un accord commercial approfondi (UNCTAD, 2024[40]). Aide pour le commerce en faveur de toutes les sous-catégories d'infrastructures économiques Les versements au titre de l'Aide pour le commerce en faveur de toutes les sous-catégories d'infrastructures économiques ont connu une croissance significative au cours de la période 2020-22, notamment une augmentation de 34 % pour le transport et le stockage (à près de 14 milliards USD), de 23 % pour la production et la distribution d'énergie, et de 31 % pour les communications (OCDE/OMC, 2024[5]). Aide pour le commerce en faveur de l'intégration régionale, du transport, des infrastructures liées au transit, etc. (SNPC de l'OCDE) En 2022, 12 % des projets relevant de l'Aide pour le commerce n'étaient pas spécifiques à un pays ; 87 % des pays partenaires ayant répondu à l'enquête portant sur l'Examen global de l'Aide pour le commerce 2024 ont déclaré considérer l'intégration régionale comme une priorité pour l'Aide pour le commerce et 54 % des répondants ont qualifié l'intégration régionale de domaine dans lequel l'Aide pour le commerce a un impact (OCDE/OMC, 2024[5]).
88	Renforcer les mesures intérieures créatrices d'un climat porteur et appliquer des mesures et des réformes intérieures judicieuses pour concrétiser pleinement les possibilités offertes par le commerce (rôle de la CNUCED).	Non	S.O.	L'Aide pour le commerce en faveur de la politique et de la réglementation commerciales (SNPC de l'OCDE) Au total, 72 % des personnes interrogées dans le cadre de l'enquête portant sur l'Examen global de l'Aide pour le commerce 2024 ont indiqué qu'elles souhaitaient obtenir un soutien dans la catégorie plus large des politiques et réglementations commerciales. Cependant, en 2022, le total des versements destinés aux politiques et réglementations commerciales a atteint 900 millions USD, en baisse par rapport aux 1.4 milliard USD de 2021 et aux 1.2 milliard USD de 2020. Les engagements ont également légèrement diminué entre 2021 et 2022 (OCDE/OMC, 2024[5]).

Paragraphe du Programme d'action d'Addis-Abeba	Engagement	Cible ou objectif spécifique	Cible des objectifs de développement durable (ODD) correspondante (si disponible)	État d'avancement de la mise en œuvre ou progrès accomplis depuis 2015, d'après les indicateurs des ODD retenus ou d'autres pertinents (mesures indirectes)
89	Soutenir la Commission des Nations Unies pour le droit commercial international.	Non	S.O.	S.O.
90	Reconnaître le rôle joué par l'Aide pour le commerce et augmenter la part des PMA, notamment pour répondre aux obstacles à la participation des femmes et de l'assistance technique pour la logistique du commerce et du transit pour les PDSL (référence au Cadre intégré renforcé)	Oui Accroître la part de l'Aide pour le commerce en faveur des PMA.	Cible 8.A Accroître l'appui apporté dans le cadre de l'Aide pour le commerce en faveur des pays en développement, en particulier des PMA, notamment par l'intermédiaire du Cadre intégré renforcé pour l'assistance technique liée au commerce en faveur des pays les moins avancés.	Indicateur 8.a.1 des ODD – Engagements pris et décaissements effectués dans le cadre de l'initiative Aide pour le commerce (SDG Trade Monitor - Portail de Suivi de la contribution du commerce aux ODD) Au total, 648 milliards USD ont été versés aux programmes d'Aide pour le commerce depuis 2006. Après une baisse en 2021, les versements et les engagements ont grimpé en flèche en 2022, atteignant respectivement 51.1 milliards USD et 65 milliards USD (OCDE/OMC, 2024[5]). Les versements au titre de l'Aide pour le commerce en faveur des PMA s'élevaient à 14 milliards USD en 2022. Cependant, les progrès restent insuffisants pour respecter les engagements pris en 2018 d'augmenter de manière significative l'Aide pour le commerce dans le but de multiplier par deux ce soutien d'ici 2031 par rapport aux niveaux de 2018 (OCDE/OMC, 2024[5]). Aide pour le commerce en matière de transport et de logistique ; Aide pour le commerce ayant un impact sur les questions de genre (SNPC de l'OCDE) Les engagements au titre de l'Aide pour le commerce de donneurs bilatéraux comportant un objectif consistant à favoriser l'égalité entre les genres ont augmenté de 6 points de pourcentage entre 2019-20 et 2021-22 jusqu'à atteindre 46 % du total des engagements au titre de l'Aide pour le commerce, contre environ 32 % en 2015-16 (OCDE/OMC, 2024[5]).
91	Rédiger des accords relatifs au commerce et à l'investissement comportant des garanties appropriées de façon à ne pas empêcher l'adoption de politiques et de lois allant dans le sens de l'intérêt général. Appliquer ces accords en	Non	S.O.	L'Aide pour le commerce en faveur de la politique et de la réglementation commerciales (SNPC de l'OCDE) Voir le paragraphe 88.

Paragraphe du Programme d'action d'Addis-Abeba	Engagement	Cible ou objectif spécifique	Cible des objectifs de développement durable (ODD) correspondante (si disponible)	État d'avancement de la mise en œuvre ou progrès accomplis depuis 2015, d'après les indicateurs des ODD retenus ou d'autres pertinents (mesures indirectes)
	toute transparence et faciliter la création de capacités (rôle de la CNUCED).			
92	Lutter contre le braconnage et le trafic des espèces protégées, le trafic de déchets dangereux et le trafic de minerais, notamment en renforçant des capacités et la coopération internationale.	Non	S.O.	S.O.

Note : Ces données sont essentiellement tirées du rapport des Nations Unies intitulé *Sustainable Development Goals Extended Report 2024* et de ses annexes statistiques. Les sommes données dans les annexes sont exprimées en USD à prix constants de 2015. L'abréviation S.O. signifie « Sans Objet » et est utilisée lorsqu'un élément n'est pas applicable ou pertinent.

Références

African Climate Foundation (2023), *Implications for African Countries of a Carbon Border Adjustment Mechanism in the EU*, https://africanclimatefoundation.org/news_and_analysis/implications-for-african-countries-of-a-carbon-border-adjustment-mechanism-in-africa/. [22]

African Union (2024), *The African Continental Free Trade Area*, https://au.int/en/african-continental-free-trade-area. [13]

Asian Development Bank et al. (2023), *2023 Trade Finance Gaps, Growth, and Jobs Survey*, Asian Development Bank, https://doi.org/10.22617/brf230334-2. [31]

Baker McKenzie (2024), *Africa: The African Continental Free Trade Area Investment Protocol - The Start of a New Era in Sustainable Trade and Investment*, https://insightplus.bakermckenzie.com/bm/international-commercial-trade/africa-the-african-continental-free-trade-area-investment-protocol-the-start-of-a-new-era-in-sustainable-trade-and-investment. [7]

Banque asiatique de développement (BAsD) (2023), *2023 Trade Finance Gaps, Growth, and Jobs Survey*, https://www.adb.org/publications/2023-trade-finance-gaps-growth-jobs-survey. [3]

Botwright, K. et G. Dabré (2024), « Critical minerals are in demand. How do we make sure this trend drives development? », *World Economic Forum*, https://www.weforum.org/stories/2024/05/critical-minerals-are-in-demand-how-do-we-make-sure-this-trend-drives-development/ (consulté le 30 November 2024). [26]

CNUCED (2023), *Key Statistics and Trends in Trade Policy 2022*, Nations unies, Genève, https://unctad.org/system/files/official-document/ditctab2023d2_en.pdf. [28]

D'Andrea, B. et al. (2024), « Thirty years of trade growth and poverty reduction », *WTO Data Blog*, https://www.wto.org/english/blogs_e/data_blog_e/blog_dta_24apr24_e.htm. [1]

FMI et al. (2023), *Subventions, commerce et coopération internationale*, Organisation mondiale du commerce, Geneva, https://doi.org/10.1787/1d7d4bf3-fr. [21]

Global Trade Alert (2024), *Independent Monitoring of Policies that Affect World Commerce*, https://www.globaltradealert.org/. [35]

Hochet-Bodin, N. (2024), *Ethiopian coffee is threatened by European deforestation regulations*, https://www.lemonde.fr/en/environment/article/2024/05/25/ethiopian-coffee-is-threatened-by-european-deforestation-regulations_6672600_114.html. [23]

ITC; UNCTAD (2024), « SDG indicator 10.A.(i): Share of exports admitted duty free », *SDG Trade Monitor*, https://sdgtrade.org/en/indicators/10-a-i/BC/3/. [37]

ITC; UNCTAD (2024), « SDG indicator 17.11.1: Developing countries' and least developed countries' share of global exports », *SDG Trade Monitor*, https://www.sdgtrade.org/en/indicators/17-11-1/BC/1/. [32]

ITC; UNCTAD (2024), « SDG indicator 17.12.1: Average tariffs faced by developing countries, LDCs and SIDS », *SDG Trade Monitor*, https://sdgtrade.org/en/indicators/17-12-1/BC/3/. [38]

ITC; UNCTAD (2024), « SDG indicator 2.B.1 Agricultural export subsidies », *SDG Trade Monitor*, https://sdgtrade.org/en/indicators/2-b-1/BC/1/. [34]

Korinek, J., A. Mourougane et E. Lieshout (2023), « Women are less engaged in trade: Why, and what to do about it », *Vox EU Column*, https://cepr.org/voxeu/columns/women-are-less-engaged-trade-why-and-what-do-about-it (consulté le 30 November 2024). [25]

McKinsey & Company (2024), *The Africa hydrogen opportunity*, https://hydrogencouncil.com/wp-content/uploads/2024/03/Hydrogen-Council-Africa-Hydrogen-Opportunity-.pdf (consulté le January 2025). [8]

Nations Unies (2024), *Financing for Sustainable Development Report 2024 : Financing for Development at a Crossroads*, Département des affaires économiques et sociales des Nations Unies, New York, https://desapublications.un.org/publications/financing-sustainable-development-report-2024. [11]

OCDE (2023), *Politiques agricoles : Suivi et évaluation 2023 (version abrégée) : Adapter l'agriculture au changement climatique*, Éditions OCDE, Paris, https://doi.org/10.1787/9dae6a9d-fr. [20]

OCDE/OMC (2024), *Panorama de l'Aide pour le commerce 2024*, Éditions OCDE, Paris, https://doi.org/10.1787/7a4e356a-en. [5]

OECD (2024), *OECD Services Trade Restrictiveness Index : Policy Trends up to 2024*, OECD Publishing, Paris, https://doi.org/10.1787/b9e5c870-en. [29]

OMC (2024), *Completed accessions*, Organisation mondiale du commerce, https://www.wto.org/english/thewto_e/acc_e/completed_acc_e.htm. [36]

OMC (2024), *Indicateur de mise en oeuvre*, Organisation mondiale du commerce, https://www.tfadatabase.org/fr/implementation. [30]

OMC (s.d.), *Amendement à l'Accord sur les ADPIC*, Organisation mondiale du commerce, https://www.wto.org/french/tratop_f/trips_f/amendment_f.htm. [39]

Rocha, N. et R. Piermartini (2023), *Trade Drives Gender Equality and Development*, International Monetary Fund, Washington, DC, https://www.imf.org/en/Publications/fandd/issues/2023/06/trade-drives-gender-equality-and-development-rocha-piermartini. [9]

Schwellnus, C., A. Haramboure et L. Samek (2023), « Policies to strengthen the resilience of global value chains : Empirical evidence from the COVID-19 shock », *OECD Science, Technology and Industry Policy Papers*, n° 141, OECD Publishing, Paris, https://doi.org/10.1787/fd82abd4-en. [27]

UN (2024), *Progress towards the Sustainable Development Goals - Statistical Annex*, United Nations Statistical Commission, New York, https://unstats.un.org/sdgs/files/report/2024/E_2024_54_Statistical_Annex_I_and_II.pdf. [17]

UN (2024), *The Least Developed Countries in Facts & Figures*, https://www.un.org/ohrlls/sites/www.un.org.ohrlls/files/pamphlet.pdf. [24]

UN DESA (2024), *SDG Indicators Database*, https://unstats.un.org/sdgs/dataportal/database (consulté le November 2024). [6]

UNCTAD (2024), *Attaining the SDGs through trade – UNCTAD SDG Pulse 2024 (webpage)*, https://sdgpulse.unctad.org/trade-developing-economies/ (consulté le 27 janvier 2025). [2]

UNCTAD (2024), *Key Statistics and Trends in Trade Policy 2023*, United Nations Conference on Trade and Development, https://unctad.org/system/files/official-document/ditctab2024d2_en.pdf. [40]

UNCTAD (2024), « Tariff trends mostly downwards, but non-tariff measures increasingly used », *SDG Pulse*, https://sdgpulse.unctad.org/trade-barriers/ (consulté le 30 November 2024). [16]

UNCTAD (2023), *The South-South trade partnership for accelerating the SDGs achievement*, https://unctad.org/meeting/south-south-trade-partnership-accelerating-sdgs-achievement. [12]

World Bank Group and World Trade Organisation (2018), *Trade and Poverty Reduction: New Evidence of Impacts in Developing Countries*, World Trade Organization, Geneva, https://www.wto.org/english/res_e/booksp_e/wto_wbjointpublication_e.pdf. [10]

World Integrated Trade Solution (2024), *World Trade in % of GDP*, https://wits.worldbank.org/CountryProfile/en/Country/WLD/StartYear/2015/EndYear/2021/Indicator/NE-TRD-GNFS-ZS. [33]

World Trade Organization (2024), « Members submitting acceptance of Agreement on Fisheries Subsidies », https://www.wto.org/english/tratop_e/rulesneg_e/fish_e/fish_acceptances_e.htm (consulté le 30 November 2024). [18]

World Trade Organization (2024), *Trade faciliatation agreement database: Status of notification by measure (database)*, https://tfadatabase.org/en/notifications/categorization-by-measure (consulté le 30 November 2024). [15]

World Trade Organization (2023), *World Trade Report 2023: Re-globalisation for a Secure, Inclusive and Sustainable Future*, https://www.wto.org/english/res_e/booksp_e/wtr23_e/wtr23_e.pdf. [19]

World Trade Organization (2015), *World Trade Report 2015: Speeding Up Trade - Benefits and Challenges of Implementing the WTO Trade Facilitation Agreement*, https://www.wto.org/english/res_e/publications_e/wtr15_e.htm. [14]

WTO (2024), *Trade and tariff data*, https://www.wto.org/english/res_e/statis_e/statis_e.htm. [4]

6 Dette et viabilité de la dette

Ce chapitre examine le domaine d'intervention « Dette et viabilité de la dette » du Programme d'action d'Addis-Abeba, en mettant en lumière les progrès accomplis, les défis qu'il reste à relever et les enjeux émergents, à l'heure où la communauté internationale se prépare en vue de la quatrième Conférence internationale sur le financement du développement. Il étudie les avancées en matière d'allégement de la dette et de soutien à la gestion de la dette et au renforcement des capacités, qui ont progressé, ainsi que les tendances de la dette souveraine dans les pays en développement. Il souligne également les défis persistants tels que la hausse des taux d'intérêt, les niveaux de service de la dette, la qualité du crédit et la transparence de la dette. Il présente enfin des pistes pour renforcer l'architecture internationale de la dette et développer des instruments financiers innovants liés au climat afin de relever les défis de l'endettement.

6.1. Tableau de bord des données

Principales tendances

Le risque de surendettement public extérieur s'est amplifié

La dégradation des conditions financières mondiales a considérablement accru le risque de surendettement public extérieur des pays en développement. En 2022, le montant total des défauts souverains, dette non négociable incluse, s'élevait à 470 milliards USD, en hausse par rapport à la moyenne d'environ 200 milliards USD en 2015.

Dans les pays pauvres très endettés (PPTE), les défauts de paiement ont atteint un niveau record de 127 milliards USD en 2023, une situation en partie imputable à la lenteur avec laquelle certains créanciers publics n'appartenant pas au Club de Paris mettent en œuvre l'allègement de la dette (Beers, Ndukwe et Charron, 2024[1]).

Graphique 6.1. Défauts souverains (2015-23)

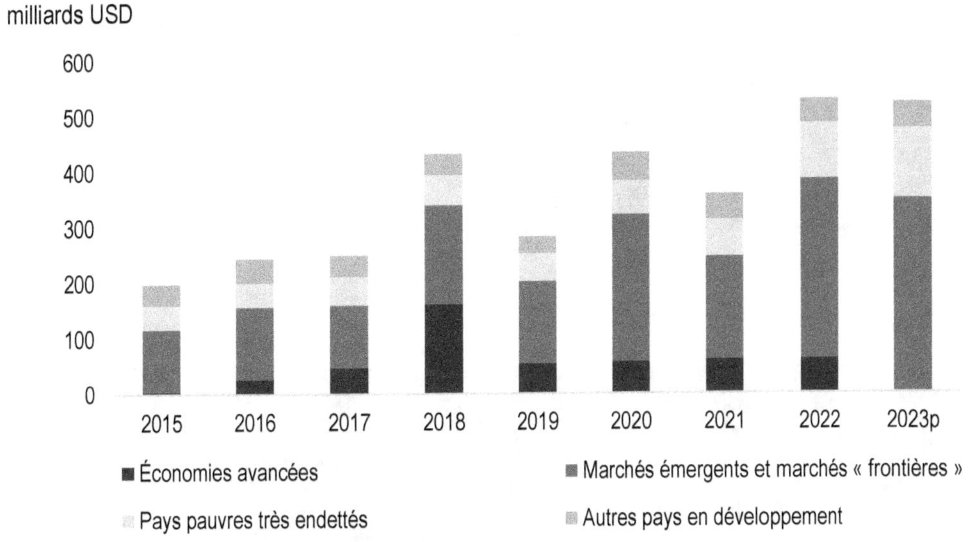

Note : on parle de défaut souverain ou de surendettement souverain lorsque l'État cesse ses paiements au titre de la dette ou cherche à renégocier les conditions de sa dette afin d'en réduire le principal ou les taux d'intérêt, ou d'en allonger les échéances. Une fois la dette restructurée, on considère que le pays honore sa dette et n'est plus en situation de défaut.
Source : Beers et al., (2024[1]), « BoC–BoE Sovereign Default Database: What's new in 2024? », https://www.bankofcanada.ca/wp-content/uploads/2024/07/SAN2024-19.pdf.

La restructuration de la dette souveraine est devenue plus complexe.

La restructuration de la dette souveraine est devenue plus complexe en raison d'une hausse de la dette non honorée et d'une diversification de la base des créanciers caractérisée par un rôle croissant du secteur privé, de la Chine et des États du Golfe.

La composition des créanciers des pays à faible revenu (PFR) a beaucoup évolué depuis 1996, année pendant laquelle les créanciers membres du Club de Paris détenaient 39 % de leur dette extérieure tandis que les créanciers publics n'appartenant pas au Club de Paris et les créanciers privés en détenaient chacun 8 %. À la fin de 2021, la part de dette extérieure totale des PFR détenue par les créanciers du

Club de Paris est tombée à 11 %, tandis que celle détenue par des créanciers n'appartenant pas au Club de Paris et par des créanciers privés a plus que doublé, pour passer, respectivement, à 20 % et 19 %.

Graphique 6.2. Composition des créanciers des PFR, % du stock de la dette extérieure contractée ou garantie par le secteur public (1996-2021)

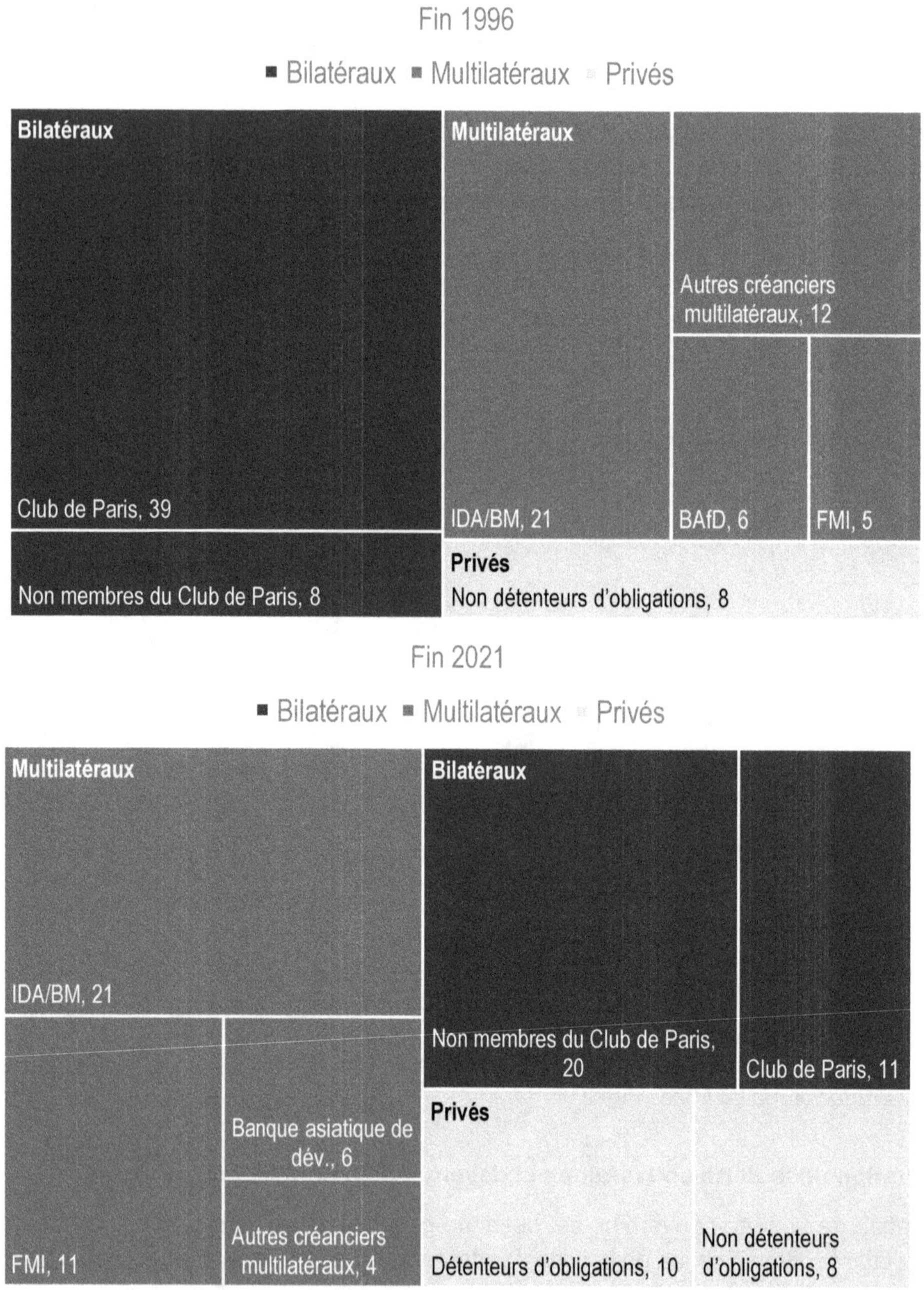

Note : Les chiffres représentent la part de la dette extérieure totale détenue par le créancier au cours d'une année donnée, IDA/BM : Association internationale de développement de la Banque mondiale ; FMI : Fonds monétaire international ; BAfD : Banque africaine de développement.
Source : FMI 2023, https://www.elibrary.imf.org/view/journals/001/2023/079/article-A001-en.xml.

La hausse du service de la dette limite la marge budgétaire et la capacité d'emprunt des pays en développement

Dans 25 pays en développement, le service de la dette absorbe plus d'un cinquième des recettes fiscales (Beers, Ndukwe et Charron, 2024[1]). Selon les estimations, en 2024, 92 pays ont consacré davantage de ressources au service de la dette publique extérieure qu'aux investissements en faveur des Objectifs de développement durable (ODD) (Merling et al., 2024[2]).

Dans de nombreux pays d'Afrique subsaharienne, une consolidation budgétaire s'imposerait pour fixer des objectifs d'endettement prudents, en procédant à des ajustements du ratio dette/PIB (PIB) de 2 à 3 points de pourcentage au cours de la période 2022-27 (Comelli et al., 2023[3]).

Quelque 20 PFR et pays à revenu intermédiaire de la tranche inférieure (PRITI) sont solvables mais font face à des problèmes de liquidité (avec un ratio service de la dette-recettes élevé), les créanciers étant réticents à refinancer les prêts de peur que d'autres créanciers se retirent et ne les laissent avec des créances plus risquées[1].

Graphique 6.3. Nombre de pays dépassant les seuils du ratio service de la dette/recettes du FMI et de la Banque mondiale, par catégorie de revenus, 2015-25 (estimations)

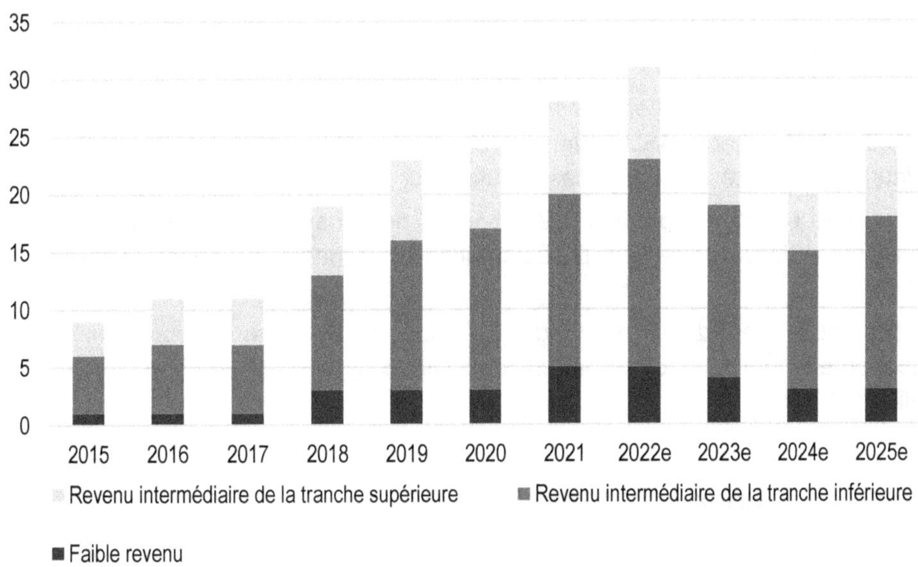

Note : e = estimation. Le seuil de référence du ratio service de la dette/recettes utilisé dans l'analyse de viabilité de la dette du Fonds monétaire international (FMI) et de la Banque mondiale varie en fonction de la capacité du pays à supporter sa dette. Cet indicateur est calculé en déterminant le ratio entre le total des paiements au titre du service de la dette (intérêts et principal) de l'État et ses recettes. Il fournit un éclairage sur la charge budgétaire induite par le service de la dette et la capacité de l'État à générer des recettes suffisantes pour assumer ces obligations sans compromettre d'autres dépenses essentielles. Après 2021, les données sont basées sur des estimations.
Source : Adapté de A bridge to climate action (findevlab.org), https://findevlab.org/a-bridge-to-climate-action/.

Indicateurs clés de performance

↓	Entre 2015 et 2023, le service de la dette extérieure à long terme garantie par le secteur public et exprimé en pourcentage des exportations de biens et de services dans les pays les moins avancés (PMA) a presque doublé, passant de 7.6 % à 13.2 %, alors qu'il est resté stable dans les pays en développement à revenu élevé, à environ 3.5 % (UNCTAD, 2024[4]).
↓	La part des PFR considérés comme en situation de surendettement ou à risque élevé de surendettement a plus que doublé, passant de 27 % en 2015 à 56 % en 2023 (World Bank, 2023[5]).
↓	En 2023, dans un nombre record de 54 pays en développement, dont près de la moitié situés en Afrique, les paiements d'intérêts nets dépassaient 10 % de leurs recettes (UNCTAD, 2024[6]).
↓	Sur la période 2020-22, quelque 3.3 milliards de personnes vivaient dans les 48 pays dont les charges d'intérêts étaient supérieures aux dépenses d'éducation ou de santé (UNCTAD, 2024[6]).

↓ Léger recul	↓ Recul marqué	↔ Statu quo, neutre	↔ Stagnation, problème possible	↑ Progrès majeure	↑ Progrès minime
↓ Recul sensible	↓ Recul majeur	↔ Stagnation, préoccupation mineure	↔ Stagnation négative, préoccupante	↑ Progrès	↑ Progrès négligeables ou contestés

Note : Engagements quantifiables sélectionnés. L'Annexe 6.A présente la liste complète. Il convient de noter que le chapitre du Programme d'action d'Addis-Abeba consacré aux enjeux de la dette ne comprend pas d'engagements quantifiables ou assortis d'échéances.

Potentiel de mobilisation des ressources

- Aujourd'hui, le coût de mise en œuvre de programmes de type PPTE se chiffrerait probablement entre 100 et 200 milliards USD en tenant compte de l'inflation, des niveaux de dette actuels et de l'ampleur des difficultés économiques (Chuku et al., 2023[7]).
- Dans les pays en développement, les échanges dette-nature pourraient permettre de réorienter 100 milliards USD de dette vers la restauration de la nature ou l'adaptation aux changements climatiques.
- La réaffectation des droits de tirage spéciaux (DTS) vers les banques multilatérales de développement par l'achat d'instruments de capitaux hybrides pourrait en outre débloquer jusqu'à 80 milliards USD.

6.2. Principaux domaines de progrès

L'allégement de la dette consenti dans le cadre de l'initiative en faveur des PPTE et de l'Initiative d'allégement de la dette multilatérale (IADM) ont été d'une aide capitale.

À la fin de l'année 2020, l'initiative en faveur des PPTE et l'Initiative d'allégement de la dette multilatérale (IADM) avaient permis de réduire la dette de 37 pays participants, dont 31 pays d'Afrique, de 100 milliards USD. Aujourd'hui, pour des raisons tenant à la dette cachée et à la diversification des créanciers, la mise en œuvre de programmes de type PPTE serait plus compliquée. Depuis le milieu des années 1990, la dette du secteur privé a plus que doublé dans les PFR, passant de 8 % à 19 %. La coordination des créanciers et la fragmentation géopolitique pourraient également saper l'efficacité de ces programmes (Chuku et al., 2023[7]).

Le marché des obligations souveraines dans les marchés émergents et les économies en développement a connu une croissance notable

Les marchés des obligations souveraines des marchés émergents et des économies en développement (MEED) ont connu une expansion conséquente depuis 2007, marquée notamment par une croissance particulièrement forte depuis le début de la pandémie de COVID-19. Dans les MEED, les émissions annuelles brutes d'obligations ont presque été multipliées par quatre, passant d'environ 1 000 milliards USD en 2007 à 4 000 milliards USD en 2023. La part de la Chine dans les emprunts s'est également considérablement accrue, de 15 % en 2021 à 37 % en 2023 (OCDE, 2024[8]). Ce sont les PFR qui ont connu la hausse des émissions d'obligations souveraines la plus significative, leurs marchés ayant été multipliés par plus de dix, suivis par les PRITI, avec une croissance multipliée par près de neuf.

Cette hausse importante des émissions brutes d'obligations souveraines dans les PFR et les PRITI a été principalement portée par les efforts de financements des besoins d'emprunt nets au moyen d'instruments de dette négociables plutôt que par une hausse des besoins d'emprunts au sens large. Entre 2009 et 2019, les emprunts nets des PFR et des PRITI représentaient entre 4 % et 6 % du PIB, sans que l'on observe une tendance à la hausse continue. Par conséquent, la hausse des émissions brutes reflète le recours croissant aux émissions d'obligations visant à répondre à des besoins d'emprunt, et témoigne du développement des marchés d'obligations souveraines dans les PFR et les PRITI (OCDE, 2024[8]).

Dans les MEED, la proportion d'obligations souveraines à taux fixe libellées en monnaie locale est passée de 57 % en 2000 à 66 % en 2023, une hausse qui s'est accompagnée d'échéances plus longues en moyenne. Toutefois, tant le volume que la durée des échéances de cette dette restent inférieurs pour les MEED par rapport aux pays de l'OCDE, et l'écart est particulièrement prononcé dans les plus petites économies (OCDE, 2024[8]).

Fin 2023, l'encours mondial des obligations durables émises par le secteur public et par les entreprises atteignait 4 300 milliards USD, ce qui représente une hausse significative par rapport à 2018, où il s'établissait à 641 milliards USD (OCDE, 2024[8]). Néanmoins, et malgré cette hausse rapide ces dernières années, les instruments de dette souveraine durables ne représentent toujours qu'une petite proportion des émissions d'obligations souveraines totales, en moyenne 2.2 % pour les économies avancées et 8.1 % pour les MEED en 2022. Ce marché est dominé par les obligations vertes, qui constituent plus de 75 % des instruments de dette souveraine durables et sont principalement émises par les économies avancées (OECD, 2023[9]).

Le soutien à la gestion de la dette et le renforcement des capacités continuent de se développer

Le FMI et la Banque mondiale, avec l'aide de partenaires de mise en œuvre, ont décidé d'agir sur plusieurs fronts pour remédier aux vulnérabilités liées à l'endettement, notamment par le biais de la Facilité de gestion de la dette, qui soutenait plus de 463 initiatives d'assistance technique dans 78 pays et 20 entités infranationales en décembre 2022 (World Bank, 2023[10]). Le FMI consacre environ un tiers de ses ressources aux activités de développement des capacités, qui proposent également des programmes d'assistance technique et de formation pour renforcer les pratiques de gestion de la dette des pays en développement (International Monetary Fund, 2024[11]). Les banques multilatérales de développement régionales (BDM) telles que la Banque africaine de développement sont également fortement impliquées dans les activités visant à renforcer les capacités en matière de gestion de la dette ou à accroître la transparence, entre autres activités.

Les règles relatives à l'aide publique au développement ont intégré de nouvelles incitations pour renforcer la contribution des financements concessionnels à la viabilité de la dette

Les règles relatives à l'aide publique au développement (APD) de 2014 ont instauré une mesure de la concessionnalité plus rigoureuse que celle qui prévalait en vertu des précédentes directives ; elles prévoient désormais différents taux d'actualisation, de 9 %, 7 % et 6 %, ainsi que plusieurs seuils pour l'élément don, de 45 %, 15 % et 10 %, qui sont venus remplacer le taux d'actualisation unique de 10 % et le seuil également unique de 25 %. Par conséquent, les prêteurs sont tenus de proposer des prêts plus concessionnels pour pouvoir les déclarer en APD, ce qui a des incidences particulièrement importantes pour les PMA. Les règles révisées ont également introduit de nouvelles dispositions relatives aux critères de l'APD en ce qui concerne la viabilité de la dette. En vertu de ces dispositions, les prêts assortis de conditions non conformes à la politique du FMI sur les plafonds d'endettement et/ou à la politique de la Banque mondiale en matière d'emprunts non concessionnels/de financement du développement durable ne pourront pas être comptabilisés dans l'APD.

6.3. Défis persistants

La hausse des taux d'intérêt et le niveau élevé des besoins de refinancement menacent la viabilité de la dette dans les pays en développement

Le coût moyen des intérêts pesant sur les emprunts extérieurs des pays en développement est trois fois plus élevé que pour les pays développés (Spiegel et Schwank, 2022[12]). Pour chaque point de pourcentage de taux d'intérêt supplémentaire, les PFR et les pays à revenu intermédiaire doivent verser 35 milliards USD d'intérêts de plus aux créanciers (Walker et al., 2022[13]) Les PFR font face à des remboursements importants au titre de la dette et doivent refinancer environ 60 milliards USD de dette extérieure sur la période 2024-26, trois fois plus que la moyenne observée pendant la période de dix ans qui s'est écoulée entre 2010-20 (Holland et Pazarbasioglu, 2024[14]). Depuis 2016, les obligations en euros et les prêts syndiqués de banques privées ont bondi, tandis que les différés d'amortissement se sont raccourcies et que les écarts de rendement se sont faits plus volatils (Chuku et al., 2023[7]).

Dans un contexte de taux d'intérêt forts, un niveau élevé des besoins de refinancement est susceptible de peser sur les budgets des pays et de compromettre l'accès de certains d'entre eux aux marchés étrangers. Plus de 4 500 milliards USD de dette obligataire des MEED arriveront à échéance entre 2024 et 2026. La part de cette dette qui arrivera à échéance en 2024 est particulièrement élevée, puisqu'elle avoisine 20 % pour les PFR et 25 % pour les pays dont les notes de crédit indiquent un risque de crédit ou de défaut élevé (note B ou moins), contre une moyenne de 15 % dans les autres catégories de revenu (OCDE, 2024[8]).

Les pays dont les notes de crédit sont basses sont également davantage exposés aux besoins de refinancement en monnaie étrangère. Pour les pays dont la note de crédit est supérieure à B, la part moyenne de la dette libellée en devises qui arrive à échéance entre 2024 et 2026 est inférieure à 8 %. À titre de comparaison, cette part moyenne est supérieure à 30 % pour les pays dont la note de crédit est plus faible. Parmi les 16 pays dont plus de 30 % de la dette libellée en monnaie étrangère échoit fin 2026, 10 ont une note de crédit de BB- (risque élevé) ou inférieure. Bien que les défauts sur la dette en monnaie nationale soient rares, des besoins de refinancement importants en monnaie nationale en période de rendements élevés peuvent avoir un impact important sur les budgets des États et réduire la marge budgétaire disponible pour faire face à d'autres priorités (OCDE, 2024[8]).

Les niveaux de dette et de service de la dette sont en hausse, entraînant un risque accru de défaut

Les crises récentes ont amplifié le risque de défaut ainsi que le coût du service de la dette. D'après les agences de notation de crédit, 13 pays, dont sept sont des PRITI ou des PFR, sont actuellement en défaut ou près de l'être, le chiffre le plus élevé en 24 ans. En 2023, le PIB de ces 13 pays réunis s'élevait à environ 1 400 milliards USD, soit un peu plus de 1 % du PIB mondial, pour une population totale de près de 400 millions d'habitants, soit 5 % de la population mondiale. De plus, 13 autres pays cumulant 1 700 milliards USD de PIB et plus de 700 millions d'habitants présentent un risque important de défaut. Ensemble, ces deux groupes de pays en situation ou à risque élevé de défaut représentent environ 3 % du PIB mondial, mais 15 % de la population mondiale (OCDE, 2024[8]).

Après la crise provoquée par la pandémie de COVID-19, les pays éligibles au programme PPTE et à l'IADM ont connu les plus fortes hausses relatives de défaut sur la dette souveraine, à savoir de, respectivement, 62.70 % et 52.56 %[2]. En 2022, les pays en développement ont versé à leurs créanciers extérieurs 49 milliards USD de plus que ce qu'ils avaient reçu en apports de capitaux, ce qui représente un transfert net de ressources négatif. C'est également pour ces pays que le coût a été le plus élevé : le service de la dette publique extérieure s'est élevé à 365 milliards USD en 2022, l'équivalent de 6.3 % des recettes d'exportations. Plus de 4 400 milliards USD de dette obligataire des MEED arriveront à échéance entre 2024 et 2026 (OCDE, 2024[8]). Le nombre de MEED dont la note de crédit est faible et qui ont accès aux marchés financiers internationaux est tombé de 20 en moyenne sur la période 2015-21 à 10 environ en 2022-23[3].

L'Initiative de suspension du service de la dette du Groupe des Vingt (G20) a offert aux PFR un répit temporaire en suspendant 12.9 milliards USD de paiements au titre du service de la dette de mai 2020 à décembre 2021. Lancé en 2020, le Cadre commun pour le traitement de la dette du G20 vise à alléger davantage la dette de ces pays par des restructurations. À ce jour, seuls quatre pays, le Tchad, l'Éthiopie, le Ghana et la Zambie, ont sollicité une aide en application de ce cadre. Le Tchad et la Zambie sont parvenus à des arrangements avec leurs créanciers, après des négociations qui ont mis plus d'un an à aboutir (Alayza, Laxton et Neunuebel, 2023[15]). Alors que la dette publique des pays en développement de la région Asie-Pacifique a fortement augmenté lors de la crise du COVID-19, les possibilités de restructuration sont souvent limitées parce qu'une grande partie de la dette a été contractée auprès de banques de développement multilatérales qui n'ont pas souhaité participer à l'ISSD et au Cadre commun afin de conserver leur note de crédit et des coûts de financement réduits. Par conséquent, pour ces pays, les possibilités de bénéficier d'un allégement sont plus limitées.

Même s'il pourrait être amélioré, le Cadre commun reste une innovation intéressante dans l'infrastructure financière mondiale, et des progrès considérables ont été accomplis en ce qui concerne le processus et le calendrier de chaque restructuration ultérieure. La Table ronde mondiale sur la dette souveraine mise en place en 2023 vise à améliorer les processus de restructuration de la dette, mais la participation des créanciers privés reste un défi.

Dans les pays en développement, la qualité du crédit s'est dégradée depuis la pandémie

Entre 2020 et le premier trimestre de 2024, dans les MEED, 224 révisions à la baisse des notes de crédit ont été dénombrées contre seulement 105 révisions à la hausse. En 2023 et au premier trimestre de 2024, les PRE et les PRITS ont enregistré davantage de révisions à la hausse qu'à la baisse, tandis que les PFR et les PRITI ont enregistré plus de deux fois plus de révisions à la baisse qu'à la hausse. Au premier trimestre de 2024, sur environ 100 MEED, près de 60 % ont reçu une note basse, et plus de 10 pays étaient en défaut de paiement ou s'en rapprochaient. Le nombre de pays ayant obtenu la note C ou se trouvant en défaut de paiement a atteint un plus haut historique, de même que le nombre de PFR et de PRITI classés dans cette catégorie ; à l'échelle mondiale, la part des pays de la catégorie investissement a atteint son point le plus bas au premier trimestre de 2024 (OCDE, 2024[8]). (Le Chapitre 7 sur le règlement des problèmes systémiques présente des informations supplémentaires sur les agences de notation de crédit et l'architecture financière).

Les niveaux de transparence de la dette souveraine demeurent faibles

La transparence budgétaire est essentielle à une gestion efficace des finances publiques car elle contribue à renforcer la confiance des marchés et la durabilité économique. Elle favorise également la responsabilisation des instances gouvernantes et un débat public éclairé en ce qui concerne la qualité et la viabilité de la dette. En revanche, l'opacité des accords sur la dette peut retarder sa restructuration. La dette cachée, non déclarée, s'accumule lors des phases d'essor économique et ne devient visible qu'en période de récession et de difficulté à y faire face. Lors d'une restructuration, un niveau de dette élevé est également associé à des pertes de crédit plus importantes (Horn et al., 2024[16]).

En 2020-21, 40 % des pays en développement à faible revenu n'ont publié aucune donnée sur la dette souveraine, tandis que des divergences dans les données sur la dette publique pouvant atteindre jusqu'à 30 % du PIB ont été observées suivant la source consultée (Rivetti, 2021[17]). Selon une étude du FMI portant sur 60 pays en développement, moins de la moitié disposaient de lois exigeant des rapports sur la gestion de la dette et les finances publiques, et moins d'un quart des pays imposaient la divulgation d'informations sur les prêts, qui constituent pourtant des éléments fondamentaux pour la transparence (Ashcroft, Vasquez et Weeks-Brown, 2024[18]). De récentes initiatives internationales, notamment du G20, du FMI et de l'Institute of International Finance (IIF), visent à améliorer la déclaration des données sur la dette et les pratiques de divulgation. En 2017, les pays du G20 ont adopté des Directives opérationnelles pour un financement durable édictant des principes de partage d'information et de transparence à l'intention des créanciers (World Bank, 2023[19]). Le Système de notification de la dette de la Banque mondiale et les Principes d'application volontaire en faveur de la transparence de la dette de l'IFF ont constitué des avancées importantes en ce qui concerne l'harmonisation et le suivi des données sur la dette, la promotion de la responsabilisation, et le soutien à un développement économique durable (World Bank, 2023[5]). D'autres initiatives telles que la Plateforme conjointe sur la dette (établie par l'OCDE, le FMI, la Banque mondiale et la Banque des règlements internationaux) ont également pour objet d'améliorer les statistiques sur la dette extérieure globale des pays (World Bank, 2024[20]).

Les législations nationales des pays créanciers et débiteurs pourraient renforcer le cadre juridique et limiter la charge future de la dette

Plusieurs pays œuvrent au renforcement du cadre juridique afin d'aider les pays en développement dans le règlement des différends (UK Parliament, 2023[21]). Dans cette même optique, des efforts croissants sont déployés pour réguler les pratiques de financements assortis de sûretés afin de favoriser des conditions plus équitables et d'éviter une charge de la dette trop importante pour les pays en développement. Cependant, une étude récente du FMI a identifié plusieurs faiblesses notables dans les législations nationales qui permettent de dissimuler la dette, notamment une définition étroite de la dette publique, des obligations inadéquates en matière de divulgation, des clauses de confidentialité dans les contrats de dette publique, et un manque de surveillance (Ashcroft, Vasquez et Weeks-Brown, 2024[18]).

6.4. Domaines nouveaux et émergents

L'architecture internationale de la dette pourrait être renforcée dans le but de soutenir le développement durable, les objectifs climatiques et de remédier aux inégalités financières

Les gouvernements, les organisations multilatérales et la société civile plaident pour une refonte de l'architecture internationale de la dette qui mettrait notamment l'accent sur le renforcement du financement public à bas coût par des réformes des BDM et du FMI. L'objectif serait d'améliorer la gouvernance et la représentation au sein de ces institutions et de conférer davantage d'agilité et de souplesse aux mécanismes de prêt, en particulier pour les pays présentant des vulnérabilités face au dérèglement climatique. Il est également proposé d'améliorer l'évaluation des risques afin d'attirer l'investissement, de réformer la gouvernance de la dette pour mieux gérer les crises, et de favoriser la formation d'alliances pour appuyer les efforts de promotion et la mise en œuvre des politiques. Plusieurs initiatives se distinguent, telles que l'Initiative de Bridgetown, le Plan de relance des ODD des Nations Unies ; le Groupe de travail de haut niveau du Groupe des ministres africains des finances, de la planification et du développement économique ; le groupe V20 des pays vulnérables au changement climatique ; et le Pacte de Paris pour les peuples et pour la planète. Toutes ces initiatives visent notamment à remédier aux inégalités financières mondiales et à soutenir le développement durable. (Le Chapitre 7 sur le règlement des problèmes systémiques présente des informations supplémentaires sur la réforme de l'architecture financière mondiale).

Les instruments financiers innovants liés au climat peuvent aider à répondre aux besoins de financement et aux enjeux liés à la dette

Le dérèglement climatique a alourdi le coût de la dette des pays du groupe V20 de 62 milliards USD au cours de la période 2007-16, et la prime de risque climatique devrait plus que doubler par rapport à ses niveaux de 2019-28 (Alayza, Laxton et Neunuebel, 2023[15]). La majeure partie (63.6 milliards USD, soit 69 %) du financement public en faveur du climat fourni par les pays en développement est constituée par des prêts (OCDE, 2024[22]).

Bien qu'aucun instrument ne puisse à lui seul résoudre la situation d'un pays quant à sa dette, plusieurs instruments financiers liés au climat peuvent permettre d'agir à la fois sur les besoins de financement liés au climat et sur les difficultés rencontrées par les pays en développement en matière de dette. Parmi eux figurent les échanges dits dette contre climat et dette contre nature, l'insertion de clauses de « résilience climatique » (Climate Resilience Debt Clauses [CRDC]) dans les contrats de dette, et les droits de tirage spéciaux (DTS). L'utilisation de ces instruments est en hausse ces dernières années ; toutefois, ils impliquent des compromis, et la prudence est de mise quant à leur application. Autre exemple : les obligations liées à la durabilité, des instruments tournés vers l'avenir et basés sur la performance qui peuvent être reliés à des objectifs de développement durable existants comme les contributions déterminées au niveau national, et incitent à agir en faveur de ces objectifs.

Dans les échanges dette-climat ou dette-nature, applicables tant à la dette souveraine qu'à la dette commerciale, une partie de la dette est annulée ou restructurée en échange de l'engagement du pays à investir dans des projets relatifs au climat, en veillant à ce que le coût budgétaire pour le débiteur n'excède pas la valeur de la réduction de la dette (Chamon et al., 2022[23]). Ce type d'accord pourrait contribuer à rediriger 100 milliards USD de dette des pays en développement, dont 33.7 milliards USD dans les PMA[4], vers la restauration de la nature et l'adaptation aux changements climatiques. En réduisant les frais sur les transactions, qui absorbent actuellement 40 % ou plus des bénéfices financiers, les conversions de dette pourraient se révéler une solution plus viable pour près de 15 % des pays en développement. Cependant, plusieurs éléments doivent être pris en compte avant d'y recourir, notamment leur échelle relativement limitée par rapport au fardeau de la dette d'un pays, la nature conditionnelle des arrangements, et les conditions de gouvernance et de mise en application.

Les clauses dites de « résilience climatique » permettent la suspension temporaire, le report ou la restructuration des paiements de dette lorsqu'un pays fait face à des événements liés au climat tels qu'un ouragan ou des inondations. Plusieurs prêteurs bilatéraux et multilatéraux permettent d'insérer ce type de clauses dans les contrats, et l'International Capital Markets Association a annoncé que les PFR pourraient y recourir pour les titres obligataires. Toutefois, une CRDC va simplement suspendre la dette, sans empêcher l'accumulation des intérêts, et le pays doit être en mesure de satisfaire à ses obligations de remboursement. Ces instruments pourraient permettre d'harmoniser les paramètres des événements déclencheurs et les seuils applicables.

Les allocations de DTS, auxquelles 80 pays ont recours, ont apporté environ 275 milliards USD aux pays en développement. En mars 2024, le FMI avait réuni quelque 8.4 milliards USD d'engagements pour son fonds fiduciaire pour la résilience et la durabilité en vue de soutenir les activités en faveur du climat dans les pays en développement (International Monetary Fund, 2024[24]). Fin février 2024, 7.0 milliards USD d'engagements avaient été approuvés, mais 1.4 milliard USD seulement avaient été versés à 9 pays ; en 2024, 3.4 milliards USD supplémentaires devaient être versés à 17 autres pays (Hicklin, 2024[25]). La réorientation, via les BDM, des droits de tirage spéciaux est l'une des composantes du programme du Cadre d'adéquation du capital, et le Groupe d'experts indépendants du G20 a appelé les BDM à prendre des mesures pour accroître leur capacité de prêt, notamment en s'intéressant aux structures de capital hybrides.

Annexe 6.A. Dette et viabilité de la dette

Tableau d'annexe 6.A.1. Évaluation du domaine d'intervention : Dette et viabilité de la dette

Paragraphe du Programme d'action d'Addis-Abeba	Engagement	Cible ou objectif spécifique	Cible des Objectifs de développement durable (ODD) correspondante (si disponible)	État d'avancement de la mise en œuvre ou progrès accomplis depuis 2015, d'après les indicateurs des ODD retenus ou d'autres pertinents (mesures indirectes)
93	Régler les problèmes de surendettement, notamment des PMA et des PEID, notamment par le biais d'initiatives telles que l'Initiative en faveur des pays pauvres très endettés (PPTE) et l'Initiative d'allégement de la dette multilatérale. Permettre aux pays qui sont radiés de la liste des pays les moins avancés de connaître une transition sans heurt.	Non	Cible 17.4 Aider les pays en développement à assurer la viabilité à long terme de leur dette au moyen de politiques concertées visant à favoriser le financement de la dette, son allégement ou sa restructuration, selon le cas, et réduire le surendettement en réglant le problème de la dette extérieure des PPTE.	Indicateur 17.4.1 des ODD – Service de la dette en proportion des exportations de biens et services. En 2022, le service de la dette des PMA représentait 8.4 % des exportations de biens, de services et de revenus primaires. Cette proportion est en hausse par rapport à 2015, où elle s'établissait à 7.6 % (UN, 2024[26]). Service de la dette en pourcentage des recettes publiques. En 2023, les paiements d'intérêts nets sur la dette publique des pays en développement se sont élevés à 847 milliards USD, soit une hausse de 26 % par rapport à 2021. Toujours en 2023, un nombre record de 54 pays en développement, représentant 38 % du total, ont affecté 10 % ou plus de leurs recettes publiques au paiement d'intérêts (UNCTAD, 2024[6]). Les pays en développement font face à une augmentation des coûts d'emprunt plus importante que celle observée dans les pays développés. Les taux d'intérêt sur la dette souveraine sont deux à quatre fois plus élevés dans les pays en développement qu'aux États-Unis, et six à 12 fois plus élevés qu'en Allemagne (UNCTAD, 2024[6]). Service de la dette en pourcentage des recettes fiscales. À la suite de la crise du COVID-19, les positions budgétaires des pays en développement se sont davantage dégradées que celles des pays développés. Dans 25 pays en développement, le service de la dette représente désormais plus de 20 %

Paragraphe du Programme d'action d'Addis-Abeba	Engagement	Cible ou objectif spécifique	Cible des Objectifs de développement durable (ODD) correspondante (si disponible)	État d'avancement de la mise en œuvre ou progrès accomplis depuis 2015, d'après les indicateurs des ODD retenus ou d'autres pertinents (mesures indirectes)
				des recettes fiscales. (UN, 2023[27]) Allègement de la dette consenti par le biais des initiatives PPTE et IADM. Les initiatives PPTE et IADM ont permis d'alléger la dette de 37 pays participants de plus de 100 milliards USD depuis 1996 (World Bank, 2024[28]). Pourcentage d'aide publique au développement (APD) (dons et prêts) octroyée sous forme de prêts concessionnels. Une part croissante de l'APD prend la forme de prêts concessionnels plutôt que de dons. La part de l'APD octroyée sous cette forme aux pays en développement est passée de 28 % en 2012 à 34 % en 2022 (UNCTAD, 2024[6]). L'élément de libéralité moyen des prêts d'APD aux PMA s'est réduit, passant de 78 % en 2015 à 70 % en 2021 en raison de taux d'intérêt en hausse (0.63 % en 2023 contre 0.35 % en 2015) et d'échéances raccourcies (ramenées à 27 ans en 2021 contre 36 ans en 2015) (OECD, 2023[29]). APD affectée à des mesures portant sur la dette. Les ressources d'APD consacrées à des mesures telles que l'allègement, les échanges et la restructuration de la dette sont passées de 4.1 milliards USD en 2012 à seulement 300 millions USD en 2022, marquant un plus bas historique (UNCTAD, 2024[6]). Transition sans heurt pour les pays sortant de la catégorie des pays les moins avancés (PMA). Depuis 2015, six pays sont sortis de la catégorie des PMA et, selon les recommandations, cinq pays supplémentaires devraient les suivre (UN ECOSOC, 2024[30]). Le Comité des politiques de développement (CDP) des Nations Unies a fourni une contribution au Conseil économique et social de 2024 en réalisant l'examen triennal et l'exercice de suivi des PMA et en examinant la question du retrait des listes dans le contexte mondial. Le CDP a suivi les progrès accomplis en matière de développement, notamment les enjeux liés à la viabilité de la dette, de neuf pays qui sont récemment sortis de la catégorie des PMA ou qui en sortiront

Paragraphe du Programme d'action d'Addis-Abeba	Engagement	Cible ou objectif spécifique	Cible des Objectifs de développement durable (ODD) correspondante (si disponible)	État d'avancement de la mise en œuvre ou progrès accomplis depuis 2015, d'après les indicateurs des ODD retenus ou d'autres pertinents (mesures indirectes)
				prochainement, et relevé plusieurs cas dans lesquels des catastrophes naturelles et/ou les fluctuations des prix du pétrole avaient eu des effets négatifs sur la situation au regard de la dette de pays retirés de la liste (UN ECOSOC, 2024[31]). *(Pour de plus amples informations, consulter le site internet suivant UN Smooth Transition for LDCs.)*
94	Aider les pays en développement à rendre leur dette viable à long terme au moyen de politiques concertées visant à favoriser le financement de la dette, son allègement, sa restructuration et sa gestion appropriée. Appuyer les pays qui remplissent les conditions de l'Initiative PPTE et qui s'efforcent d'en achever le processus et envisager des initiatives pour les pays qui n'en remplissent pas les conditions. Poursuivre le soutien aux pays qui ont bénéficié de l'allègement de la dette et qui sont parvenus à des niveaux d'endettement soutenables.	Non	Cible 17.4 Voir le paragraphe 93.	Nombre de pays éligibles à l'initiative PPTE ayant bénéficié d'un allègement de leur dette. Sur les 39 pays éligibles à l'initiative PPTE, la totalité des 36 qui ont atteint le point de décision sont maintenant parvenus au point d'achèvement (IMF, 2023[32]). *Les Initiatives du Fonds monétaire international (FMI) et de la Banque mondiale, en collaboration avec leurs partenaires, comprennent la Facilité de gestion de la dette qui, en décembre 2022, avait soutenu plus de 463 projets d'assistance technique dans 78 pays et 20 entités infranationales* (World Bank Group, 2023[33]). Part des ressources du FMI allouées à des efforts de développement des capacités. Près d'un tiers des ressources du FMI sont allouées à des efforts de développement des capacités, qui comprennent des programmes d'assistance technique et des formations visant à renforcer les pratiques de gestion de la dette des pays en développement (IMF, 2022[34]).
95	Saluer les efforts du FMI, de la Banque mondiale et du système des Nations Unies tendant à renforcer les outils relatifs à la viabilité et à la gestion de la dette. Utiliser l'analyse du degré d'endettement tolérable effectuée par le FMI et la Banque mondiale, qui constitue un outil d'information précieux sur le niveau	Non	Cible 17.4 Voir le paragraphe 93.	*Le FMI agit sur plusieurs fronts pour renforcer la viabilité de la dette. En 2017, en collaboration avec la Banque mondiale, le FMI a mis à jour le Cadre de viabilité de la dette pour les pays à faible revenu. Ce cadre aide à évaluer les risques de surendettement des pays à faible revenu (PFR) et leur fournit des orientations pour gérer leur niveau de dette de manière prudente. Le cadre révisé propose un test de résistance plus réaliste et des facteurs macroéconomiques élargis.* *Le FMI a également modifié sa politique de plafonds d'endettement en 2020 pour offrir aux pays davantage de souplesse et leur permettre de gérer leur dette en*

Paragraphe du Programme d'action d'Addis-Abeba	Engagement	Cible ou objectif spécifique	Cible des Objectifs de développement durable (ODD) correspondante (si disponible)	État d'avancement de la mise en œuvre ou progrès accomplis depuis 2015, d'après les indicateurs des ODD retenus ou d'autres pertinents (mesures indirectes)
	d'endettement approprié. Inviter ces institutions à continuer de renforcer leurs outils dans le cadre d'un processus ouvert et sans exclusive avec les organismes des Nations Unies et d'autres parties prenantes.			*fonction de leurs besoins de développement, tout en maintenant sa viabilité. La politique propose désormais des approches sur mesure fondées sur les circonstances et sur une évaluation des risques spécifiques aux pays.* *La Banque mondiale a également mis en place plusieurs initiatives pour améliorer la gestion de la dette. Par exemple, une comparaison entre pays des évaluations de la performance en matière de gestion de la dette (DeMPA) a montré que plus de la moitié des pays examinés ne remplissaient pas les critères minimaux des pratiques saines de gestion de la dette souveraine. Des insuffisances ont été notamment observées en ce qui concerne les prévisions des flux de trésorerie et la coordination avec la gestion de la dette, qui conduisent à des pratiques inefficientes comme l'émission de nouveaux titres de dette tout en conservant une trésorerie excédentaire. La gestion des risques opérationnels est également source d'inquiétude en ce qu'elle expose les États à des pertes de données et à des défaillances des processus. Toutefois, des progrès ont été constatés en ce qui concerne l'alignement de la gestion de la dette sur les politiques macroéconomiques et l'amélioration des cadres juridiques* (World Bank, s.d.[35]). *À l'instar du FMI, la Banque Mondiale fournit une assistance technique complète et des formations pour renforcer les capacités des pays en matière de gestion de la dette. Elle soutient en outre l'élaboration de stratégies de la gestion de la dette à moyen terme et renforce la capacité des pays à gérer la dette publique de manière prudente.* *Les Nations Unies jouent également un rôle essentiel de promotion de la viabilité de la dette par l'intermédiaire de ses différents organes et programmes. Par exemple, le Système de gestion et d'analyse financière de la dette d'ONU Commerce et développement aide les pays en développement à gérer efficacement leur dette publique. Il les aide également à améliorer leur capacité d'enregistrement, de suivi et d'analyse des données sur la dette publique, ce qui contribue à une viabilité accrue de la dette.*
96	Soutenir les activités en cours consistant à élaborer des normes, à mettre à la disposition du public des	Non	Cible 17.4 Voir le paragraphe 93.	Nombre de pays bénéficiant des crédits de l'IDA (Association internationale de développement) dont les données sur la dette sont entièrement accessibles.

Paragraphe du Programme d'action d'Addis-Abeba	Engagement	Cible ou objectif spécifique	Cible des Objectifs de développement durable (ODD) correspondante (si disponible)	État d'avancement de la mise en œuvre ou progrès accomplis depuis 2015, d'après les indicateurs des ODD retenus ou d'autres pertinents (mesures indirectes)
	données sur la dette garantie par l'État et sur la dette extérieure des pays, et encourager la publication trimestrielle de données plus complètes dans ce domaine. Promouvoir la création d'un registre central de données sur la restructuration de la dette et encourager tous les gouvernements à faire preuve de plus de transparence en matière de gestion de la dette.			La Carte thermique sur la déclaration des dettes de la Banque mondiale fournit un état des lieux sur la façon dont les divers pays déclarent leurs données sur la dette et offre un éclairage sur la transparence de la dette à l'échelle mondiale. En 2023, 74 pays bénéficiant des crédits de l'IDA ont communiqué leurs données, contre 76 en 2020 (World Bank Group, 2023[36]). Pourcentage des pays en développement à faible revenu communiquant des données sur la dette souveraine. En 2020-21, environ 40 % des pays en développement à faible revenu n'ont déclaré aucune donnée sur leur dette souveraine, et des écarts pouvant aller jusqu'à 30 % du produit intérieur brut (PIB) suivant les sources de données ont été constatés (Rivetti, 2021[17]). *De récents efforts internationaux, notamment des initiatives du Groupe des Vingt (« G20 »), du FMI et de l'Institute of International Finance (IIF) visent à améliorer la déclaration des données sur la dette et les pratiques de divulgation. Le Système de notification de la dette de la Banque mondiale et les Principes d'application volontaire en faveur de la transparence de la dette de l'IFF ont constitué des avancées importantes en ce qui concerne l'harmonisation et le suivi des données sur la dette, la promotion de la responsabilisation, et le soutien à un développement économique durable. D'autres initiatives telles que la Plateforme conjointe sur la dette (établie par l'OCDE, le FMI, la Banque mondiale et la Banque des règlements internationaux) ont également pour objet d'améliorer les statistiques générales sur la dette extérieure des pays.*
97	Améliorer la collaboration entre débiteurs et créanciers pour prévenir et résoudre les situations d'endettement insoutenable. Établir des directives mondiales concernant la responsabilité des débiteurs et des créanciers en matière d'emprunts ou de prêts souverains, en tirant parti des initiatives existantes (telles que	Oui Établir des directives mondiales concernant la responsabilité des débiteurs et des créanciers.	Cible 17.4 Voir le paragraphe 93.	*À ce jour, il n'existe pas de directives communes sur l'emprunt souverain à l'intention des débiteurs et des créanciers. On trouve cependant de nombreuses initiatives visant à en élaborer. Par exemple, le Cadre commun du G20, établi en réaction à la pandémie de COVID-19 et inspiré de l'Initiative de suspension du service de la dette du G20, a pour objet d'élaborer une approche structurée du traitement de la dette qui impliquerait les créanciers tant publics que privés. Les créanciers publics du Club de Paris ont également adopté des principes et des pratiques qui servent de lignes directrices pour restructurer la dette bilatérale. L'IFF, qui représente le secteur financier mondial, a pour sa part élaboré des Principes pour des flux de capitaux*

Paragraphe du Programme d'action d'Addis-Abeba	Engagement	Cible ou objectif spécifique	Cible des Objectifs de développement durable (ODD) correspondante (si disponible)	État d'avancement de la mise en œuvre ou progrès accomplis depuis 2015, d'après les indicateurs des ODD retenus ou d'autres pertinents (mesures indirectes)
	les Principes de la CNUCED relatifs à la promotion de prêts et d'emprunts souverains responsables, les politiques de limitation de la dette du FMI et de la Banque mondiale, et l'intégration dans le système statistique du Comité d'aide au développement de l'OCDE de nouvelles mesures de sauvegarde tendant à renforcer la viabilité de la dette des pays bénéficiaires). Renforcer l'échange d'informations et la transparence.			*stables et des restructurations de dette équitables. Basés sur le volontariat, ils ont pour objet de guider la participation du secteur privé à la restructuration des dettes souveraines.* *Autre exemple, les Principes fondamentaux des processus de restructuration de la dette des Nations Unies, adoptés par l'Assemblée générale des Nations Unies en septembre 2015 par le biais de la Résolution A/RES/69/319. Ces principes visent à offrir un cadre en vue d'une restructuration des dettes souveraines juste et ordonnée, de manière à garantir la transparence, la redevabilité et le traitement équitable de tous les créanciers et débiteurs. À ce jour, plus de 130 États membres des Nations Unies ont fait part de leur soutien à ces principes. Toutefois, certaines grandes économies, de même que plusieurs centres financiers majeurs, ne les ont pas totalement avalisés car ils s'inquiètent de la façon dont ces principes peuvent s'articuler avec des cadres juridiques existants ainsi qu'avec les marchés financiers.* *En 2012, la CNUCED a publié des Principes relatifs à la promotion de prêts et d'emprunts souverains responsables, des principes non contraignants basés sur le volontariat. Aucun pays n'y a officiellement adhéré.* *En 2020, le FMI a modifié sa politique de plafonds d'endettement pour offrir aux pays davantage de souplesse et leur permettre de gérer leur dette en fonction de leurs besoins de développement. La politique propose désormais une approche sur mesure fondée sur les circonstances spécifiques des pays et sur leur profil de risque.* *Le FMI et la Banque mondiale ont également modifié le cadre de viabilité de la dette pour les pays à faible revenu en 2017, qui prévoit désormais un test de résistance plus complet et des facteurs macroéconomiques élargis. Le cadre tel que révisé permet une évaluation plus nuancée des risques liés à la dette et favorise des pratiques d'emprunt responsables.* Le critère de concessionnalité de l'APD (taux d'actualisation et seuils). Les règles relatives à l'APD édictées en 2014 ont durci les critères de concessionnalité par rapport aux précédentes directives ; les taux d'actualisation applicables sont désormais de 9 %, 7 % et 6 %, et les seuils ont été fixés à 45 %, 15 % et 10 %, au lieu du taux d'actualisation de 10 % et du seuil de 25 % qui

Paragraphe du Programme d'action d'Addis-Abeba	Engagement	Cible ou objectif spécifique	Cible des Objectifs de développement durable (ODD) correspondante (si disponible)	État d'avancement de la mise en œuvre ou progrès accomplis depuis 2015, d'après les indicateurs des ODD retenus ou d'autres pertinents (mesures indirectes)
				prévalaient jusqu'alors. Il en résulte que les prêteurs doivent consentir des prêts plus concessionnels pour pouvoir les déclarer en APD, ce qui a des incidences particulièrement importantes pour les PMA. Ces règles révisées ont également introduit dans les critères de l'APD une mesure destinée à préserver la viabilité de la dette. En vertu des nouvelles dispositions, les prêts assortis de conditions non conformes à la politique du FMI sur les plafonds d'endettement et/ou à la politique de la Banque mondiale en matière d'emprunts non concessionnels/de financement du développement durable ne pourront pas être déclarés en tant qu'APD (OECD, 2023[29]). La Recommandation de l'OCDE sur les pratiques de financement soutenable et les crédits à l'exportation bénéficiant d'un soutien public a été adoptée par l'OCDE (tous les Membres de l'OCDE y ont adhéré) lors de la Réunion du Conseil au niveau des Ministres de 2018. Elle a ensuite été révisée en 2024 pour actualiser les références à la politique de financement du développement durable de la Banque mondiale. La Recommandation a pour objectif de garantir que l'octroi de crédits à l'exportation bénéficiant d'un soutien public n'entraîne pas une accumulation insoutenable d'endettement extérieur dans les pays à faible revenu. À cette fin, elle contient des pratiques que les adhérents devraient suivre lorsqu'ils envisagent d'octroyer des crédits à l'exportation bénéficiant d'un soutien public à des débiteurs publics ou garantis par les pouvoirs publics dans ces pays (OECD, 2024[37]).
98	Souligner que les opérations de restructuration de la dette doivent être effectuées en temps opportun, de manière ordonnée, efficace et équitable, et être négociées de bonne foi, dans l'objectif de rétablir la viabilité de la dette publique tout en préservant l'accès à des financements assortis de conditions favorables.	Non	Cible 17.4 Voir le paragraphe 93.	Réduire le délai entre l'accord au niveau des services du FMI et les assurances financières des créanciers requises pour l'approbation du programme en vertu du Cadre commun. Les restructurations en vertu du Cadre commun indiquent que le délai se réduit à mesure que les parties prenantes se familiarisent avec le processus (IMF, 2024[38]).

Paragraphe du Programme d'action d'Addis-Abeba	Engagement	Cible ou objectif spécifique	Cible des Objectifs de développement durable (ODD) correspondante (si disponible)	État d'avancement de la mise en œuvre ou progrès accomplis depuis 2015, d'après les indicateurs des ODD retenus ou d'autres pertinents (mesures indirectes)
99	Limiter l'existence d'obligations souveraines émises sans clauses d'action collective. Améliorer la coordination entre secteurs public et privé et entre débiteurs et créanciers, afin de réduire les risques moraux et de parvenir à une répartition équitable du fardeau et à une restructuration ordonnée. Prendre note du travail que mènent actuellement le FMI et le système des Nations Unies dans ce domaine, notamment l'initiative « Forum de Paris » prise par le Club de Paris.	Non	Cible 17.4 Voir le paragraphe 93.	Part des créanciers du Club de Paris parmi les prêteurs des PFR. Fin 2021, la composition des prêteurs aux PFR s'est profondément modifiée par rapport à 1996. La part des créanciers membres du Club de Paris a chuté, de 39 % à 11 %, tandis que celle des créanciers non membres du Club de Paris a plus que doublé, passant à 20 %, de même que celle des créanciers privés, passée à 19 % (UN, 2024[39]). Cette évolution s'est traduite par une hausse des prêts consentis aux conditions du marché, ce qui complique la gestion de la dette pour les pays en développement et restreint leur accès à des solutions de financement abordables. Proportion de la dette publique des pays en développement par rapport à la dette publique mondiale. En 2023, la dette publique des pays en développement s'est établie à 29 000 milliards USD, ce qui représente 30 % de la dette publique mondiale. Cette proportion est en forte hausse par rapport à 2010, où elle était de seulement 16 %, et reflète une expansion rapide de la dette publique dans les pays en développement. La dette publique des pays en développement augmente deux fois plus vite que dans les pays développés (UNCTAD, 2024[6]).
100	Œuvrer pour une action mondiale visant à lutter contre les pratiques de certains porteurs d'obligations minoritaires contrariant la volonté des porteurs majoritaires qui acceptent de restructurer les obligations d'un pays. Soutenir les réformes (notamment des clauses *pari passu* et d'action collective) visant à protéger les États souverains face aux créanciers récalcitrants. Octroyer un appui financier pour assistance juridique aux PMA et renforcer l'appui international aux services juridiques consultatifs, avec un	Non	Cible 17.4 Voir le paragraphe 93.	S.O.

Paragraphe du Programme d'action d'Addis-Abeba	Engagement	Cible ou objectif spécifique	Cible des Objectifs de développement durable (ODD) correspondante (si disponible)	État d'avancement de la mise en œuvre ou progrès accomplis depuis 2015, d'après les indicateurs des ODD retenus ou d'autres pertinents (mesures indirectes)
	contrôle international renforcé des actions en justice engagées par des créanciers après la restructuration de la dette. Encourager les pays, en particulier ceux qui émettent des obligations de droit étranger, à inclure des clauses *pari passu* et d'action collective dans toutes leurs émissions obligataires (référence à l'International Capital Market Association et au FMI)			
101	Constater que de plus en plus d'obligations souveraines libellées en monnaie locale et régies par le droit interne sont émises. Inciter les pays à renforcer leur législation de leur propre initiative afin de tenir compte des principes directeurs concernant la résolution des crises de la dette souveraine de manière efficace, rapide, ordonnée et équitable.	Non	Cible 17.4 Voir le paragraphe 93.	Dette souveraine obligataire des MEED. Les obligations souveraines des MEED ont atteint le niveau record de près de 3 900 milliards USD en 2023 (OCDE, 2024[8]). Coûts d'emprunt des MEED. Bien que les coûts des emprunts en monnaie nationale des MEED aient augmenté, ils restent le plus souvent inférieurs aux niveaux observés au début des années 2000. Les rendements réels à l'émission en monnaie nationale, qui s'établissaient entre près de zéro et 3 % entre 2020-21 et le premier trimestre de 2024, sont passés à plus de 7 % et 5 % respectivement pour les PFR et les économies de catégorie spéculative (OCDE, 2024[8]). *Les récents développements des législations nationales des pays créanciers témoignent d'une volonté croissante de préserver les pays en développement de situations d'endettement insoutenable. Le gouvernement du Royaume-Uni a ainsi proposé de modifier son cadre juridique pour accroître le soutien aux pays en développement en matière de règlement des différends et s'efforce actuellement d'améliorer la transparence de la dette détenue par les créanciers privés. De même, l'accent est davantage mis sur la régulation des pratiques de prêts assortis de sûretés pour promouvoir des conditions plus équitables et atténuer le risque d'une charge trop importante pour les pays en développement.*

Paragraphe du Programme d'action d'Addis-Abeba	Engagement	Cible ou objectif spécifique	Cible des Objectifs de développement durable (ODD) correspondante (si disponible)	État d'avancement de la mise en œuvre ou progrès accomplis depuis 2015, d'après les indicateurs des ODD retenus ou d'autres pertinents (mesures indirectes)
102	Reconnaître que les catastrophes naturelles et d'autres types de chocs peuvent menacer la viabilité de la dette d'un pays. Constater l'importance du fait que les créanciers publics allègent les obligations liées au remboursement de la dette. Encourager le rééchelonnement de la dette ou son annulation à la suite d'un choc ainsi que l'utilisation de nouveaux instruments financiers applicables (références au potentiel des échanges de dettes contre des programmes sanitaires et de conversion de dettes en investissements écologiques).	Non	S.O.	Le volume d'allégement de la dette consenti suite à des chocs environnementaux, sanitaires et autres types de chocs. Lors de la pandémie de COVID-19, l'Initiative de suspension du service de la dette (ISSD) du G20 a offert un répit temporaire aux PFR en reportant 12.9 milliards USD de paiements au titre du service de la dette de mai 2020 à décembre 2021 (World Bank Group, 2022[40]). Suite à cette initiative, le G20 a instauré un Cadre commun pour le traitement de la dette afin de mieux structurer l'allègement de la dette. De plus, une Table ronde mondiale sur la dette souveraine s'est tenue en 2023 dans l'objectif de renforcer les processus de (Cassimon, 2023[41]) restructuration de la dette. En 2023, on a dénombré la conclusion d'environ 140 échanges dette-nature. À l'aide d'une méthodologie inspirée de précédents programmes internationaux de réduction de la dette, l'Institut international pour l'environnement et le développement (IIED) a estimé que les échanges de dette pourraient permettre de réaffecter jusqu'à 100 milliards USD à la restauration de la nature et à l'adaptation aux effets des changements climatiques (Whiting, 2024[42]). Le Fonds mondial gère un programme intitulé Debt2Health depuis 2007. En vertu de ce programme, dix pays bénéficiaires ont conclu des accords d'échange de créances avec des pays créanciers, et plus de 226 millions USD issus de créances annulées ont été investis dans des programmes de santé nationaux (The Global Fund, s.d.[43]).

Note : Ces données sont essentiellement tirées du rapport des Nations Unies intitulé *Sustainable Development Goals Extended Report 2024* et de ses annexes statistiques. Les sommes données dans les annexes sont exprimées en USD à prix constants de 2015. L'abréviation S.O. signifie « Sans Objet » et est utilisée lorsqu'un élément n'est pas applicable ou pertinent.

Références

Alayza, N., V. Laxton et C. Neunuebel (2023), « Commentary: Developing countries won't beat the climate crisis without tackling rising debt », *World Resources Institute*, https://www.wri.org/insights/debt-climate-action-developing-countries. [15]

Ashcroft, A., K. Vasquez et R. Weeks-Brown (2024), « Hidden debt hurts economies. better disclosure laws can help ease the pain », *IMF blog*, https://www.imf.org/en/Blogs/Articles/2024/04/02/Hidden-Debt-Hurts-Economies-Better-Disclosure-Laws-Can-Help-Ease-the-Pain. [18]

Beers, D., O. Ndukwe et A. Charron (2024), « BoC–BoE Sovereign Default Database: What's new in 2024? », *Staff Analytical Note*, n° 2024-19, Bank of Canada, Ottawa, https://www.bankofcanada.ca/wp-content/uploads/2024/07/SAN2024-19.pdf. [1]

Cassimon, D. (2023), « Debtor (Non-)Participation in Sovereign Debt Relief: A Real Option Approach », *IMF Working Papers*, vol. 2023/187, p. 1, https://doi.org/10.5089/9798400248504.001. [41]

Chamon, M. et al. (2022), « Debt-for-climate swaps: Analysis, design, and implementation », *Working Paper*, n° WP/22/162, International Monetary Fund, Washington, DC, https://www.imf.org/en/Publications/WP/Issues/2022/08/11/Debt-for-Climate-Swaps-Analysis-Design-and-Implementation-522184. [23]

Chuku, C. et al. (2023), « Are we heading for another debt crisis in low-income countries? Debt vulnerabilities: Today vs the pre-HIPC era », *Working Paper*, n° WP/23/79, International Monetary Fund, Washington, DC, https://www.elibrary.imf.org/view/journals/001/2023/079/article-A001-en.xml. [7]

Comelli, F. et al. (2023), « Navigating fiscal challenges in Sub-Saharan Africa: Resilient strategies and credible anchors in turbulent waters », *African Departmental Paper*, n° DP/2020/007, International Monetary Fund, Washington, DC, https://doi.org/10.5089/9798400230349.087. [3]

Hicklin, J. (2024), « The IMF's resilience and sustainability trust: How conditionality can help countries build resilience », *CGD blog*, https://www.cgdev.org/publication/imfs-rst-how-conditionality-can-help-countries-build-resilience. [25]

Holland, A. et C. Pazarbasioglu (2024), « How to ease rising external debt-service pressures in low-income countries », *IMF Blog*, https://meetings.imf.org/en/IMF/Home/Blogs/Articles/2024/01/24/how-to-ease-rising-external-debt-service-pressures-in-low-income-countries. [14]

Horn, S. et al. (2024), « Hidden debt revelations », *Policy Research Working Paper*, n° 10907, World Bank Group, Washington, DC, https://documents1.worldbank.org/curated/en/099436209162426807/pdf/IDU11e8447b910f541496b18a3018630cb1554dc.pdf?_gl=1*18q729i*_gcl_au*MTgxOTYzNDgwNS4xNzIyNTI2OTA5. [16]

IMF (2024), *Sovereign Debt Restructuring Process Is Improving Amid Cooperation and Reform*, International Monetary Fund, https://www.imf.org/en/Blogs/Articles/2024/06/26/sovereign-debt-restructuring-process-is-improving-amid-cooperation-and-reform. [38]

IMF (2023), *Debt Relief Under the Heavily Indebted Poor Countries (HIPC) Initiative*, International Monetary Fund, https://www.imf.org/en/About/Factsheets/Sheets/2023/Debt-relief-under-the-heavily-indebted-poor-countries-initiative-HIPC. [32]

IMF (2022), *Capacity Development*, International Monetary Fund, https://www.imf.org/en/About/Factsheets/imf-capacity-development. [34]

International Monetary Fund (2024), « IMF Executive Board concludes the review of the Fund's Capacity Development Strategy », https://www.imf.org/en/News/Articles/2024/04/09/pr24111-imf-executive-board-concludes-the-review-of-fund-capacity-development-strategy. [11]

International Monetary Fund (2024), « Interim review of the Resilience and Sustainability Trust and review of adequacy of resources », *Policy Paper*, n° 2024/031, https://www.imf.org/en/Publications/Policy-Papers/Issues/2024/06/24/Interim-Review-of-The-Resilience-and-Sustainability-Trust-and-Review-of-Adequacy-of-550939. [24]

Merling, L. et al. (2024), *The Rising Cost of Debt: An Obstacle to Achieving Climate and Development Goals*, Center for Economic and Policy Research, Washington, DC, https://www.cepr.net/report/the-rising-cost-of-debt-an-obstacle-to-achieving-climate-and-development-goals/. [2]

OCDE (2024), *Financement climatique fourni et mobilisé par les pays développés en 2013-2022*, Le financement climatique et l'objectif des 100 milliards de dollars, Éditions OCDE, Paris, https://doi.org/10.1787/9db2b91d-fr. [22]

OCDE (2024), *Rapport sur la dette mondiale 2024 : Les marchés obligataires dans un contexte de dette élevée*, Éditions OCDE, Paris, https://doi.org/10.1787/63ccad6c-fr. [8]

OECD (2024), *Recommendation of the Council on Sustainable Lending Practices and Officially Supported Export Credits*, https://legalinstruments.oecd.org/en/instruments/OECD-LEGAL-0442. [37]

OECD (2023), *DAC Working Party on Development Finance Statistics: monitoring ODA grant equivalents*, ONE Members and Partners, https://one.oecd.org/document/DCD/DAC/STAT(2023)25/FINAL/en/pdf. [29]

OECD (2023), *OECD Sovereign Borrowing Outlook 2023*, OECD Publishing, Paris, https://doi.org/10.1787/09b4cfba-en. [9]

Rivetti, D. (2021), *Debt Transparency in Developing Economies (English)*, World Bank Group, Washington D.C., http://documents.worldbank.org/curated/en/743881635526394087/Debt-Transparency-in-Developing-Economies. [17]

Spiegel, S. et O. Schwank (2022), « Bridging the 'great finance divide' in developing countries », *Brookings Commentary*, https://www.brookings.edu/articles/bridging-the-great-finance-divide-in-developing-countries/. [12]

The Global Fund (s.d.), *Debt2Health: Collaboration Through Financial Innovation*, https://www.theglobalfund.org/media/12284/publication_debt2health_overview_en.pdf. [43]

UK Parliament (2023), *Debt Relief in Low-income Countries*, https://publications.parliament.uk/pa/cm5803/cmselect/cmintdev/146/report.html. [21]

UN (2024), *Financing for Sustainable Development Report 2024: Financing for Development at a Crossroads*, United Nations Department Social and Economic Affairs, Financing for Sustainable Development Office, New York, https://desapublications.un.org/publications/financing-sustainable-development-report-2024. [39]

UN (2024), *Progress Towards the Sustainable Development Goals - Report of the Secretary-General: Statistical Annex*, United Nations Economic and Social Council, New York, https://unstats.un.org/sdgs/files/report/2024/E_2024_54_Statistical_Annex_I_and_II.pdf. [26]

UN (2023), *United Nations Secretary-General's SDG Stimulus to Deliver Agenda 2030*, United Nations, https://www.un.org/sustainabledevelopment/wp-content/uploads/2023/02/SDG-Stimulus-to-Deliver-Agenda-2030.pdf?utm_source=chatgpt.com. [27]

UN ECOSOC (2024), *Enhanced monitoring of countries that are graduating or have graduated from the list of LDCs*, https://www.un.org/development/desa/dpad/wp-content/uploads/sites/45/CDP-excerpt-2024-3.pdf. [30]

UN ECOSOC (2024), *Report on the twenty-sixth session (4–8 March 2024)*, https://documents.un.org/doc/undoc/gen/n24/096/02/pdf/n2409602.pdf. [31]

UNCTAD (2024), *A World of Debt: A Growing Burden To Global Prosperity*, https://unctad.org/publication/world-of-debt. [6]

UNCTAD (2024), *Escalating debt challenges are inhibiting achievement of the SDGs (webpage)*, https://sdgpulse.unctad.org/debt-sustainability/ (consulté le 26 novembre 2024). [4]

Walker, J. et al. (2022), *Commitment to Reducing Inequality Index 2022*, Development Finance International Inc. and Oxfam, Washington, DC and Oxford, UK, https://oxfamilibrary.openrepository.com/bitstream/handle/10546/621419/rr-cri-2022-111022-en.pdf;jsessionid=83F5B359941D181B83223A7307738B55?sequence=33. [13]

Whiting, K. (2024), *Climate finance: What are debt-for-nature swaps and how can they help countries?*, World Economic Forum, https://www.weforum.org/stories/2024/04/climate-finance-debt-nature-swap/. [42]

World Bank (2024), *Heavily Indebted Poor Countries (HIPC) Initiative*, World Bank, https://www.worldbank.org/en/topic/debt/brief/hipc. [28]

World Bank (2024), *Joint External Debt Hub (database)*, https://databank.worldbank.org/source/joint-external-debt-hub (consulté le November 2024). [20]

World Bank (2023), *Brief - Debt Management Facility (DMF)*, https://www.worldbank.org/en/topic/debt/brief/debt-management-facility. [10]

World Bank (2023), *International Debt Report 2023*, https://www.worldbank.org/en/programs/debt-statistics/idr/products. [5]

World Bank (2023), *Preliminary Findings from the G-7 and Paris Club Countries Debt Data Sharing Exercise*, https://thedocs.worldbank.org/en/doc/6e72b0ded996306fa01f5db7a0c38b19-0050052021/related/G7-and-Paris-Club-Data-Reconciliation-Exercise-April-2023.pdf. [19]

World Bank (s.d.), *Debt Management Performance Assessment (DeMPA)*, https://www.worldbank.org/en/programs/debt-toolkit/dempa. [35]

World Bank Group (2023), *Debt Management Facility (DMF)*, https://www.worldbank.org/en/topic/debt/brief/debt-management-facility. [33]

World Bank Group (2023), *Debt Reporting Heat Map*, https://www.worldbank.org/en/topic/debt/brief/debt-transparency-report/2023. [36]

World Bank Group (2022), *Debt Service Suspension Initiative*, https://www.worldbank.org/en/topic/debt/brief/covid-19-debt-service-suspension-initiative. [40]

Notes

[1] Les pays insolvables sont les pays qui ne sont pas en mesure de faire face à leurs obligations de paiement de la dette sans des ajustements conséquents de leurs recettes et de leurs dépenses, ou une aide extérieure. Le seuil d'insolvabilité n'est pas défini dans l'analyse de viabilité de la dette du Fonds monétaire international et de la Banque mondiale. Un pays est considéré comme illiquide si les indicateurs de solvabilité de la dette extérieure sont en dessous des seuils établis, mais qu'il dépasse les seuils de service de la dette/recettes ou les dépassera dans les cinq ans. Pour plus d'informations, consulter : https://findevlab.org/a-bridge-to-climate-action/.

[2] Ces estimations sont basées sur la note analytique du personnel de la Banque du Canada disponible à l'adresse https://www.bankofcanada.ca/wp-content/uploads/2024/07/SAN2024-19.pdf.

[3] Cette baisse s'explique en partie par le fait que les rendements des obligations américaines à haut rendement ont dépassé les 10 % dans 15 pays en 2023, deux pays de plus qu'en 2019.

[4] La valeur des échanges dette-nature est en augmentation depuis 2020, en particulier dans des pays comme la Barbade, le Belize, l'Équateur et le Gabon, même si leur nombre n'a pas beaucoup augmenté. Voir https://www.iied.org/debt-swaps-could-release-100-billion-for-climate-action.

7 Règlement des problèmes systémiques

Ce chapitre examine le domaine d'intervention portant sur les enjeux systémiques dans le cadre du Programme d'action d'Addis-Abeba. Il met en lumière les progrès accomplis, les défis persistants et les domaines émergents, alors que la communauté internationale s'apprête à organiser la quatrième Conférence internationale sur le financement du développement. Les principales tendances mettent en évidence la diminution de la capacité des réserves mondiales et les effets croissants de l'inflation sur la résilience économique, en particulier dans les pays vulnérables et en développement. Les efforts visant à renforcer la stabilité financière et la prévention des crises ont donné lieu à des améliorations, même si des disparités subsistent en matière d'accès aux ressources et de représentation. Les conflits, les migrations forcées et les capacités de financement limitées figurent parmi les défis persistants, tandis que le changement climatique, les pandémies et les tensions géopolitiques font partie des risques émergents. Les progrès réalisés en matière de cohérence des politiques, de systèmes de santé et de réformes du développement multilatéral laissent entrevoir des solutions potentielles, mais la nécessité d'une collaboration et d'une gouvernance mondiales renforcées reste essentielle à la réalisation des objectifs de développement durable. Pour surmonter ces défis, les réformes systémiques devront être alignées sur la résilience à long terme et l'équité face à l'évolution des risques mondiaux.

7.1. Tableaux de données

Principales tendances

Les réserves mondiales (en mois d'importations, ratio) ont diminué d'un tiers entre 2015 et 2022.

Le total des réserves mondiales est passé de 13 mois d'importations en 2015 à 8.9 mois en 2022 (-32 %). Cette tendance est également visible dans les pays en développement, où les réserves ont diminué de 21 % pour les pays les moins avancés (PMA), de 31 % pour les pays en développement sans littoral (PDSL) et de 25 % pour les petits États insulaires en développement (PEID) au cours de la même période (Nations Unies, 2024[1])[1].

Graphique 7.1. Total des réserves

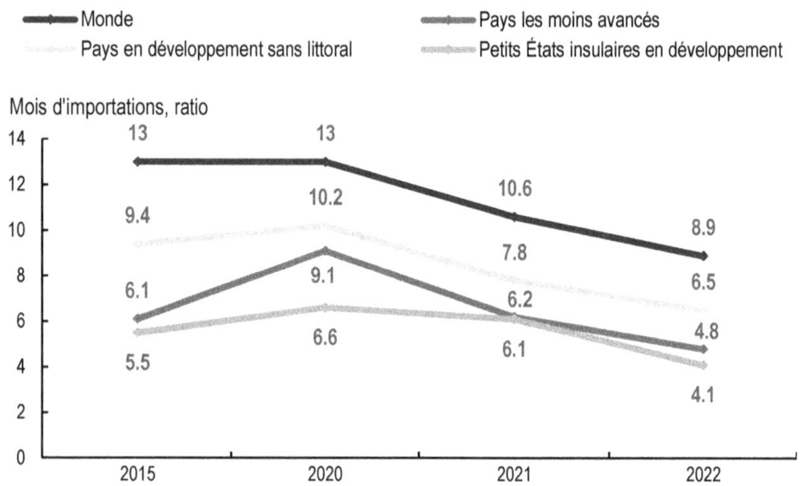

Note : Le total des réserves comprend les avoirs monétaires en or, les droits de tirage spéciaux, les réserves des membres du Fonds monétaire international (FMI) détenues par le FMI et les avoirs en devises gérés par les autorités monétaires. Cet indicateur représente les réserves en termes de nombre de mois d'importations de biens et de services que les réserves pourraient couvrir, selon le glossaire des métadonnées de la Banque mondiale.
Source : Calculs des auteurs à partir de Nations Unies (2024[2]), *Statistical Annex I and II: SDG Report 2024*, https://unstats.un.org/sdgs/files/report/2024/E_2024_54_Statistical_Annex_I_and_II.pdf.

L'inflation a considérablement augmenté à l'échelle mondiale et dans toutes les régions

L'inflation mondiale a explosé, passant de 1.4 % en 2015 à 7.9 % en 2022. Cette tendance s'observe dans toutes les régions. L'Asie centrale et du Sud a enregistré le taux d'inflation le plus élevé, à savoir 9.6 % en 2022, contre 5.7 % en 2015. L'Europe et l'Amérique du Nord ont connu la plus forte augmentation, avec une hausse de l'inflation de 8.6 points de pourcentage au cours de la même période.

Graphique 7.2. Inflation annuelle, prix à la consommation

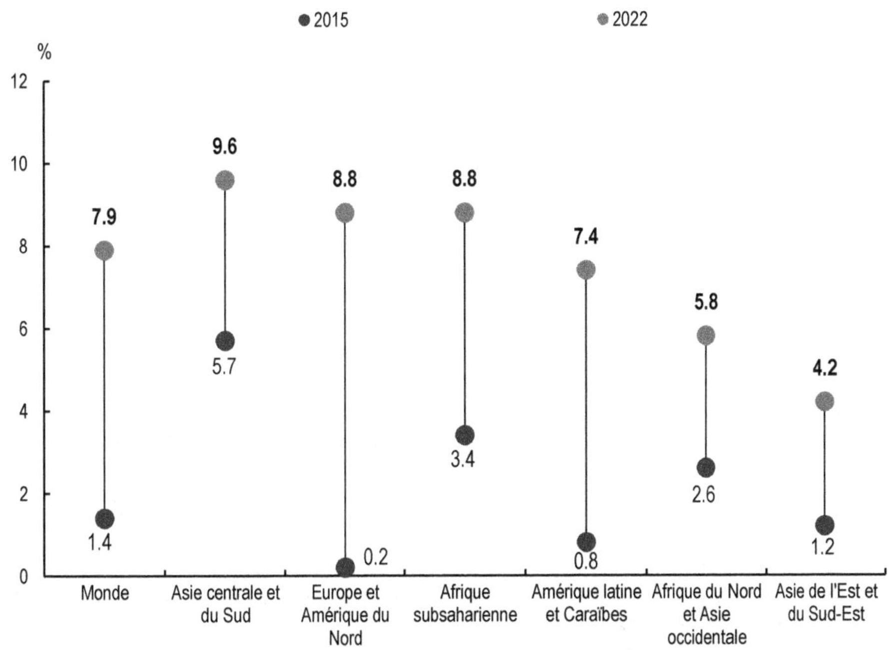

Source : Calculs des auteurs à partir de Nations Unies (2024[2]), *Statistical Annex I and II: SDG Report 2024*, https://unstats.un.org/sdgs/files/report/2024/E_2024_54_Statistical_Annex_I_and_II.pdf.

Les prix des denrées alimentaires enregistrés sont élevés, en particulier dans les pays en développement.

Les fortes pressions inflationnistes observées dans le contexte mondial postérieur à la pandémie ont des conséquences sur tous les pays. En 2022, 58 % des pays ont enregistré des prix alimentaires anormalement élevés ou modérément élevés, contre 23 % en 2015.

La part des pays en développement enregistrant des prix alimentaires anormalement élevés ou modérément élevés a augmenté depuis 2015. En 2022, ce fut le cas de 45 % des PMA, 44 % des PEID et 50 % des PDSL, contre respectivement, 22 %, 36 % et 14 % en 2015. L'effet préjudiciable d'une inflation élevée sur les ménages est plus marqué pour ceux se trouvant en situation d'extrême pauvreté (OCDE et al., 2023[3]).

Graphique 7.3. Pourcentage de pays enregistrant des prix alimentaires anormalement élevés ou modérément élevés

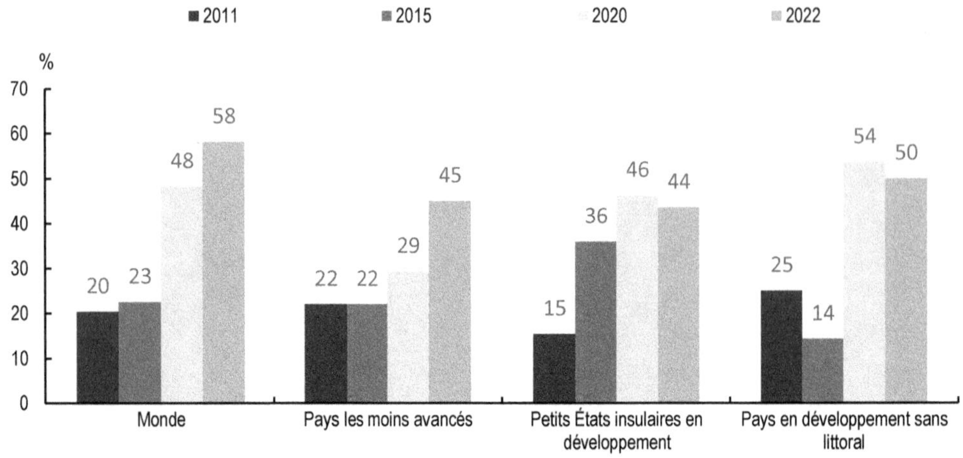

Note : Les valeurs anormalement élevées sont définies comme celles pour lesquelles l'indicateur d'anomalies des prix alimentaires est égal ou supérieur à 1. Les valeurs modérément élevées sont définies comme celles pour lesquelles l'indicateur d'anomalies des prix alimentaires est égal ou supérieur à 0.5, mais strictement inférieur à 1.
Source : Calculs des auteurs à partir de Nations Unies (2024[2]), *Statistical Annex I and II: SDG Report 2024*, https://unstats.un.org/sdgs/files/report/2024/E_2024_54_Statistical_Annex_I_and_II.pdf.

Indicateurs de performance clés

↑	Le filet de sécurité financière mondiale a été renforcé par l'allocation de 650 milliards USD de droits de tirage spéciaux en 2021. Environ un tiers de ces fonds ont été alloués aux pays en développement, ce qui représente 0.42 % de leur produit intérieur brut (PIB) (Nations Unies, 2024[4]).
↔	Environ la moitié des économies mondiales détiennent 97 % des réserves internationales, les 3 % restants étant détenus par un groupe d'environ 90 pays émergents vulnérables et à faible revenu (Nations Unies, 2024[2]).
↔	Les pays en développement détiennent 37 % des droits de vote au FMI et 39 % à la Banque mondiale, alors qu'ils représentent 75 % des membres de ces institutions (Nations Unies, 2024[2]).
↔	L'intermédiation financière non bancaire représentait 47.2 % du total des actifs financiers mondiaux en 2022, contre 48.6 % en 2015 (FSB, 2023[5]).
↔	Selon une enquête réalisée en 2023 par l'OCDE[1], 73 % des pays ayant répondu ont indiqué que le manque de données et d'analyses sur les répercussions transnationales des politiques constituait un obstacle majeur à la réalisation de progrès en matière de cohérence des politiques au service du développement durable.

↓ Léger recul	↓ Recul marqué	↔ Statu quo, neutre	↔ Stagnation, problème possible	↑ Progrès majeure	↑ Progrès minime
Recul sensible	↓ Recul majeur	Stagnation, préoccupation mineure	↔ Stagnation négative, préoccupante	Progrès	↑ Progrès négligeables ou contestés

Note : 1. Il s'agit des pays qui adhèrent à la Recommandation du Conseil sur la cohérence des politiques au service du développement durable, disponible à l'adresse https://legalinstruments.oecd.org/fr/instruments/OECD-LEGAL-0381.
Engagements quantifiables sélectionnés. L'Annexe 7.A présente la liste complète. Il convient de noter que le chapitre du Programme d'action d'Addis-Abeba consacré aux problèmes systémiques ne comporte pas d'engagements quantifiables ou assortis d'échéances.

Potentiel de mobilisation des ressources

- Les réformes en cours des banques multilatérales de développement visent à tripler le volume total des prêts d'ici à 2030 pour atteindre 400 milliards USD par an.
- Le changement climatique pourrait coûter à l'économie mondiale environ 38 000 milliards de dollars par an d'ici à 2050, ce qui se traduirait par une perte de 19 % du revenu par habitant à l'échelle mondiale (Kotz, Levermann and Wenz, 2024[6]).
- D'après les estimations, les coûts économiques cumulés de la pandémie de COVID-19 se chiffreraient à environ 13 800 milliards USD en perte de production mondiale jusqu'en 2024 (Sobrinho, Chun and Naidoo, 2022[7]; Imperial College London, 2023[8]).

7.2. Principaux domaines de progrès

Les efforts visant à renforcer la stabilité financière et la prévention des crises portent leurs fruits

Les mesures visant à renforcer la stabilité financière se sont intensifiées après la crise financière mondiale de 2008-09. Ainsi, nombre de ces mesures étaient en place avant l'adoption du Programme d'action d'Addis-Abeba en 2015, et elles contribuent depuis à renforcer la résilience du système financier international. L'exercice d'alerte avancée, une évaluation semestrielle visant à repérer et à analyser les risques potentiels pour le système financier mondial susceptibles d'entraîner d'importantes perturbations économiques, a été créé en 2008. Un an plus tard, en 2009, le Conseil de stabilité financière (CSF) a été créé dans le but de renforcer la réglementation financière et de prévenir les crises futures. En 2017, le FMI a lancé une enquête sur les politiques macroprudentielles, alimentant ainsi une base de données intégrée qui facilite les analyses quantitatives des instruments macroprudentiels. Les normes de Bâle III, un ensemble de mesures de réforme réglementaire portant sur les fonds propres, l'effet de levier et les liquidités des banques, ont été finalisées en 2018, leur mise en œuvre complète étant prévue pour la fin de l'année 2024. Une évaluation des conséquences et de l'efficacité de ces réformes montre que la résilience globale du secteur bancaire s'est améliorée, sans impact sur le coût du capital des banques. En 2022, les banques ont amélioré leurs performances par rapport à 2015, sous l'effet de la poursuite de la reprise après la crise du COVID-19. La part des pays déclarant un rendement de l'actif (RDA) supérieur à 1 % a augmenté pour atteindre 77.2 %, contre 70.0 % en 2021, et le RDA médian est passé de 1.34 % à 1.56 %.

Toutefois, certains craignent que le renforcement de la réglementation n'ait entraîné une réduction des prêts transfrontaliers accordés par les banques mondiales aux pays en développement, notamment pour le financement de projets d'infrastructure. Le renforcement de la réglementation bancaire a également accru le rôle de l'intermédiation financière non bancaire (IFNB), ce qui peut exacerber la volatilité des flux financiers internationaux. L'IFNB a progressé de 31.7 %, passant de 165.4 milliards USD en 2015 à 217.9 milliards USD en 2022. En termes relatifs, l'intermédiation financière non bancaire représentait 47.0 % du total des actifs financiers mondiaux en 2022, contre 48.6 % en 2015, 42.0 % en 2008 et un pic à 50.0 % en 2019 (FSB, 2023[5]).

La crise financière mondiale a également donné lieu à un certain nombre de propositions et de textes législatifs visant à renforcer le cadre réglementaire et prudentiel pour les agences de notation. En 2010, par exemple, le CSF a appelé à réduire la dépendance à l'égard des notes attribuées par les agences de notation, mais peu de progrès ont été accomplis depuis lors (voir le Chapitre 4). Les trois grandes agences (Moody's, S&P et Fitch Ratings) représentent ensemble 95 % du marché de la notation de crédit et sont souvent critiquées pour leur partialité perçue à l'égard des pays en développement. La création prévue d'une agence de notation panafricaine devrait réduire le coût des emprunts pour les gouvernements africains en fournissant des évaluations plus précises qui tiennent compte des dynamiques régionales et des facteurs géopolitiques.

Le filet de sécurité financière mondiale est plus solide mais reste inégal

Les réserves propres des pays, la composante la plus importante du filet de sécurité financière mondiale, ont augmenté en termes absolus mais diminué en termes relatifs depuis 2015. Ces réserves couvraient 8.9 mois d'importations en 2022, contre 13 mois en 2015. Le réseau mondial des lignes de swap bilatérales a apporté un rapide soutien en liquidités pendant la pandémie, permettant de stabiliser les marchés financiers mondiaux et les flux de capitaux vers les marchés émergents et les économies en développement. Le réseau s'est considérablement développé, passant de 6 lignes de swap au début des années 2000 à 160 lignes en 2024. Cependant, très peu de pays en développement y ont accès. D'après le FMI, environ la moitié des économies mondiales détiennent 97 % des réserves internationales, les 3 % restants étant détenus par un groupe d'environ 90 marchés émergents et économies en développement (MEED) vulnérables.

Le FMI a considérablement accru ses activités de prêt tout en adaptant ses outils à l'évolution des besoins, en particulier dans les pays en développement et les pays vulnérables. Au cours de l'exercice 2023, le FMI a approuvé environ 5.7 milliards USD de nouveaux engagements de prêts concessionnels à des pays à faible revenu (PFR), soit plus de trois fois plus que lors de l'exercice 2015 (1.8 milliard USD). Le Fonds fiduciaire pour la résilience et la durabilité, créé en 2022, aide les pays à renforcer leur résilience face aux risques macroéconomiques découlant de défis structurels à plus long terme, notamment le changement climatique et la préparation aux pandémies. L'allocation de 650 milliards de dollars supplémentaires en droits de tirage spéciaux[2] (DTS) a permis aux pays de faire face aux besoins de balance des paiements et d'améliorer la liquidité (voir le Chapitre 6). À ce jour, un total de 660.7 milliards de DTS (équivalant à environ 943 milliards USD) a été alloué et constitue une part importante des réserves internationales des pays. Cependant, la distribution des DTS est basée sur le système des quotes-parts du FMI, ce qui signifie que la plupart des fonds iront aux pays à revenu élevé.

Les appels à la réforme de l'architecture financière internationale se multiplient

L'initiative Bridgetown 3.0 (Global Policy Forum, 2024[9]), le Stimulus des objectifs de développement durable (ODD) (Secrétaire général des Nations Unies, 2024[10]) et le Pacte de Paris pour les peuples et la planète (Ministère français de l'Europe et des Affaires étrangères, 2023[11]) appellent collectivement à une réforme globale de l'architecture financière internationale afin de renforcer le soutien à l'action climatique, au développement durable et à la résilience économique dans les pays vulnérables et en développement. Les réformes en cours au sein des banques multilatérales de développement (BMD) dans le cadre de ces initiatives se concentrent sur l'augmentation du volume et de l'effet des prêts sur le développement. Selon la feuille de route pour l'évolution du Groupe de la Banque mondiale (Banque mondiale, 2023[12]), actualisée en septembre 2023, celui-ci pourrait augmenter sa capacité de prêt de 50 milliards USD, pour atteindre 150 milliards USD, sur la période 2022-32, soit une augmentation annuelle moyenne comprise entre 5 et 15 milliards USD. Dans une Viewpoint Note (BID, 2024[13]) publiée à l'occasion des réunions de printemps et annuelles du Groupe de la Banque mondiale et du FMI, dix BMD ont estimé qu'elles pourraient collectivement accroître leur volume de prêts de 300 à 400 milliards USD supplémentaires au cours des dix prochaines années, ce qui équivaut à une augmentation annuelle moyenne de 30 à 40 milliards USD. Les augmentations projetées seraient toutefois inférieures aux objectifs initiaux, tels que celui de 260 milliards USD supplémentaires par an fixé par le groupe d'experts indépendants du Groupe des Vingt (G20) (Groupe d'experts indépendants du G20, 2023[14]), en partie parce que les initiatives de réforme actuelles sont axées sur l'amélioration de l'efficacité du capital plutôt que sur l'augmentation du capital général des banques multilatérales de développement.

Malgré des engagements répétés à faire mieux entendre la voix des pays en développement et à renforcer leur participation, la représentation de ces pays n'a pas changé de manière significative dans nombre d'établissements financiers et d'organismes de normalisation internationaux. Les pays en développement détiennent seulement 37 % des droits de vote au FMI et 39 % à la Banque mondiale, alors qu'ils représentent 75 % des membres de ces institutions. Même si les quotes-parts du FMI ont augmenté, leur formule de calcul n'a pas été actualisée pour tenir compte de l'évolution du poids économique des pays membres dans le monde. La formule actuelle a été adoptée en 2008. La 14e révision générale des quotes-parts est entrée en vigueur en 2016 et la 15e révision a eu lieu en 2020. Lors de la 16e révision, en 2023, une augmentation de 50 % des quotes-parts a été approuvée, les contributions des membres devant être proportionnelles à leur participation actuelle – ce qui équivaut à porter les ressources permanentes du FMI à 960 milliards USD[3].

7.3. Défis persistants

Le nombre de conflits augmente, ce qui accroît l'insécurité et fait peser une charge supplémentaire sur les capacités de financement des pays

Le nombre croissant de conflits pèse lourdement sur les capacités de financement. En 2023, on dénombrait 56 conflits actifs, soit le nombre le plus élevé depuis la fin de la Seconde Guerre mondiale (IEP, 2024[15]). Le coût économique mondial de la violence s'élève à 19 100 milliards USD, soit 13.5 % du PIB mondial (IEP, 2024[15]). Or les dépenses consacrées à la consolidation et au maintien de la paix se sont élevées à 49.6 milliards USD, soit moins de 0.6 % des dépenses militaires totales en termes de parité de pouvoir d'achat (IEP, 2024[15]).

Les migrations sont en augmentation et apportent avec elles des opportunités et des difficultés pour le financement du développement durable

En 2020, on estimait à 281 millions le nombre de personnes qui vivaient ailleurs que dans leur pays natal, ce qui représente une hausse de 32 millions par rapport à 2015, de 128 millions par rapport à 1990 et de plus du triple du nombre estimé en 1970 (IOM, 2021[16]). En conséquence, le volume des envois de fonds a également augmenté, représentant une source essentielle de revenus pour les ménages et les petites et moyennes entreprises (voir le Chapitre 3).

Dans le même temps, les migrations forcées ont explosé. Fin 2022, le nombre de personnes déplacées de force dans le monde était estimé à 108.4 millions, dont 62.5 millions de personnes déplacées à l'intérieur de leur pays, 35.3 millions de réfugiés et 5.4 millions de demandeurs d'asile (HCDH, 2022[17]). La majorité (76 %) des personnes déplacées de force dans le monde sont accueillies dans des pays à revenu faible ou intermédiaire, ce qui pèse lourdement sur les ressources déjà très sollicitées de ces pays. (Le coût de l'accueil des réfugiés dans les pays donneurs est présenté dans le Chapitre 4 sur la coopération internationale au développement).

La cohérence des politiques en faveur du développement durable nécessite une volonté politique renforcée pour évaluer leurs conséquences et y faire face

L'amélioration de la cohérence des politiques au service du développement durable (CPDD) reste un défi majeur. La nature interdépendante de l'économie mondiale et l'interconnexion des défis économiques, sociaux et environnementaux font que les politiques des différents pays ont souvent des répercussions transnationales[4], tant sur d'autres pays que sur les biens communs mondiaux. Malgré les engagements pris, les gouvernements n'ont guère progressé dans l'évaluation des conséquences de leurs politiques sur le développement durable mondial et les mesures pour y faire face (OCDE, 2024[18]). Cette situation est principalement due à l'insuffisance des données, à des capacités techniques limitées, à un manque de leadership politique et à la faiblesse des mandats institutionnels pour la mise en œuvre des mesures. Le manque de données et d'analyses sur les répercussions transnationales potentielles des politiques constitue un obstacle majeur. Les gouvernements doivent être mieux armés pour anticiper, gérer et ajuster leurs politiques, afin de prendre systématiquement en compte leur incidence sur le développement durable à l'échelle planétaire.

L'absence d'évaluation et de suivi des interactions et des répercussions des différentes politiques, ainsi que de mesures pour y remédier, compromet la réalisation d'objectifs mondiaux clés et nuit aux perspectives de développement durable des pays en développement. Par exemple, l'absence de coordination et de cohérence des politiques au niveau mondial empêche les pays en développement d'accéder au financement climatique et de gérer équitablement les ressources communes. Sous l'effet de la hausse des prix de l'énergie, le montant des subventions directes aux combustibles fossiles a été porté à 1 530 milliards USD en 2022, soit cinq fois plus qu'en 2020, ce qui réduit à néant les progrès accomplis sur la voie de la transition vers la neutralité carbone (voir le Chapitre 2). Les interventions gouvernementales susceptibles de fausser le commerce se sont multipliées après la pandémie de COVID-19, entravant la compétitivité des PMA et leur participation au commerce mondial (voir le Chapitre 5).

7.4. Domaines nouveaux et émergents

Un nouveau contexte depuis l'adoption du Programme d'action d'Addis-Abeba entraîne une évolution des problèmes systémiques, au-delà du risque financier systémique

Depuis que le Programme d'action d'Addis-Abeba a été adopté en 2015, l'évolution des défis mondiaux a remodelé la nature des risques systémiques, faisant peser sur le financement du développement des menaces qui vont au-delà de celles liées à la crise financière mondiale de 2008-09. Les menaces émergentes comprennent désormais le changement climatique, les pandémies et une marge de manœuvre budgétaire limitée, ainsi que les risques posés par l'intelligence artificielle et les vulnérabilités en matière de cybersécurité. Dans le même temps, les pressions géopolitiques, y compris les guerres et les conflits violents, se sont intensifiées, compliquant la prise de décision collective au sein des organismes internationaux et intergouvernementaux. Le monde risque d'être divisé en blocs géopolitiques rivaux, ce qui remodèlerait le commerce mondial et affecterait l'allocation transfrontalière des capitaux. Par exemple, une augmentation d'un écart-type des tensions géopolitiques entre un pays investisseur et un pays bénéficiaire pourrait réduire d'environ 15 % l'allocation transfrontalière bilatérale des portefeuilles et des banques (FMI, 2023[19]). La complexité croissante et la nature de plus en plus interconnectée de ces risques systémiques font qu'il est d'autant plus impératif que les gouvernements renforcent leur engagement politique en faveur de la CPDD et leurs outils pour garantir cette cohérence et faire en sorte que l'élaboration des politiques à long terme tienne compte des répercussions des politiques aujourd'hui et à l'avenir.

Le changement climatique et le recul de la biodiversité constituent un risque systémique majeur

Le changement climatique représente un risque systémique considérable. Si aucune mesure supplémentaire n'est prise pour lutter contre le changement climatique, l'impact négatif sur le PIB annuel mondial pourrait se situer entre 1.0 % et 3.3 % d'ici à 2060 (OCDE, 2016[20]). En 2023, 129 pays ont déclaré disposer d'une stratégie nationale de réduction des risques de catastrophe alignée sur le Cadre de Sendai. Toutefois, selon le programme des Nations Unies pour l'environnement, les flux financiers internationaux en faveur de l'adaptation dans les pays en développement sont cinq à dix fois inférieurs aux besoins estimés (300 milliards USD par an d'ici à 2030) (PNUE, 2022[21]). Lors de la COP 27 en 2022, un fonds « pertes et préjudices » a été créé dans le but de fournir une assistance financière aux pays les plus vulnérables et les plus touchés par les effets du changement climatique. Le Cadre mondial de la biodiversité de Kunming-Montréal, adopté en décembre 2022, vise à faire cesser et inverser la perte de biodiversité qui, sans intervention, pourrait entraîner un effondrement des services écosystémiques qui se traduirait par une baisse annuelle de 2 700 milliards USD du PIB mondial d'ici à 2030 (Groupe de la Banque mondiale, 2021[22]). Il prévoit notamment de mobiliser au moins *200 milliards USD* par an de ressources financières pour la biodiversité d'ici à 2030, auprès de sources publiques et privées.

La nécessité d'évaluer, de gérer et d'atténuer les vulnérabilités financières dues au changement climatique, communément appelées « risques financiers liés au climat », est largement reconnue. En 2021, le CSF a publié un guide complet pour faire face aux risques financiers liés au climat dans quatre domaines clés : la communication d'informations par les institutions, les données, l'analyse des vulnérabilités et la mise en place de pratiques et d'outils de réglementation et de surveillance. À compter de 2015, le Groupe de travail sur la publication d'informations financières relatives au climat, aujourd'hui dissous, a coordonné les efforts visant à améliorer la communication d'informations liées au climat. Le Conseil international des normes de durabilité dirige actuellement les activités de suivi.

La pandémie a mis en lumière l'importance systémique de la santé mondiale

La pandémie de COVID-19 a fortement perturbé l'économie mondiale et a fait prendre conscience de l'importance cruciale de la santé mondiale pour le développement durable (Banque mondiale, 2022[23]). Selon les estimations du Groupe indépendant de haut niveau du G20, au moins 10 milliards USD d'investissements annuels supplémentaires seraient nécessaires pour un fonds de lutte contre les menaces sanitaires mondiales et il faudrait 5 milliards USD supplémentaires pour renforcer l'Organisation mondiale de la Santé (OMS) ainsi que d'autres institutions.

Les donneurs ont accru leurs investissements dans le domaine de la santé mondiale. Le Fonds de lutte contre les pandémies a été créé en 2022 pour financer des investissements visant à renforcer les capacités de prévention, de préparation et d'intervention en cas de pandémie, en particulier dans les pays à revenu faible ou intermédiaire. En 2023, les membres de l'OMS ont convenu d'une augmentation de 20 % des contributions fixées et de la mise en place d'un mécanisme de reconstitution des ressources afin d'augmenter les contributions volontaires pluriannuelles. En 2022, 182 États parties (représentant 93 % des soumissions prévues) ont rendu compte de leur mise en œuvre du Règlement sanitaire international (RSI), qui exige des pays qu'ils développent leurs capacités à réagir aux situations d'urgence de santé publique. Dans l'ensemble, selon l'OMS, les capacités en matière de RSI se sont améliorées, quoique modestement, le score mondial moyen passant de 64 % en 2021 à 66 % en 2022 (Nations Unies, 2024[2]). Le total des versements nets d'APD aux secteurs de la recherche médicale et de la santé de base s'est élevé à 21.1 milliards USD en 2022, soit plus du double du total de 2015 (10.5 milliards USD) (Nations Unies, 2024[2]).

Les pressions inflationnistes font grimper le coût de la vie et reculer l'accès au financement

Les fortes pressions inflationnistes observées dans le contexte mondial postérieur à la pandémie frappent de plein fouet les pays en développement. L'inflation annuelle (prix à la consommation) a atteint 7.9 % en 2022, contre 1.4 % en 2015. Dans les PMA, elle s'élevait à 9.5 % en 2022, contre 4.0 % en 2015. Le pourcentage de pays dont les prix alimentaires sont modérément ou anormalement élevés a enregistré un record à 58.1 % en 2022, ce qui représente une hausse significative par rapport aux 22.5 % de 2015. En raison de la flambée des prix des denrées alimentaires, on estime que 29.6 % de la population mondiale, soit 2.4 milliards de personnes, n'avaient pas accès à une alimentation adéquate en 2022, soit 745 millions de plus qu'en 2015.

Avec le durcissement de la politique monétaire, sous l'effet de l'inflation, les pays peinent à obtenir des financements à long terme, stables et abordables, afin de soutenir le développement durable. Le coût moyen des intérêts sur les emprunts extérieurs des pays en développement est trois fois plus élevé que celui des pays développés (voir le Chapitre 6).

Les risques liés à la cybersécurité pourraient réduire les financements disponibles pour le développement durable

Voir le Chapitre 8 sur la science, la technologie, l'innovation et le renforcement des capacités.

Annexe 7.A. Règlement des problèmes systémiques

Tableau d'annexe 7.A.1. Évaluation du domaine d'intervention : Règlement des problèmes systémiques

Paragraphe du Programme d'action d'Addis-Abeba	Engagement	Cible ou objectif spécifique	Cible des objectifs de développement durable (ODD) correspondante (si disponible)	État d'avancement de la mise en œuvre ou progrès accomplis depuis 2015, d'après les indicateurs des ODD retenus ou d'autres pertinents (mesures indirectes)
103	Souligner l'importance de la cohérence et de la compatibilité des systèmes financiers, monétaires et commerciaux internationaux à l'appui du développement. Renforcer la gouvernance économique mondiale afin d'élaborer un cadre international plus fort, plus cohérent, plus ouvert et plus représentatif pour le développement durable, tout en respectant les mandats de chaque organisation.	Non	Cible 17.13 Renforcer la stabilité macroéconomique mondiale, notamment en favorisant la coordination et la cohérence des politiques. Cible 17.14 Renforcer la cohérence des politiques de développement durable. Cible 17.15 Respecter la marge de manœuvre et l'autorité de chaque pays en ce qui concerne l'élaboration et l'application des politiques d'élimination de la pauvreté et de développement durable.	Indicateur 17.13.1 des ODD Tableau de bord macroéconomique • excédent et/ou déficit de trésorerie en pourcentage du produit intérieur brut (PIB). Le déficit de trésorerie mondial ressortait à -8.0 % du PIB en 2021, ce qui représente un creusement par rapport à 2015 (-3.7 % du PIB). Dans les pays les moins avancés (PMA), le déficit était de -2.2 % du PIB en 2018, contre -2.7 % en 2015 (Nations Unies, 2024[1]). • inflation annuelle, prix à la consommation L'inflation annuelle (prix à la consommation) mondiale a atteint 7.9 % en 2022, contre 1.4 % en 2015. Dans les PMA, elle s'élevait à 9.5 %, soit plus du double qu'en 2015 (4.0 %) (Nations Unies, 2024[1]). • croissance annuelle du PIB Le PIB mondial a augmenté de 3.1 % en 2022, enregistrant une reprise après une baisse de 3.1 % en 2020 et égalant les 3.1 % de croissance observés en 2015, mais il reste inférieur aux +4.5 % enregistrés en 2000. Pour les PMA, la croissance du PIB a atteint 4.5 % en 2022, après une contraction de -0.2 % en 2020, une croissance de 2.7 % en 2015 et un pic à 7.3 % en 2005 (Nations Unies, 2024[1]).

Paragraphe du Programme d'action d'Addis-Abeba	Engagement	Cible ou objectif spécifique	Cible des objectifs de développement durable (ODD) correspondante (si disponible)	État d'avancement de la mise en œuvre ou progrès accomplis depuis 2015, d'après les indicateurs des ODD retenus ou d'autres pertinents (mesures indirectes)
				Indicateur 17.14.1 des ODD Nombre de pays ayant mis en place des mécanismes pour renforcer la cohérence des politiques de développement durable. Dans la plupart des pays, les gouvernements manquent de ressources, de leadership et de mécanismes pour assurer la cohérence des politiques au service du développement durable (CPDD), ce qui rend difficile le suivi des progrès réalisés dans ce domaine. En 2020, 27 pays ont communiqué leur situation en répondant au questionnaire correspondant, avec des scores allant de 43 % à 100 % (Nations Unies, 2024[1]). *En 2024, les adhérents à la Recommandation du Conseil de l'OCDE sur la CPDD ont fait état de difficultés similaires, notamment d'une utilisation limitée des outils permettant d'évaluer les répercussions transnationales de leurs politiques. Seuls 16 % des adhérents à la Recommandation déclarent utiliser des évaluations d'impact pour comprendre les répercussions transnationales de leurs politiques sur les pays en développement* (OCDE, 2024[24]). Indicateur 17.15.1 des ODD Ampleur du recours par les prestataires de la coopération pour le développement à des cadres de résultats et à des outils de planification propres aux pays. En 2018, selon les estimations, 57 % des prestataires bilatéraux utilisaient des cadres de résultats et des outils de planification propres à chaque pays, contre 66 % pour les prestataires multilatéraux (Nations Unies, 2024[1]).
104	Souligner la nécessité d'une réglementation rationnelle des marchés financiers et d'un filet de sécurité mondial depuis la crise financière de 2008-09. S'appuyer sur les progrès réalisés depuis Monterrey pour renforcer la capacité de résistance, réduire la vulnérabilité aux perturbations financières internationales et amoindrir les effets	Non	Cible 17.13 Voir le paragraphe 103. Cible 10.5 Améliorer la réglementation et la surveillance des institutions et marchés financiers mondiaux et renforcer l'application des règles	Indicateur 17.13.1 des ODD Tableau de bord macroéconomique • total des réserves en mois d'importations Les réserves mondiales totales, mesurées en mois d'importations, sont tombées à 8.9 mois en 2022, contre 13 en 2015. Pour les PMA, les réserves ont chuté à 4.8 mois en 2022, contre 6.1 en 2015 (Nations Unies, 2024[1]). Indicateur 10.5.1 des ODD Indicateurs de solidité financière.

Paragraphe du Programme d'action d'Addis-Abeba	Engagement	Cible ou objectif spécifique	Cible des objectifs de développement durable (ODD) correspondante (si disponible)	État d'avancement de la mise en œuvre ou progrès accomplis depuis 2015, d'après les indicateurs des ODD retenus ou d'autres pertinents (mesures indirectes)
	de contagion des crises financières mondiales, y compris sur les pays en développement. Renforcer la capacité de prêt du Fonds monétaire international et tirer parti du rôle anticyclique des banques de développement pendant la crise. Collaborer pour réduire les risques systémiques (référence à Bâle III).			En 2022, les banques ont amélioré leurs résultats par rapport à 2015, sous l'effet de la poursuite du relèvement après la crise du COVID-19. La part des pays déclarant un rendement de l'actif supérieur à 1 % a augmenté pour atteindre 77.2 %, contre 70.0 % en 2021, et le rendement médian de l'actif est passé de 1.34 % à 1.56 %. La qualité des actifs s'est également améliorée, le ratio médian des prêts improductifs passant de 4.07 % en 2021 à 3.52 % en 2022. Toutefois, la marge de capital est restée stable, le ratio médian du capital de première catégorie par rapport aux actifs pondérés en fonction des risques s'établissant à 16.8 % en 2022, soit une légère baisse par rapport aux 17 % enregistrés en 2021 (Nations Unies, 2024[1]). Allocations au filet de sécurité financière mondiale. Part de l'allocation destinée aux pays en développement Environ la moitié des économies mondiales détiennent 97 % des réserves internationales, les 3 % restants étant détenus par un groupe d'environ 90 MEED vulnérables. À la suite de la crise financière mondiale, la part des lignes de swap bilatérales et des accords de financement régionaux a augmenté par rapport à celle du FMI, et les ressources liées aux quotes-parts du FMI ont diminué en termes relatifs par rapport aux ressources empruntées (FMI, 2023[25]). Le filet de sécurité financière mondiale a été renforcé en 2021 par une nouvelle allocation de 650 milliards USD en droits de tirage spéciaux pour aider les pays à gérer les effets économiques de la pandémie de COVID-19. Environ un tiers de ces fonds ont été alloués aux pays en développement, ce qui représente 0.42 % de leur PIB (Nations Unies, 2024[26]).
105	Poursuivre les réformes du système financier et monétaire international afin de renforcer la coordination mondiale et la cohérence des politiques afin d'améliorer la stabilité financière et macroéconomique. Réduire le risque de crises financières, en tenant compte des répercussions mondiales des	Non	Cible 17.14 Voir le paragraphe 103.	*Voir le paragraphe 103, voir le Chapitre 3 pour plus de détails sur la volatilité des flux de capitaux.* *En 2017, le FMI a instauré une enquête sur les politiques macroprudentielles alimentant la base de données intégrée sur les politiques macroprudentielles, une base de données historique complète qui regroupe des informations sur la volatilité provenant de diverses sources et facilite les analyses quantitatives. La participation à l'enquête annuelle est en augmentation et la base de données couvre désormais 184 économies* (FMI, 2023[27]).

Paragraphe du Programme d'action d'Addis-Abeba	Engagement	Cible ou objectif spécifique	Cible des objectifs de développement durable (ODD) correspondante (si disponible)	État d'avancement de la mise en œuvre ou progrès accomplis depuis 2015, d'après les indicateurs des ODD retenus ou d'autres pertinents (mesures indirectes)
	politiques nationales. Faire face aux risques liés à la volatilité des flux de capitaux par des mesures macroprudentielles et, le cas échéant, par la gestion des flux de capitaux.			
106	Élargir la participation des pays en développement et leur donner davantage voix au chapitre dans la prise de décision économique internationale et la gouvernance économique mondiale (référence à la ratification et à la mise en œuvre des réformes du FMI de 2010, à la réforme de la gouvernance du FMI et de la Banque mondiale), et renforcer la contribution des pays en développement aux processus d'établissement de normes (référence au Comité de Bâle sur le contrôle bancaire et à d'autres organismes de normalisation). Soutenir un processus de sélection des responsables qui soit transparent, tiennent compte de l'égalité entre les sexes et du mérite, et promouvoir la diversité du personnel dans les institutions financières internationales.	Non	Cible 10.6 Faire en sorte que les pays en développement soient davantage représentés et entendus lors de la prise de décisions dans les institutions économiques et financières internationales, afin que celles-ci soient plus efficaces, crédibles, transparentes et légitimes.	Indicateur 10.6.1 des ODD Proportion de pays en développement qui sont membres d'organisations internationales et y disposent du droit de vote : a) Proportion de pays en développement qui sont membres d'organisations internationales b) Proportion de pays en développement qui disposent du droit de vote dans des organisations internationales Les MEED détiennent 40.9 % des voix et 38.6 % des quotes-parts au FMI, alors qu'ils génèrent 58 % du PIB mondial (en parité de pouvoir d'achat – PPA) et représentent 86.4 % de la population mondiale. En revanche, les économies avancées, qui ne représentent que 13.6 % de la population mondiale et 40.3 % du PIB (PPA), détiennent 59.1 % des voix et 61.4 % des quotes-parts au FMI (Boston University Global Development Policy Center, 2025[28]). Les pays en développement détiennent 39 % des droits de vote à la Banque mondiale, alors qu'ils représentent 75 % des membres de cette institution (Nations Unies, 2024[1]). *La formule de calcul actuelle des quotes-parts est une moyenne pondérée en fonction du PIB (à 50 %), du degré d'ouverture de l'économie (à 30 %), des variations économiques (à 15 %) et des réserves officielles de change (à 5 %). Le PIB est mesuré en associant le PIB basé sur les taux de change du marché (60 %) et sur les taux de change PPA (40 %). La formule de calcul actuelle des quotes-parts du FMI a été adoptée en 2008. La 14ᵉ révision générale des quotes-parts est entrée en vigueur en 2016 et la 15ᵉ révision a eu lieu en 2020. Lors de la 16e révision, qui a eu lieu en 2023, une augmentation de 50 %des quotes-parts a été approuvée, les contributions des membres devant être proportionnelles à leur participation actuelle –*

Paragraphe du Programme d'action d'Addis-Abeba	Engagement	Cible ou objectif spécifique	Cible des objectifs de développement durable (ODD) correspondante (si disponible)	État d'avancement de la mise en œuvre ou progrès accomplis depuis 2015, d'après les indicateurs des ODD retenus ou d'autres pertinents (mesures indirectes)
				ce qui équivaut à porter les ressources permanentes du FMI à 960 milliards USD. L'augmentation doit prendre effet à la fin de l'année 2024, lorsque les membres totalisant 85 % des voix auront ratifié les changements apportés à leurs quotes-parts (FMI, 2023[29]). *Un nouveau processus de réforme de la Banque mondiale est en cours depuis 2021. Le Groupe intergouvernemental des vingt-quatre a proposé de nouveaux objectifs pour les réformes du FMI et du Groupe de la Banque mondiale Lors des réunions de printemps et annuelles du Groupe de la Banque mondiale et du FMI, le Groupe de la Banque mondiale a annoncé que les États membres s'étaient engagés à verser un total de 11 milliards USD pour trois nouveaux instruments financiers : la Plateforme de garantie de portefeuille, le Mécanisme de capital hybride et le Fonds pour une planète vivable. Ces ressources devraient permettre au Groupe de la Banque mondiale d'obtenir des prêts supplémentaires d'une valeur supérieure à 63 milliards USD* (Global Policy Forum, 2024[30]). *Selon les estimations d'une Viewpoint Note commune, les dix principales banques multilatérales de développement pourraient collectivement accroître leur volume de prêts de 300 à 400 milliards USD supplémentaires au cours des dix prochaines années, ce qui équivaut à une augmentation annuelle moyenne de 30 à 40 milliards USD. Ces sommes sont inférieures à l'objectif fixé par le Groupe d'experts indépendants du G20, à savoir la mobilisation de 260 milliards USD supplémentaires par an* (Groupe d'experts indépendants du G20, 2023[14]).
107	Renforcer le filet de sécurité financière internationale et faire en sorte que le FMI soit fort, doté de ressources suffisantes et fondé sur le principe des quotes-parts. Soutenir la coopération entre le FMI et les arrangements financiers régionaux, améliorer les dispositifs d'alerte précoce pour les risques financiers et plaider en faveur d'un soutien plus souple du FMI aux pays en	Non	S.O.	Allocations au filet de sécurité financière mondiale. Part de l'allocation destinée aux pays en développement. Voir les paragraphes 104 et 106 (sur les quotes-parts du FMI, le filet de sécurité mondial). Élaboration et efficacité des systèmes d'alerte avancée. Créé en 2008 à la demande du G20, l'exercice d'alerte avancée (EAA) est une évaluation semestrielle menée conjointement par le FMI et le Conseil de stabilité financière (CSF). Il a pour objectif principal de repérer et d'analyser les risques potentiels pour le système financier mondial susceptibles d'entraîner d'importantes

Paragraphe du Programme d'action d'Addis-Abeba	Engagement	Cible ou objectif spécifique	Cible des objectifs de développement durable (ODD) correspondante (si disponible)	État d'avancement de la mise en œuvre ou progrès accomplis depuis 2015, d'après les indicateurs des ODD retenus ou d'autres pertinents (mesures indirectes)
	développement. Promouvoir la gestion des risques financiers et le renforcement des capacités dans les pays en développement, en veillant à ce que les normes internationales s'alignent sur les ODD et le programme de développement pour l'après-2015.			perturbations économiques. Les résultats de l'EAA sont présentés aux hauts responsables à l'occasion des réunions de printemps et annuelles du Groupe de la Banque mondiale et du FMI (FMI, 2023[31]).
108	Mettre en œuvre des mesures pour éviter une instabilité excessive des prix des produits de base, y compris des denrées alimentaires et des produits agricoles, et atténuer les répercussions sur la sécurité alimentaire mondiale et la nutrition Demander instamment aux organismes de réglementation de faciliter la diffusion d'informations opportunes, précises et transparentes sur les marchés (en se référant au Système d'information sur les marchés agricoles géré par l'Organisation des Nations Unies pour l'alimentation et l'agriculture). Soutenir les petits pêcheurs artisanaux en leur permettant d'accéder aux ressources marines et aux marchés, en tenant compte des pratiques de gestion durable et en augmentant la valeur de leurs produits.	Non	Cible 2.c Adopter des mesures visant à assurer le bon fonctionnement des marchés de denrées alimentaires et de produits dérivés et à faciliter l'accès rapide aux informations relatives à ces marchés, y compris le niveau des réserves alimentaires, afin de contribuer à limiter l'extrême volatilité des prix alimentaires. Cible 14.7 D'ici à 2030, faire bénéficier plus largement les petits États insulaires en développement (PEID) et les PMA des retombées économiques de l'exploitation durable des ressources marines, notamment grâce à une gestion durable des pêches, de l'aquaculture et du tourisme. Cible 14.b Garantir aux petits pêcheurs l'accès aux ressources marines et aux marchés.	Indicateur 2.c.1 des ODD Indicateur des anomalies tarifaires pour les denrées alimentaires Le pourcentage de pays dont les prix alimentaires sont modérément ou anormalement élevés a enregistré un record à 58.1 % en 2022, ce qui représente une hausse significative par rapport aux 22.5 % de 2015. Pour les PMA, le chiffre était de 45 % en 2022, contre 22 % en 2015. Cette hausse s'explique en grande partie par des perturbations majeures dans la logistique et les chaînes d'approvisionnement alimentaire à la suite de l'invasion massive de l'Ukraine par la Russie, qui a entraîné une augmentation des prix des denrées alimentaires et de l'énergie, en particulier au cours du premier semestre de 2022 (Nations Unies, 2024[1]). Indicateur 14.7.1 des ODD Pourcentage du PIB représenté par la pêche durable dans les PEID, les PMA et tous les pays. La contribution de la pêche durable au PIB mondial est tombée en dessous de 0.10 % en 2019. La baisse la plus importante a été enregistrée dans les PMA, où elle est passée de 1.20 % du PIB en 2017 à 0.88 % en 2019. Avec près de 200 millions de personnes employées directement ou indirectement dans la pêche et l'aquaculture, le développement durable de ce secteur est essentiel pour garantir les moyens de subsistance et la sécurité alimentaire de nombreuses communautés parmi les plus pauvres du monde (Nations Unies, 2024[1]). Indicateur 14.b.1 des ODD Progrès réalisés par les pays dans la mise en œuvre d'un cadre juridique, réglementaire, politique ou institutionnel reconnaissant et protégeant

Paragraphe du Programme d'action d'Addis-Abeba	Engagement	Cible ou objectif spécifique	Cible des objectifs de développement durable (ODD) correspondante (si disponible)	État d'avancement de la mise en œuvre ou progrès accomplis depuis 2015, d'après les indicateurs des ODD retenus ou d'autres pertinents (mesures indirectes)
				les droits d'accès des petits pêcheurs. La mise en œuvre au niveau mondial de cadres juridiques, réglementaires, politiques ou institutionnels reconnaissant et protégeant les droits d'accès des petits pêcheurs était la plus élevée en 2022, avec un score de 5 sur 5 sur la base des données disponibles. Toutefois, ce score correspond à la contribution d'un nombre réduit de pays déclarants. L'Année internationale de la pêche artisanale et de l'aquaculture 2022 a été un événement central pour la promotion de ces cadres, et la prochaine période de déclaration en 2024 devrait inclure des résultats provenant d'un nombre plus important de pays qu'en 2022 (Nations Unies, 2024[1]).
109	Prendre note des travaux du CSF portant sur la réforme des marchés financiers et s'engager à renforcer la réglementation macroprudentielle et les volants anticycliques. Soutenir les réformes de la réglementation des marchés financiers, en se concentrant sur la réduction des risques systémiques liés au système bancaire parallèle, les produits dérivés, les prêts de titres et les prises en pension. Remédier aux risques liés aux institutions financières réputées « trop grandes pour faire faillite » et tenir compte des éléments transfrontaliers dans la résolution effective des difficultés des institutions financières d'importance systémique.	Non	S.O.	Volumes d'intermédiation financière non bancaire (IFNB) exprimés en pourcentage du total. (CSF) L'intermédiation financière non bancaire représentait 47.2 % du total des actifs financiers mondiaux en 2022, contre 48.6 % en 2015 et un pic à 50.4 % en 2019. En volumes, l'IFNB a progressé, passant de 165.4 milliards USD en 2015 à 217.9 milliards USD en 2022 (FSB, 2023[5]). *Le CSF a été créé en 2009 en réponse à la crise financière mondiale dans le but de renforcer la réglementation financière, d'améliorer la résilience des institutions financières et de prévenir les crises futures. Il surveille le système financier mondial et formule des recommandations pour en promouvoir la stabilité. Le CSF fait régulièrement rapport au G20, mais il compte un plus grand nombre de membres et, depuis 2011, il a instauré six groupes consultatifs régionaux qui lui permettent d'atteindre 70 pays et juridictions non membres du G20* (FSB, 2023[5]).
110	Réduire la dépendance à l'égard des notations de crédit faites par les agences de notation, notamment en	Non	S.O.	*La crise financière mondiale de 2008-09 a donné lieu à un certain nombre de propositions et de textes législatifs visant à renforcer le cadre réglementaire et prudentiel pour les agences de notation. Il s'agit notamment des règles de l'Union*

Paragraphe du Programme d'action d'Addis-Abeba	Engagement	Cible ou objectif spécifique	Cible des objectifs de développement durable (ODD) correspondante (si disponible)	État d'avancement de la mise en œuvre ou progrès accomplis depuis 2015, d'après les indicateurs des ODD retenus ou d'autres pertinents (mesures indirectes)
	matière de réglementation. Améliorer la qualité des notations, promouvoir une concurrence accrue, éviter les conflits d'intérêts et favoriser une plus grande transparence dans les normes d'évaluation des agences de notation (référence au CSF). Poursuivre le travail mené sur ces questions, y compris au sein de l'Organisation des Nations Unies.			*européenne adoptées en 2009 et 2013 et de la création en 2011 de l'*Autorité européenne des marchés financiers. *En 2010, le CSF a appelé à réduire la dépendance à l'égard des notes attribuées par les agences de notation, mais peu de progrès ont été accomplis depuis lors* (Commission européenne, n.d.[32]; FSB, 2023[5]). *Les trois grandes agences (Moody's, S&P et Fitch Ratings) représentent ensemble 95 % du marché de la notation de crédit.*
111	S'engager au niveau mondial pour que les migrations s'opèrent dans la sécurité, en bon ordre et en toute régularité. Renforcer la coopération en matière de transférabilité des avantages acquis, de reconnaissance des diplômes étrangers et de réduction des coûts de recrutement. Lutter contre les recruteurs sans scrupules, promouvoir des récits positifs sur les migrants et lutter contre la xénophobie. Soutenir l'intégration sociale, protéger les droits des migrants et défendre les droits fondamentaux de tous les migrants, en particulier les femmes et les enfants, quel que soit leur statut.	Non	Cible 10.7 Faciliter la migration et la mobilité de façon ordonnée, sûre, régulière et responsable, notamment par la mise en œuvre de politiques migratoires planifiées et bien gérées.	Indicateur 10.7.2 des ODD Proportion de pays dotés de politiques migratoires qui facilitent la migration et la mobilité de façon ordonnée, sûre, régulière et responsable. En 2021, 62.3 % des pays dans le monde étaient dotés de politiques migratoires conçues pour faciliter une migration et une mobilité ordonnées, sûres, régulières et responsables, et c'était le cas de 58.1 % des PMA (Nations Unies, 2024[1]). Estimation du nombre de migrants internationaux et de personnes déplacées de force dans le monde. Le nombre estimé de migrants internationaux a augmenté pour atteindre 3.6 % de la population mondiale en 2020. En 2020, on estimait à 281 millions le nombre de personnes qui vivaient ailleurs que dans leur pays natal, ce qui représente une hausse de 32 millions par rapport à 2015, de 128 millions par rapport à 1990 et de plus du triple du nombre estimé en 1970. L'Europe et l'Asie ont accueilli, respectivement, environ 87 millions et 86 millions de migrants internationaux, soit 61 % du stock mondial (IOM, 2024[33]). En conséquence, les envois de fonds des travailleurs émigrés progressent (voir le Chapitre 3). Fin 2022, le nombre de personnes déplacées de force dans le monde était estimé à 108.4 millions, dont 35.3 millions de réfugiés et 5.4 millions de demandeurs d'asile (HCDH, 2022[17]). Proportion de réfugiés accueillis par groupe de pays. Les pays à revenu faible ou intermédiaire ont accueilli 76 % des réfugiés et autres personnes ayant besoin d'une protection internationale dans le monde. Les PMA ont

Paragraphe du Programme d'action d'Addis-Abeba	Engagement	Cible ou objectif spécifique	Cible des objectifs de développement durable (ODD) correspondante (si disponible)	État d'avancement de la mise en œuvre ou progrès accomplis depuis 2015, d'après les indicateurs des ODD retenus ou d'autres pertinents (mesures indirectes)
				fourni l'asile à 20 % du total. (HCR) En 2021, le coût annuel moyen de l'éducation des élèves réfugiés dans les pays d'accueil à revenu faible, à revenu intermédiaire de la tranche inférieure et à revenu intermédiaire de la tranche supérieure était estimé à 4.85 milliards USD (Banque mondiale et UNHCR, 2021[34]).
112	Affermir les institutions régionales, nationales et locales afin de prévenir la violence, de lutter contre le terrorisme et la criminalité, et de mettre fin à la traite des êtres humains et à l'exploitation des personnes, en particulier des femmes et des enfants. Renforcer les efforts nationaux de lutte contre le blanchiment d'argent, la corruption et le financement du terrorisme. Accroître la coopération mondiale en vue du renforcement des capacités, en particulier dans les pays en développement. Assurer l'application effective de la Convention des Nations Unies contre la criminalité transnationale organisée (ONUDC).	Non	Cible 16.4 D'ici à 2030, réduire nettement les flux financiers illicites et le trafic d'armes, renforcer les activités de récupération et de restitution des biens volés et lutter contre toutes les formes de criminalité organisée.	Indicateur 16.4.1 des ODD Valeur totale des flux financiers illicites entrants et sortants (en dollars des États-Unis courants) *(Voir le Chapitre 2 pour plus de précisions sur les flux financiers illicites.)* *Le mécanisme d'examen de l'application de l'ONUDC a été mis en place en octobre 2018. En août 2024, 80 examens concernaient 42.4 % des Parties à la Convention* (ONUDC, 2024[35]). *Selon les estimations, la criminalité transnationale organisée génère 870 milliards USD par an* (ONUDC, n.d.[36]).
113	Renforcer la cohérence et la cohésion des institutions et programmes multilatéraux dans les domaines de la finance, de l'investissement, du commerce, du développement et de l'environnement. Renforcer la coopération entre les principales institutions internationales, dans le respect de leurs mandats et de leurs	Non	Cible 17.14 Voir le paragraphe 103. Cible 17.16 Renforcer le Partenariat mondial pour le développement durable, associé à des partenariats multipartites permettant de mobiliser et de partager des savoirs, des connaissances spécialisées, des	Indicateur 17.14.1 des ODD Voir le paragraphe 103. Indicateur 17.16.1 des ODD – Nombre de pays faisant état de progrès dans la mise en place de cadres multipartites de suivi de l'efficacité du développement favorisant la réalisation des ODD. *(Voir le Chapitre 4 pour plus de précisions sur l'efficacité du développement.)*

Paragraphe du Programme d’action d’Addis-Abeba	Engagement	Cible ou objectif spécifique	Cible des objectifs de développement durable (ODD) correspondante (si disponible)	État d’avancement de la mise en œuvre ou progrès accomplis depuis 2015, d’après les indicateurs des ODD retenus ou d’autres pertinents (mesures indirectes)
	structures de gouvernance. Mieux tirer parti des forums pertinents des Nations Unies pour promouvoir une cohérence universelle et renforcer les engagements mondiaux en faveur du développement durable.		technologies et des ressources financières, afin d’aider tous les pays, en particulier les pays en développement, à atteindre les ODD.	

Note : Ces données sont essentiellement tirées du rapport des Nations Unies intitulé *Sustainable Development Goals Extended Report 2024* et de ses annexes statistiques. Les sommes données dans les annexes sont exprimées en USD à prix constants de 2015. L’abréviation S.O. signifie « Sans Objet » et est utilisée lorsqu’un élément n’est pas applicable ou pertinent.

Références

Banque mondiale (2023), *Ending Poverty on a Livable Planet: Report to Governors on World Bank Evolution*, World Bank, Development Committee Meeting, https://www.devcommittee.org/content/dam/sites/devcommittee/doc/documents/2023/Final%20Updated%20Evolution%20Paper%20DC2023-0003.pdf. [12]

Banque mondiale (2022), *Rapport sur le développement dans le monde 2022 : La finance au service d'une reprise équitable*, Banque mondiale, https://doi.org/10.1596/978-1-4648-1730-4. [23]

Banque mondiale et UNHCR (2021), *The Global Cost of Inclusive Refugee Education*, Banque mondiale, https://documents1.worldbank.org/curated/en/159281614191477048/pdf/The-Global-Cost-of-Inclusive-Refugee-Education.pdf. [34]

BID (2024), *Multilateral Development Banks: Working as a System for Greater Impact and Scale*, Banque interaméricaine de développement, https://www.iadb.org/en/home/idbimpact/mdbs-working-system-impact-and-scale (accessed on 13 December 2024). [13]

Boston University Global Development Policy Center (2025), *Counting on the International Monetary Fund: aligning the IMF quota system with global need*, Boston University Global Development Policy Center, https://www.bu.edu/gdp/files/2023/10/GEGI-Report-Quotas-FIN.pdf. [28]

Commission européenne (n.d.), *Regulating credit rating agencies*, Commission européenne, https://finance.ec.europa.eu/capital-markets-union-and-financial-markets/financial-markets/regulating-credit-rating-agencies_en. [32]

FMI (2023), *Dispositif mondial de sécurité financière*, Fonds monétaire international, https://www.imf.org/fr/Publications/fandd/issues/2023/12/PT-global-financial-safety-net. [25]

FMI (2023), *Exercice d'alerte avancée FMI-CSF*, Fonds monétaire international, https://www.imf.org/fr/About/Factsheets/Sheets/2023/Early-Warning-Exercise. [31]

FMI (2023), *Que sont les quotes-parts au FMI ?*, Fonds monétaire international, https://www.imf.org/fr/About/Factsheets/Sheets/2022/IMF-Quotas. [29]

FMI (2023), *Rapport sur la stabilité financière mondiale : Préserver la stabilité financière sur fond de tensions géopolitiques et d'inflation élevée*, Fonds monétaire international, https://www.imf.org/fr/Publications/GFSR/Issues/2023/04/11/global-financial-stability-report-april-2023#Chapters. [19]

FMI (2023), *The Macroprudential Policy Survey*, Fonds monétaire international, https://www.elibrary-areaer.imf.org/Macroprudential/Pages/Home.aspx. [27]

FSB (2023), *Global Monitoring Report on Non-Bank Financial Intermediation*, Conseil de stabilité financière, https://www.fsb.org/2023/12/global-monitoring-report-on-non-bank-financial-intermediation-2023/. [5]

Global Policy Forum (2024), *Bridgetown Initiative 3.0 released: What´s the news?*, https://www.globalpolicy.org/en/news/2024-06-05/bridgetown-initiative-30-released-whats-news (accessed on 13 December 2024). [9]

Global Policy Forum (2024), *International financial architecture reform at the 2024 Spring Meetings of IMF and World Bank: High ambitions meet piecemeal results*, Global Policy Forum, https://www.globalpolicy.org/en/news/2024-04-30/international-financial-architecture-reform-2024-spring-meetings-imf-and-world-bank. [30]

Groupe de la Banque mondiale (2021), *Protéger la nature éviterait une perte de 2 700 milliards de dollars par an à l'économie mondiale*, Groupe de la Banque mondiale, https://www.banquemondiale.org/fr/news/press-release/2021/07/01/protecting-nature-could-avert-global-economic-losses-of-usd2-7-trillion-per-year (accessed on 13 December 2024). [22]

Groupe d'experts indépendants du G20 (2023), *Strengthening Multilateral Development Banks: The Triple Agenda*, Center for Global Development, https://www.cgdev.org/publication/strengthening-multilateral-development-banks-triple-agenda (accessed on 13 December 2024). [14]

HCDH (2022), *Global trends: forced displacement in 2022*, Haut-Commissariat des Nations Unies pour les réfugiés, https://www.unhcr.org/sites/default/files/2023-06/global-trends-report-2022.pdf. [17]

IEP (2024), *Global Peace Index 2024: Measuring Peace in a Complex World*, Institute for Economics & Peace, https://www.economicsandpeace.org/wp-content/uploads/2024/06/GPI-2024-web.pdf. [15]

Imperial College London (2023), *Jameel Institute Annual Report*, Imperial College London, https://www.imperial.ac.uk/media/imperial-college/research-centres-and-groups/jameel-institute/public/Jameel-Institute---General---Dec-23-report.pdf. [8]

IOM (2024), *Rapport État de la migration dans le monde 2024*, Organisation internationale pour les migrations, Genève, https://worldmigrationreport.iom.int/msite/wmr-2024-interactive/?lang=FR. [33]

IOM (2021), *État de la migration dans le monde 2022*, Organisation internationale pour les migrations, https://publications.iom.int/books/rapport-etat-de-la-migration-dans-le-monde-2022. [16]

Kotz, M., A. Levermann and L. Wenz (2024), "The economic commitment of climate change", *Nature*, Vol. 628/8008, pp. 551-557, https://doi.org/10.1038/s41586-024-07219-0. [6]

Ministère français de l'Europe et des Affaires étrangères (2023), *Le Pacte de Paris pour les peuples et la planète (4P)*, https://www.diplomatie.gouv.fr/fr/politique-etrangere-de-la-france/sommets-et-enjeux-globaux/le-pacte-de-paris-pour-les-peuples-et-la-planete-4p/ (accessed on 13 December 2024). [11]

Nations Unies (2024), *Financing for Sustainable Development Report 2024 : Financing for Development at a Crossroads*, Département des affaires économiques et sociales, Financement, Nations Unies, New York, https://desapublications.un.org/publications/financing-sustainable-development-report-2024 (accessed on 20 November 2024). [26]

Nations Unies (2024), *First session of the Preparatory Commi2ee for the fourth Interna5onal Conference on Financing for Development: Mul5-Stakeholder Round Table Discussion on "Addressing systemic issues" (concept note)*, Nations Unies, https://www.uneca.org/eca-events/first-session-of-preparatory-committee-for-ffd4. [4]

Nations Unies (2024), *Progress Towards the Sustainable Development Goals - Report of the Secretary-General: Statistical Annex*, Conseil économique et social, New York, https://unstats.un.org/sdgs/files/report/2024/E_2024_54_Statistical_Annex_I_and_II.pdf. [1]

Nations Unies (2024), *UN ECOSOC (2024), Progress towards the Sustainable Development Goals - Statistical Annex.*, Nations Unies, https://unstats.un.org/sdgs/files/report/2024/E_2024_54_Statistical_Annex_I_and_II.pdf. [2]

OCDE (2024), *Rapport sur la mise en œuvre de la Recommandation du Conseil sur la cohérence des politiques au service du développement durable*, https://one.oecd.org/document/C(2024)92/fr/pdf. [24]

OCDE (2024), *Unleashing Policy Coherence to Achieve the SDGs : An Assessment of Governance Mechanisms*, Éditions OCDE, Paris, https://doi.org/10.1787/a1c8dbf8-en. [18]

OCDE (2016), *Les conséquences économiques du changement climatique*, Éditions OCDE, Paris, https://doi.org/10.1787/9789264261082-fr. [20]

OCDE et al. (2023), *Latin American Economic Outlook 2023 : Investing in Sustainable Development*, Éditions OCDE, Paris, https://doi.org/10.1787/8c93ff6e-en. [3]

ONUDC (2024), *UNTOC Review Mechanism Statistics*, Office des Nations unies contre la drogue et le crime, https://www.unodc.org/unodc/en/organized-crime/intro/review-mechanism-untoc/review_process.html. [35]

ONUDC (n.d.), *Criminalité transnationale organisée : l'économie illégale mondialisée*, Office des Nations unies contre la drogue et le crime, https://www.unodc.org/toc/fr/crimes/organized-crime.html. [36]

PNUE (2022), *What you need to know about the COP27 Loss and Damage Fund*, Programme des Nations Unies pour l'environnement, https://www.unep.org/news-and-stories/story/what-you-need-know-about-cop27-loss-and-damage-fund (accessed on 13 December 2024). [21]

Secrétaire général des Nations Unies (2024), *SDG Stimulus Leaders' Group*, https://www.un.org/sg/en/content/sg/personnel-appointments/2024-06-05/sdg-stimulus-leaders-group (accessed on 13 December 2024). [10]

Sobrinho, N., S. Chun and K. Naidoo (2022), "The Impact of the IMF's COVID-19 Support to Developing and Emerging Economies", *Documents de travail du FMI*, Vol. 2022/261, p. 1, https://doi.org/10.5089/9798400229114.001. [7]

Notes

[1] Source : Calculs des auteurs à partir de Nations Unies (2024), Statistical Annex I and II: SDG Report 2024, https://unstats.un.org/sdgs/files/report/2024/E_2024_54_Statistical_Annex_I_and_II.pdf.

[2] Actifs de réserve internationaux créés par le FMI pour compléter les réserves officielles des pays membres.

[3] Il convient de noter que si la 16e révision générale des quotes-parts a été approuvée, les pays membres doivent encore obtenir des approbations au niveau national pour que l'augmentation de 50 % des quotes-parts soit effective.

[4] Les incidences transnationales sont définies par l'OCDE comme étant les retombées – voulues ou non – qui se propagent par-delà les frontières d'un pays par l'intermédiaire des flux de capitaux, de biens, de population et de ressources naturelles, et peuvent influencer, positivement ou négativement, les perspectives de développement durable d'un autre pays. Voir : https://legalinstruments.oecd.org/fr/instruments/OECD-LEGAL-0381.

8 Science, technologie, innovation et développement des capacités

Ce chapitre passe en revue les efforts déployés dans les domaines de la science, de la technologie, de l'innovation et du développement des capacités au titre du Programme d'action d'Addis-Abeba, l'accent étant mis sur les tendances liées à la recherche-développement (R-D), aux technologies respectueuses de l'environnement, à l'accès à l'internet et à l'aide publique au développement. Il met en évidence les incidences de la hausse des dépenses de R-D et des échanges mondiaux de technologies respectueuses de l'environnement sur les avancées technologiques, et relève des disparités de revenus persistantes et une progression rapide de l'accès à l'internet, ainsi que d'importants écarts de connectivité, en particulier dans les pays les moins avancés. Il souligne l'importance de l'aide internationale en faveur des infrastructures numériques et du renforcement des capacités pour le développement durable, et insiste sur le potentiel de transformation des énergies renouvelables, de l'intelligence artificielle, des technologies climatiques et d'autres domaines nouveaux qui pourraient contribuer à réduire les coûts d'une transition vers davantage de durabilité. Enfin, il traite de l'importance de la protection des données, de la cybersécurité et de l'accès équitable au numérique pour bâtir des systèmes résilients à l'échelle mondiale.

8.1. Tableau de bord des données

Principales tendances

Les dépenses de recherche-développement (R-D) en pourcentage du produit intérieur brut (PIB) progressent à l'échelle mondiale depuis 2015, mais stagnent dans les pays en développement.

Les dépenses mondiales de R-D en pourcentage du PIB ont augmenté de 12 % depuis 2015 et de 25 % depuis 2000, pour atteindre 1.93 % en 2021. Toutefois, dans les pays les plus nécessiteux, la part de la R-D est restée stable depuis 2000 ; dans beaucoup d'entre eux, elle a diminué en 2021, le PIB ayant progressé plus rapidement que les dépenses de R-D, en particulier pendant la période de reprise qui a suivi la crise du COVID-19 (Graphique 8.1).

Graphique 8.1. Dépenses de recherche-développement en pourcentage du PIB

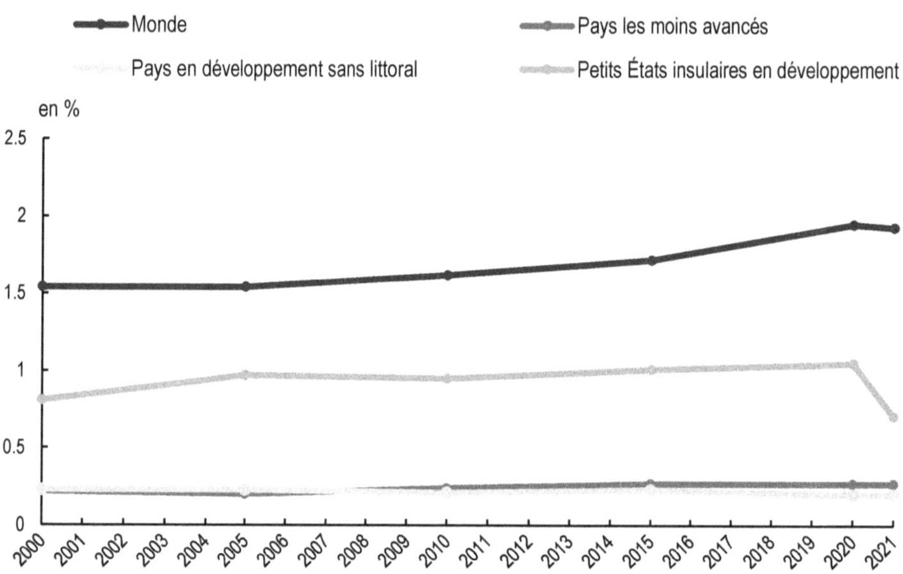

Source : Calculs des auteurs, d'après Nations Unies (2024[1]), *Progress Towards the Sustainable Development Goals - Report of the Secretary-General: Statistical Annex I and II*, https://unstats.un.org/sdgs/files/report/2024/E_2024_54_Statistical_Annex_I_and_II.pdf.

Les échanges de technologies respectueuses de l'environnement faisant l'objet d'un suivi ont augmenté à l'échelle mondiale, mais diminué dans les pays les moins avancés (PMA).

Les échanges mondiaux de technologies respectueuses de l'environnement, c'est-à-dire de technologies jugées non nuisibles à l'environnement dans des secteurs spécifiques[1], s'élevaient à 2 360 milliards USD en 2020, soit une augmentation de 5 % par rapport à 2015, où ils s'établissaient à 2 250 milliards USD. En revanche, dans les PMA, les échanges de ces technologies ont chuté de 43 %, passant de 15.28 milliards USD en 2015 à 8.78 milliards USD en 2020 (Graphique 8.2).

Graphique 8.2. Échanges mondiaux de technologies respectueuses de l'environnement faisant l'objet d'un suivi

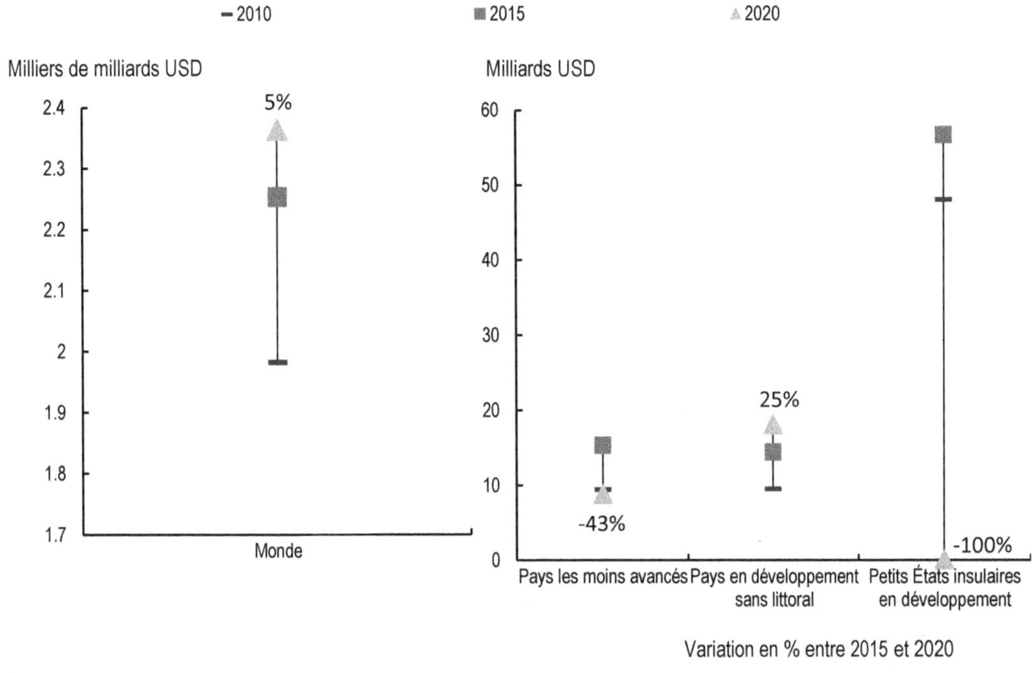

Source : Calculs des auteurs, d'après Nations Unies (2024[1]), *Progress Towards the Sustainable Development Goals - Report of the Secretary-General: Statistical Annex I and II*, https://unstats.un.org/sdgs/files/report/2024/E_2024_54_Statistical_Annex_I_and_II.pdf.

La part de la population mondiale utilisant l'internet a nettement progressé depuis 2015.

À l'échelle mondiale, la part des internautes est passée de 40 % à 67 % entre 2015 et 2023, soit une progression de près de 70 % (Graphique 8.3). Dans les PMA, le taux de croissance a été nettement plus élevé, puisque la part des individus utilisant l'internet y a triplé, passant de 11 % à 35 %[2] (Nations Unies, 2024[1]).

Malgré l'augmentation rapide de la proportion d'internautes dans les pays les plus nécessiteux, la connectivité universelle demeure un objectif lointain, tant dans les PMA que dans les pays en développement sans littoral, où respectivement 35 % et 39 % de la population seulement avaient accès à l'internet en 2023. Dans les petits États insulaires en développement, les deux tiers de la population disposaient d'une connexion, un taux conforme à la moyenne mondiale.

Graphique 8.3. Proportion de la population mondiale utilisant l'internet

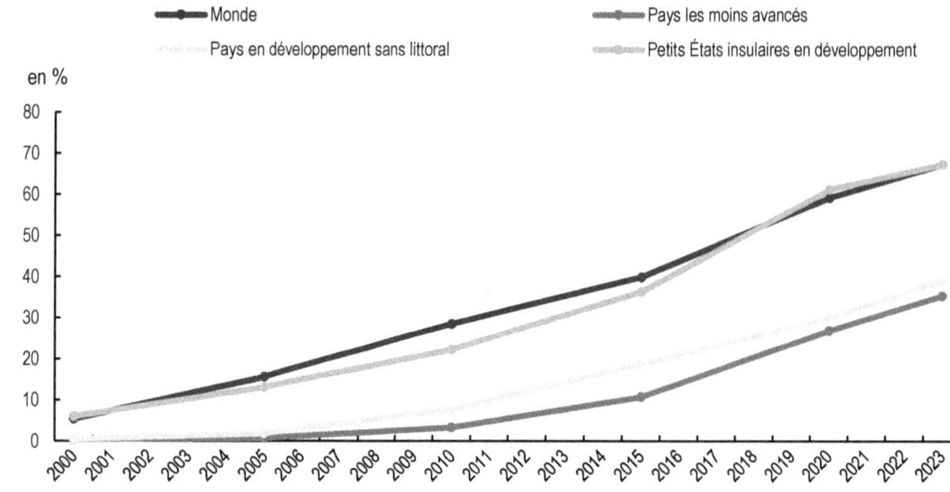

Source : Calculs des auteurs, d'après Nations Unies (2024[1]), *Progress Towards the Sustainable Development Goals - Report of the Secretary-General: Statistical Annex I and II*, https://unstats.un.org/sdgs/files/report/2024/E_2024_54_Statistical_Annex_I_and_II.pdf.

Indicateurs clés de performance

↑	Les versements totaux au titre de l'aide publique au développement en faveur de la science, de la technologie et de l'innovation (STI) sont passés de 7.69 milliards USD en 2015 à 9.33 milliards USD en 2022, soit une hausse de 21.33 % au cours de cette période (OCDE, 2024[2]).
↑	La couverture mondiale d'au moins un réseau mobile 3G accessible à la population a nettement progressé, passant de 78 % à 95 % entre 2015 et 2023, de sorte que l'on s'approche aujourd'hui d'un accès universel. La couverture dans les PMA a elle aussi fortement augmenté, de 53.2 % à 82.0 %, au cours de la même période.
↑	Les abonnements au haut débit fixe ont connu une hausse régulière, avec un taux de croissance annuel moyen de 6.4 % entre 2015 et 2023, pour atteindre une part mondiale de 19 abonnements pour 100 habitants en 2023, contre 11 abonnements pour 100 habitants en 2015. Les progrès ont été plus rapides dans les PMA : le taux y a plus que doublé entre 2015 (0.8 abonnement pour 100 habitants) et 2023 (1.8 abonnement pour 100 habitants).
↓	La contribution de la valeur ajoutée de la production manufacturière de moyenne et de haute technologie à la valeur ajoutée totale est restée stable à l'échelle mondiale, puisqu'elle s'élevait à 46.2 % en 2021, contre 46.3 % en 2015 et 45.8 % en 2000. En revanche, dans les PMA, elle est tombée à 8.4 % en 2021, contre 9.1 % en 2015 et 14.5 % en 2000 (Nations Unies, 2024[3]).

↓ Léger recul	↓ Recul marqué	↔ Statu quo, neutre	↔ Stagnation, problème possible	↑ Progrès majeure	↑ Progrès minime
Recul sensible	↓ Recul majeur	Stagnation, préoccupation mineure	↔ Stagnation négative, préoccupante	Progrès	↑ Progrès négligeables ou contestés

Note : Sélection d'engagements quantifiables. L'Annexe 8.A en contient la liste complète.

Potentiel de mobilisation des ressources

- L'accès à l'internet de 75 % de la population des pays en développement se traduirait par une augmentation du PIB de ces pays de 2 000 milliards USD et la création de 140 millions d'emplois (Broom, 2023[4]).
- Le fait de favoriser la participation des femmes aux activités dans le domaine des sciences, des technologies, de l'ingénierie et des mathématiques (STIM) pourrait accroître leurs revenus cumulés de 299 milliards USD au cours des dix prochaines années (Tilghman, 2017[5] ; Sayed, 2023[6]).

8.2. Principaux domaines de progrès

Des progrès sont réalisés sur la voie d'un accès universel, à un coût abordable, à l'internet d'ici à 2030

Pour réduire la fracture numérique, la connectivité doit être améliorée à l'échelle mondiale[3]. Environ 67 % de la population mondiale, soit 5.4 milliards d'individus, avaient accès à l'internet en 2023, ce qui représente une augmentation de près de 50 % depuis 2015, une tendance qui s'est accélérée avec la pandémie de COVID-19. Par ailleurs, des progrès notables ont été réalisés en termes de couverture des réseaux mobiles. La part de la population mondiale ayant accès à au moins un réseau mobile 3G est passée de 78 % en 2015 à 95 % en 2023, se rapprochant ainsi d'un accès universel. Au cours de la même période, la couverture dans les PMA a elle aussi fortement augmenté, passant de 53.2 % à 82.0 %. L'investissement dans les infrastructures numériques reste toutefois très insuffisant : environ 428 milliards USD par an seraient en effet nécessaires pour raccorder à l'internet haut débit, d'ici à 2030, les quelque 3 milliards de personnes de dix ans ou plus qui n'y ont pas encore accès (Union internationale des télécommunications, 2020[7]).

Le soutien en faveur du renforcement des capacités piloté par les pays a augmenté

En 2022, le financement du développement axé sur le renforcement des capacités et la planification nationale s'élevait à 54.9 milliards USD, soit une hausse de 50 % par rapport à 2015, une part importante du soutien étant destinée aux secteurs de l'administration publique, de la santé et de la finance. Le soutien en faveur des politiques de santé et de l'administration dans les pays en développement a augmenté de 26 % pour atteindre 6.5 milliards USD, en réponse essentiellement à la pandémie de COVID-19. Le partage de connaissances est un élément central des modalités de coopération Sud-Sud et de coopération triangulaire. Entre 2019 et 2022, les activités de coopération Sud-Sud ont progressé de 64 %, même si le volume total a diminué, passant de 12.8 milliards USD à 10.4 milliards USD. Les activités de coopération triangulaire ont quant à elles bondi de 268 %, de 84.23 millions USD en 2019 à 424.82 millions USD en 2022.

Les flux internationaux à l'appui de la STI ont augmenté, du fait notamment de la hausse du financement de la recherche médicale et de la lutte contre la pandémie de COVID-19

Les versements totaux au titre de l'aide publique au développement en faveur de la STI sont passés de 7.69 milliards USD en 2015 à 9.33 milliards USD en 2022, soit une hausse de 21.33 % au cours de cette période (OCDE, 2024[2]). Depuis 2015, la part de l'aide publique au développement destinée à la STI dans l'APD totale a dans l'ensemble augmenté : elle s'élevait à quelque 0.9 % en 2015 puis a culminé à environ 1.6 % en 2018, avant de se stabiliser à un taux allant de 1.2 % à 1.4 % entre 2019 et 2021. Toutefois, les estimations de l'APD en faveur de la STI varient car il n'existe pas de méthodologie convenue à l'échelon international. Par exemple, une autre étude de l'OCDE révèle que le financement total du développement en faveur de la STI, y compris le financement assorti de conditions libérales ou non libérales par les fournisseurs publics et la philanthropie privée, s'élevait en moyenne à 14 milliards USD par an entre 2010 et 2016.

Pour ce qui est des secteurs liés à la STI, une part importante de l'APD sert à soutenir les établissements de recherche et/ou institutions scientifiques et la recherche médicale, chacun ayant représenté environ 0.2 % à 0.5% de l'APD au cours de la période 2015-22. En 2022, le montant total net de l'APD consacré aux soins de santé de base et à la recherche médicale s'élevait à 21.1 milliards USD, une somme plus de deux fois supérieure à celle allouée en 2015 (10.5 milliards USD). La gestion de la pandémie de COVID-19 a représenté une part importante (42 %) de l'APD destinée aux soins de santé de base : 8.8 milliards USD ont en effet été consacrés à la lutte contre la pandémie et les dons de vaccins contre le

COVID-19 par des fournisseurs d'APD se sont élevés à 1.6 milliard USD. Le dispositif pour accélérer l'accès aux outils de lutte contre la COVID-19 (Accélérateur ACT) et son mécanisme mondial de distribution de vaccins (COVAX, pour *COVID-19 Vaccines Global Access*) ont joué un rôle essentiel dans la distribution de vaccins aux pays à revenu faible ou intermédiaire, même si le nationalisme vaccinal et les retards dans la conclusion des accords ont ralenti la livraison des doses. En octobre 2022, seuls 25 % de la population des pays à faible revenu avaient reçu au moins une dose de vaccin, contre 72 % de la population des pays à revenu élevé. Les versements au titre de l'aide publique au développement des pays membres du CAD de l'OCDE au profit des pays en développement dans le secteur des technologies de l'information et des communications ont plus que triplé, passant de 68.9 millions USD en 2015 à 246.0 millions USD en 2022. Dans les autres domaines de recherche, les activités centrées sur la pêche et l'éducation ont régulièrement reçu une part inférieure de l'APD en faveur du secteur, avec moins de 0.1 % dans chacun des deux domaines entre 2015 et 2021 (OCDE, 2024[2]).

8.3. Défis persistants

La concentration de l'innovation et des investissements dans quelques pays freine les progrès technologiques dans les pays en développement

On observe une très forte concentration des activités d'innovation dans quelques pays, les dix pays en tête de classement représentant au moins 87 % des demandes de brevets au niveau mondial. Ce phénomène est encore plus marqué dans certains secteurs : 90 % des dépôts de brevets dans celui de la fabrication intelligente interviennent dans seulement dix pays, et les entreprises industrielles de sept pays déposent 90 % des brevets liés aux technologies vertes (Nations Unies, 2024[8]). Il existe en outre un déséquilibre important dans le financement de la recherche en santé : les pays en développement, qui supportent 90 % de la charge mondiale de morbidité, reçoivent seulement 10 % des fonds consacrés à la recherche dans ce domaine (Sarewitz et Pielke, 2007[9]).

L'Indice mondial de l'innovation de 2023 de l'Organisation mondiale de la propriété intellectuelle montre que l'investissement dans l'innovation a donné des résultats mitigés en 2022. Par exemple, le nombre de publications scientifiques, d'activités de R-D, d'opérations de capital-risque et de brevets a continué d'augmenter, mais à un rythme plus lent que les hausses exceptionnelles observées en 2021. La contribution de la valeur ajoutée de la production manufacturière de moyenne et de haute technologie à la valeur ajoutée totale est restée stable à l'échelle mondiale, puisqu'elle s'élevait à 46.2 % en 2021, contre 46.3 % en 2015 et 45.8 % en 2000. En revanche, dans les PMA, elle est tombée à 8.4 % en 2021, alors qu'elle atteignait 9.1 % en 2015 et 14.5 % en 2000 (Nations Unies, 2024[11]).

Un environnement plus propice et une utilisation plus stratégique des droits de propriété intellectuelle pourraient davantage stimuler l'innovation, favoriser les échanges, attirer les investissements et promouvoir la modernisation technologique

Les droits de propriété intellectuelle pourraient changer la donne dans les pays en développement, y compris dans les PMA. Au Cambodge, par exemple, grâce à l'enregistrement du poivre de qualité supérieure provenant de la ville de Kampot en tant qu'indication géographique, les revenus des agriculteurs ont plus que triplé depuis 2010. De même, en Éthiopie, le dépôt de marques a contribué à une hausse de 275 % des exportations de café depuis le début des années 2000. En revanche, on continue d'observer un déficit d'innovation : dans les PMA, 2 197 demandes d'enregistrement de marques étaient déposées en moyenne chaque année entre 2017 et 2021, un chiffre très en deçà de la moyenne mondiale, qui s'élevait à 26 034 demandes, ou de la moyenne constatée dans les autres pays en développement (24 789 demandes). Dans les PMA, au cours de la même période, les demandes annuelles de brevets et de modèles d'utilité, qui visent tous deux à protéger les droits des inventeurs, s'élevaient respectivement à seulement 55 et 24. Les PMA, qui apparaissent souvent en queue de classement de l'Indice mondial de l'innovation, affichent également les niveaux les plus faibles en termes de capacités de production et d'aptitude à exploiter les technologies de pointe (CNUCED, 2024[10]).

Les écarts entre les genres en termes d'utilisation de l'internet à l'échelle mondiale persistent, malgré les progrès accomplis en faveur de la parité

En 2022, à l'échelle mondiale, 63 % des femmes utilisaient l'internet, contre 69 % des hommes. L'écart était encore plus marqué dans les pays à faible revenu, où seulement 21 % des femmes accédaient à l'internet, contre 32 % des hommes. En 2023, dans le monde, 65 % des femmes et 70 % des hommes utilisaient l'internet. L'indice de parité entre les genres au niveau mondial, qui établit la parité entre 0.98 et 1.02, est passé de 0.90 en 2019 à 0.92 en 2023. Toutefois, il ne rend pas pleinement compte de l'étendue de la fracture entre les genres, puisque les femmes, qui comptent pour environ la moitié de la population mondiale, représentent une part croissante des individus qui n'ont pas accès au web ; l'écart entre les femmes et les hommes qui n'utilisent pas l'internet s'élevait à 17 % en 2023, contre 11 % en 2019 (International Telecommunication Union, 2023[11]).

Les pays les plus nécessiteux, en particulier les PMA, peinent toujours à combler la fracture numérique, qui s'avère coûteuse

Le Programme d'action de Doha en faveur des pays les moins avancés pour la décennie 2022-31 mentionne le rôle essentiel de la STI et de la transformation structurelle pour affronter les défis économiques, sociaux et environnementaux auxquels ces pays sont confrontés. Dans les PMA, 18 % de la population n'a toujours pas accès à un réseau haut débit mobile 3G et la pénétration du haut débit fixe reste faible, avec seulement 1.8 abonnement pour 100 habitants en 2023 (Nations Unies, 2024[1]). Le coût de l'accès au haut débit y est supérieur à l'objectif d'accessibilité financière fixé par la Commission sur le large bande au service du développement durable (Union internationale des télécommunications, 2023[12]). Bien que la connectivité numérique ait plus que triplé, passant de 11 % en 2015 à 35 % en 2023, l'accès universel reste pour ces pays un objectif lointain.

Les efforts déployés pour améliorer les infrastructures numériques se heurtent à de nombreuses difficultés, notamment des coupures fréquentes de l'internet en raison de problèmes politiques et de sécurité, un manque de fiabilité des systèmes électriques et d'autres lacunes des infrastructures. À cela s'ajoutent d'importants obstacles liés à des problématiques de facilité d'utilisation et d'accès à des technologies efficientes et aux contraintes financières (Walko, 2022[13]). Sur les 32 PMA évalués à l'aune de l'Indice mondial de l'innovation, 21 se classent dans le quartile inférieur, ce qui témoigne d'un retard persistant en matière d'innovation et d'adoption des nouvelles technologies. Le manque d'infrastructures et l'insuffisance des ressources financières et techniques et des investissements dans l'éducation, le développement des compétences et la R-D dans le domaine de la STI contribuent à creuser encore l'écart.

Les mécanismes internationaux mis en place pour faciliter le transfert de technologies vers les pays les plus nécessiteux peinent à obtenir des financements

Le mécanisme de facilitation des technologies des Nations Unies a été établi en 2015 par le Programme d'action d'Addis-Abeba. Il s'articule autour de quatre éléments : le Groupe de travail interinstitutions des Nations Unies sur les STI au service des ODD ; le Groupe des 10 hauts représentants ; le Forum annuel de collaboration multipartite sur la science, la technologie et l'innovation au service de la réalisation des objectifs de développement durable ; et la plateforme en ligne 2030 Connect, qui sert de portail d'accès centralisé aux informations sur les initiatives, les mécanismes et les programmes existants en matière de STI (Nations Unies, 2022[14]). Le mécanisme de facilitation des technologies appuie également l'élaboration de feuilles de route relatives à la STI. Six pays pilotes (Éthiopie, Ghana, Inde, Kenya, Serbie et Ukraine) et deux partenaires internationaux (le Japon et l'Union européenne) ont participé à la première phase du programme lancée en 2019.

L'Assemblée générale des Nations Unies est convenue de la création de la Banque de technologie pour les pays les moins avancés le 23 décembre 2016 (Nations Unies, 2017[15]). Le gouvernement de la Türkiye en est pour l'heure le seul donneur volontaire ; il verse chaque année 1.7 million USD, un montant qui couvrait seulement 60 % des coûts de personnel en 2023 (Nations Unies, 2022[16]).

Des efforts notables ont été déployés en faveur du transfert de technologies pour le climat. Le financement du développement axé sur le climat lié aux technologies a fortement progressé, de 13.3 milliards USD en 2015 à 28.6 milliards USD en 2019. Au cours de cette période, la part des activités liées au climat impliquant un transfert de technologies est passée de 27 % à 36 % et les transferts de technologies appliquées à l'atténuation du changement climatique représentaient 69 % du financement total du développement axé sur le climat lié aux technologies. Les principaux secteurs ciblés étaient ceux de l'énergie, des transports et de l'entreposage, ainsi que l'agriculture. Les instruments de dette étaient les outils de financement les plus fréquemment utilisés pour les projets de transfert de technologies climatiques : ils représentaient 68 % des ressources totales de financement du développement, alors que les subventions comptaient pour 30 % et les investissements sous forme de prises de participation 2 % des outils (UNEP ; OCDE, 2022[17]).

8.4. Domaines nouveaux et émergents

Les technologies liées aux énergies renouvelables et au climat peuvent aider les pays en développement à opérer une transition vers une économie plus circulaire et plus verte

Les progrès technologiques ont contribué à réduire considérablement les coûts inhérents à certaines énergies renouvelables, qui peuvent désormais rivaliser avec les combustibles fossiles. Par exemple, les technologies solaires photovoltaïques, dont le coût était 710 % plus élevé que celui des combustibles fossiles en 2010, sont devenues, en 2022, 29 % moins chères que la solution la moins onéreuse basée sur des combustibles fossiles (Nations Unies, 2024[8]). Les échanges de technologies respectueuses de l'environnement, qui, comparées à d'autres technologies, pourraient améliorer sensiblement les performances environnementales, ont certes progressé à l'échelle mondiale, mais le total des échanges de technologies de ce type dans les PMA a baissé au cours de la même période. Le Fonds pour l'environnement mondial reste la principale source de financement du secteur public pour le transfert de technologies respectueuses de l'environnement, avec, pour son huitième cycle de reconstitution des ressources (2022-26), des promesses d'aide record de 5.33 milliards USD de la part de 29 pays donneurs – en augmentation de 30 % par rapport au cycle précédent (Global Environment Facility, 2022[18]). Le transfert de technologies est une composante majeure de la plupart des projets d'adaptation que le Fonds a menés dans les PMA à l'appui de la résilience climatique dans divers domaines, tels que la gestion de l'eau, la gestion des risques de catastrophe, la sécurité alimentaire et l'agriculture, la gestion des zones côtières et le développement des infrastructures.

Un avenir numérique commun : intelligence artificielle générative, confidentialité des données et sécurité

Le marché de l'intelligence artificielle (IA) pourrait ajouter 15 700 milliards USD à l'économie mondiale d'ici à 2030, la part la plus importante des gains économiques (27 %) étant attendue en Chine (PwC, 2017[19]). Dans les pays en développement, le marché de l'IA offre des opportunités dans les domaines de l'agriculture de précision, du diagnostic médical, de l'appui aux enseignants et du tutorat à distance, et de l'utilisation efficiente de l'eau et de l'énergie (Thapa, 2024[20]).

Une analyse portant sur 14 pays de l'OCDE révèle que la part des offres d'emploi publiées en ligne qui exigent des compétences en IA a augmenté de 33 % entre 2019 et 2022 (Borgonovi et al., 2023[21]). Au cours de la période 2000-21, près de la moitié des 438 619 publications ayant trait à l'IA étaient concentrées dans seulement trois pays : la Chine, le Royaume-Uni et les États-Unis (CNUCED, 2023[22]). De nombreux pays, en particulier les moins avancés, ont été distancés, souvent réduits au rôle de fournisseurs de données (CNUCED, 2023[23]). Toutefois, les technologies d'IA présentent des risques élevés, parmi lesquels figurent l'amplification de la mésinformation, l'augmentation des biais préjudiciables et de la discrimination, les atteintes à la vie privée et les risques liés à la gouvernance des données à différents niveaux (OCDE, 2024[24]). Le Pacte numérique mondial, adopté lors du Sommet de l'avenir pour faire face à ces risques, vise à définir des principes communs pour bâtir un avenir numérique sûr, ouvert et inclusif (Nations Unies, 2024[25]). Il devrait traiter de questions telles que la connectivité numérique, la fragmentation de l'internet, la protection des données et le respect des droits humains dans l'environnement en ligne.

Les risques de cybersécurité pourraient perturber le financement du développement durable

Les cyberattaques sont près de deux fois plus fréquentes qu'elles ne l'étaient avant la pandémie de COVID-19. Si les pertes signalées à la suite de ces attaques sont pour la plupart relativement mineures (environ 500 000 USD en moyenne), le risque de pertes lourdes (jusqu'à 2.5 milliards USD) et de perturbations systémiques s'est considérablement accru (FMI, 2024[26]). Les cyberattaques visant en particulier le secteur financier pourraient saper la confiance dans le système financier, perturber les services critiques, entraîner des répercussions sur d'autres institutions et, par conséquent, menacer la stabilité économique. Or les cadres d'action dans le domaine de la cybersécurité sont souvent insuffisants, notamment dans les pays en développement. Par exemple, seule la moitié environ des pays sondés récemment par le Fonds monétaire international ont indiqué disposer d'une stratégie nationale de cybersécurité centrée sur le secteur financier ou de réglementations liées à la cybersécurité dédiées (FMI, 2024[27]).

Annexe 8.A. Science, technologie, innovation et développement des capacités

Tableau d'annexe 8.A.1. Évaluation du domaine d'intervention : science, technologie, innovation et développement des capacités

Paragraphe du Programme d'action d'Addis-Abeba	Engagement	Cible ou objectif spécifique	Cible des Objectifs de développement durable (ODD) correspondante (si disponible)	État d'avancement de la mise en œuvre ou progrès accomplis depuis 2015, d'après les indicateurs des ODD retenus ou d'autres pertinents (mesures indirectes)
114	Promouvoir le développement et l'utilisation des infrastructures de technologies de l'information et des communications et un accès à l'internet rapide et universel, à un coût abordable, dans les pays les moins avancés (PMA), les petits États insulaires en développement (PEID) et les pays en développement sans littoral (PDSL). Renforcer l'accès aux technologies et à la science pour les femmes, les jeunes et les enfants, et faciliter l'accès aux technologies pour les personnes handicapées.	Oui Accès universel, à un coût abordable, à l'internet	Cible 9.c Accroître nettement l'accès aux technologies de l'information et des communications et faire en sorte que tous les habitants des pays les moins avancés aient accès à Internet à un coût abordable d'ici à 2020 Cible 17.6 Renforcer l'accès à la science, à la technologie et à l'innovation et la coopération Nord-Sud et Sud-Sud et la coopération triangulaire régionale et internationale dans ces domaines et améliorer le partage des savoirs selon des modalités arrêtées d'un commun accord, notamment en coordonnant mieux les mécanismes existants, en particulier au niveau des organismes des Nations Unies, et dans le cadre d'un mécanisme mondial de facilitation des technologies	Indicateur 9.c.1 des ODD – Proportion de la population ayant accès à un réseau mobile, par type de technologie. Dans la plupart des pays en développement, le haut débit mobile (3G ou supérieur) est le principal vecteur d'accès à l'internet, à la portée de 95 % de la population mondiale. Néanmoins, 5 % de la population – résidant essentiellement en Océanie, en Afrique subsaharienne et dans les PMA – ne bénéficient toujours pas d'une couverture, avec des taux qui peuvent atteindre 31 % en Océanie et 17 % en Afrique subsaharienne. Dans les PMA et les PDSL, 18 % de la population n'ont pas accès au haut débit mobile. Ces régions n'atteignent toujours pas la cible 9.c des ODD, qui vise un accès de tous les habitants des PMA, à un coût abordable, à l'internet d'ici à 2020 (UIT, 2023[28]). Depuis le début du déploiement de la 5G en 2019, la couverture s'est peu à peu étendue pour atteindre 40 % de la population mondiale en 2023. En l'absence de couverture 5G, la 4G offre une solution de remplacement solide, accessible désormais à 90 % de la population mondiale. Parmi ceux qui n'y ont pas accès, 55 % vivent dans des pays à faible revenu. Dans ces pays, 39 % de la population seulement bénéficient d'une couverture 4G ou supérieure, la 3G étant la principale, voire la seule, technologie utilisable pour accéder à l'internet (UIT, 2023[28]).

Paragraphe du Programme d'action d'Addis-Abeba	Engagement	Cible ou objectif spécifique	Cible des Objectifs de développement durable (ODD) correspondante (si disponible)	État d'avancement de la mise en œuvre ou progrès accomplis depuis 2015, d'après les indicateurs des ODD retenus ou d'autres pertinents (mesures indirectes)
				Indicateur 17.6.1 des ODD – Abonnements à une connexion à haut débit fixe pour 100 habitants, par vitesse de connexion. Au niveau mondial, le nombre d'abonnements au haut débit fixe a continué d'augmenter régulièrement à un taux annuel moyen de 6.4 % entre 2015 et 2023. Dans les PMA, le nombre d'abonnements a enregistré un taux de croissance de 10.7 % au cours de la même période et est passé de 0.8 à 1.8 abonnement pour 100 habitants entre 2015 et 2023 (UIT, 2023[28]). Indicateur 17.8.1 des ODD – Proportion de la population utilisant Internet. En 2023, 67 % de la population mondiale, soit 5.4 milliards d'individus, avaient accès à l'internet, ce qui représente une augmentation de 4.7 % par rapport à 2022 et de 3.5 % par rapport à 2021. Alors que l'utilisation de l'internet a bondi pendant la pandémie de COVID-19, les taux de croissance ont retrouvé les niveaux observés avant la pandémie au cours des trois dernières années. La connectivité universelle reste elle aussi une perspective lointaine pour les PMA et les PDSL, où respectivement 35 % et 39 % de la population seulement bénéficient d'un accès à l'internet (UIT, 2023[28]). *Pour de plus amples renseignements, voir les rapports détaillés pour les ODD 9 et 17* (en anglais).
115	Appels à la création de partenariats multipartites pour renforcer le développement des capacités et des ressources humaines dirigé par les pays eux-mêmes (y compris dans des domaines tels que les finances publiques, la gestion de la dette, la prise en compte de la problématique hommes-femmes dans l'établissement des budgets, la réglementation financière, les	Non	Cible 17.9 Apporter, à l'échelon international, un soutien accru pour assurer le renforcement efficace et ciblé des capacités des pays en développement et appuyer ainsi les plans nationaux visant à atteindre tous les objectifs de développement durable, notamment dans le cadre de la coopération Nord-Sud et Sud-Sud et de la coopération triangulaire	Indicateur 17.9.1 des ODD – Valeur en dollars de l'aide financière et technique promise aux pays en développement (notamment dans le cadre de la coopération Nord-Sud et Sud-Sud et de la coopération triangulaire). Entre 2019 et 2022, le nombre d'activités de coopération Sud-Sud signalées au titre du soutien public total au développement durable, ou TOSSD, a augmenté de 64 % et est passé de 5 558 à 9 092 activités, alors que le volume total a diminué de 12.8 milliards USD en 2019 à 10.4 milliards USD en 2022. Les activités de coopération triangulaire ont quant à elles progressé de 268 %, de 382 à 1 404. Elles s'élevaient à 84.23 millions USD en 2019 et à 424.82 millions USD en 2022 (OCDE, 2024[29]).

Paragraphe du Programme d'action d'Addis-Abeba	Engagement	Cible ou objectif spécifique	Cible des Objectifs de développement durable (ODD) correspondante (si disponible)	État d'avancement de la mise en œuvre ou progrès accomplis depuis 2015, d'après les indicateurs des ODD retenus ou d'autres pertinents (mesures indirectes)
	services climatologiques, etc.), dans les pays en développement, y compris les PMA, les PDSL, les PEID, les pays d'Afrique et les pays touchés par un conflit ou se relevant d'un conflit. Appuyer le développement des capacités institutionnelles et des ressources humaines, en soulignant l'importance de l'action menée au niveau national par les pays en développement pour accroître leurs capacités dans des domaines tels que les finances publiques, la budgétisation sociale et la prise en compte de la problématique hommes-femmes dans l'établissement des budgets, l'agriculture, la gestion de la dette, les services climatologiques et les activités liées à l'eau et à l'assainissement.		Cible 17.19 D'ici à 2030, tirer parti des initiatives existantes pour établir des indicateurs de progrès en matière de développement durable qui viendraient compléter le produit intérieur brut, et appuyer le renforcement des capacités statistiques des pays en développement	Indicateur 17.19.1 des ODD – Valeur (en dollars) de l'ensemble des ressources allouées au renforcement des capacités statistiques des pays en développement. Le Rapport sur le soutien des partenaires à la statistique de PARIS21 montre une résurgence de l'aide internationale en faveur de la production de données et de statistiques ; elle s'élevait à 799 millions USD en 2021, soit une hausse de 14 % par rapport à 2020 et de 44 % par rapport à 2015. L'Afrique subsaharienne et les PMA ont reçu une part croissante de ces financements. Cette reprise du soutien a aidé à limiter les répercussions de la pandémie sur les systèmes statistiques nationaux. En 2021, les fournisseurs d'aide multilatérale sont devenus pour la première fois la principale source de financement des statistiques (PARIS21, 2023[30]). Toutefois, cette augmentation était en majeure partie imputable à un donneur, les contributions des autres donneurs ayant diminué, alors que le financement des données ventilées par genre est resté faible, à 65 millions USD. Il devrait augmenter de moins de 5 % en 2022 (PARIS21, 2023[30]). *La Facilité INFF créée en 2022 fournit une assistance technique et un appui au développement des capacités aux pays qui préparent ou mettent en œuvre des cadres de financement nationaux intégrés, afin de leur permettre de déployer à grande échelle des innovations répondant à une demande croissante* (Facilité INFF, 2024[31]). *(Pour de plus amples renseignements sur les cadres de financement nationaux intégrés, voir le paragraphe 9 du Programme d'action d'Addis-Abeba et le chapitre 4.)*
116	Encourager la recherche et l'innovation et reconnaître l'importance d'instaurer un climat propice, notamment un cadre de réglementation et de gouvernance, pour favoriser la science et l'innovation (y compris sociale), la diffusion des technologies et la diversification industrielle, et	Non	Cible 9.b Soutenir les activités de recherche-développement et d'innovation des pays en développement dans le secteur technologique, notamment en instaurant des conditions propices, entre autres, à la diversification industrielle et à l'ajout de valeur aux	Indicateur 9.b.1 des ODD – Proportion dans la valeur ajoutée totale de la valeur ajoutée des secteurs de moyenne et haute technologie. La contribution de la valeur ajoutée de la production manufacturière de moyenne et de haute technologie à la valeur ajoutée totale est restée stable à l'échelle mondiale, puisqu'elle s'élevait à 46.2 % de la valeur ajoutée totale en 2021, contre 46.3 % en 2015 et 45.8 % en 2000. En revanche, dans les PMA, elle est tombée à 8.4 % en 2021, contre 14.5 % en 2000 et 9.1 % en 2015 (ONUDI, 2024[32]).

Paragraphe du Programme d'action d'Addis-Abeba	Engagement	Cible ou objectif spécifique	Cible des Objectifs de développement durable (ODD) correspondante (si disponible)	État d'avancement de la mise en œuvre ou progrès accomplis depuis 2015, d'après les indicateurs des ODD retenus ou d'autres pertinents (mesures indirectes)
	d'assurer la protection des droits de propriété intellectuelle (notamment dans le cadre de communautés de brevets).		marchandises	Demandes de brevets ou de modèles d'utilité déposées dans les PMA. Si les demandes internationales de brevets déposées dans les PMA sont en hausse, elles représentent encore une petite partie du nombre total de demandes déposées à l'échelle mondiale. Entre 2017 et 2021, environ 2 197 demandes d'enregistrement de marques étaient déposées en moyenne chaque année dans les PMA, un chiffre très en deçà de la moyenne mondiale, qui s'élevait à 26 034 demandes. Au cours de la même période, dans les PMA, les demandes annuelles de brevets et de modèles d'utilité, qui visent tous deux à protéger les droits des inventeurs, s'élevaient respectivement à seulement 55 et 24 (CNUCED, 2024[33]). Indice mondial de l'innovation et outil de suivi de l'Organisation mondiale de la propriété intellectuelle (OMPI). L'Indice mondial de l'innovation de 2023 de l'Organisation mondiale de la propriété intellectuelle, qui s'appuie sur 80 indicateurs pour cerner les tendances mondiales en matière d'innovation dans plus de 130 économies, montre que l'investissement dans l'innovation a donné des résultats mitigés en 2022. Le nombre de publications scientifiques, d'activités de recherche-développement (R-D), d'opérations de capital-risque et de brevets a continué d'augmenter, mais à un rythme plus lent que les hausses exceptionnelles observées en 2021. Par ailleurs, la valeur des investissements de capital-risque a baissé et les demandes internationales de brevets ont stagné en 2022 (OMPI, 2023[34]).
117	Encourager la mutualisation des connaissances et la promotion de la coopération et des partenariats entre parties prenantes – notamment entre les gouvernements, les entreprises, les milieux universitaires et la société civile – dans les secteurs qui contribuent à la réalisation des objectifs de développement durable. Promouvoir	Non	S. O.	Aide publique au développement (APD) en faveur de la science, de la technologie et de l'innovation (STI). Les versements totaux au titre de l'APD en faveur de la STI sont passés de 7.69 milliards USD en 2015 à 9.33 milliards USD en 2022, soit une hausse de 21.33 % au cours de cette période (OCDE, 2024[2]). Depuis 2015, la part de l'APD destinée à la STI dans l'APD totale a dans l'ensemble augmenté : elle s'élevait à quelque 0.9 % en 2015 puis a culminé à environ 1.6 % en 2018, avant de se stabiliser à des taux allant de 1.2 % à 1.4 %

Paragraphe du Programme d'action d'Addis-Abeba	Engagement	Cible ou objectif spécifique	Cible des Objectifs de développement durable (ODD) correspondante (si disponible)	État d'avancement de la mise en œuvre ou progrès accomplis depuis 2015, d'après les indicateurs des ODD retenus ou d'autres pertinents (mesures indirectes)
	l'entrepreneuriat (référence aux pépinières d'entreprises), faciliter le transfert de technologies, de connaissances et de compétences, et protéger les savoirs traditionnels.			entre 2019 et 2021 (OCDE, 2024[35]). APD destinée au secteur des TIC. Les versements des pays membres du Comité d'aide au développement (CAD) au profit des pays en développement dans le secteur des TIC ont plus que triplé, passant de 68.9 millions USD en 2015 à 246.0 millions USD en 2022 (OCDE, 2024[35]).
118	Envisager d'utiliser des financements publics pour permettre aux projets d'une importance cruciale de rester dans le domaine public et s'employer à ouvrir l'accès à la recherche aux projets financés par les pouvoirs publics, selon qu'il convient. Envisager de créer des fonds de l'innovation sur une base ouverte et concurrentielle pour soutenir des entreprises innovantes, en particulier pendant les phases de recherche-développement et de démonstration.	Non	S. O.	S. O.
119	Intensifier les investissements dans l'enseignement des sciences, de la technologie, de l'ingénierie et des mathématiques (STIM), et renforcer l'enseignement et la formation techniques, professionnels et supérieurs, en veillant à assurer aux femmes et aux filles l'égalité d'accès à ces enseignements et formations. Augmenter le nombre de bourses d'étude dont peuvent bénéficier les	Non	Cible 4.5 D'ici à 2030, éliminer les inégalités entre les sexes dans le domaine de l'éducation et assurer l'égalité d'accès des personnes vulnérables, y compris les personnes handicapées, les autochtones et les enfants en situation vulnérable, à tous les niveaux d'enseignement et de formation professionnelle	Indicateur 4.5.1 des ODD – Indices de parité (femmes/hommes, urbain/rural, quintile inférieur/supérieur de richesse et autres paramètres tels que le handicap, le statut d'autochtone et les situations de conflit, à mesure que les données deviennent disponibles) pour tous les indicateurs dans le domaine de l'éducation de cette liste pouvant être ventilés. Indicateur 4.b.1 des ODD – Volume de l'aide publique au développement consacrée aux bourses d'études, par secteur et type de formation. Le volume de l'APD (versements bruts) consacrée aux bourses d'études s'élevait à 1.67 milliard USD en 2022, contre 1.39 milliard USD en 2015. Le volume

Paragraphe du Programme d'action d'Addis-Abeba	Engagement	Cible ou objectif spécifique	Cible des Objectifs de développement durable (ODD) correspondante (si disponible)	État d'avancement de la mise en œuvre ou progrès accomplis depuis 2015, d'après les indicateurs des ODD retenus ou d'autres pertinents (mesures indirectes)
	étudiants dans les pays en développement pour accéder à l'enseignement supérieur. Intensifier la coopération en vue de renforcer les systèmes d'enseignement supérieur et accroître l'accès à l'enseignement en ligne dans des domaines relatifs au développement durable.		Cible 4.b D'ici à 2020, augmenter nettement à l'échelle mondiale le nombre de bourses d'études offertes à des étudiants des pays en développement, en particulier des pays les moins avancés, des petits États insulaires en développement et des pays d'Afrique, pour leur permettre de suivre des études supérieures, y compris une formation professionnelle, des cursus informatiques, techniques et scientifiques et des études d'ingénieur, dans des pays développés et d'autres pays en développement Cible 17.9 Voir le paragraphe 115	enregistré en 2022 était inférieur de 1.8 % au niveau de 2019, qui était une année record (Nations Unies, 2024[36]). Indicateur 17.9.1 des ODD Voir le paragraphe 115
120	Encourager le transfert d'écotechnologies aux pays en développement, à des conditions favorables, y compris des conditions libérales et préférentielles (référence aux technologies respectueuses de l'environnement). Intensifier la coopération internationale, y compris l'APD, à l'appui de la mise en place de modes de consommation et de production plus durables, notamment par la mise en œuvre du cadre décennal de programmation concernant les modes de	Oui Mise en œuvre des cadres décennaux de programmation sur la consommation et la production durables	Cible 12.a Aider les pays en développement à se doter des moyens scientifiques et technologiques qui leur permettent de s'orienter vers des modes de consommation et de production plus durables Cible 17.7 Promouvoir la mise au point, le transfert et la diffusion de technologies respectueuses de l'environnement en faveur des pays en développement, à des conditions favorables, y compris privilégiées et préférentielles, arrêtées d'un commun accord	Indicateur 17.7.1 des ODD – Montant total des financements pour les pays en développement aux fins de la promotion de la mise au point, du transfert et de la diffusion de technologies respectueuses de l'environnement. Les échanges mondiaux de technologies respectueuses de l'environnement faisant l'objet d'un suivi s'élevaient à 2 360 milliards USD en 2020, contre 2 250 milliards USD en 2015. En revanche, dans les PMA, les échanges de technologies respectueuses de l'environnement ont baissé, de 15.28 milliards USD en 2015 à 8.78 milliards USD en 2020 (Nations Unies, 2024[36]). *Voir le paragraphe 35 du chapitre 3 sur l'entreprise privée et les finances intérieures et internationales pour un état d'avancement actualisé sur le* cadre décennal de programmation concernant les modes de consommation et de production durables (ECOSOC, mai 2024) et le rapport de l'OCDE sur le financement climatique fourni et mobilisé par les pays développés sur 2013-21

Paragraphe du Programme d'action d'Addis-Abeba	Engagement	Cible ou objectif spécifique	Cible des Objectifs de développement durable (ODD) correspondante (si disponible)	État d'avancement de la mise en œuvre ou progrès accomplis depuis 2015, d'après les indicateurs des ODD retenus ou d'autres pertinents (mesures indirectes)
	consommation et de production durables, en particulier dans les PMA, les PDSL, les PEID et les pays d'Afrique. (Références à la consommation et la production durables, aux cadres décennaux de programmation.)			(OCDE, 2023[37]).
121	Appuyer la R-D en matière de vaccins et de médicaments, ainsi que les mesures préventives pour les maladies transmissibles et non transmissibles, surtout celles qui touchent les pays en développement de façon disproportionnée (référence à Gavi, l'Alliance du vaccin). Accroître les investissements et intensifier la coopération internationale dans les domaines de l'agriculture et des technologies, de manière à renforcer la sécurité alimentaire et augmenter les capacités de production dans les pays en développement, notamment les PMA (référence aux banques de gènes de plantes et d'animaux). Accroître la connaissance scientifique en matière de technologies marines à l'appui de la santé des océans et de la biodiversité marine, en particulier dans les PEID et les PMA (référence	Non	Cible 2.a Accroître, notamment grâce au renforcement de la coopération internationale, l'investissement dans l'infrastructure rurale, les services de recherche et de vulgarisation agricoles et la mise au point de technologies et de banques de plantes et de gènes d'animaux d'élevage, afin de renforcer les capacités productives agricoles des pays en développement, en particulier des pays les moins avancés Cible 3.8 Faire en sorte que chacun bénéficie d'une couverture sanitaire universelle, comprenant une protection contre les risques financiers et donnant accès à des services de santé essentiels de qualité et à des médicaments et vaccins essentiels sûrs, efficaces, de qualité et d'un coût abordable Cible 3.b Appuyer la recherche et le développement de vaccins et de médicaments contre les maladies, transmissibles ou non, qui touchent	Indicateur 2.a.2 des ODD – Total des apports publics (aide publique au développement plus autres apports publics) alloués au secteur agricole. Entre 2015 et 2021, les apports totaux publics alloués au secteur agricole ont d'abord augmenté, avec un sommet à 16.6 milliards USD en 2020, avant de tomber à 14.2 milliards USD en 2021. Dans les PMA, les apports ont connu une croissance régulière ; ils s'élevaient à 4.0 milliards USD en 2021. Dans les pays en développement sans littoral (PDSL), ils ont atteint un pic à 3.5 milliards USD en 2020, avant de s'établir à 2.9 milliards USD en 2021. Dans les petits États insulaires en développement (PEID), les chiffres fluctuent : après une pointe à 0.6 milliard USD en 2020, ils sont descendus à 0.4 milliard USD en 2021 (Nations Unies, 2024[36]). Indicateur 3.b.1 des ODD – Proportion de la population cible ayant reçu tous les vaccins prévus par le programme national. En 2022, la couverture pour la troisième dose de vaccin contre la diphtérie, le tétanos et la coqueluche s'élevait à 84 %, contre 81 % en 2021 ; elle reste toutefois inférieure au niveau atteint en 2019 (86 %) (Nations Unies, 2024[36]). *Les efforts mondiaux en matière de vaccination ont permis de sauver au moins 154 millions de vies au cours des 50 dernières années. Chaque vie sauvée grâce à la vaccination permettait de gagner en moyenne 66 années de vie en bonne santé, ce qui représente au total 10.2 milliards d'années en bonne santé gagnées au cours des cinq dernières décennies* (OMS, 2024[38]). *Au début de la pandémie de COVID-19, la communauté internationale a lancé le dispositif pour accélérer l'accès aux outils de lutte contre la COVID-19 (Accélérateur ACT) afin de fournir*

Paragraphe du Programme d'action d'Addis-Abeba	Engagement	Cible ou objectif spécifique	Cible des Objectifs de développement durable (ODD) correspondante (si disponible)	État d'avancement de la mise en œuvre ou progrès accomplis depuis 2015, d'après les indicateurs des ODD retenus ou d'autres pertinents (mesures indirectes)
	aux Critères et principes directeurs concernant le transfert de techniques marines adoptés par la Commission océanographique intergouvernementale).		principalement les habitants des pays en développement, donner accès, à un coût abordable, aux médicaments et vaccins essentiels, conformément à la Déclaration de Doha sur l'Accord sur les aspects des droits de propriété intellectuelle qui touchent au commerce (ADPIC) et la santé publique, qui réaffirme le droit qu'ont les pays en développement de tirer pleinement parti des dispositions de cet accord qui ménagent une flexibilité lorsqu'il s'agit de protéger la santé publique et, en particulier, d'assurer l'accès universel aux médicaments	*des vaccins, des tests, des traitements et des équipements de protection individuelle aux pays à revenu faible ou intermédiaire, le mécanisme mondial de distribution de vaccins (COVAX, pour* COVID-19 Vaccines Global Access*) ayant reçu la plus grande part du financement (16 milliards USD d'engagements) pour acheter des vaccins pour les PFR et les PRITI par le biais de son mécanisme de garantie de marché en utilisant des fonds levés auprès de donneurs. En raison essentiellement du nationalisme vaccinal des pays à revenu élevé, au premier trimestre de 2022, le mécanisme COVAX avait fourni seulement 1.4 milliard sur les 2.3 milliards de doses qu'il entendait distribuer* (Pushkaran, Chattu et Narayanan, 2023[39]). *La majeure partie (60 % à 75 %) des retards de fourniture de vaccins contre le COVID-19 aux PRITI s'expliquait par le fait qu'ils aient conclu des accords d'achat plus tard que les PRE ; d'où la nécessité de mettre l'accent sur l'anticipation et l'aide à la préparation. Au total, 92 PFR pouvaient recevoir des doses gratuites et de l'aide grâce à des financements de donneurs d'un montant supérieur à 12 milliards USD dans le cadre de la garantie de marché (AMC) COVAX de Gavi, l'Alliance du vaccin. Près de 90 % des presque 2 milliards de doses fournies par le biais de la Facilité ont été mis à la disposition d'économies à faible revenu* (GAVI, s.d.[40]). *En octobre 2022, seuls 25 % de la population des pays à faible revenu avaient reçu au moins une dose de vaccin, contre 72 % de la population des pays à revenu élevé* (Duroseau, Kipshidze et Limaye, 2023[41]). Indicateur 3.b.2 des ODD – Montant total net de l'aide publique au développement consacré à la recherche médicale et aux soins de santé de base. Le montant total des versements nets d'APD consacrés aux secteurs de la recherche médicale et des soins de santé de base s'élevait à 21.1 milliards USD en 2022, contre 10.5 milliards USD en 2015. Pour les PMA, le montant total net de l'APD allouée à ces deux secteurs s'établissait à 6.4 milliards USD en 2022, contre 4.9 milliards en 2015 (Nations Unies, 2024[36]). APD à l'appui des activités liées à la pandémie de COVID-19 Les donneurs du CAD ont consacré 10.5 % de leur APD nette combinée (soit au total 18.7 milliards USD) à des activités liées à la pandémie de COVID-19 en 2021, contre 16.6 milliards USD, ou 10.2 % de l'APD totale des pays du CAD,

Paragraphe du Programme d'action d'Addis-Abeba	Engagement	Cible ou objectif spécifique	Cible des Objectifs de développement durable (ODD) correspondante (si disponible)	État d'avancement de la mise en œuvre ou progrès accomplis depuis 2015, d'après les indicateurs des ODD retenus ou d'autres pertinents (mesures indirectes)
				en 2020 (OCDE, 2022[42]). Financement international à l'appui de l'agriculture et de la technologie dans les pays en développement Entre 2017 et 2021, moins d'un quart de l'APD totale et des autres apports du secteur public a été consacré à la sécurité alimentaire et la nutrition – soit en moyenne 76 milliards USD par an – et seuls 34 % de ces apports ciblaient les causes principales de l'insécurité alimentaire et de la malnutrition (FAO ; FIDA ; UNICEF ; PAM ; OMS, 2024[43]). L'APD consacrée à la sécurité alimentaire est passée de 10.243 milliards USD en 2018 à 11.650 milliards USD en 2022 (OCDE, 2024[2]). APD à l'appui des technologies marines dans les pays en développement L'APD consacrée à l'économie maritime est restée stable, autour de 2.6 milliards USD en 2015 et en 2021, avec toutefois un pic à 5.6 milliards USD en 2017 (OCDE, 2024[44]).
122	Renforcer la cohérence et les synergies entre les initiatives mises en place au sein du système des Nations Unies, dont la Commission de la science et de la technique au service du développement, le mécanisme pour les technologies relatives aux changements climatiques de la Convention-cadre des Nations Unies sur les changements climatiques, le Centre et Réseau des technologies climatiques, le renforcement des capacités de l'OMPI et les réseaux de centres nationaux pour une production propre de l'Organisation	Non	S. O.	S. O.

Paragraphe du Programme d'action d'Addis-Abeba	Engagement	Cible ou objectif spécifique	Cible des Objectifs de développement durable (ODD) correspondante (si disponible)	État d'avancement de la mise en œuvre ou progrès accomplis depuis 2015, d'après les indicateurs des ODD retenus ou d'autres pertinents (mesures indirectes)
	des Nations Unies pour le développement industriel.			
123	Créer un mécanisme de facilitation des technologies, qui doit être lancé au sommet des Nations Unies consacré à l'adoption du programme de développement pour l'après-2015, pour appuyer les objectifs de développement durable (référence au mécanisme de facilitation des technologies).	Oui Création d'un mécanisme de facilitation des technologies	Cible 9.5 Renforcer la recherche scientifique, perfectionner les capacités technologiques des secteurs industriels de tous les pays, en particulier des pays en développement, notamment en encourageant l'innovation et en augmentant nettement le nombre de personnes travaillant dans le secteur de la recherche-développement pour 1 million d'habitants et en accroissant les dépenses publiques et privées consacrées à la recherche-développement d'ici à 2030 Cible 17.6 Renforcer l'accès à la science, à la technologie et à l'innovation et la coopération Nord-Sud et Sud-Sud et la coopération triangulaire régionale et internationale dans ces domaines et améliorer le partage des savoirs selon des modalités arrêtées d'un commun accord, notamment en coordonnant mieux les mécanismes existants, en particulier au niveau des organismes des Nations Unies, et dans le cadre d'un mécanisme mondial de facilitation des technologies	Indicateur 9.5.1 des ODD – Dépenses de recherche-développement en proportion du PIB. Entre 2015 et 2021, les dépenses mondiales de R-D en pourcentage du PIB mondial sont passées de 1.72 % à 1.93 %, une évolution qui s'inscrit dans une tendance régulière à la hausse, hormis une légère baisse en 2021. Les dépenses de R-D dans les PMA sont restées très faibles, à 0.27 %, entre 2015 et 2021 (Nations Unies, 2024[36]). Amélioration de la coopération et de la coordination internationales grâce à un mécanisme mondial de facilitation des technologies. Le mécanisme de facilitation des technologies des Nations Unies a été créé en 2015 par le Programme d'action d'Addis-Abeba et réaffirmé au paragraphe 70 du Programme à l'horizon 2030. Il s'articule autour de quatre éléments principaux : le Groupe de travail interinstitutions des Nations Unies sur les STI au service des ODD, le Groupe des 10 hauts représentants, le Forum annuel de collaboration multipartite sur la science, la technologie et l'innovation au service de la réalisation des objectifs de développement durable, et la plateforme en ligne 2030 Connect. Le mécanisme de facilitation des technologies appuie également l'élaboration de feuilles de route relatives à la STI. Six pays pilotes (Éthiopie, Ghana, Inde, Kenya, Serbie et Ukraine) et deux partenaires internationaux (le Japon et l'Union européenne) ont participé à la première phase du programme lancée en 2019. Pour de plus amples informations, voir la plateforme du mécanisme de facilitation des technologies des Nations Unies.
124	Attendre les recommandations du Groupe de haut niveau du Secrétaire général des Nations	Oui Mise en place de la banque de	Cible 17.8 Faire en sorte que la banque de technologie et le mécanisme de renforcement des capacités	*L'Assemblée générale des Nations Unies a approuvé la création de la Banque de technologie pour les PMA le 23 décembre 2016* (Nations Unies, 2017[45]). *Le gouvernement de la Türkiye est pour l'heure le seul donneur volontaire de la*

Paragraphe du Programme d'action d'Addis-Abeba	Engagement	Cible ou objectif spécifique	Cible des Objectifs de développement durable (ODD) correspondante (si disponible)	État d'avancement de la mise en œuvre ou progrès accomplis depuis 2015, d'après les indicateurs des ODD retenus ou d'autres pertinents (mesures indirectes)
	Unies sur l'organisation et le fonctionnement de la banque de technologie et du mécanisme de renforcement des capacités en matière d'innovation qu'il est proposé de créer pour les PMA. Tenir compte de ses conseils sur la portée, les fonctions et les aspects organisationnels du projet de banque, l'objectif étant de la rendre opérationnelle d'ici à 2017, et promouvoir les synergies avec le mécanisme de facilitation des technologies (référence à la banque de technologie pour les PMA).	technologie et du mécanisme de renforcement des capacités STI pour les PMA d'ici à 2017	scientifiques et technologiques et des capacités d'innovation des pays les moins avancés soient pleinement opérationnels d'ici à 2017 et renforcer l'utilisation des technologies clefs, en particulier de l'informatique et des communications	*banque ; il verse chaque année 1.7 million USD, un montant qui couvrait seulement 60 % des coûts de personnel en 2023* (Nations Unies, s.d.[46]). *Le Programme d'action de Doha en faveur des pays les moins avancés pour la décennie 2021-2030, approuvé par l'Assemblée générale des Nations Unies en mars 2022, appelle à ce que la Banque de technologie serve « d'interlocutrice principale » pour faire en sorte que les PMA « renforcent leurs capacités scientifiques, technologiques et d'innovation, étape vers la constitution de capacités de production durable et la promotion de la transformation structurelle de l'économie ».* *L'appui que la Banque de technologie apporte aux PMA est actuellement axé sur quatre domaines thématiques – l'agriculture, l'environnement, la santé et l'éducation –, fondés sur les 14 évaluations des besoins technologiques que la Banque a menées à bien jusqu'à présent.* *Pour de plus amples renseignements, voir la plateforme de la Banque de technologie pour les PMA.*

Note : Ces données sont essentiellement tirées du rapport des Nations Unies intitulé *Sustainable Development Goals Extended Report 2024* et de ses annexes statistiques. Les sommes données dans les annexes sont exprimées en USD à prix constants de 2015. L'abréviation S.O. signifie « Sans Objet » et est utilisée lorsqu'un élément n'est pas applicable ou pertinent.

Références

Borgonovi, F. et al. (2023), « Emerging trends in AI skill demand across 14 OECD countries », *OECD Artificial Intelligence Papers*, n° 2, Éditions OCDE, Paris, https://doi.org/10.1787/7c691b9a-en. [21]

Broom, D. (2023), « These are the places in the world where internet access is still an issue – and why », *World Economic Forum Stories*, https://www.weforum.org/stories/2023/09/broadband-no-luxury-basic-necessity/. [4]

CNUCED (2024), *Harnessing intellectual property rights for innovation, development and economic transformation in Least Developed Countries*, Conférence des Nations unies sur le commerce et le développement, Genève, https://unctad.org/publication/harnessing-intellectual-property-rights-innovation-development-and-economic. [33]

CNUCED (2024), « Intellectual property: A potential game-changer for least developed countries », https://unctad.org/news/intellectual-property-potential-game-changer-least-developed-countries. [10]

CNUCED (2023), « In an AI-driven digital economy, how can developing countries keep up? », https://unctad.org/news/ai-driven-digital-economy-how-can-developing-countries-keep. [23]

CNUCED (2023), *Rapport sur la technologie et l'innovation 2023*, Conférence des Nations Unies sur le commerce et le développement, New York, https://unctad.org/system/files/official-document/tir2023_en.pdf. [22]

Duroseau, B., N. Kipshidze et R. Limaye (2023), « The impact of delayed access to COVID-19 vaccines in low- and lower-middle-income countries », *Frontiers in Public Health*, vol. 10, https://doi.org/10.3389/fpubh.2022.1087138. [41]

Facilité INFF (2024), *Making finance work for people and planet: how countries are building their sustainable finance ecosystem through integrated national financing frameworks*, https://inff.org/resource/making-finance-work-for-people-and-planet-how-countries-are-building-their-sustainable-finance-ecosystem-through-integrated-national-financing-frameworks. [31]

FAO ; FIDA ; UNICEF ; PAM ; OMS (2024), *The State of Food Security and Nutrition in the World 2024*, https://doi.org/10.4060/cd1254en. [43]

FMI (2024), *Rapport sur la stabilité financière dans le monde : Des fragilités financières dans le dernier kilomètre de la désinflation*, Fonds monétaire international, https://www.imf.org/fr/Publications/GFSR/Issues/2024/04/16/global-financial-stability-report-april-2024. [27]

FMI (2024), *Rapport sur la stabilité financière dans le monde : Des fragilités financières dans le dernier kilomètre de la désinflation*, Fonds monétaire international (FMI), Washington, DC, https://www.imf.org/fr/Publications/GFSR/Issues/2024/04/16/global-financial-stability-report-april-2024. [26]

GAVI (s.d.), *The global pooled procurement and distribution mechanism at the heart of COVAX.*, https://www.gavi.org/covax-facility. [40]

Global Environment Facility (2022), *Funding - GEF-8 Replenishment (webpage)*, https://www.thegef.org/who-we-are/funding/gef-8-replenishment (consulté le 11 décembre 2024). [18]

International Telecommunication Union (2023), *The gender digital divide*, https://www.itu.int/itu-d/reports/statistics/2023/10/10/ff23-the-gender-digital-divide/. [11]

Nations Unies (2024), *Financing for Sustainable Development Report 2024 : Financing for Development at a Crossroads*, United Nations Inter-agency Task Force on Financing for Development, New York, https://desapublications.un.org/publications/financing-sustainable-development-report-2024. [8]

Nations Unies (2024), *Pacte numérique mondial*, Assemblée générale des Nations Unies, New York, https://www.un.org/global-digital-compact/sites/default/files/2024-09/Global%20Digital%20Compact%20-%20English_0.pdf. [25]

Nations Unies (2024), *Progress Towards the Sustainable Development Goals - Report of the Secretary-General: Statistical Annex*, Conseil économique et social, New York, https://unstats.un.org/sdgs/files/report/2024/E_2024_54_Statistical_Annex_I_and_II.pdf. [36]

Nations Unies (2024), *Progress Towards the Sustainable Development Goals - Report of the Secretary-General: Statistical Annex I and II*, Conseil économique et social, New York, https://unstats.un.org/sdgs/files/report/2024/E_2024_54_Statistical_Annex_I_and_II.pdf. [1]

Nations Unies (2024), *Statistical Annex I and II: SDG Report 2024*, Nations Unies, https://unstats.un.org/sdgs/files/report/2024/E_2024_54_Statistical_Annex_I_and_II.pdf. [3]

Nations Unies (2022), *The UN Technology Facilitation Mechanism - Informal note by the Secretariat on the first phase (2015-2022) and food for thought on the way forward*, Département des affaires économiques et sociales des Nations Unies, New York, https://sdgs.un.org/sites/default/files/2023-01/TFM%20informal%20note%20by%20the%20Secretariat%20-17Oct2022%20rev.pdf. [14]

Nations Unies (2022), *United Nations Technology Bank for Least Developed Countries: Strategic Plan 2022-2024*, https://www.un.org/technologybank/sites/www.un.org.technologybank/files/strategic_plan_-_2022-2024_final_tt_p1.pdf. [16]

Nations Unies (2017), *Resolution 71/251 - Establishment of the Technology Bank for the Least Developed Countries*, Assemblée générale des Nations Unies, New York, https://documents.un.org/doc/undoc/gen/n16/466/20/pdf/n1646620.pdf. [15]

Nations Unies (2017), *Resolution adopted by the General Assembly on 23 December 2016*, Nations Unies, https://documents.un.org/doc/undoc/gen/n16/466/20/pdf/n1646620.pdf. [45]

Nations Unies (s.d.), *United Nations Technology Bank for Least Developed Countries: Strategic Plan, 2022-2024*, Nations Unies, https://www.un.org/technologybank/sites/www.un.org.technologybank/files/strategic_plan_-_2022-2024_final_tt_p1.pdf. [46]

OCDE (2024), « AI, data governance and privacy : Synergies and areas of international co-operation », *OECD Artificial Intelligence Papers*, n° 22, Éditions OCDE, Paris, https://doi.org/10.1787/2476b1a4-en. [24]

OCDE (2024), *Development co-operation for a sustainable ocean economy in 2022: A snapshot*, https://one.oecd.org/document/DCD%282024%2921/en/pdf. [44]

OCDE (2024), *Explorateur de données de l'OCDE - Tableau CAD 5 (base de données)*, http://data-explorer.oecd.org/s/9z. [2]

OCDE (2024), *Explorateur des données (base de données)*, http://data-explorer.oecd.org/s/3d. [35]

OCDE (2024), *TOSSD Data Visualisation Tool*, https://tossd.online/. [29]

OCDE (2023), *Financement climatique fourni et mobilisé par les pays développés en 2013-2021 : Tendances agrégées et opportunités pour accroître le financement de l'adaptation et la mobilisation de fonds privés*, Le financement climatique et l'objectif des 100 milliards de dollars, Éditions OCDE, Paris, https://doi.org/10.1787/40558351-fr. [37]

OCDE (2022), *Le soutien apporté aux pays en développement lors de la crise du COVID-19 a tiré l'aide extérieure vers le haut en 2021 - OCDE*, https://www.oecd.org/fr/about/news/press-releases/2022/04/covid-19-assistance-to-developing-countries-lifts-foreign-aid-in-2021-oecd-.html. [42]

OMPI (2023), *Indice mondial de l'innovation 2023*, https://www.wipo.int/fr/web/global-innovation-index/2023/index. [34]

OMS (2024), *Les actions mondiales en faveur de la vaccination ont permis de sauver au moins 154 millions de vies au cours des 50 dernières années*, Organisation mondiale de la Santé, https://www.who.int/fr/news/item/24-04-2024-global-immunization-efforts-have-saved-at-least-154-million-lives-over-the-past-50-years. [38]

ONUDI (2024), *SDG 9 indicators (base de données)*, https://stat.unido.org/data/table?dataset=sdg. [32]

PARIS21 (2023), *The PARIS21 Partner Report on Support to Statistics*, https://www.paris21.org/sites/default/files/media/document/2023-11/press-2023_0.pdf. [30]

Pushkaran, A., V. Chattu et P. Narayanan (2023), « A critical analysis of COVAX alliance and corresponding global health governance and policy issues: a scoping review », *BMJ Global Health*, vol. 8/10, p. e012168, https://doi.org/10.1136/bmjgh-2023-012168. [39]

PwC (2017), *Sizing the Prize: What's the Real Value of AI for Your Business and How Can You Capitalise?*, https://www.pwc.com/gx/en/issues/artificial-intelligence/publications/artificial-intelligence-study.html. [19]

Sarewitz, D. et R. Pielke (2007), « The neglected heart of science policy: Reconciling supply of and demand for science », *Environmental Science & Policy*, vol. 10/1, pp. 5-16, https://doi.org/10.1016/j.envsci.2006.10.001. [9]

Sayed, Z. (2023), *The STEM Skills Gap: A Growing Challenge for Countries to Overcome*, HRForcast, Munich, https://hrforecast.com/the-stem-skills-gap-a-growing-challenge-for-countries-to-overcome/. [6]

Thapa, R. (2024), *Développer l'IA pour favoriser le développement*, Banque mondiale, Washington, D.C., https://accountability.worldbank.org/fr/news/2024/Developing-AI-for-development (consulté le 11 décembre 2024). [20]

Tilghman, G. (2017), « Girls' STEM education can drive economic growth », *CFR Voices from the Field blog*, https://www.cfr.org/blog/girls-stem-education-can-drive-economic-growth. [5]

UIT (2023), *Facts and Figures 2023*, Union internationale des télécommunications, https://www.itu.int/itu-d/reports/statistics/facts-figures-2023/. [28]

UNEP ; OCDE (2022), *Technology Transfer for Climate Mitigation and Adaptation: Analysing Needs and Development Assistance Support in Technology Transfer Processes*, https://unepccc.org/wp-content/uploads/2023/06/tech-transfer-policy-brief-oecd.pdf. [17]

Union internationale des télécommunications (2023), *Digital Inclusion of All*, https://www.itu.int/en/mediacentre/backgrounders/Pages/digital-inclusion-of-all.aspx/. [12]

Union internationale des télécommunications (2020), *Connecting Humanity: Assessing Investment Needs of Connecting Humanity to the Internet by 2030*, https://www.itu.int/hub/publication/d-gen-invest-con-2020/. [7]

Walko, P. (2022), « Internet access as a tool for boosting economic and social equality », *LSE Digitalisation and ICT blog*, https://blogs.lse.ac.uk/internationaldevelopment/2022/11/29/internet-access-as-a-tool-for-boosting-economic-and-social-equality/. [13]

Notes

[1] Les secteurs des technologies respectueuses de l'environnement englobent la lutte contre la pollution atmosphérique, la gestion des eaux usées, la gestion des déchets solides et dangereux, les énergies renouvelables, les produits écologiquement préférables, l'approvisionnement en eau et l'assainissement, le stockage et la distribution d'énergie, et la protection et l'assainissement des sols et des eaux. Pour de plus amples informations, voir https://unstats.un.org/sdgs/metadata/files/Metadata-17-07-01.pdf.

[2] Les données de ces graphiques sont le résultat de calculs des auteurs, d'après https://unstats.un.org/sdgs/files/report/2024/E_2024_54_Statistical_Annex_I_and_II.pdf.

[3] La cible 9.c des ODD est d'« [a]ccroître nettement l'accès aux technologies de l'information et des communications et [de] faire en sorte que tous les habitants des pays les moins avancés aient accès à Internet à un coût abordable d'ici à 2020 ».